新婦人服

ハヤカワ式洋裁パターン

発 行 ハヤカワ式洋裁学院　　早川　千代美 著

HS
HAYAKAWA SHIKI

海 鳥 社

はじめに ——————————————— 5

「ハヤカワ式原型」の特徴 ——————————— 6

製図のための略称と表記記号 ——————————— 9

寸法の採りかた ——————————————— 11
　(各部、バストライン、参考寸法表)

参考寸法表 ——————————————— 13
　・アームホールと袖口寸法
　・バストのゆるみ寸法
　・袖ぐりのゆるみ寸法
　・原型寸法

婦人服原型ハヤカワ式 ——————————— 15
　・婦人服原型A
　・原型スケールA
　・婦人服原型B
　・原型スケールB

デザイン・体型別による原型の使い方 ——————— 21
　1）テーラーカラーのとり方
　2）ダーツのとり方と消し方
　3）前開きの場合
　4）ラウンドネックラインの場合
　5）背肩幅に対してバストが小さい人
　6）背肩幅に対してバストが大きい人
　7）後肩幅、後NPの上げる寸法
　8）首まわりNP入り寸法

袖原型 ——————————————————— 25
- ・袖原型の作り方
- ・ドロップ袖原型の作り方
- ・袖原型スケール
- ・袖原型の応用
    - 1）1枚袖(袖口ダーツ、長袖)の製図
    - 2）タイトスリーブの製図
    - 3）2枚袖の製図
    - 4）袖口を広くとる製図
    - 5）2枚袖を1枚袖にとる製図
- ・袖のつけ方

アイテム別パターン集

スカート　●原型の特徴　●原型の使い方 ——————— 33
- 1）ギャザースカート
- 2）台形スカート
- 3）タイトスカート
- 4）ボックスプリーツスカート
- 5）タックフレアスカート
- 6）ティアードスカート
- 7）エスカルゴスカート(5枚切り替え)
- 8）エスカルゴスカート(5枚カットフレア)
- 9）エスカルゴスカート(6枚フレア切り替え)
- 10）切り替えスカート
- 11）マーメイドスカート(10枚はぎ)
- 12）総プリーツスカート
- 13）4枚はぎスカート
- 14）フィットフレアロングスカート
- 15）8枚はぎロングスカート
- 16）キュロットスカート

パンツ ——————————————————— 53
- 1）スリムパンツ
- 2）ワイドパンツ
- 3）L寸ストレートパンツ
- 4）クロップドパンツ
- 5）キュロットパンツ

ブラウス ———————————————————————————————— 59
1) タンクトップ
2) 半袖ブラウス
3) ノースリーブブラウス(Vネックフリル)
4) ノースリーブブラウス(ロールカラー)
5) ノースリーブブラウス・スカート(カウルネックライン)
6) スモックブラウス(背肩幅が広い)
7) スモックブラウス(背肩幅が狭い)
8) ブラウス(スタンドカラー)チャイナカラー
9) ブラウス(台衿付きシャツカラー、ドロップ袖)
10) ブラウス(前ダーツにブレード)
11) ブラウス(ラッフルカラー)
12) ブラウス(フレンチスリーブ)
13) ブラウス(オープンカラー)

ホームウェア・マタニティ ———————————————————————— 75
1) エプロン
2) エプロンドレス
3) キャミソール3点(応用カウルネックライン)
4) サンドレス
5) ホームドレス(ラグラン袖)
6) マタニティジャンパースカート
7) サンドレス(袖フリル)
8) サンドレス(フレンチドロップ袖)
9) マタニティドレス

ワンピース ———————————————————————————————— 85
1) ノースリーブワンピース(Vネックライン)
2) ノースリーブワンピース(ハイウエスト)
3) ノースリーブワンピース(胸にギャザー)
4) ノースリーブワンピース(Vネックライン、ロング)
5) ノースリーブワンピース(スクエアネックライン)
6) ノースリーブワンピース(前衿ぐりドレープ)
7) ワンピース(衿にタック入り)
8) ワンピース(半袖、オープンカラー)
9) ワンピース(半袖、スクエアネックライン)
10) ワンピース(7分袖、ラウンドネックライン)
11) ワンピース(プリンセスライン)
12) ワンピース(台衿付きシャツカラー)
13) ワンピース(ロールカラー)
14) ワンピース(キモノスリーブ)
15) ワンピース(前開きラウンドネックライン)
16) キャミソールドレス(着物地)
17) キャミソールドレス
18) アンダーウェア

スーツ・ジャケット ———————————————— 103
   1）ジャケットブラウス（ドロップ袖）
   2）ツーピース（ラウンドネックライン、タイトスカート）
   3）ツーピース（衿タック入り、マーメイドスカート）
   4）ツーピース（ショールカラー、6枚はぎスカート）
   5）アンサンブル（ラッフルカラー、ノースリーブワンピース）
   6）スーツ（テーラーカラー、プリーツスカート）
   7）スーツ（ダブルテーラーカラー、プリーツスカート）
   8）ジャケット（ハイネックライン、割り袖）
   9）スーツ（ブレード付きオブロングカラー、総プリーツスカート）
  10）ジャケット（へちまカラー）・プリーツスカート
  11）ジャケット（前ファスナー）
  12）パンツスーツ（スタンダウトカラー）
  13）ツーピース（ハイネックライン、フレアスカート）
  14）スーツ（ショールカラー、タイトスカート）
  15）ベスト（Vネックライン）
  16）ベスト（ラウンドネックライン）

コート ———————————————————————— 131
   1）ハーフコート（ラグラン袖）
   2）ショートコート（セミラグラン袖）
   3）ロングコート（ラグラン袖）
   4）ケープ
   5）コート（テーラーカラー）
   6）コート（ショールカラー）

部分縫い ———————————————————————— 139
   1）バイアステープについて
   2）ファスナーのつけ方
   3）ベルトのつけ方
   4）玉縁ボタンホールの作り方
   5）ボタン穴のかがり方
   6）かぎホックのつけ方
   7）スナップのつけ方
   8）ボタンのつけ方

デザイン写真集 ———————————————————— 147

頁案内 ———————————————————————— 157
  ・タイトル　・基礎編

巻末付録
  ハヤカワ式原型スケール（紙製）

はじめに

　洋裁を始めて45年が経ちます。私が洋裁を志したのは、和裁をしていた祖母の影響がありました。義務教育も受けていない時代の人でしたが、いつも針仕事をしている優しくおおらかな祖母に感銘を受けました。私も祖母のように「一生続けられる何かをしたい」との思いから洋裁を始めました。

　いろいろなパターンを学び、1978年4月に『ハヤカワ洋裁学院』を設立し、現在に至っております。その過程で多くの生徒さんから「もっと分かりやすい、やさしい原型を作ってほしい」という要望があり、生徒さんたちを教えながら研究を重ね、平成12年に『ハヤカワ式原型』を作り、特許を取得しました。この本を出版する前に、同院ホームページで発表し、国内外から多数のアクセスをいただいています。実に分かりやすく簡単に作れる『ハヤカワ式原型』は、アマチュアからプロの方まで広く洋裁を楽しんでいただけるものと自負しております。

ハヤカワ式洋裁学院　早川千代美

ハヤカワ式特許証

〈原型の特徴〉

● 体型に合わせて大変簡単に製図することができます。

● 採寸箇所は、背肩幅、背丈、バスト、前丈の4箇所のみで他の箇所はすべて公式に基づいて製図します。

● 一つの原型ですべてのサイズの方に適応できます。

洋裁原型

第3073984号

スカート原型

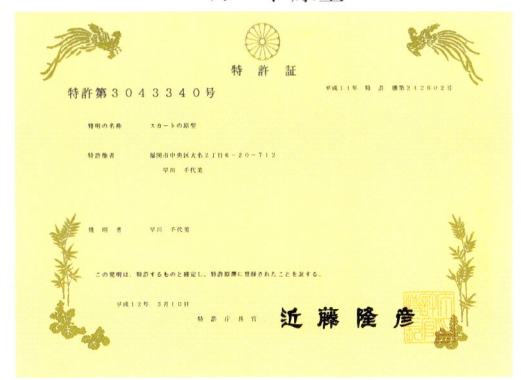

第3043340号

HS
HAYAKAWA SHIKI
ハヤカワ式洋裁学院

製図のための略称と表記記号

♣

寸法の採りかた

♣

参考寸法表

♣

婦人服原型ハヤカワ式

♣

デザイン・体型別による原型の使い方

♣

袖原型

♣

アイテム別パターン集

♣

デザイン写真集

製図のための略称と表記記号

分かりやすくするために、製図は下記のような略称や記号を使っています。

【各部の略称】

記号	名　　称
B	(バスト)‥Bustの略
W	(ウエスト)‥Waistの略
H	(ヒップ)‥Hipの略
BL	(バストライン)‥Bust Lineの略
HL	(ヒップライン)‥Hip Lineの略
MHL	(ミドルヒップライン)‥Middle Hip Lineの略
BP	(バストポイント)‥Bust Pointの略
NP	(ネックポイント)‥Neck Pointの略
SP	(ショルダーポイント)‥Shoulder Pointの略
EL	(エルボライン＜ひじ線＞)‥Elbow Lineの略
KL	(ニーライン＜膝線＞)‥Knee Lineの略
AH	(アームホール＜袖ぐり＞)‥Arm Holeの略
HS	(ヘッドサイズ＜頭回り＜)‥Head Sizeの略

【表記記号】

表示記号	表示事項	表示記号	表示事項
———	でき上がり線	＋	スナップ
＝＝＝	案内線	✕	正バイアスの印
— — —	見返し線	⧸⧹	同寸の印
∴∴∴	芯地線	⌒	伸ばす印
- - - - -	折り山線	～～～	いせる印（※縫い縮める）
↕	布目の縦印	⌒	型紙を合わせて裁つ印
←	毛並みの方向印	⌐	直角の印
⌒⌒	カーブの印		
囲 囲	斜線の方向はプリーツ方向を低い方に布を重ねる		

【各部の名称】

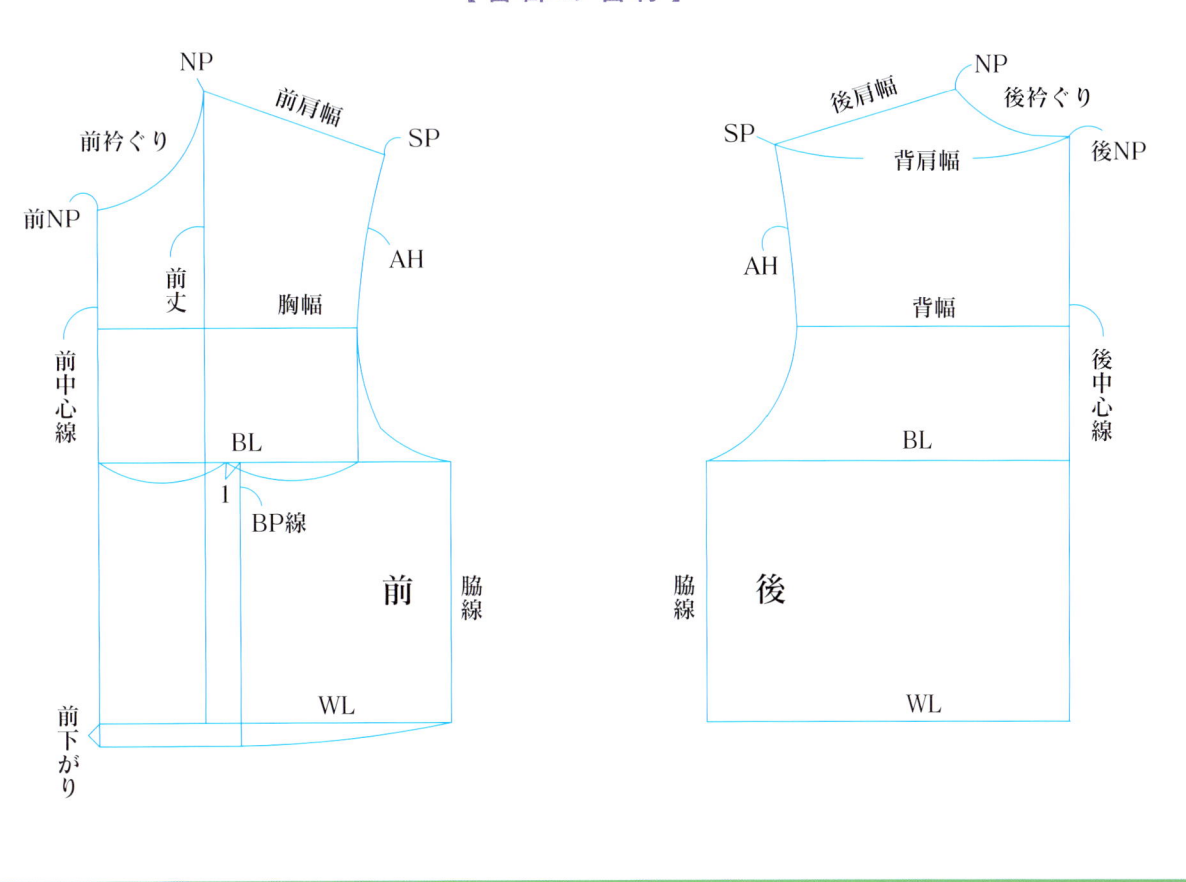

前
- NP
- 前肩幅
- SP
- 前衿ぐり
- 前NP
- 前丈
- 胸幅
- AH
- 前中心線
- BL
- BP線
- 1
- 前
- 脇線
- WL
- 前下がり

後
- NP
- 後肩幅
- 後衿ぐり
- SP
- 背肩幅
- 後NP
- AH
- 背幅
- 後中心線
- BL
- 後
- 脇線
- WL

寸法の採りかた

洋服を作る時に必要な寸法箇所は次の通りです。

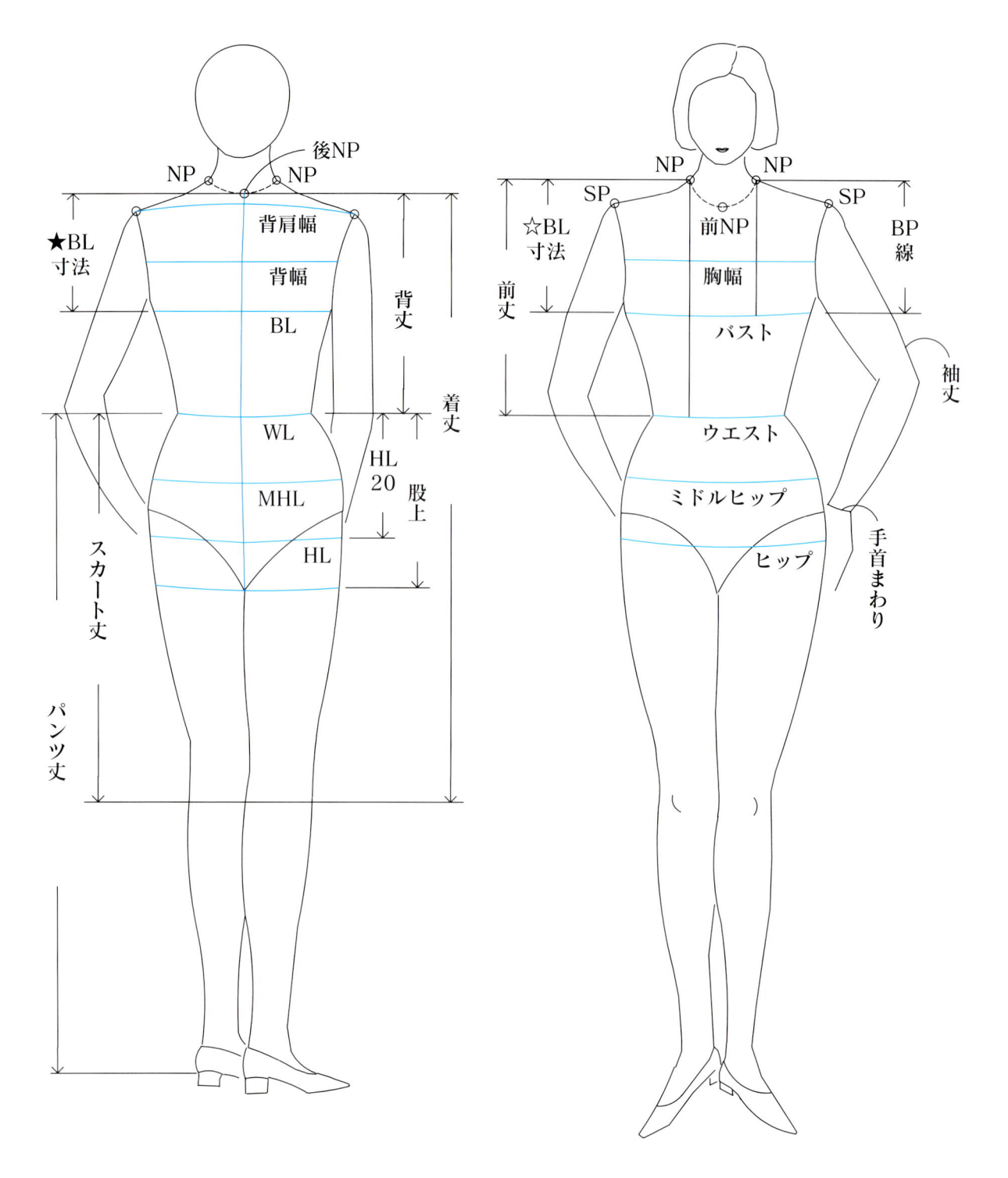

図(正面・背面)の各部名称:
NP、後NP、前NP、SP、背肩幅、背幅、胸幅、BL、★BL寸法、☆BL寸法、BP線、前丈、背丈、着丈、バスト、ウエスト、WL、ミドルヒップ、MHL、ヒップ、HL、HL20、股上、袖丈、手首まわり、スカート丈、パンツ丈

- 婦人服原型をかく時には、背肩幅、背丈、バスト、前丈の採寸が必要です。その他の寸法は、公式に基づいて算出していきます。(原型のかき方を参照して下さい。)
- 背肩幅より、肩幅、背幅、胸幅を決めます。(表1)
- バストより、前BL線、後BL線を決めます。サイズをS～6Lまで設定します。(表2)
- 参考寸法表(表3)

スカート原型をかく時には、ウエスト、ヒップ、スカート丈の採寸が必要です。スカート丈は、ウエストから脇線スカート丈を測ります。

この原型は、標準人体模型に照らし合わせるとわかるように、BL寸法、NPなど全ての部分がきちんと合います。個人の体型に基づいた原型を作るときに、寸法ばかりにとらわれてしまうと、洋服の美しさがそこなわれて着装美は消えてしまいます。そこで体型に合うことはもちろんですが、着装時の美しさを考慮して、この原型を作りました。

〔表1〕
●各部の寸法 (単位cm)

背肩幅	肩幅	背幅	胸幅
35	11.5	34	32
36	12.0	35	33
37	12.5	36	34
38	13.0	37	35
39	13.5	38	36
40	14.0	39	37
41	14.5	41	38
42	15.0	42	39
43	15.5	43	40

〔表2〕
●バストラインの寸法 (単位cm)

サイズ	バスト	後★BL	前☆BL
S	80以下	20	23
M	82～86	20.5	23.5
L	88～90	21	24
LL	92～94	21.5	24.5
3L	96～98	22	25
4L	100～104	23	26
5L	106～110	23.5	26.5
6L	112～116	24	27

〔表3〕
●参考寸法表 (単位cm)

号数	7	9	11・13	15	17	19	21	23
サイズ	S	M	L	LL	3L	4L	5L	6L
バスト	80	86	88	92	96	100	106	112
ヒップ	89	92	95	97	99	101	103	105
ウエスト	60	66	70	73	76	80	84	88
首回り	35	36	37	38	39	40	41	41
背丈	36	37	38	38	39	40	40.5	41
ヒップ下がり	20							
股上	25	26	27	28	29	30	30	30
背肩幅	36	37	38	39	40	41	42	43
胸幅	33	34	35	36	37	38	39	40
前丈	39	40	41	42	43	44	45	45
バストポイント	23	24	25	26	26.5	26.5	27	27

参考寸法表

【表1】 アームホールと袖口寸法

(単位:cm)

アームホール	袖山 AH/3	袖山	前 アーム山	前 アーム下	後 アーム山	後 アーム下	袖口寸法（長袖） スーツ 細身	スーツ 標準	スーツ ゆるめ	コート 細身	コート 標準	コート ゆるめ
40	13.3	約13.0	1.6	1.2	1.6	0.5	24	24.5	25	25	26	27
41	13.7	約13.5	1.6	1.2	1.6	0.5	24	24.5	25	25	26	27
42	14.0	14.0	1.7	1.3	1.7	0.5	24	24.5	25	25	26	27
43	14.3	約14.0	1.7	1.3	1.7	0.5	25	25.5	26	27	27.5	28
44	14.7	約14.5	1.8	1.3	1.8	0.5	25	25.5	26	27	27.5	28
45	15.0	15.0	1.8	1.4	1.8	0.5	25	25.5	26	27	27.5	28
46	15.3	約15.0	1.8	1.4	1.8	0.5	26	26.5	27	28	28.5	29
47	15.7	約15.5	1.9	1.4	1.9	0.5	26	26.5	27	28	28.5	29
48	16.0	16.0	1.9	1.4	1.9	0.5	26	26.5	27	28	28.5	29
49	16.3	約16.0	2.0	1.4	2.0	0.5	27	27.5	28	28	29	30
50	16.7	約16.5	2.0	1.5	2.0	0.5	27	27.5	28	28	29	30
51	17.0	17.0	2.0	1.5	2.0	0.5	27	27.5	28	28	29	30
52	17.3	約17.0	2.1	1.5	2.1	0.5	28	28.5	29	29	30	31
53	17.7	約17.5	2.1	1.6	2.1	0.5	28	28.5	29	29	30	31
54	18.0	18.0	2.2	1.6	2.2	0.5	28	28.5	29	29	30	31
55	18.3	約18.0	2.2	1.6	2.2	0.6	28.5	29	29.5	30	31	32
56	18.7	約18.5	2.2	1.7	2.2	0.6	28.5	29	29.5	30	31	32
57	19.0	19.0	2.3	1.7	2.3	0.6	28.5	29	29.5	30	31	32
58	19.3	約19.0	2.3	1.7	2.3	0.6	29	29.5	30	32	33	34
59	19.7	約19.5	2.4	1.8	2.4	0.6	29	29.5	30	32	33	34
60	20.0	20.0	2.4	1.8	2.4	0.6	29	29.5	30	32	33	34

【表2】 バストのゆるみ寸法

(単位:cm)

バスト	バスト/4	キャミソール ゆるみ寸法 1〜1.5	ノースリーブ ゆるみ寸法 3〜3.5	ブラウス ゆるみ寸法 3〜4	スーツ ゆるみ寸法 3.5〜5	コート ゆるみ寸法 4〜6
78	19.5	20.5〜21.0	22.5〜23.0	22.5〜23.5	23.0〜24.5	23.5〜25.5
80	20	21.0〜21.5	23.0〜23.5	23.0〜24.0	23.5〜25.0	24.0〜26.0
82	20.5	21.5〜22.0	23.5〜24.0	23.5〜24.5	24.0〜25.5	24.5〜26.5
84	21	22.0〜22.5	24.0〜24.5	24.0〜25.0	24.5〜26.0	25.0〜27.0
86	21.5	22.5〜23.0	24.5〜25.0	24.5〜25.5	25.0〜26.5	25.5〜27.5
88	22	23.0〜23.5	25.0〜25.5	25.0〜26.0	25.5〜27.0	26.0〜28.0
90	22.5	23.5〜24.0	25.5〜26.0	25.5〜26.5	26.0〜27.5	26.5〜28.5
92	23	24.0〜24.5	26.0〜26.5	26.0〜27.0	26.5〜28.0	27.0〜29.0

【表3】 袖ぐりのゆるみ寸法

(単位:cm)

バスト	袖バスト／2	ブラウス ゆるみ寸法 細身 3	ブラウス ゆるみ寸法 標準 4〜5	ブラウス ゆるみ寸法 ゆるめ 6〜7	スーツ ゆるみ寸法 細身 5〜6	スーツ ゆるみ寸法 標準 6〜8	スーツ ゆるみ寸法 ゆるめ 9〜10	コート ゆるみ寸法 細身 8〜9	コート ゆるみ寸法 標準 10	コート ゆるみ寸法 ゆるめ 12
76	38	41	42〜43	44〜45	43〜44	44〜46	47〜48	46〜47	48	50
78	39	42	43〜44	45〜46	44〜45	45〜47	48〜49	47〜48	49	51
80	40	43	44〜45	46〜47	45〜46	46〜48	49〜50	48〜49	50	52
82	41	44	45〜46	47〜48	46〜47	47〜49	50〜51	49〜50	51	53
84	42	45	46〜47	48〜49	47〜48	48〜50	51〜52	50〜51	52	54
86	43	46	47〜48	49〜50	48〜49	49〜51	52〜53	51〜52	53	55
88	44	47	48〜49	50〜51	49〜50	50〜52	53〜54	52〜53	54	56
90	45	48	49〜50	51〜52	50〜51	51〜53	54〜55	53〜54	55	57
92	46	49	50〜51	52〜53	51〜52	52〜54	55〜56	54〜55	56	58
94	47	50	51〜52	53〜54	52〜53	53〜55	56〜57	55〜56	57	59
96	48	51	52〜53	54〜55	53〜54	54〜56	57〜58	56〜57	58	60
98	49	52	53〜54	55〜56	54〜55	55〜57	58〜59	57〜58	59	61
100	50	53	54〜55	56〜57	55〜56	56〜58	59〜60	58〜59	60	62

【表4】 原型寸法

(単位:cm)

背肩幅／2 + 1 =	背肩幅	後 背肩幅	後 肩幅	(背肩幅 − 3)÷2 =	胸幅	前 背肩幅	前 胸幅	前 肩幅
35/2 + 1 =	18.5	35	11.5	(35 − 3)÷2 =	16	35	32	11.5
36/2 + 1 =	19	36	12	(36 − 3)÷2 =	16.5	36	33	12
37/2 + 1 =	19.5	37	12.5	(37 − 3)÷2 =	17	37	34	12.5
38/2 + 1 =	20	38	13	(38 − 3)÷2 =	17.5	38	35	13
39/2 + 1 =	20.5	39	13.5	(39 − 3)÷2 =	18	39	36	13.5
40/2 + 1 =	21	40	14	(40 − 3)÷2 =	18.5	40	37	14

婦人服原型ハヤカワ式A

背肩幅、背丈、バスト、前丈、寸法で作ります。
胸幅＝（背肩幅－3）

☆ 胸幅＝（背肩幅37－3）＝34

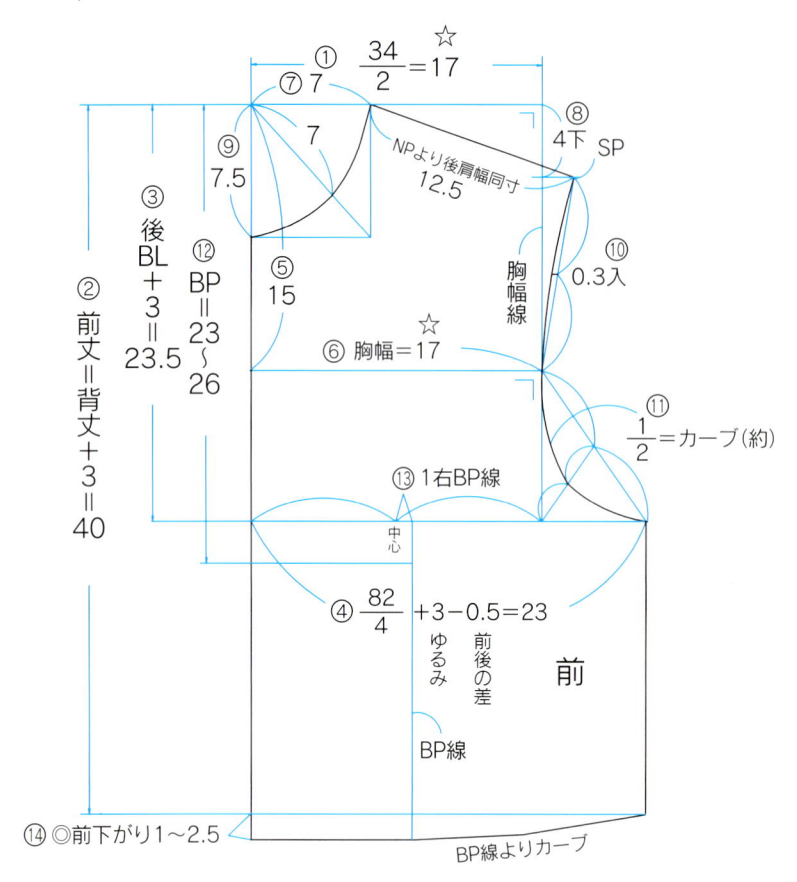

各部の寸法 (単位cm)

背肩幅	肩幅	背幅	胸幅
35	11.5	34	32
36	12.0	35	33
37	12.5	36	34
38	13.0	37	35
39	13.5	38	36
40	14.0	39	37

次に前身ごろをかく

①胸幅は背肩幅－3÷2
②前丈は背丈＋3
③後ろBL＋3
④バスト÷4＋3（ゆるみ分）－0.5（前後の差）
⑤前中心上直角から15下
⑥胸幅＝☆
⑦前中心上直角より7NP
⑧4下（図を参照）
⑨前NPは前中心上角から7.5下
⑩図のように0.3入り
⑪カーブ線
⑫BPはNPから23～26下
⑬胸幅線中心から1右
⑭前下がりはNPからWLまで測って足りない分をとる
　ワンピースなどは裾につける場合も多い

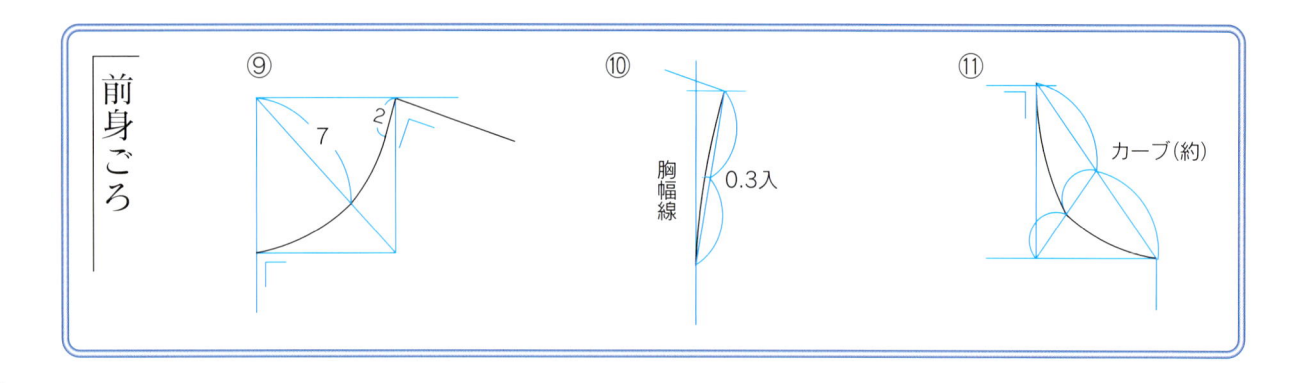

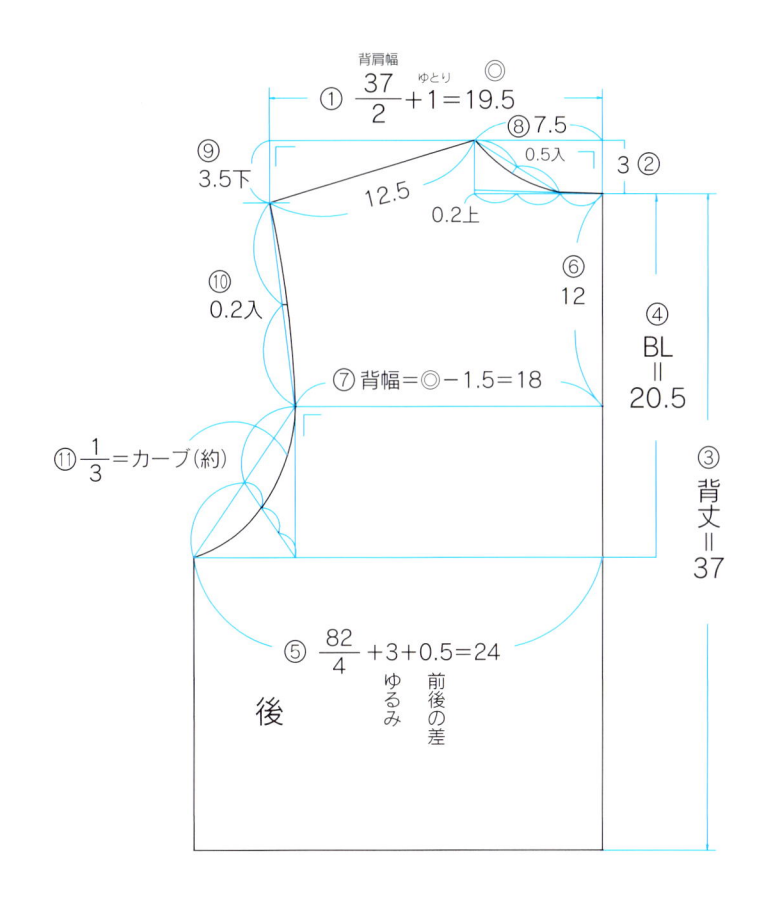

背肩幅 37cm
背丈 37cm
バスト 82cm

バストラインの寸法 (単位cm)

サイズ	バスト	後★BL	前☆BL
S	80以下	20	23
M	82〜86	20.5	23.5
L	88〜90	21	24
LL	92〜94	21.5	24.5
3L	96〜98	22	25

図中の記載：
- ① $\frac{37}{2}+1=19.5$ 背肩幅 ゆとり
- ⑧ 7.5 （0.5入）
- ② 3
- ⑨ 3.5下
- 12.5
- 0.2上
- ⑩ 0.2入
- ⑥ 12
- ④ BL＝20.5
- ⑦ 背幅＝◎－1.5＝18
- ⑪ $\frac{1}{3}$＝カーブ（約）
- ③ 背丈＝37
- ⑤ $\frac{82}{4}+3+0.5=24$ ゆるみ 前後の差
- 後

原型のかき方

後ろ身ごろからかき始める（単位cm）

①背肩幅÷2＋(1ゆとり分)
②衿ぐり後中心上角から3cm下げる
③後NPから背丈とる
④BLの寸法参照
⑤バスト÷4＋3(ゆるみ分)＋0.5(前後の差)
⑥後NPから12下
⑦背幅＝◎－1.5
⑧後中心上角から7.5NP
⑨SPは後肩幅から直角に3.5下
⑩図のように0.2入
⑪カーブ線

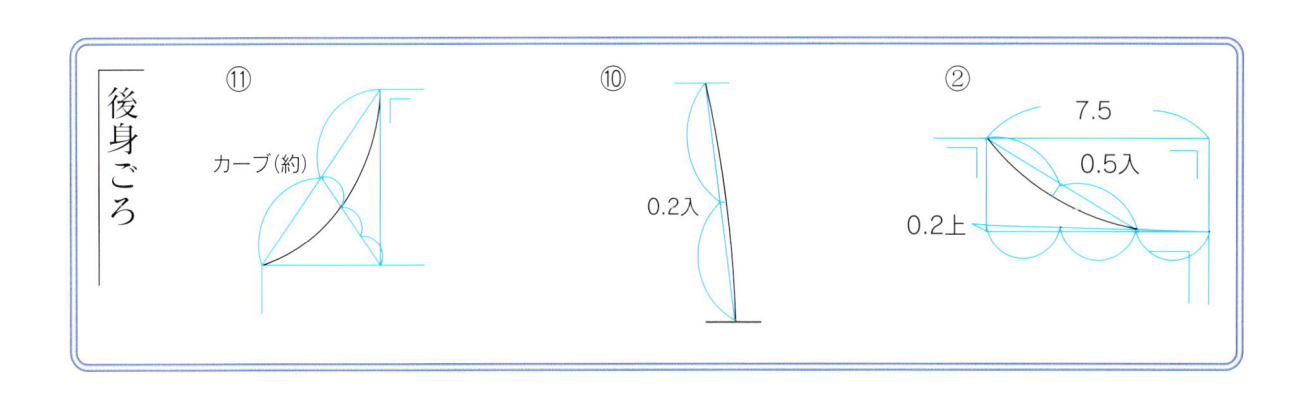

後身ごろ

⑪ カーブ（約）
⑩ 0.2入
② 7.5／0.5入／0.2上

原型スケールA

ハヤカワ式では巻末のオリジナルスケール(以下、「原型スケール」)を使って原型を作ります。原型スケールは背肩幅35cmから40cmを「原型スケールA」、背肩幅41cmから43cmを「原型スケールB」の2種類があり、体型や好みに合わせてお使いください。

原型は標準を基準として作ります。特になで肩の人は肩にパットを入れて調整します。
体つきに合わせすぎて、洋服の美しさが損なわれないようにするためです。形のよい服は後ろ身ごろと前身ごろのバランスの基で袖を付ける事が大切です。前身ごろAHは後ろより多くなってはいけません。
そのために前後の差を付けてとります。

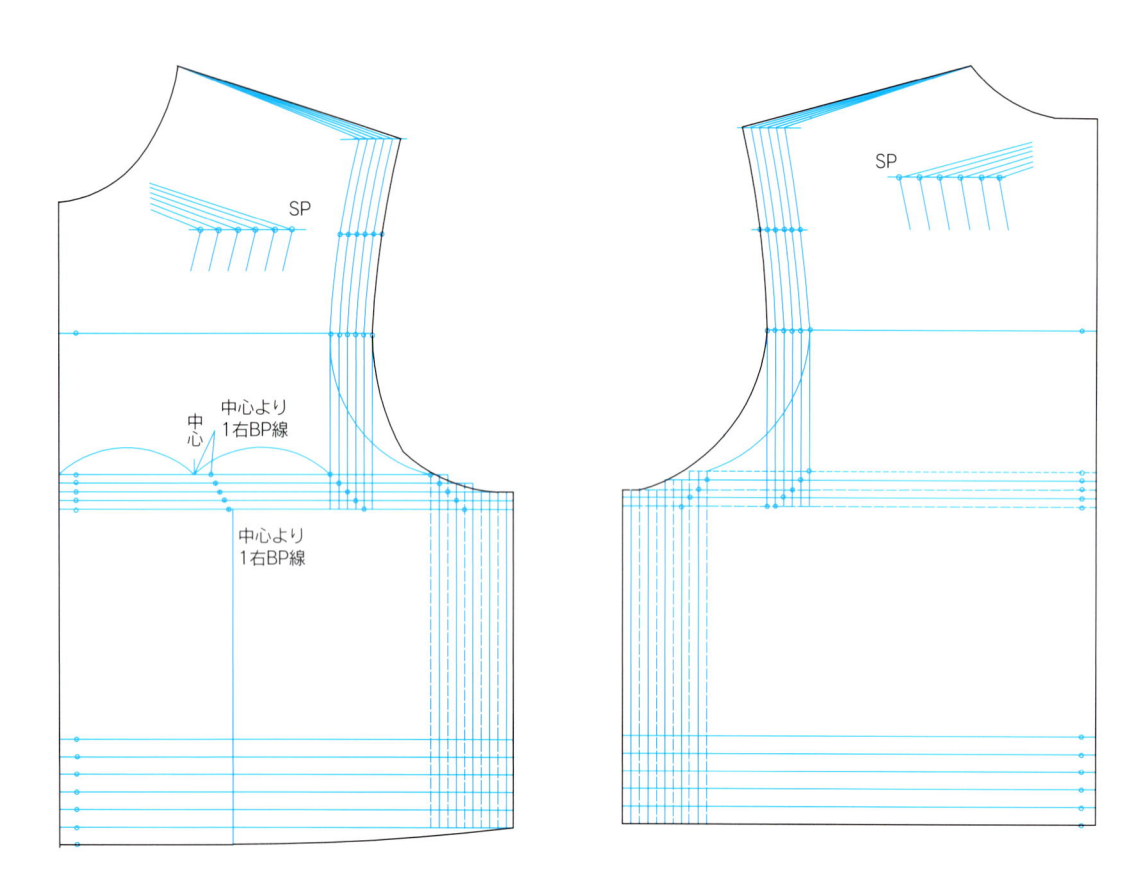

<使い方>
背肩幅、背丈、バストライン、前丈の4箇所を採寸。
婦人服原型スケールの各ポイントは下記の通りです。

後身ごろ‥背肩幅、背丈、バストライン
前身ごろ‥前丈、バストライン、肩幅、胸幅、バストポイント

(単位cm)

背肩幅	胸幅	肩幅
35 – 32 – 11.5
36 – 33 – 12.0
37 – 34 – 12.5
38 – 35 – 13.0
39 – 36 – 13.5
40 – 37 – 14.0

☆ 胸幅＝(背肩幅38－3)＝35

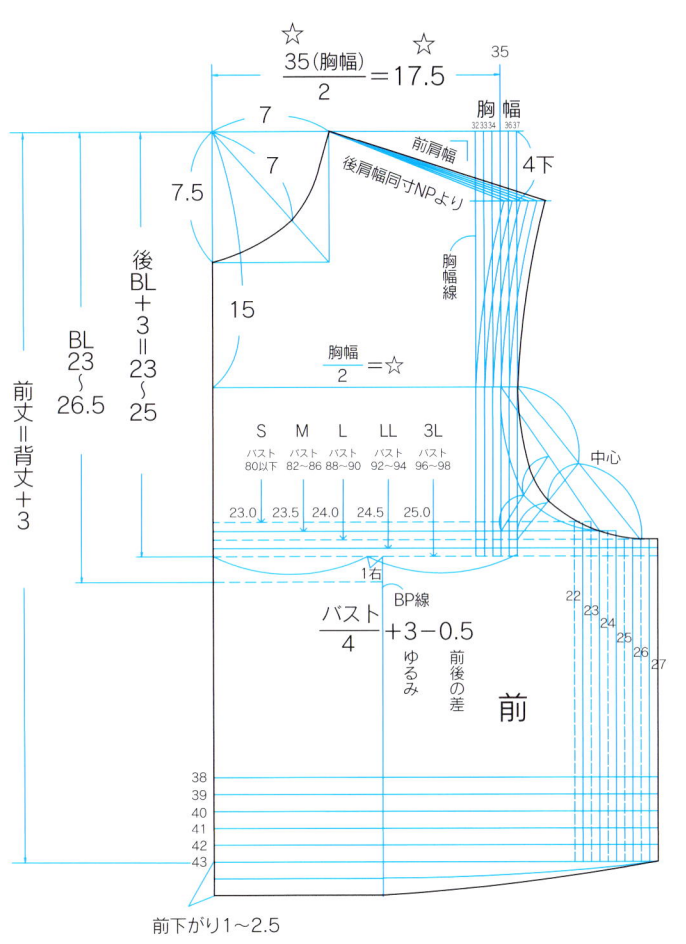

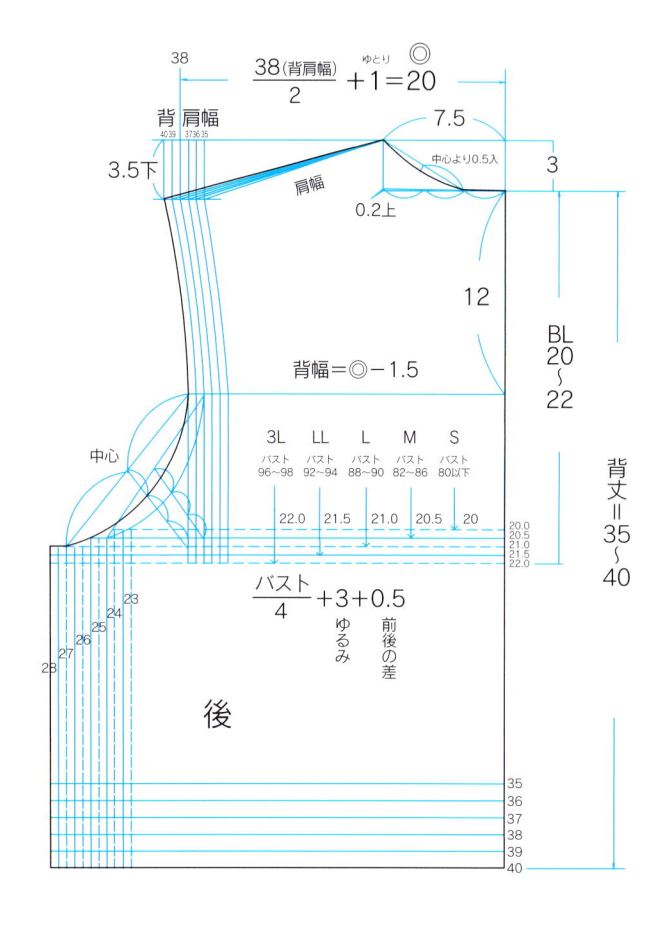

前: $\frac{35(胸幅)}{2}=17.5$, 後BL+3=23～25, BL23, 前丈=背丈+3=26.5, 7, 7.5, 7, 15, 胸幅線, 後肩幅同寸NPより, 前肩幅, 胸幅 32 33 34 / 35 36 37, 4下

$\frac{胸幅}{2}=$☆

S M L LL 3L
バスト バスト バスト バスト バスト
80以下 82～86 88～90 92～94 96～98
23.0 23.5 24.0 24.5 25.0

BP線 $\frac{バスト}{4}+3-0.5$ ゆるみ 前後の差

22 23 24 25 26 27

前

38 39 40 41 42 43

前下がり1～2.5

後: 38, $\frac{38(背肩幅)}{2}+1=20$ ゆとり◎, 背肩幅 40 39 / 37 36 35, 肩幅, 7.5, 3.5下, 中心より0.5入, 0.2上, 3, 12, BL20～22, 背幅=◎－1.5, 背丈=35～40

3L LL L M S
バスト バスト バスト バスト バスト
96～98 92～94 88～90 82～86 80以下
22.0 21.5 21.0 20.5 20

20.0 20.5 21.0 21.5 22.0

中心 $\frac{バスト}{4}+3+0.5$ ゆるみ 前後の差

28 27 26 25 24 23

後

35 36 37 38 39 40

婦人服原型ハヤカワ式B

婦人服原型Bは、原型Aとほぼ同じです。
原型図を参考にして作ります。
＊印のみAと寸法が異なります。

☆ 胸幅＝（背肩幅42－3）＝☆39

背肩幅　42cm
背丈　42cm
バスト　104cm

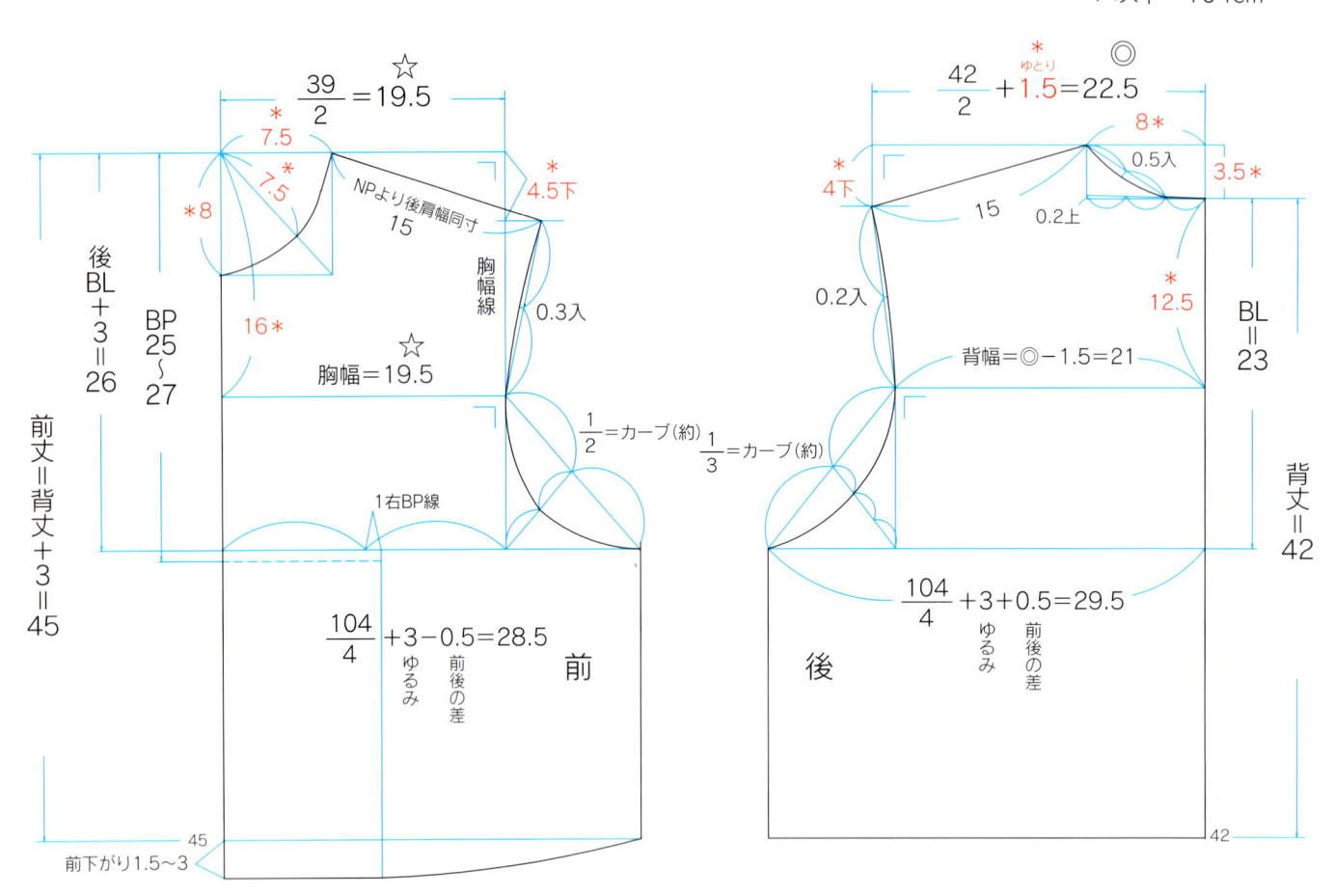

$\frac{39}{2}$＝19.5

＊7.5
☆7.5
＊8
NPより後肩幅同寸 15
＊4.5下
胸幅線
0.3入
後BL＋3＝26
BP25〜27
16＊
胸幅＝☆19.5
$\frac{1}{2}$＝カーブ（約）
$\frac{1}{3}$＝カーブ（約）
1右BP線
前丈＝背丈＋3＝45
$\frac{104}{4}$＋3－0.5＝28.5
ゆるみ　前後の差
前
45
前下がり1.5〜3

前下がりはNPからWLまで測って
足りない分をとります。

$\frac{42}{2}$＋＊1.5＝◎22.5
ゆとり
8＊
0.5入
＊4下
15
0.2上
3.5＊
0.2入
背幅＝◎－1.5＝21
＊12.5
BL＝23
$\frac{104}{4}$＋3＋0.5＝29.5
ゆるみ　前後の差
後
背丈＝42
42

各部の寸法 （単位cm）

背肩幅	肩幅	背幅	胸幅
41	14.5	41	38
42	15	42	39
43	15.5	43	40

バストラインの寸法 （単位cm）

サイズ	バスト	後★BL	前☆BL
4L	100〜104	23	26
5L	106〜110	23.5	26.5
6L	112〜116	24	27

原型スケールB

背肩幅41～43（バスト100～116 4L 5L 6L）

原型は個人の体型に基づいた寸法で着装時の美しさを考慮して作りました。

原型を基にして、さらに体型に合わせて色々な服をデザインして下さい。

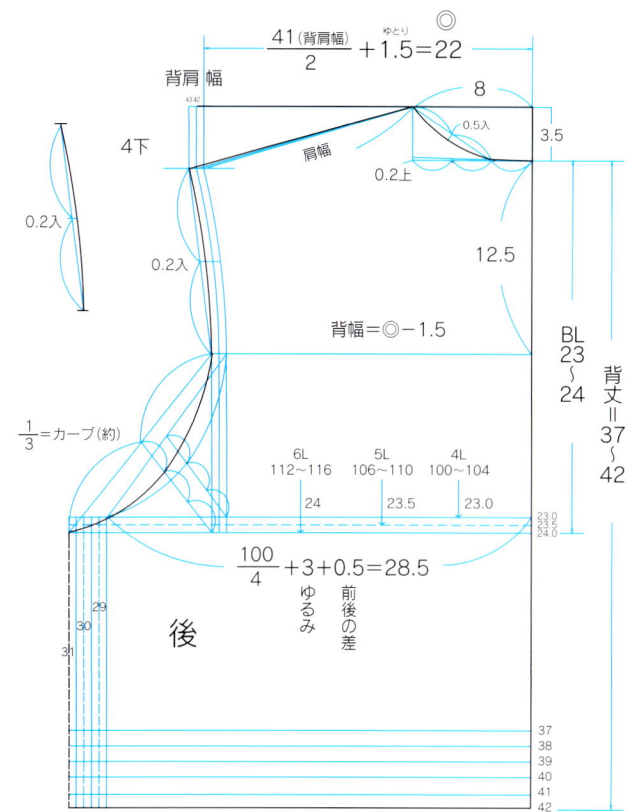

☆ 胸幅＝（背肩幅41－3）＝38胸幅

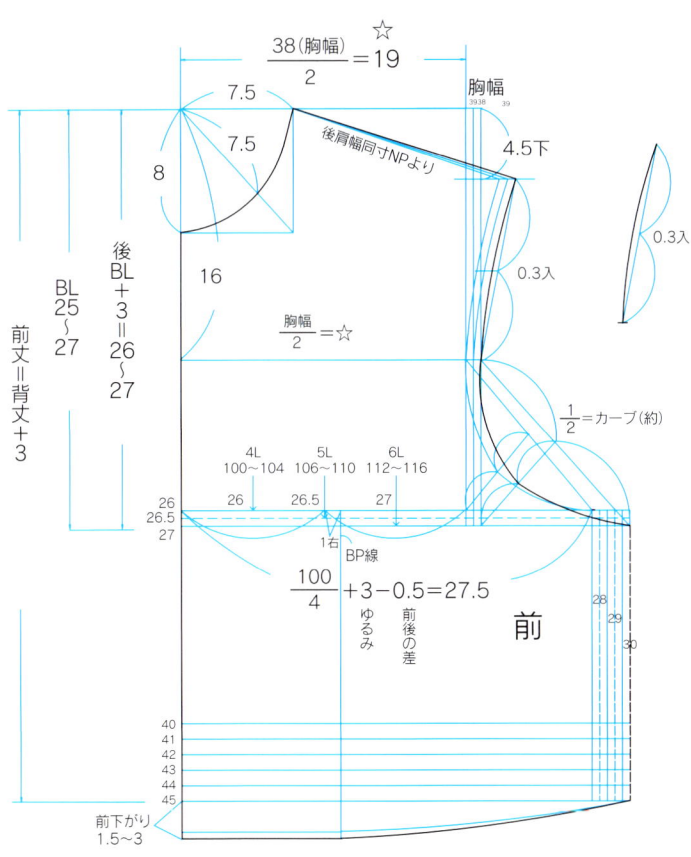

デザイン・体型別による原型の使い方

1) テーラーカラーのとり方

折り山線を引いてとる場合は原型をBL線で倒す。

倒した寸法が前丈にプラスになる。前丈が多い人は、前肩幅線でカットする。

＊倒さないと打合いが足りなくなり、前中心が上がり衿ぐりがつまってしまう。

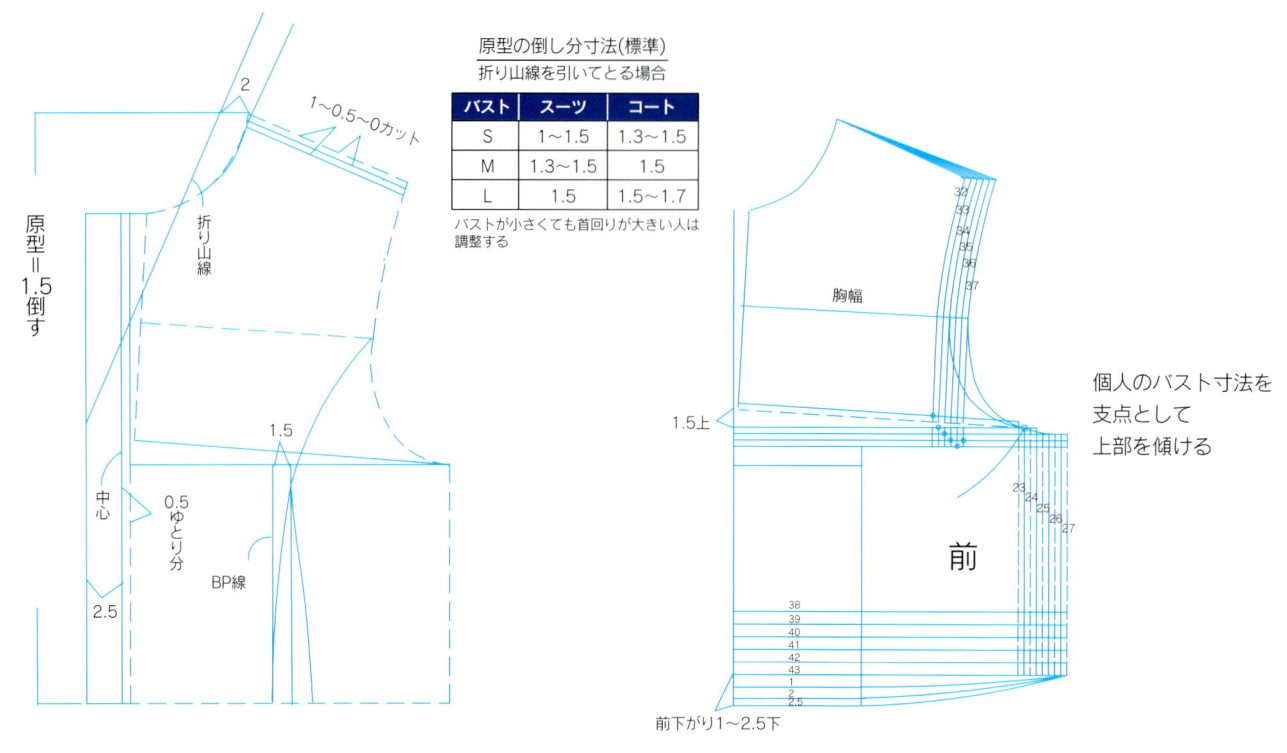

原型の倒し分寸法(標準)
折り山線を引いてとる場合

バスト	スーツ	コート
S	1～1.5	1.3～1.5
M	1.3～1.5	1.5
L	1.5	1.5～1.7

バストが小さくても首回りが大きい人は調整する

原型を倒す場合は前身ごろAHが、後ろ身ごろAHより多くならないように、前肩幅で0～1cmカットして身ごろのAHを調整する

2) ダーツのとり方と消し方

ダーツのとり方

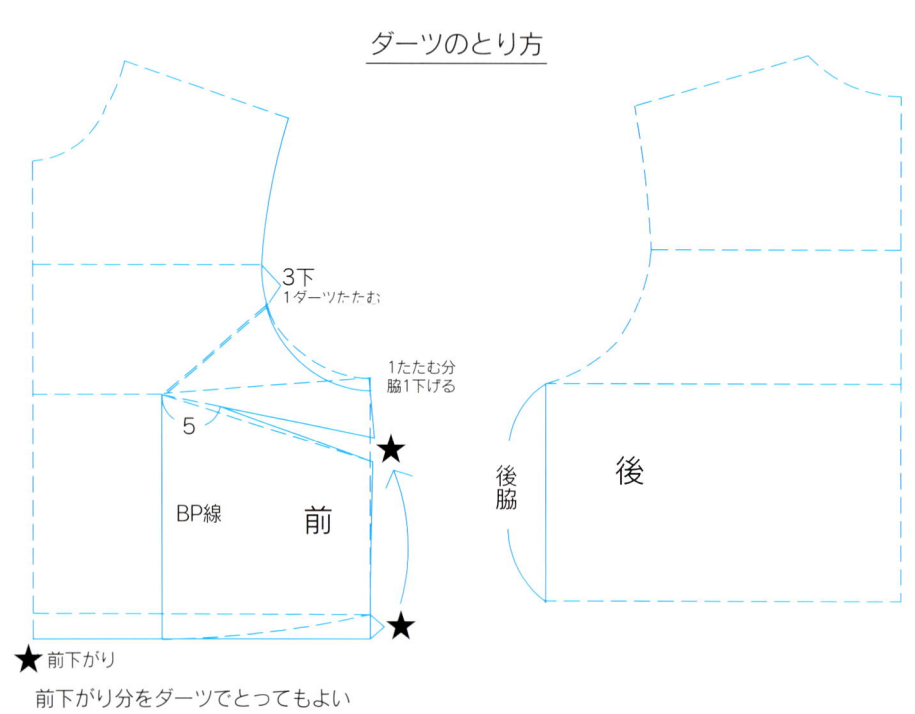

★前下がり

前下がり分をダーツでとってもよい

ダーツを切り離してとる場合

バストが小さくても前下がり1cmをとる
前丈寸法が多い時は前肩幅でカット
前下がり分を脇で下げて後脇同寸にする

直角
同寸
同寸

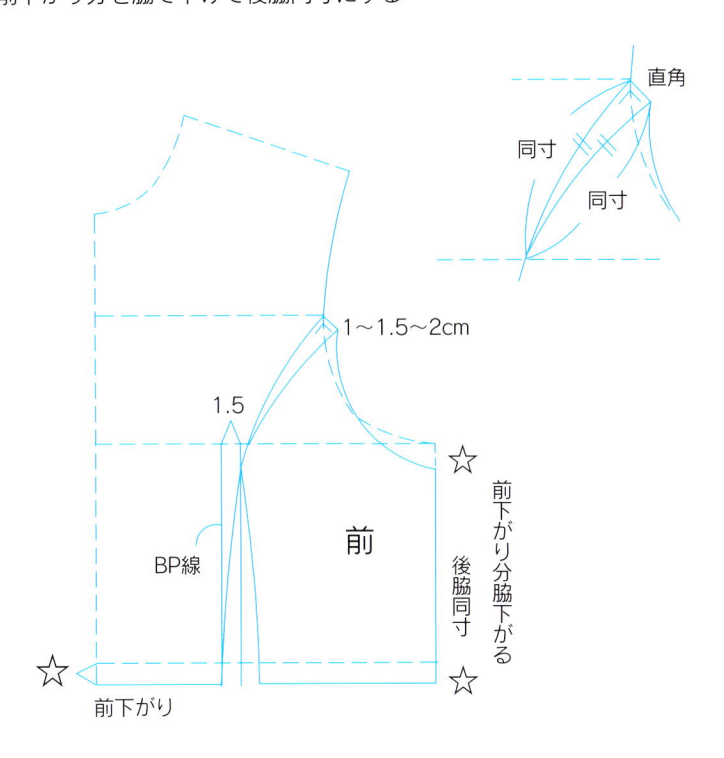

1～1.5～2cm
1.5
BP線
前
前下がり分脇下がる
後脇同寸
☆
☆
前下がり

ダーツの消し方

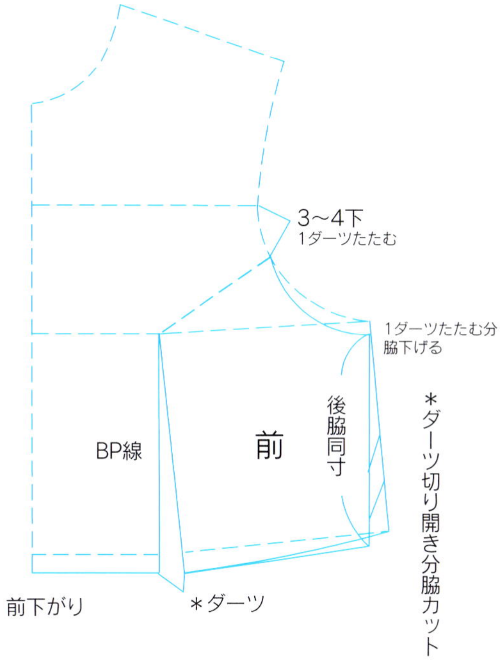

3～4下
1ダーツたたむ

1ダーツたたむ分脇下げる

BP線
前
後脇同寸
＊ダーツ切り開き分脇カット
前下がり
＊ダーツ

ダーツの消し方

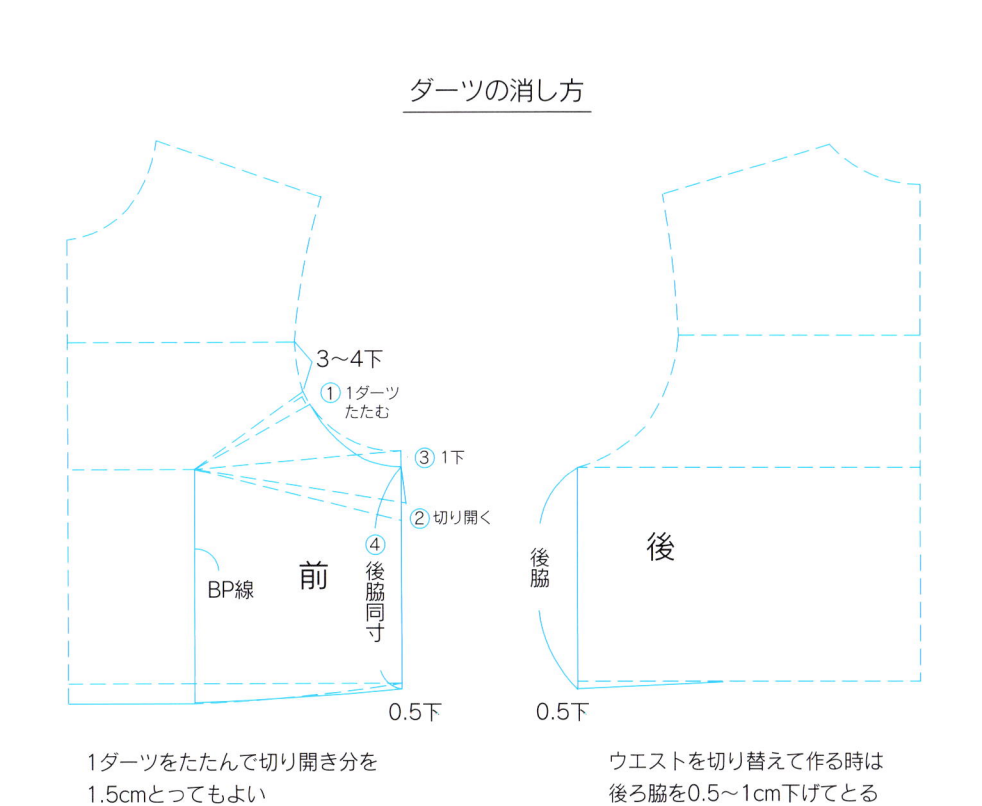

3～4下
① 1ダーツたたむ
③ 1下
② 切り開く
④ 後脇同寸
BP線
前
0.5下

後脇
後
0.5下

1ダーツをたたんで切り開き分を
1.5cmとってもよい
(後ろ身ごろ脇と調整する)

ウエストを切り替えて作る時は
後ろ脇を0.5～1cm下げてとる
(ワンピースなど)

3) 前開きの場合

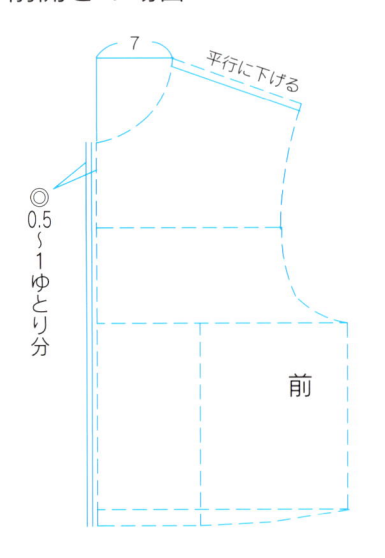

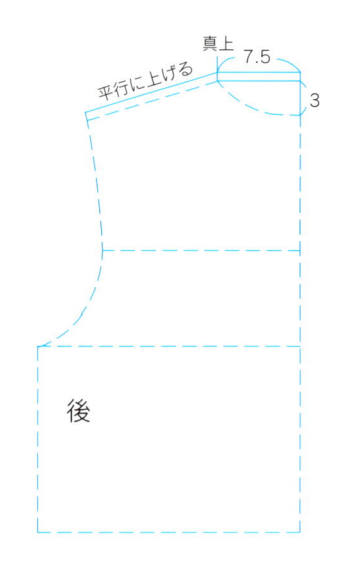

前開きは前中心から0.5cm離して、原型を置く、又は、コート、ジャケット、パジャマなど、身ごろにゆるみを多くとる場合1cmとる

※屈身体型の人は◎でゆとり分はとらない、胸幅が狭いので調整する

前肩幅線
ドロップ袖はAHでダーツをとらない場合はNPよりSPを0.5cm多く下げてもよい

4) ランドネックラインの場合

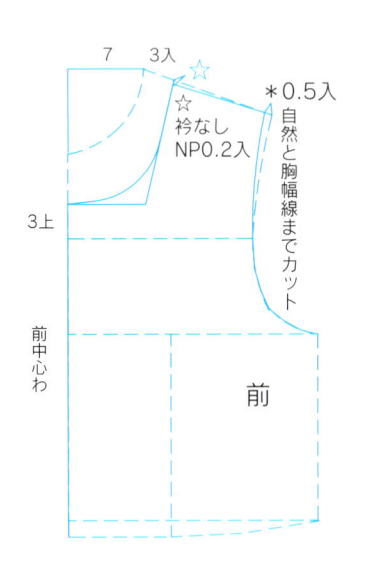

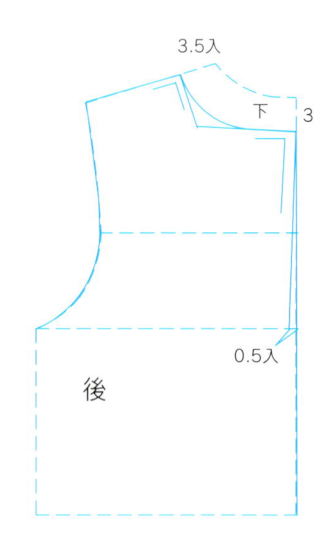

衿ぐりを後ろNPから3.5cm以上の場合は前は0.5cm少なくとる
前はSPで0.5cmカットする（前衿ぐりが浮かないようにするため）

5) 背肩幅に対してバストが小さい人

バスト　84cm
背肩幅　40cm
背丈　40cm

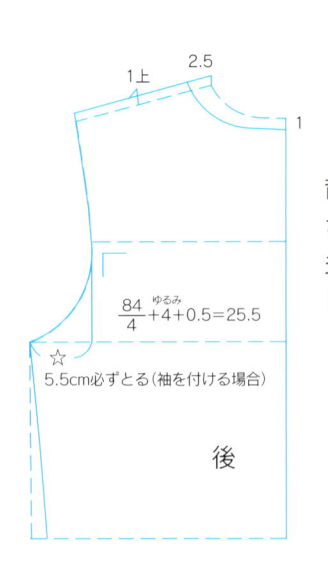

$$\frac{84}{4}+4+0.5=25.5$$ (ゆるみ)

☆ 5.5cm必ずとる（袖を付ける場合）

背肩幅に対してバストが小さい人は、バストのゆるみを多くとる
（腕の動きをよくするため）

6) 背肩幅に対してバストが大きい人

バスト　90cm
背肩幅　37cm
背丈　37cm

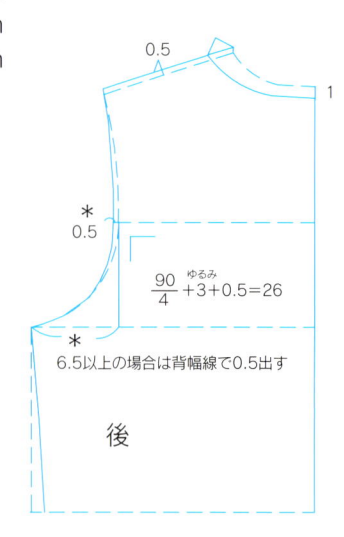

$$\frac{90}{4}+3+0.5=26$$ (ゆるみ)

* 6.5以上の場合は背幅線で0.5出す

背肩幅に対してバストが大きい人は、バストのゆるみが少なくても着やすくできる
（後AHカーブが多いので）

7) 後肩幅、後NPの上げる寸法（標準）

(単位:cm)

背肩幅	後肩幅	コート	後NP
35〜36	0上		
37〜38	0.5上	0.5上	0〜0.5上
39〜40	1上	1〜1.5上	0.5〜0.7上
41〜43	1上	1上	0.7上〜1上

上記の表はあくまでも目安

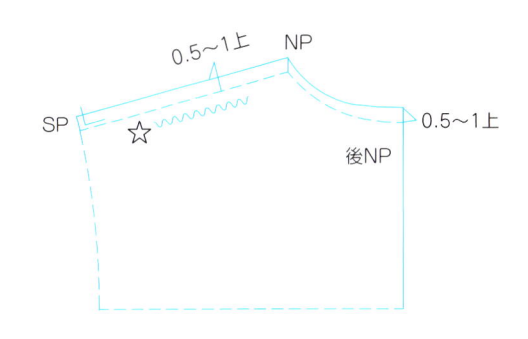

肩幅線は後ろに逃げやすいので、
NPは少し前身ごろの方がきれいに仕上がります

コート、ジャケットは下に着込むため、
少し衿ぐりを多くあけます

後肩幅を上げる場合は、SP肩幅線を
直角に上げ、その分いせこみでとる
NPは真上に上げる
ブラウス、うす地の場合は後肩幅を上げた分だけ、
後NPも同じように上げる

8) 首まわりNP入り寸法（標準）

(単位:cm)

後肩幅	スーツ	コート
35〜36	0〜0.3入	0.5入
37〜38	0.2〜0.5入	0.5〜0.6入
39〜40	0.5〜0.6入	0.5〜0.7入
41〜43	0.2〜0.5入	0.3〜0.5入

バストが小さくて背肩幅が狭くても
首まわりの大きい人もいます
また、その逆の人もいます
体型は個人によって様々ですので
調整してください

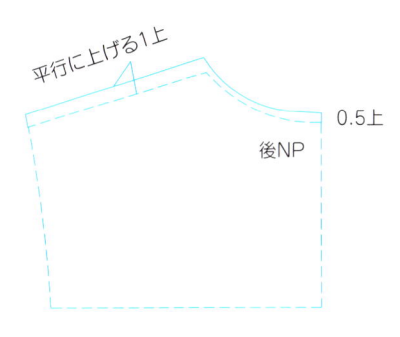

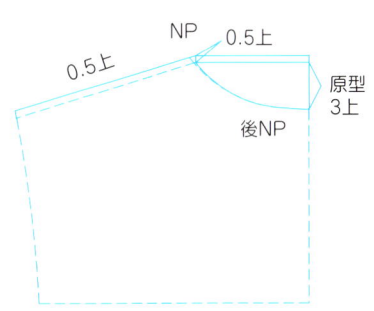

袖原型

袖原型の作り方

ここでは、AH43とAH50のサイズを参考に製図してみました。
ゆるみ分に関しては、洋服のデザインや好みによっても変わってきますが、基本は
P14の【表3】を参照してください。

袖の製図AH43

$80 \div 2 = 40 + 3 = 43$(AH)　　バスト／ゆるみ
$43 \div 3 = 14$(袖山)
＊前中心より0.8cm下はAH43cm以下の場合のみ使用する

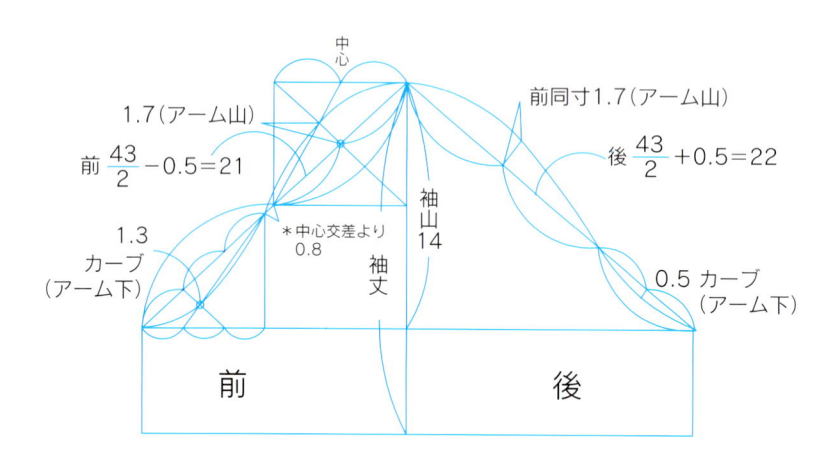

図内表記:
- 中心
- 1.7（アーム山）
- 前同寸1.7（アーム山）
- 前 $\frac{43}{2} - 0.5 = 21$
- 後 $\frac{43}{2} + 0.5 = 22$
- 袖山14
- ＊中心交差より0.8
- 袖丈
- 1.3 カーブ（アーム下）
- 0.5 カーブ（アーム下）
- 前／後

袖の製図AH50

$86 \div 2 = 43 + 7 = 50$(AH)　　バスト／ゆるみ
$50 \div 3 = 16.5$(袖山)

☆袖山はウール、厚地の場合、
いせこみ分が足りないので袖山を高くする
綿・薄地　　0
ウール　　　0.2〜0.4cm上
厚地　　　　0.4〜0.6cm上

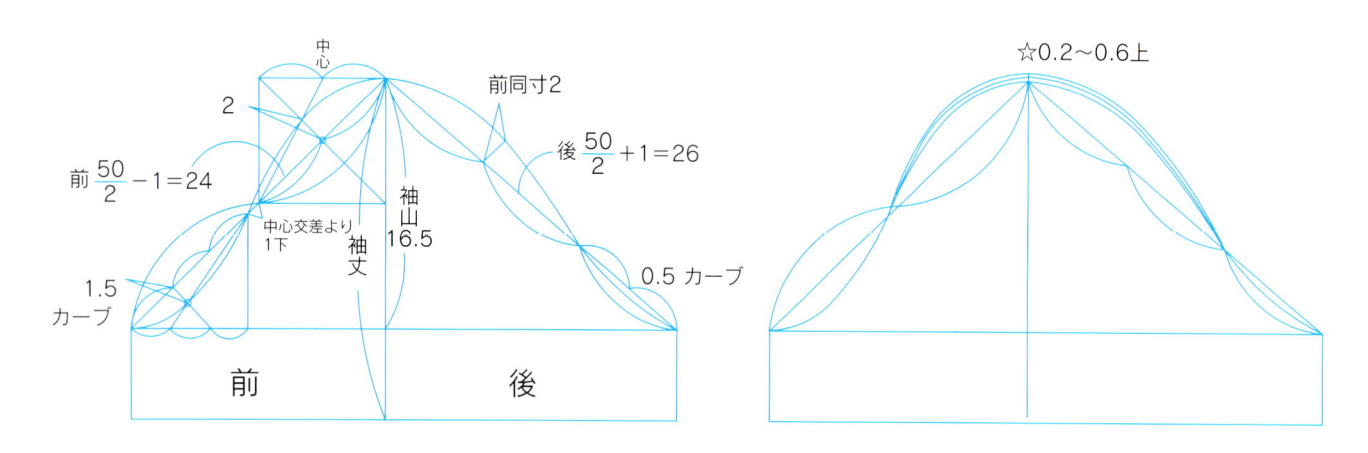

図内表記:
- 中心
- 2
- 前同寸2
- 前 $\frac{50}{2} - 1 = 24$
- 後 $\frac{50}{2} + 1 = 26$
- 中心交差より1下
- 袖山16.5
- 袖丈
- 1.5 カーブ
- 0.5 カーブ
- 前／後
- ☆0.2〜0.6上

25

ドロップ袖原型の作り方

ドロップ3

袖山＝48÷3＝16　　16－3＝13（袖山）

AH　　48cm
袖丈　55cm
ドロップ　3〜5cm

中心　3ドロップ分
1右　袖山－0.5下げる
◎前同寸
前AH 23.5
中心 1下交差
16袖山
13袖山
後AH 24.5
0.3　サイズによっては変わらない

前

肘ライン
1入　　4上　　1入
0.5のばす
55袖丈

0.5下　13.5　13.5　1下

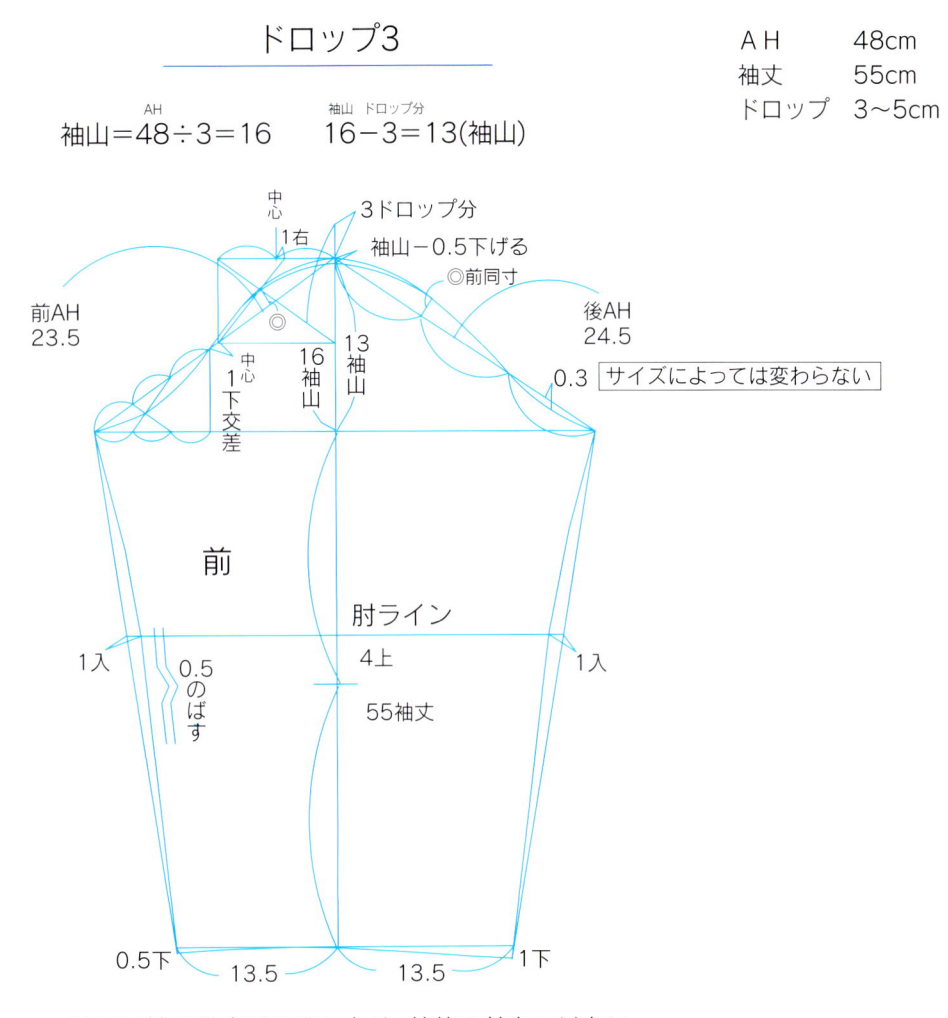

袖口は袖を前寄りにするため、前後の差をつけない

①身ごろをとる場合は、前後の差を下記のようにつける。
　後身ごろ＋1、前身ごろ－1（基本）
②前身ごろ寸法、後身ごろ寸法でAHをとる。
③いせこみ分を入れないために袖山で0.5cmカット。
④袖を4cm以上のドロップをとる場合は、袖ぐりを測り直して残った袖山分をカットする。

ドロップ5

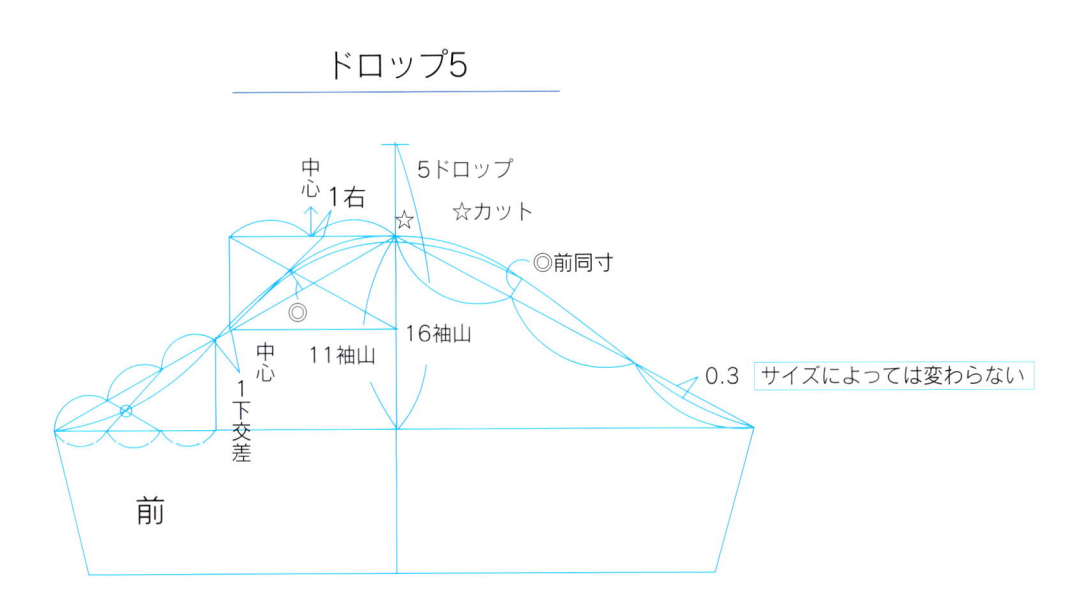

中心 1右
5ドロップ
☆カット
◎前同寸
中心 1下交差
11袖山
16袖山
0.3　サイズによっては変わらない

前

袖原型スケール

この原型は袖山と袖口の標準をあらわしたものです。人体の腕が前の方についていることを考慮して前袖口は1cm移動させています。型紙として使用することも可能です。

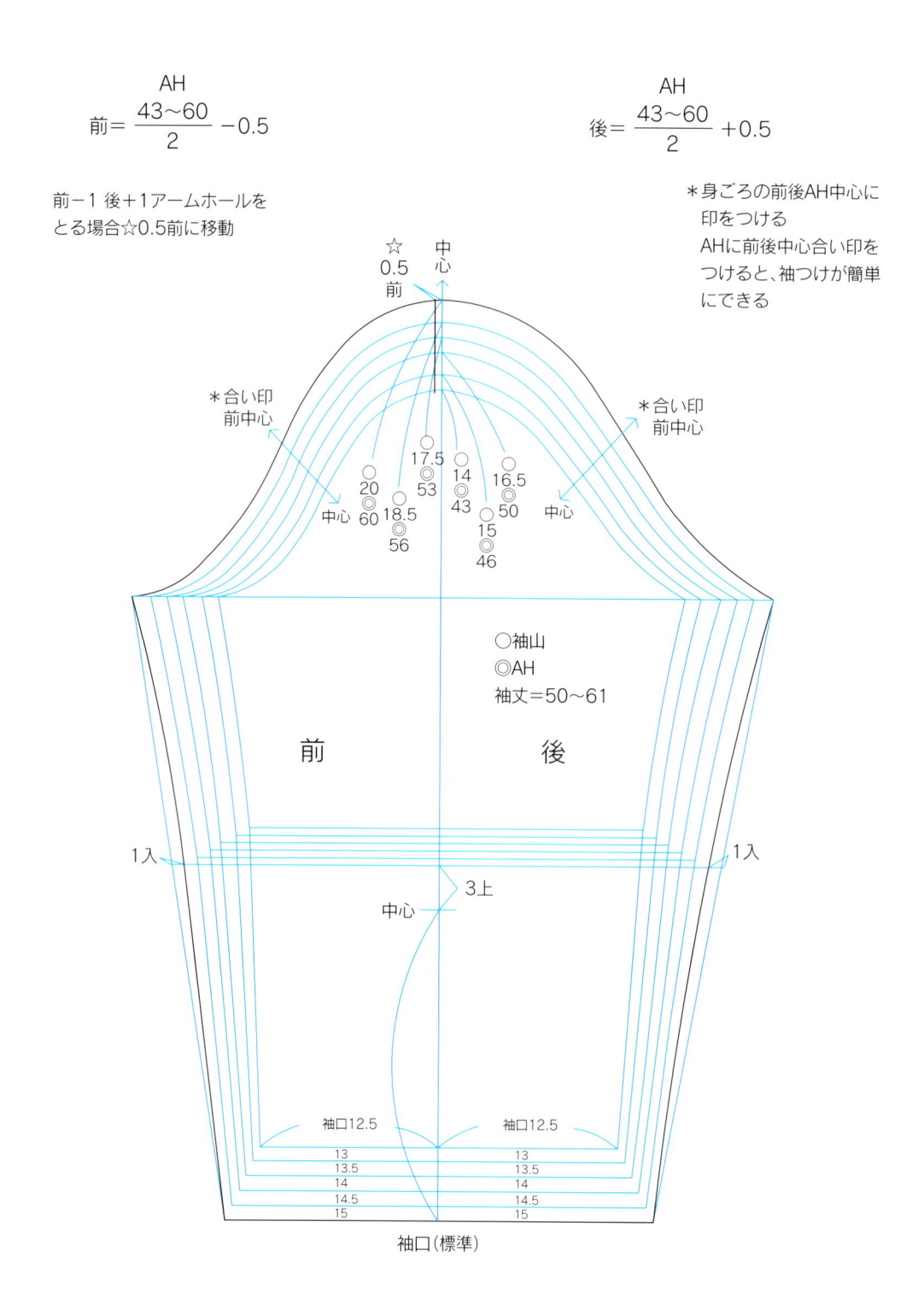

$$前 = \frac{AH}{2}_{43〜60} - 0.5$$

$$後 = \frac{AH}{2}_{43〜60} + 0.5$$

前-1 後+1アームホールをとる場合☆0.5前に移動

＊身ごろの前後AH中心に印をつける
AHに前後中心合い印をつけると、袖つけが簡単にできる

☆0.5前 中心

＊合い印 前中心

＊合い印 前中心

中心
20
60
18.5
56
17.5
53
14
43
15
46
16.5
50
中心

○袖山
◎AH
袖丈＝50〜61

前　　後

1入　　1入

3上
中心

袖口12.5　袖口12.5
13　13
13.5　13.5
14　14
14.5　14.5
15　15

袖口（標準）

袖口は袖を前寄りにするため、前後の差をつけない。

袖原型の応用

1）1枚袖（袖口ダーツ、長袖）の製図

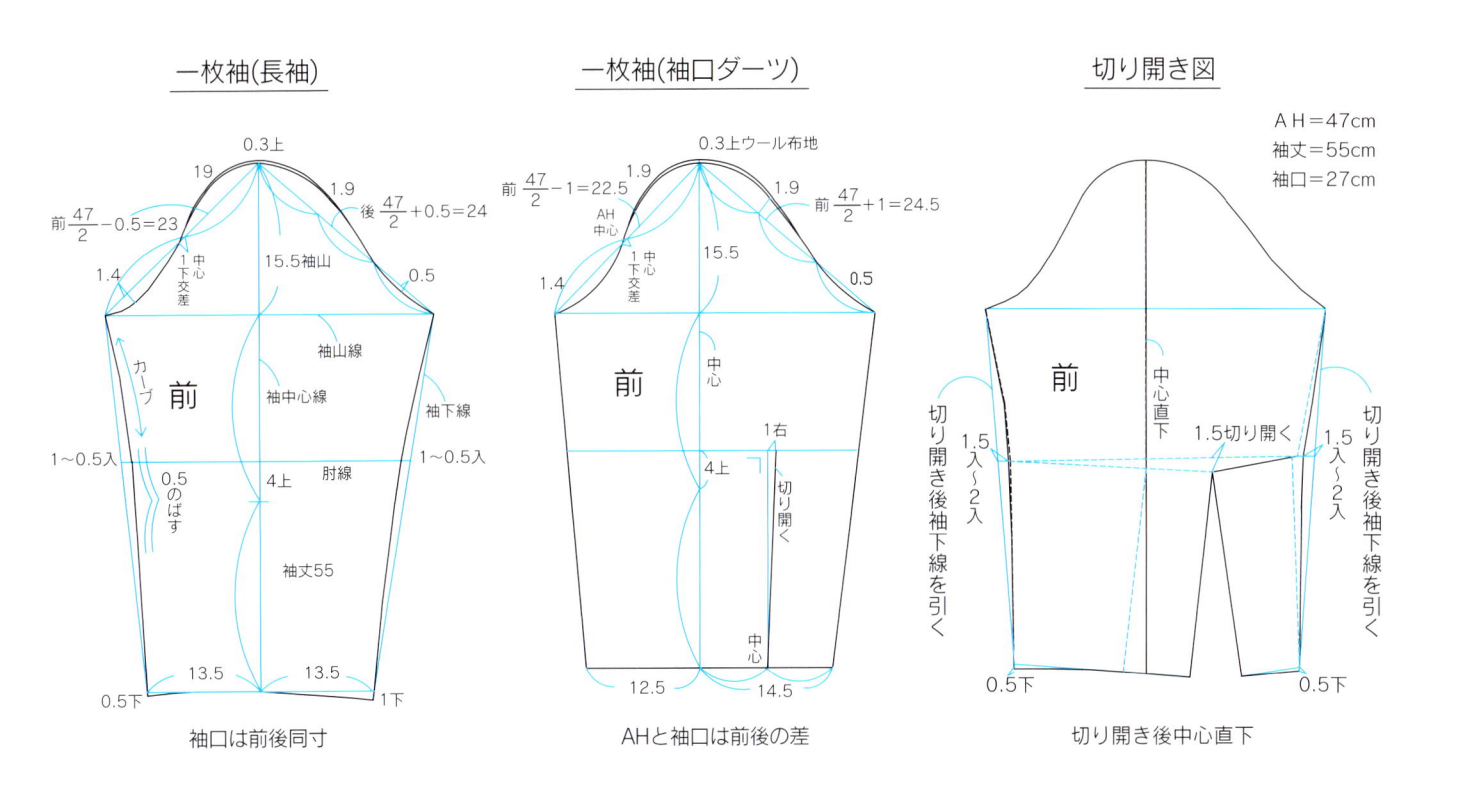

一枚袖（長袖）

- 0.3上
- 1.9
- 前 $\frac{47}{2}-0.5=23$
- 後 $\frac{47}{2}+0.5=24$
- 1.4
- 中心下交差
- 15.5 袖山
- 0.5
- カーブ
- 前
- 袖山線
- 袖中心線
- 袖下線
- 1～0.5入
- 0.5のばす
- 4上
- 肘線
- 1～0.5入
- 袖丈55
- 0.5下
- 13.5
- 13.5
- 1下

袖口は前後同寸

一枚袖（袖口ダーツ）

- 0.3上ウール布地
- 前 $\frac{47}{2}-1=22.5$ AH中心
- 1.9
- 後 $\frac{47}{2}+1=24.5$
- 1.4
- 中心下交差
- 15.5
- 0.5
- 前
- 中心
- 1右
- 4上
- 切り開く
- 中心
- 12.5
- 14.5

AHと袖口は前後の差

切り開き図

AH＝47cm
袖丈＝55cm
袖口＝27cm

- 1.5入～2入
- 1.5切り開く
- 1.5入～2入
- 切り開き後袖下線を引く
- 前
- 中心直下
- 切り開き後袖下線を引く
- 0.5下
- 0.5下

切り開き後中心直下

2）タイトスリーブの製図

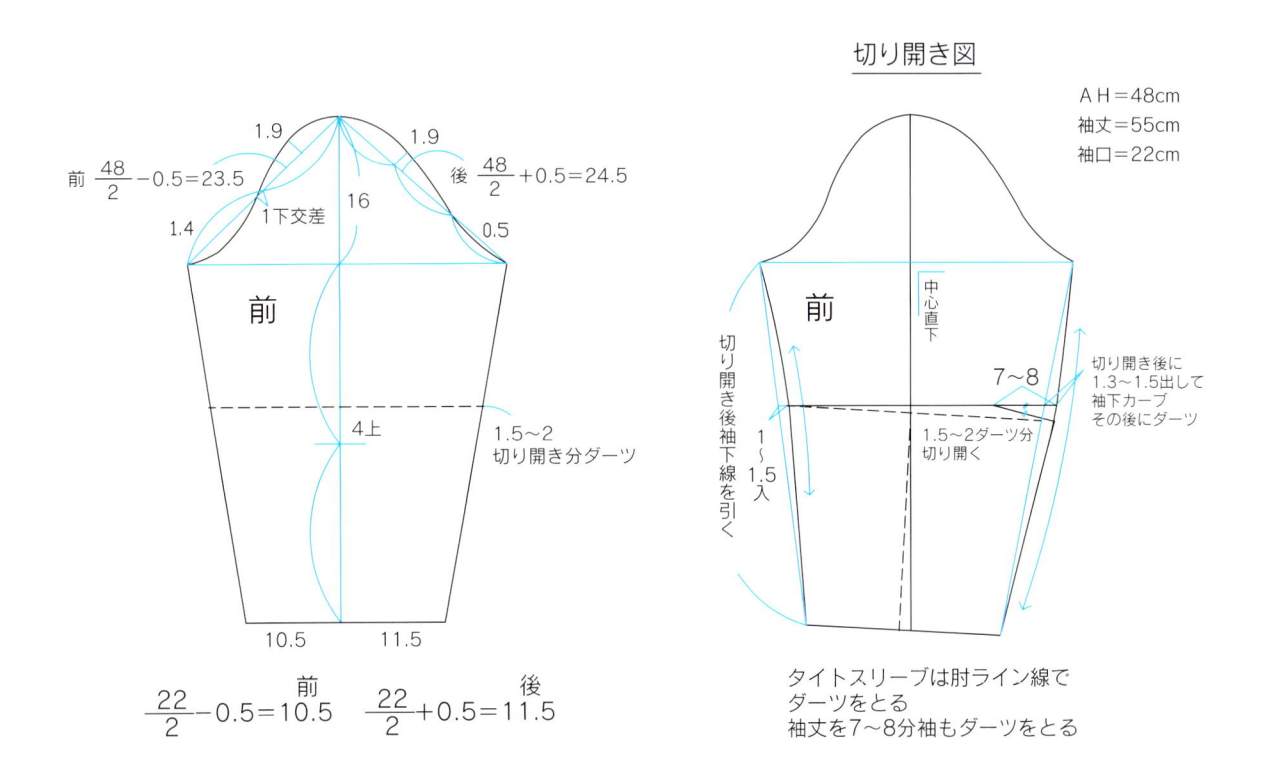

- 1.9
- 1.9
- 前 $\frac{48}{2}-0.5=23.5$
- 後 $\frac{48}{2}+0.5=24.5$
- 1.4
- 1下交差
- 16
- 0.5
- 前
- 4上
- 1.5～2切り開き分ダーツ
- 10.5
- 11.5

前 $\frac{22}{2}-0.5=10.5$　後 $\frac{22}{2}+0.5=11.5$

切り開き図

AH＝48cm
袖丈＝55cm
袖口＝22cm

- 前
- 中心直下
- 7～8
- 切り開き後袖下線を引く
- 1～1.5入
- 1.5～2ダーツ分切り開く
- 切り開き後に1.3～1.5出して袖下カーブ その後にダーツ

タイトスリーブは肘ライン線でダーツをとる
袖丈を7～8分袖もダーツをとる

3）2枚袖の製図①〜④

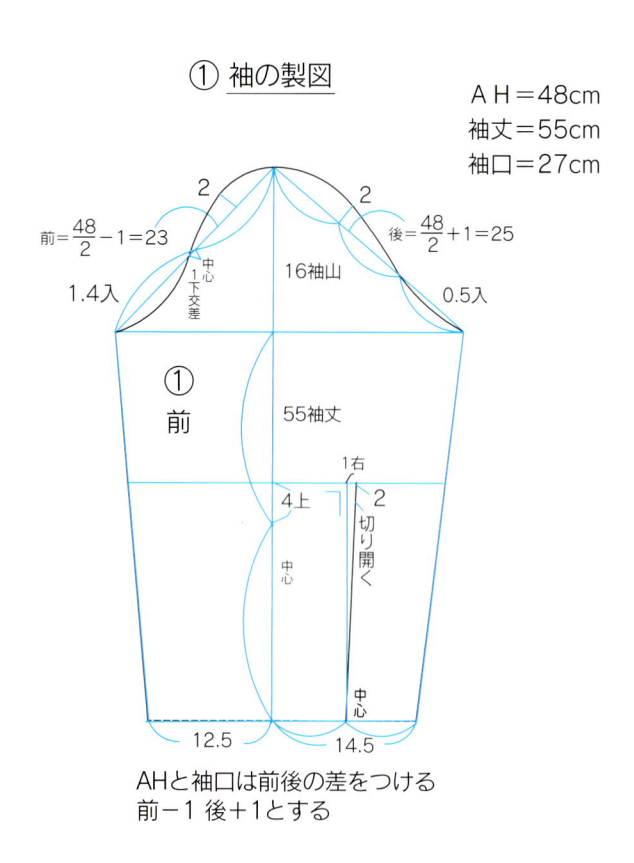

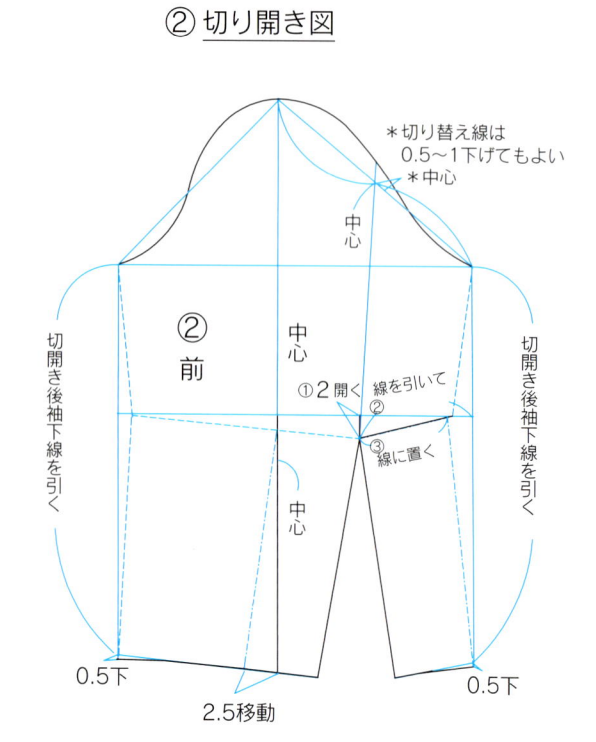

① 袖の製図

ＡＨ＝48cm
袖丈＝55cm
袖口＝27cm

前＝$\frac{48}{2}-1=23$　後＝$\frac{48}{2}+1=25$

2　2
1.4入　0.5入
中心下交差
16袖山
55袖丈
①前
4上　1右　2切り開く
中心
12.5　14.5
中心

AHと袖口は前後の差をつける
前−1　後＋1とする

② 切り開き図

＊切り替え線は0.5〜1下げてもよい
＊中心

切り開き後袖下線を引く
②前
中心
①2開く　線を引いて
③線に置く
切り開き後袖下線を引く
中心

0.5下　2.5移動　0.5下

4）袖口を広くとる製図（②応用）

＊袖口を広く開ける場合

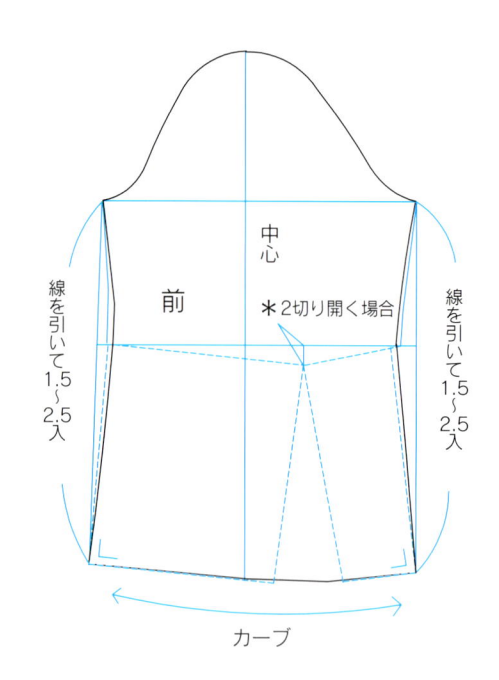

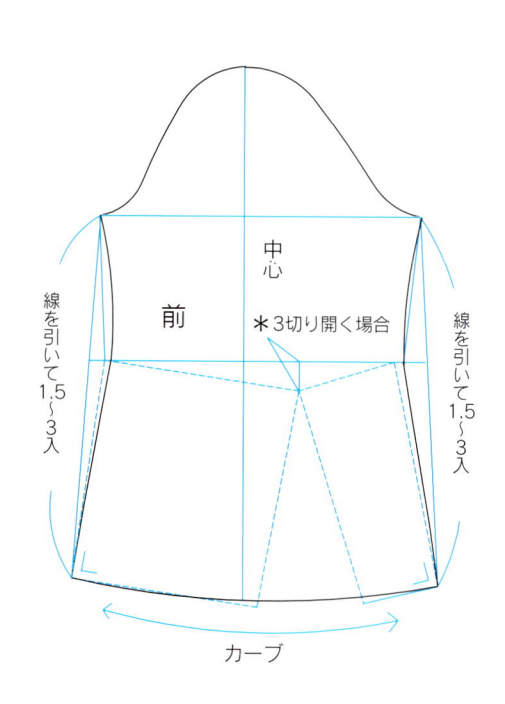

中心
前
＊2切り開く場合
線を引いて1.5〜2.5入
線を引いて1.5〜2.5入
カーブ

中心
前
＊3切り開く場合
線を引いて1.5〜3入
線を引いて1.5〜3入
カーブ

③ 2枚袖の製図

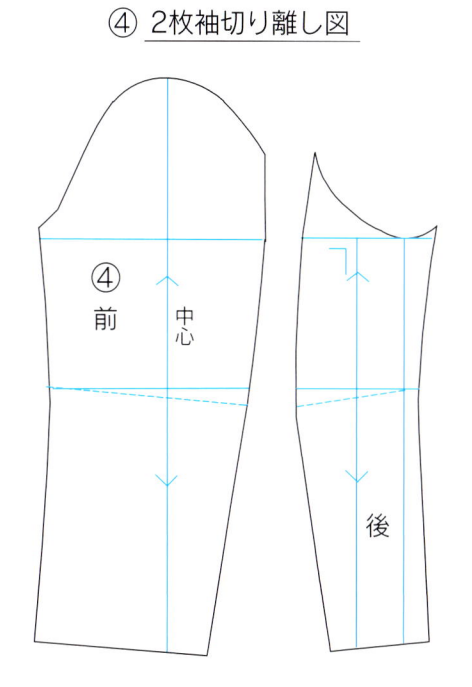

3.5　☆1入　3.5
0.5出　0.5出
③ 前
1.5入 普通
2入 ほそめ
☆袖山線重なり分
線を引いて1.5～2入
線を引いて1.5～2入
中心
後
2.5　2.5移動

④ 2枚袖切り離し図

④ 前　中心
後

5) 2枚袖を1枚袖にとる製図（④応用）

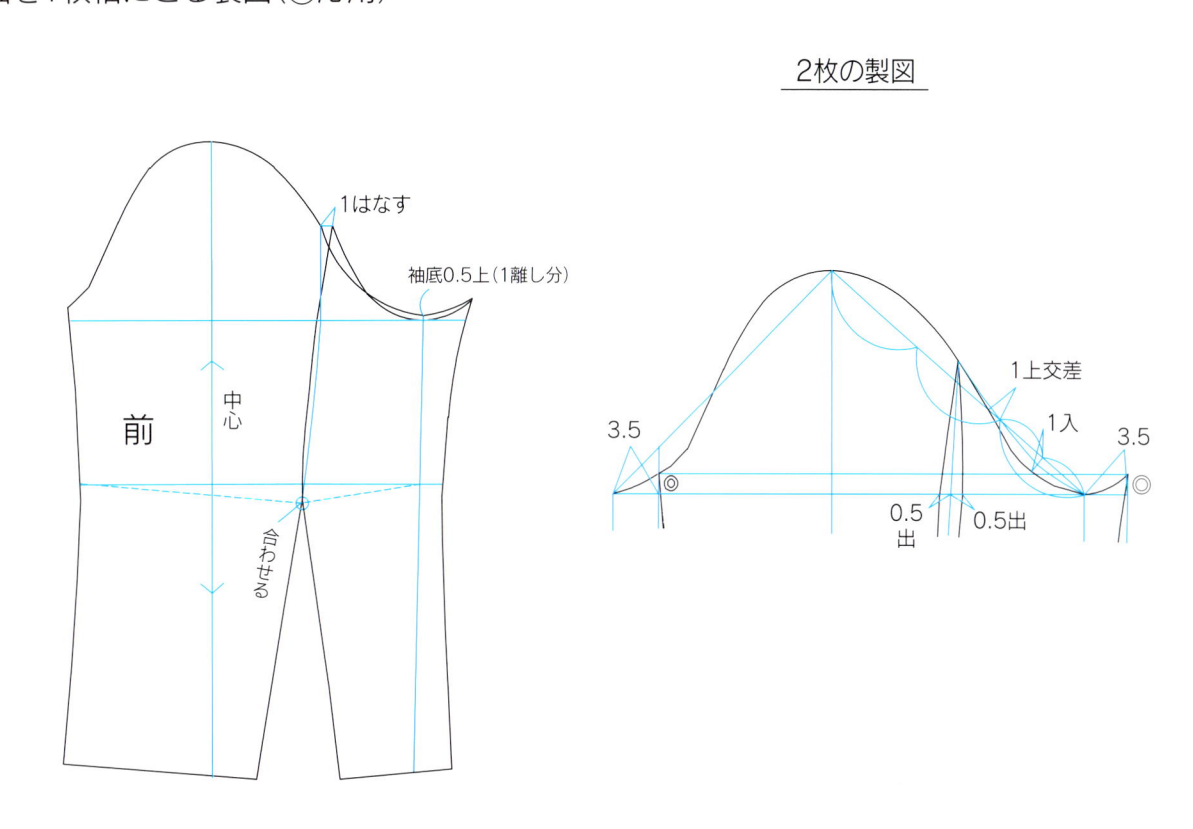

1はなす
袖底0.5上（1離し分）
前　中心
合わせる

2枚の製図

1上交差
3.5　1入　3.5
0.5出　0.5出

30

袖のつけ方

袖山いせこみの入れ方

いせこみは袖に丸みを作るために、袖ぐり全体につける。袖山は厚地の場合は多く、薄地の場合は少なくするなどして調整。2本どりでぐし縫いをしていせこみをする。縫い目は少し大きくして、上糸をゆるめてミシンで縫ってもよい。外側を図のように縫う。縫いしろに袖山線より1cm上まで2本縫う。2本の糸を一緒に糸を引いていせを寄せ、袖の形に丸みをとる。その後、アイロンでいせこみを整える。

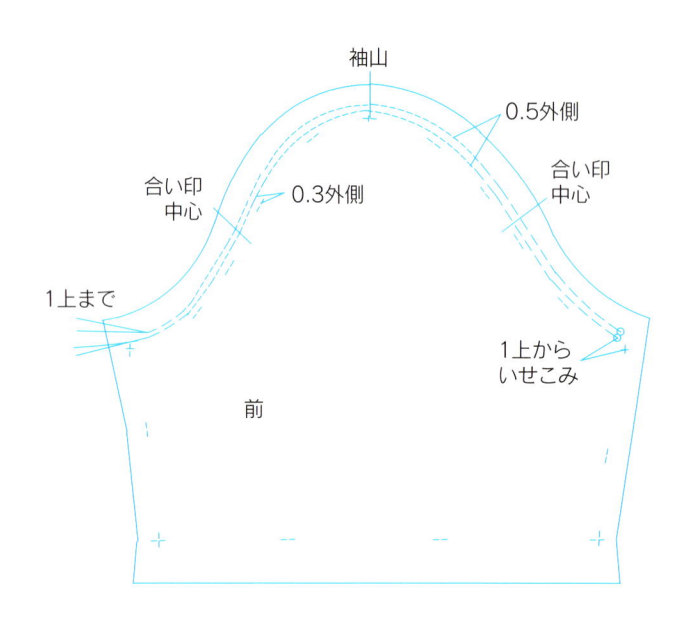

袖山
0.5外側
合い印 中心
0.3外側
合い印 中心
1上まで
1上から いせこみ
前

袖の作り方

① 前　中心　中心　1.5縫いしろ
袖口3縫いしろ

② 前　中心　中心
できあがりに折る袖口2cm
（袖下縫う前に袖口を整えておく）

③ 前裏　返し縫
袖口はミシン

④ 前裏
薄地は袖下一緒に1cmロックミシン

⑤ 前表
表にして2本の糸を一緒に引いていせを寄せ袖の形に丸みをとる
（4本の指先に乗せて）

前後身ごろAHの中心と袖AH中心に合い印を合わせて袖をつける
チェック柄も合わせやすいうえ、袖つけも簡単にできる

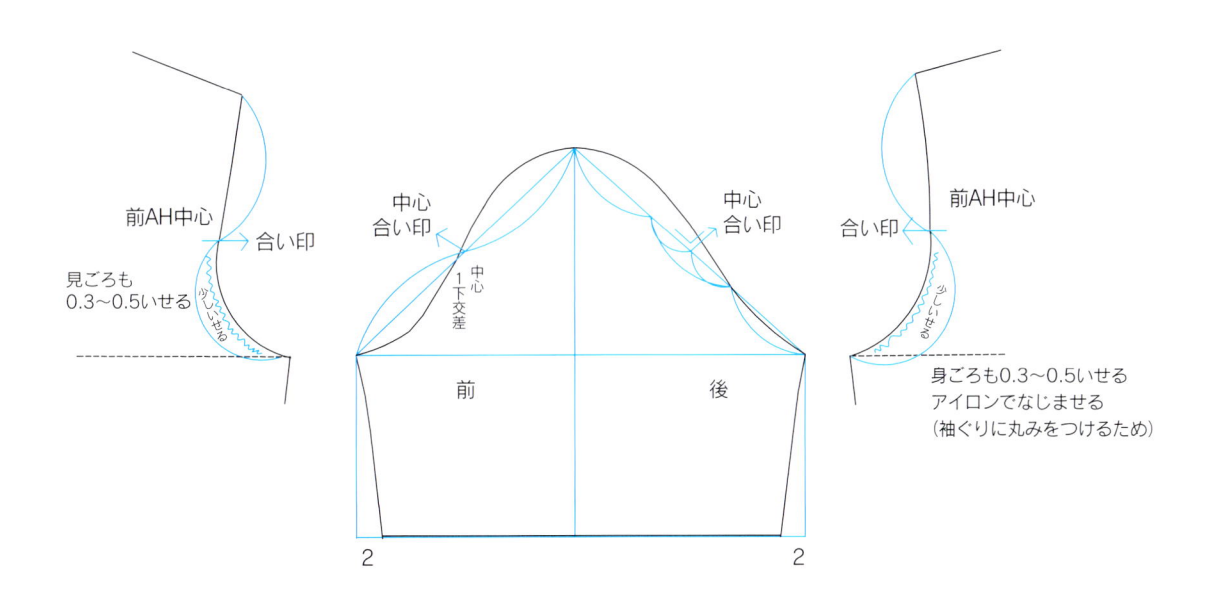

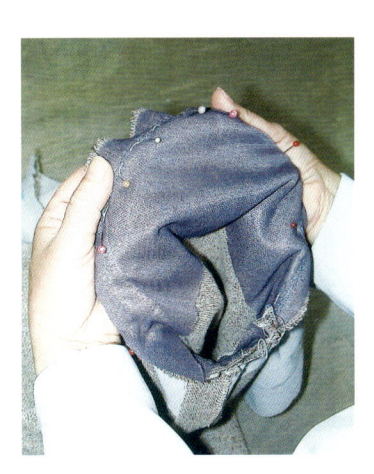

身ごろAH線を見ながら合い印中心にまち針を打ち、
袖のいせこみを調整しながら長針でしつけをかける
袖山は少し返し縫いをした方がいせこみが整う

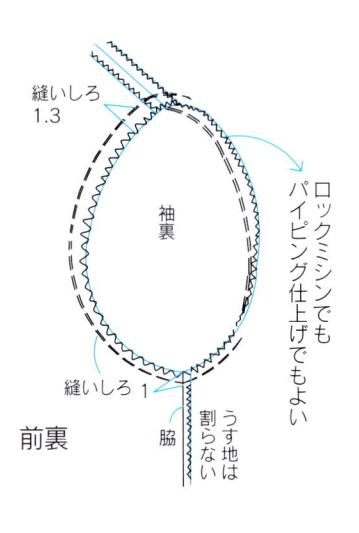

ミシン縫いは脇下袖から縫う
袖ぐりは2度ミシンをかけること
薄地は脇前後カーブを2度縫いする

スカート

原型の特徴

原型を使う事によってウエストと裾幅の差がさまざまでも、前中心後ろ中心（H下がり）が簡単に割り出せます。

ウエストに対して裾幅が広くなると前後中心の下がりも多い。

ウエスト寸法、裾幅を決めてとればウエストからヒップまでのカーブの脇線もきれいにとれます。

ウエスト寸法とヒップのゆるみ、裾幅を決めてとれば、ダーツの分量が自然に決まります。フレアーも全体にバランスよくとれます。

＊ミドルヒップ（おなかが出てる人）は、ヒップライン寸法をHL線1〜3cm上に合わせてとります。

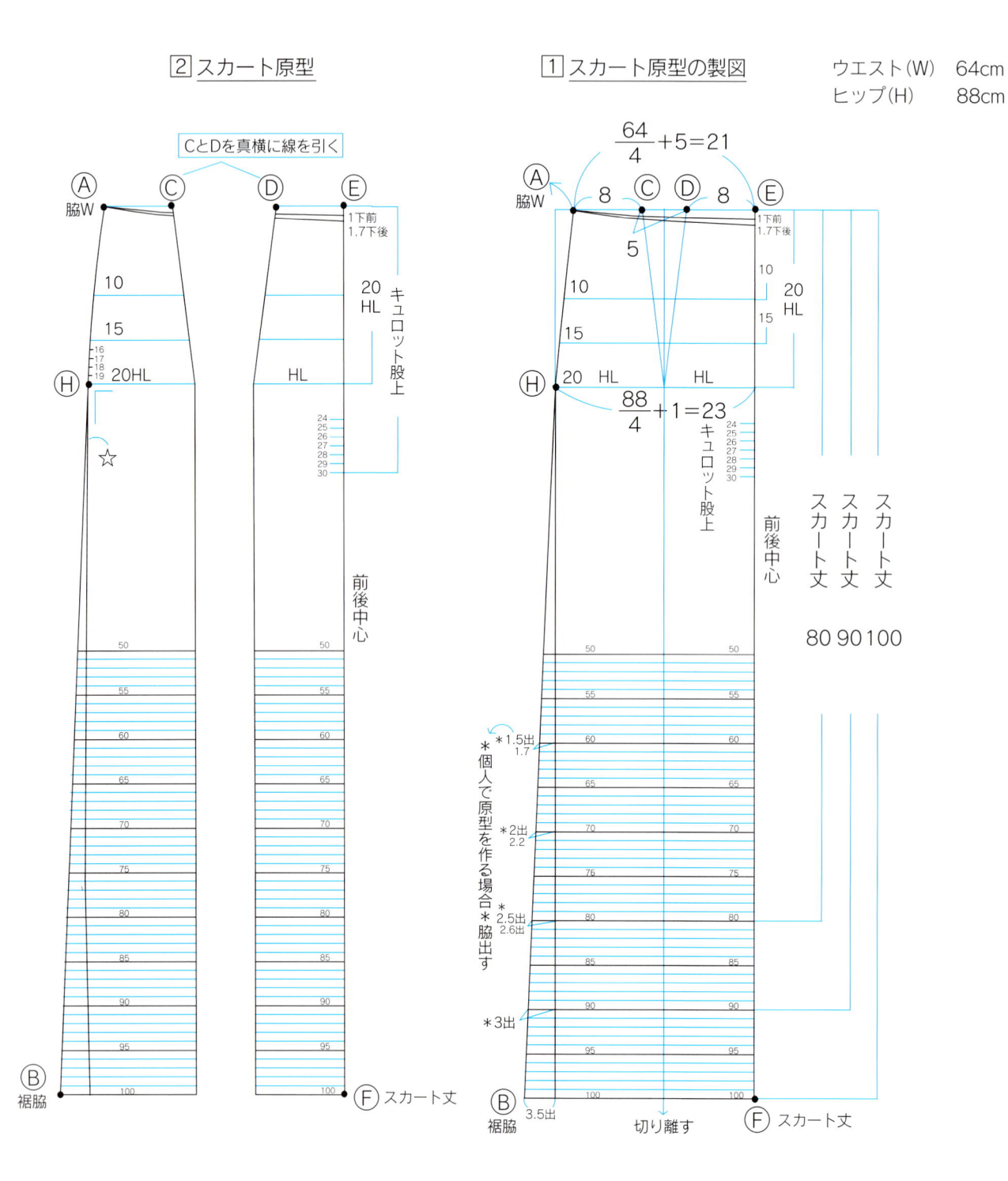

2 スカート原型

1 スカート原型の製図

ウエスト(W)　64cm
ヒップ(H)　88cm

$\dfrac{64}{4}+5=21$

$\dfrac{88}{4}+1=23$

スカート丈　80　90　100

スカート原型の使い方

スカートの原型で応用できる種類
- 台形スカート
- フレアスカート
- フィットフレアスカート
- ギャザースカート
- タックスカート
- キュロットスカート
- キュロットパンツ

前下がりH下がり標準
(単位:cm)

ウエスト	前下がり	H下がり
66以下	1下	1.7下
70〜73	0.5下	1.7下
75〜78	0	1.7下
80〜85	0.3〜0.5上	1.7下
86〜90	0.5〜1上	1.7下
92〜95	1〜1.5上	1.7下

おなかが出ている人の場合

---

1 ☆裾幅が原型以下寸法の場合はHL直下を使う

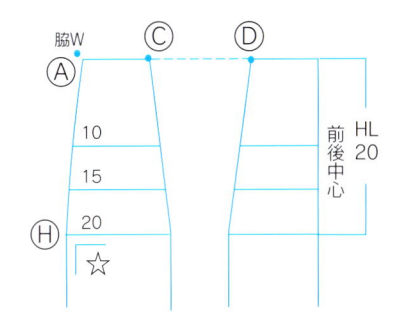

脇W Ⓐ Ⓒ Ⓓ
10
15
Ⓗ 20
☆
前後中心 HL20

3 フレアスカート
ウエスト70
$\frac{70}{4}=17.5$
原型8　原型8
1.5 足りない分をとる
HL20

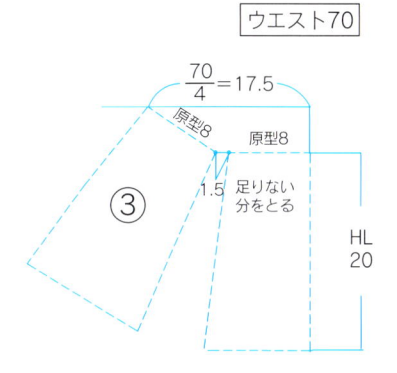

4 フレアギャザースカート
ウエスト68 ギャザー分5
$\frac{68}{4}+5=22$
原型8 ギャザー 原型8
6 足りない分をとる
HL20

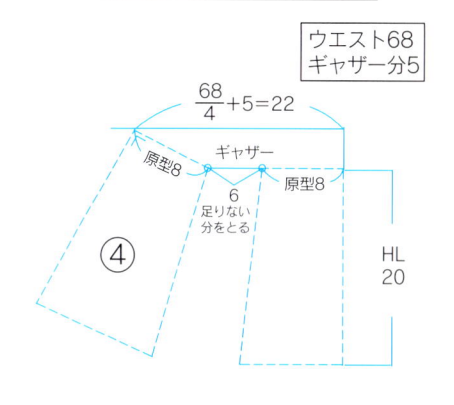

2 (ミドルヒップ÷4+0.5) 原型を合わせてもとれる

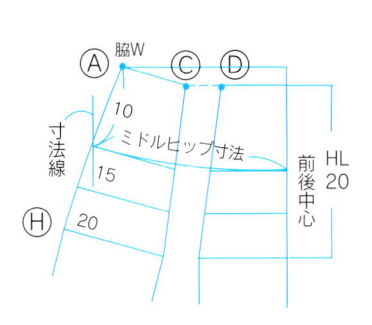

脇W Ⓐ Ⓒ Ⓓ
10
寸法線 ミドルヒップ寸法
15
Ⓗ 20
前後中心 HL20

ウエストカーブのとり方 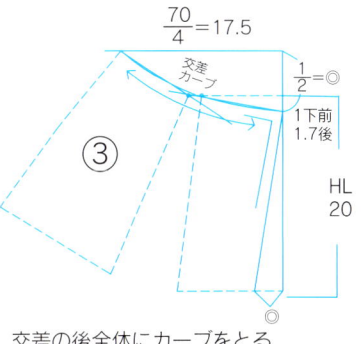
$\frac{70}{4}=17.5$
交差カーブ
$\frac{1}{2}=◎$
1下前 1.7後
HL20
交差の後全体にカーブをとる

ウエストカーブのとり方
$\frac{68}{4}+5=22$ ギャザー
交差カーブ
1下前 1.7後
HL20
*0.5入

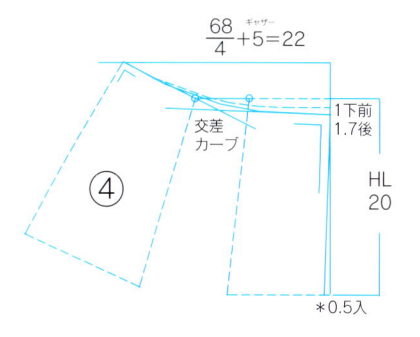

*フレアギャザーの場合は図のようにウエストのカーブをとる

1) ギャザースカート

ウエスト　64cm
スカート　丈70cm
布地110幅　1.6m

② ウエストのカーブをとる

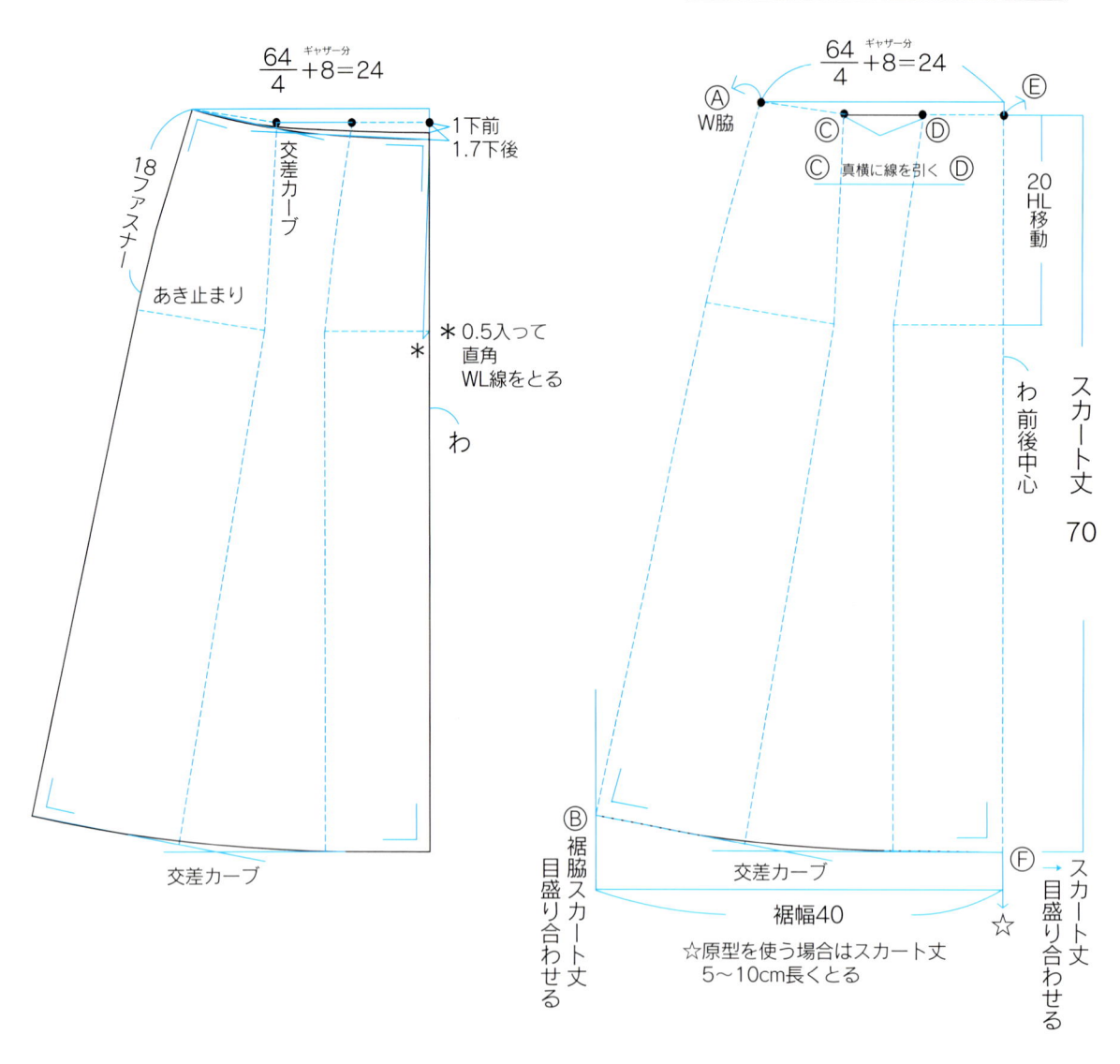

$\frac{64}{4}+8=24$ ギャザー分

1下前
1.7下後

18ファスナー
交差カーブ
あき止まり

＊0.5入って
直角
WL線をとる

わ

交差カーブ

① デザインを決めて、ウエスト寸法、裾幅、スカート丈で原型を合わせる

$\frac{64}{4}+8=24$ ギャザー分

Ⓐ W脇
Ⓒ　Ⓓ
Ⓒ 真横に線を引く Ⓓ
Ⓔ

20 HL移動

わ 前後中心

スカート丈 70

Ⓑ 裾脇スカート丈目盛り合わせる

交差カーブ

裾幅40
☆原型を使う場合はスカート丈
　5～10cm長くとる

Ⓕ → スカート丈目盛り合わせる
☆

ギャザーのとり方

上糸を少しゆるめ、
針目を少し大きくする
下糸は2本を一度に縮めて、
表からギャザーをとる

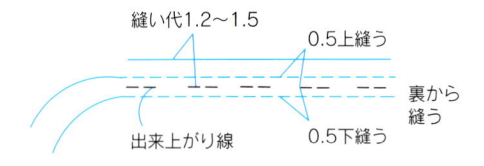

縫い代1.2～1.5
0.5上縫う
裏から縫う
出来上がり線
0.5下縫う

①A脇をウエストに合わせる。
②B裾幅をスカート丈の目盛に合わせる。
③CとDの真横に線を引く。
④Eからスカート丈をとる。

ベルト寸法のとり方(前後の差はつけない)

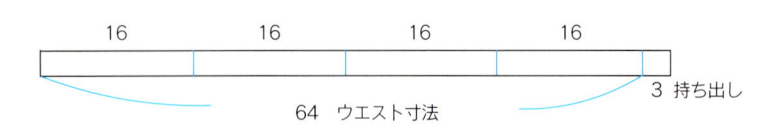

| 16 | 16 | 16 | 16 |

64　ウエスト寸法　　　3 持ち出し

ギャザーの入れ方

ウエストのギャザーは、
前中心脇は少なめにとる

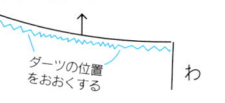

ダーツの位置
をおおきくする　わ

切り替え線には↑合い印をつけて
全体にバランスよく入れる

2) 台形スカート

ウエスト	66cm
ヒップ	90cm
スカート丈	68cm

2 原型を脇側から置く

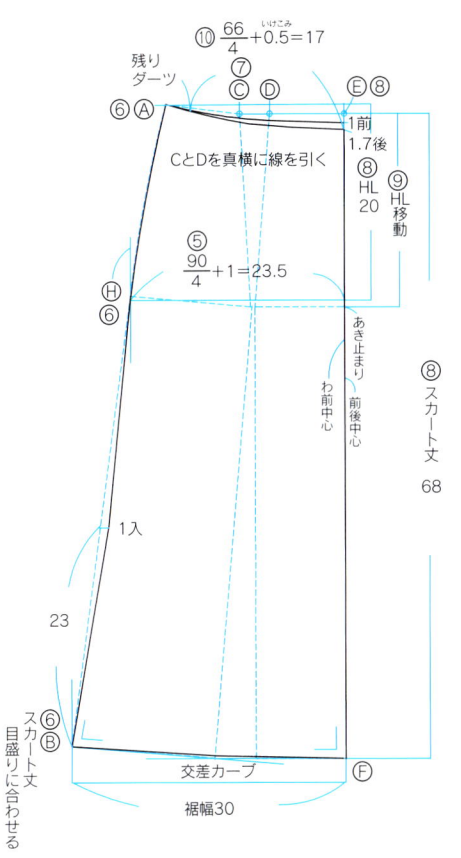

⑩ $\frac{66}{4} + 0.5 = 17$ いせこみ

残りダーツ

⑦ ⑥Ⓐ ＣⒸ ⒹD Ⓔ⑧

CとDを真横に線を引く

1 前
1.7 後
⑧ HL
⑨ HL移動
20

⑤ $\frac{90}{4} + 1 = 23.5$

Ⓗ ⑥

あき止まり
わ前中心
前後中心
⑧ スカート丈 68

1入

23

⑥Ⓑ スカート丈 目盛りに合わせる

交差カーブ Ⓕ

裾幅 30

1 案内図

この図の後に
スカート原型を使う

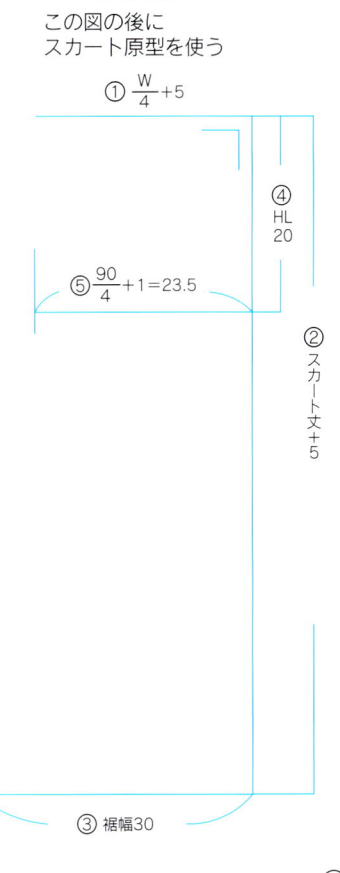

① $\frac{W}{4} + 5$

④ HL 20

⑤ $\frac{90}{4} + 1 = 23.5$

② スカート丈 +5

③ 裾幅 30

スカート原型

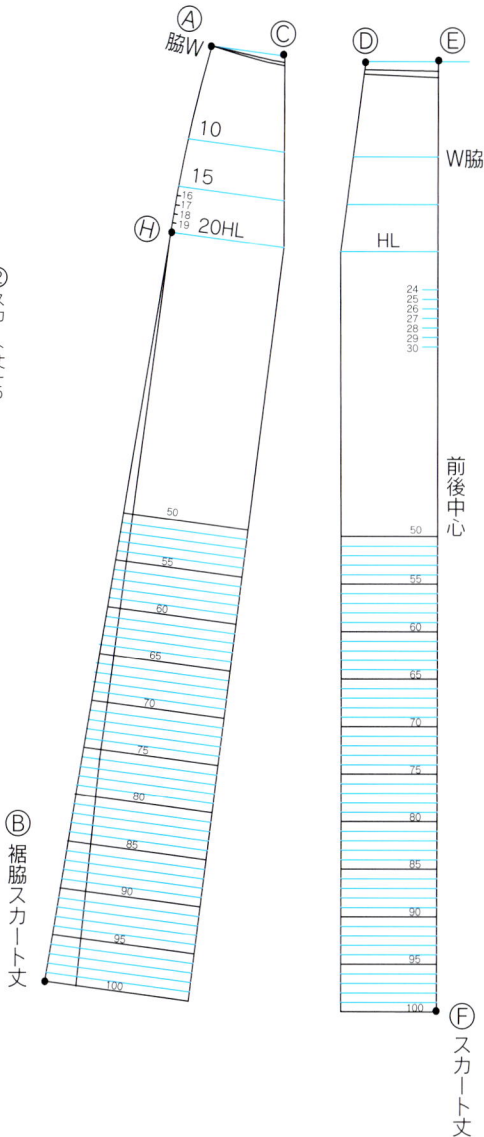

Ⓐ 脇W Ⓒ　Ⓓ Ⓔ

10
15
16
17
18 20HL
19
Ⓗ

W脇

HL
24
25
26
27
28
29
30

前後中心

50
55
60
65
70
75
80
85
90
95
100

Ⓑ 裾脇スカート丈　Ⓕ スカート丈

残りダーツ分のとり方

①ヒップに対してウエストの方が大きい人は、脇で1cmから1.5cmのダーツ分をとってもよい

残り1cmのダーツの場合、脇で1cmから1.5cm出してよい。

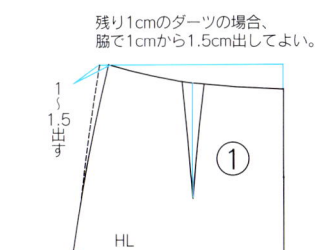

1〜1.5 出す

① HL

②ウエストが細い人、あるいはウエストでゆるめにとる場合、脇で0.5cmから1cmカットしてもよい

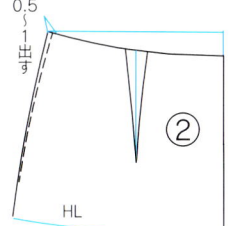

0.5〜1 出す

② HL

いせこみの入れ方

スカートの表裏を作って脇で表と裏をとじ、裏側からウエストを裏表合わせる。ファスナーは0.5cm離してまつる。表からウエストのカーブ線を引き直して、表からその線より0.2cmから0.3cm上を縫う。ウエストで丸みを作るために、いせこみはウエスト全体につける。いせこみをつけない場合は、ウエストを＋2cm多くとる。

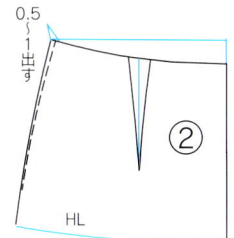

ダーツはたたんでウエストのカーブをとり直す

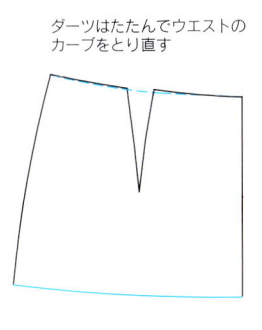

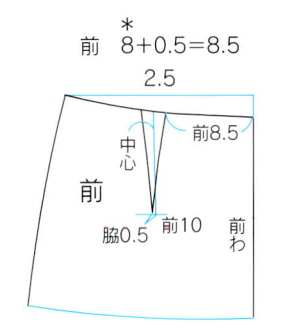

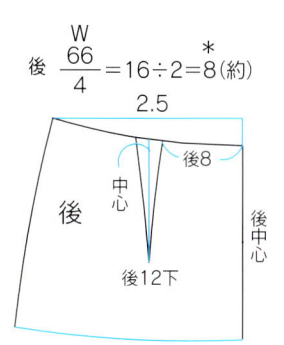

ダーツ位置の決め方

前　$8 + 0.5 = 8.5$
2.5

前8.5
中心
前　脇0.5　前10　前わ

後　$\frac{66}{4} = 16 \div 2 = 8$ (約)
2.5

後8
中心
後　後12下　後中心

3) タイトスカート

＊いせこみはウエスト全体につける(丸みをつけるため)

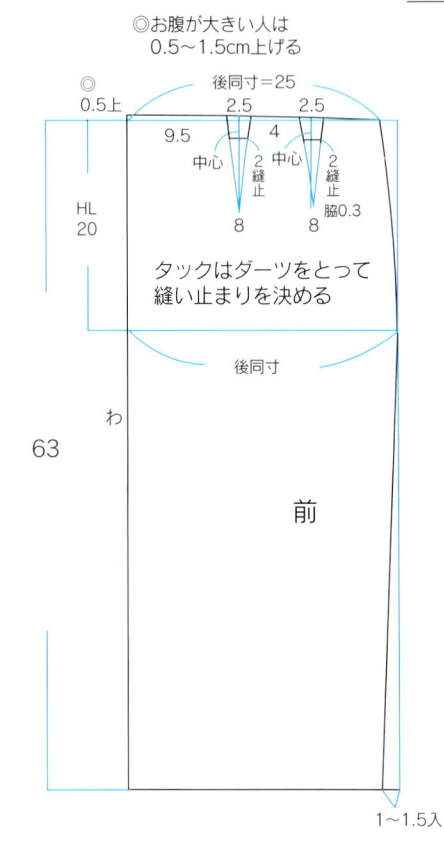

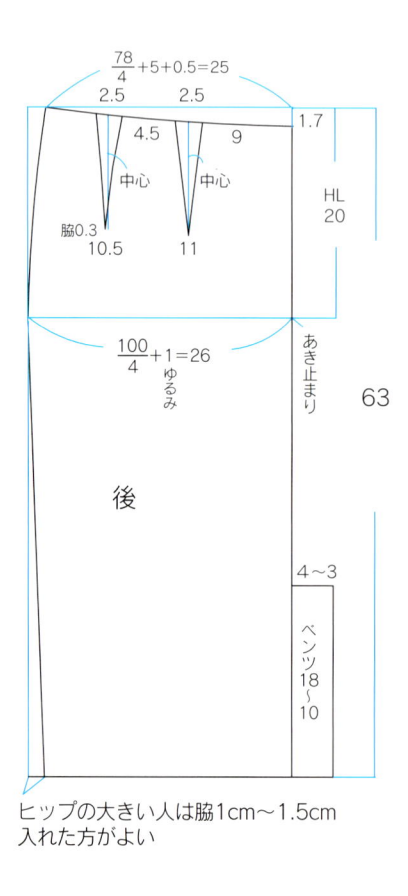

ウエスト	66cm
ヒップ	90cm
スカート丈	63cm

標準体型

後同寸＝22
2.5　2.5
1
8.5　3.5
HL 20
中心　中心
9　9　0.5脇

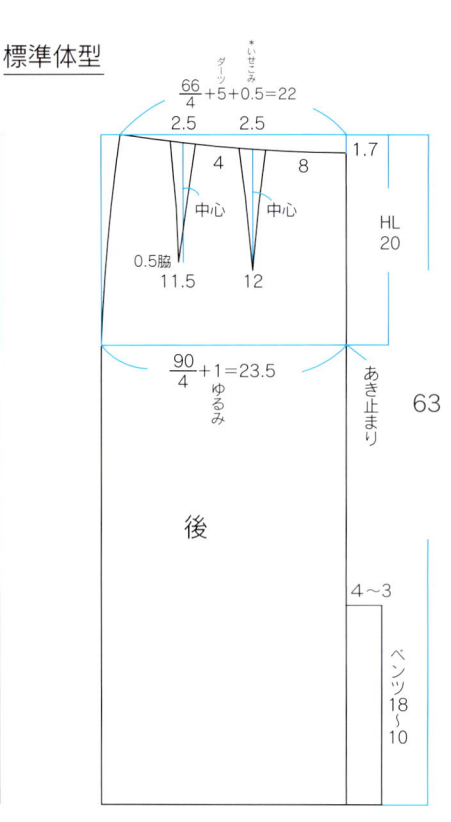

$\frac{66}{4}+5+0.5=22$　＊いせこみ
2.5　2.5
4　8
1.7
中心　中心
0.5脇　11.5　12
HL 20

$\frac{90}{4}+1=23.5$ ゆるみ
後同寸
63　わ　前　後　63　あき止まり
4～3
ベンツ 18～10

タイトスカートの製図を使って脇の裾を2cm～3cm出して、台形スカートに応用してもよい

L寸

◎お腹が大きい人は 0.5～1.5cm上げる

◎ 0.5上
後同寸＝25
2.5　2.5
9.5　4　4
中心　2縫止　中心　2縫止脇0.3
8　8
HL 20

タックはダーツをとって縫い止まりを決める

$\frac{78}{4}+5+0.5=25$
2.5　2.5
4.5　9
1.7
中心　中心
脇0.3　10.5　11
HL 20

$\frac{100}{4}+1=26$ ゆるみ
後同寸
63　わ　前　後　63　あき止まり
1～1.5入
ヒップの大きい人は脇1cm～1.5cm入れた方がよい
4～3
ベンツ 18～10

ウエストラインカーブのとり方

前は中心 $\frac{1}{3}$ からカーブ

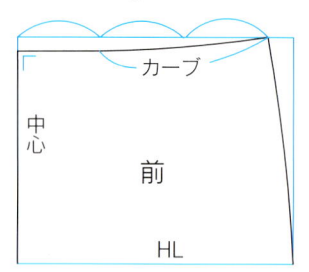

カーブ
中心　前　HL

後WLをとる場合は、0.5cm入って直角中心まで後はカーブでとる

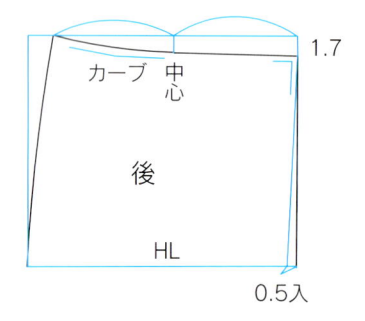

1.7
カーブ　中心
後　HL
0.5入

ダーツ位置の決め方(標準)

$\frac{W}{\frac{78}{4}}=19.5\div 2=9.75(約9.5)$
$9.5\times 0.4=3.8(約4)$

中心
9.5　4
中心　ダーツの位置
前　HL

☆中心より 0.5cm‥ウエスト78cm以下
0.5cm移動　1cm‥ウエスト80cm以上

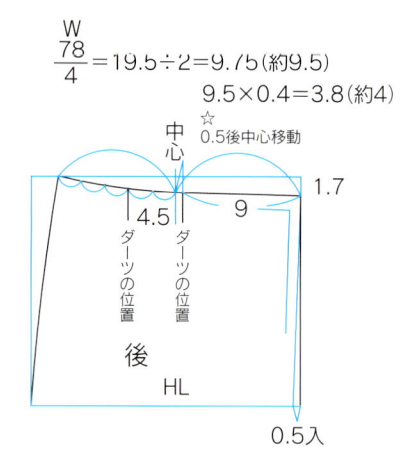

$\frac{W}{\frac{78}{4}}=19.5\div 2=9.75(約9.5)$
$9.5\times 0.4=3.8(約4)$
☆0.5後中心移動

中心
4.5　9
1.7
ダーツの位置　ダーツの位置
後　HL
0.5入

4）ボックスプリーツスカート

ウエスト　78cm
ヒップ　　100cm
スカート丈　63cm

③切り開き図

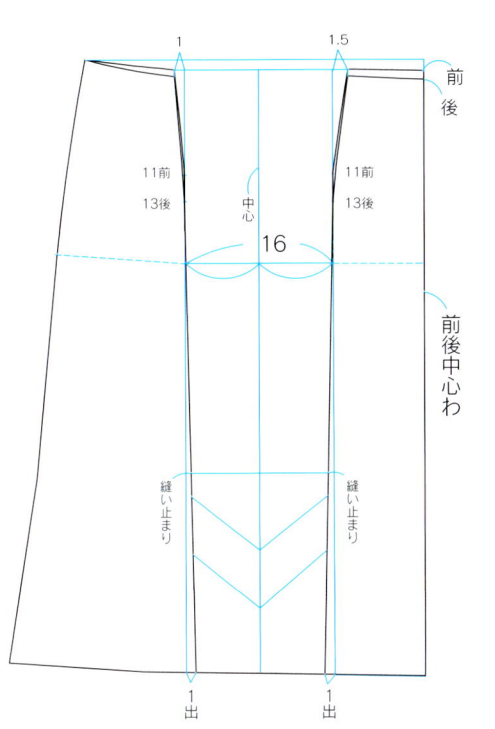

②プリーツ線を決める

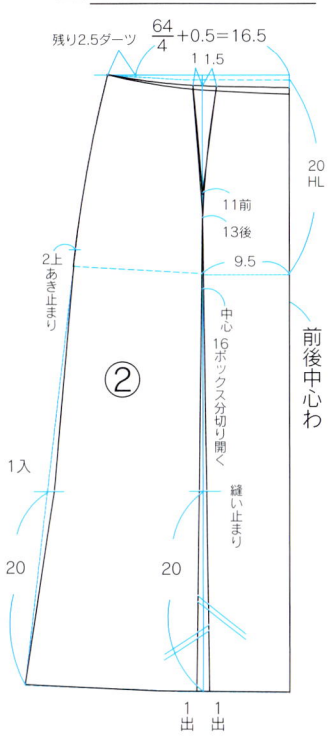

残り2.5ダーツ　$\frac{64}{4}+0.5=16.5$
1 1.5

①原型で製図

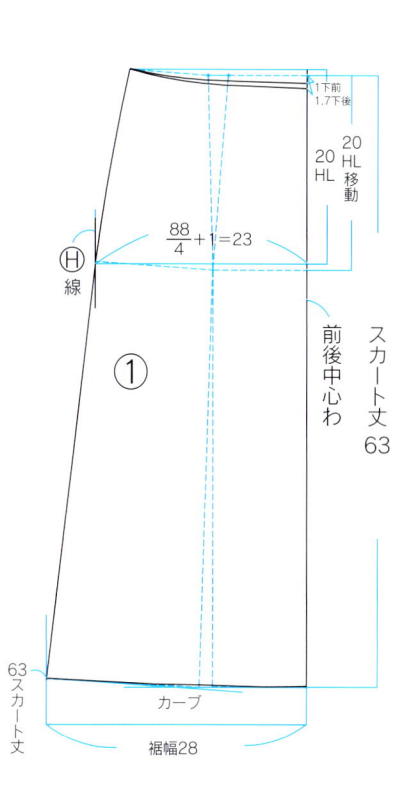

$\frac{88}{4}+1=23$

1下前
1.7下後
20 HL移動
20 HL
H線
スカート丈 63
63スカート丈
カーブ
裾幅28

スリットの縫い方

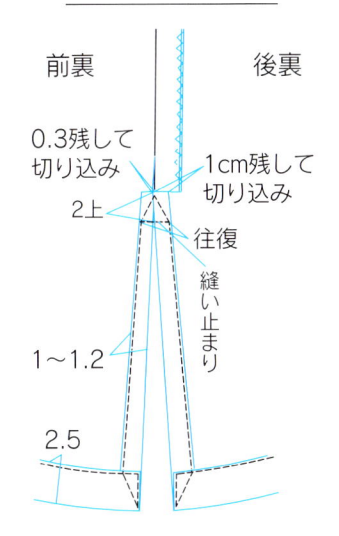

前裏　　後裏

0.3残して切り込み
1cm残して切り込み
2上
往復
縫い止まり
1～1.2
2.5

脇のスリットにしつけをかけておく
裾にもしつけをかけてから脇スリットと
続けてミシンで縫う

プリーツスカートの作り方

①ダーツを縫い止まりまで縫う。
②裾を脇から両端8cmずつまつらずに
　裾を仕上げておく。（プリーツを整える為）
③その後、脇を縫う。残しておいた裾をまつる。
④ファスナーをつける。

裏スカートの作り方

①ダーツと脇にしつけをかける。
②ダーツは0.2cm（薄地）から0.4cm（厚地）
　内側をミシンで縫う。（裏布にゆとり分）
　脇はしつけをかけて0.2～0.3外側を
　ミシンで縫う。しつけは最後とる。
③ダーツは脇側に倒す。しつけの所に
　アイロンをかける。
④脇の縫い代は後ろ側にアイロンをかけておく。
⑤裾は表より2.5cm短く仕上げる。
⑥脇のスリットは図のように三つ折りにして
　縫う。

裏のとり方②図面応用

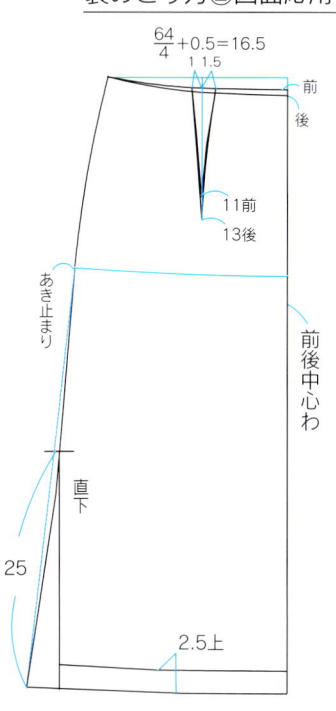

$\frac{64}{4}+0.5=16.5$
1 1.5
前
後
11前
13後
あき止まり
前後中心わ
直下
25
2.5上

5) タックフレアスカート

ハヤカワ式のスカートは前後の差がないので、脇線が美しくできます。

ウエスト　64cm＋2cm＝66cm
ヒップ　　　　　　　92cm
スカート丈　　　　　68cm
布地110幅　1.5m

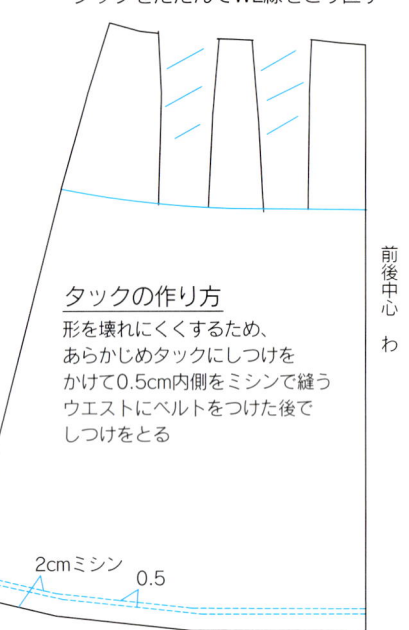

◎ウエスト寸法は測り直して多い分は脇をカットする

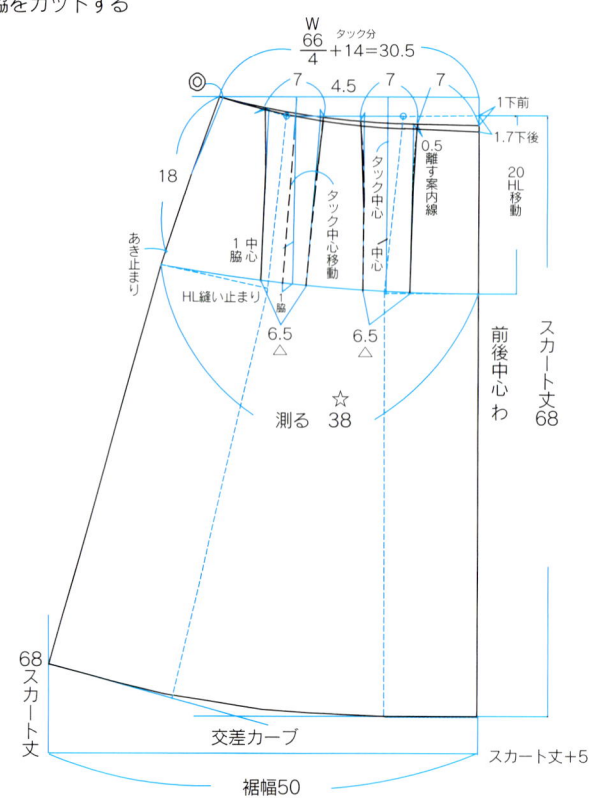

タックをたたんでWL線をとり直す

タックの作り方
形を壊れにくくするため、あらかじめタックにしつけをかけて0.5cm内側をミシンで縫う
ウエストにベルトをつけた後でしつけをとる

2cmミシン　0.5

前後中心 わ

$\frac{W}{4} \frac{66}{4}+14=30.5$　タック分
7　4.5　7　7
1下前
1.7下後
18
20 HL移動
あき止まり
1中脇心
タック中心移動
タック中心
0.5 離す案内線
HL縫い止まり
6.5 △　6.5 △
測る　☆ 38
前後中心 わ
スカート丈 68
68 スカート丈
交差カーブ
裾幅50
スカート丈＋5

裏のとり方（タックスカート）

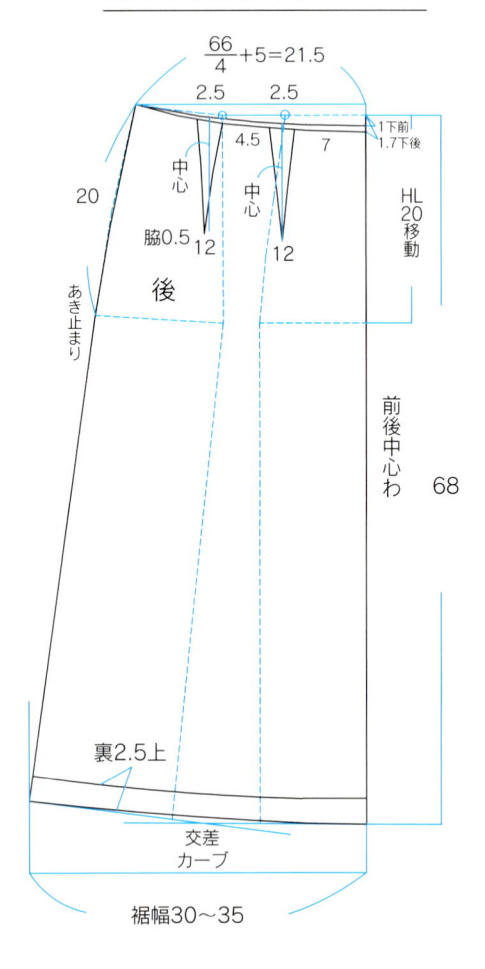

$\frac{66}{4}+5=21.5$
2.5　2.5
4.5　7
1下前
1.7下後
20
中心　中心
脇0.5　12　12
HL 20移動
後
あき止まり
前後中心 わ　68
裏2.5上
交差カーブ
裾幅30～35

前ダーツの位置

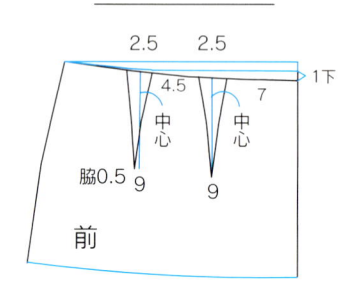

2.5　2.5
4.5　7
1下
中心　中心
脇0.5　9　9
前

HLでのタック分の決め方

☆　　　　＊
HLでの38寸法－（$\frac{92H}{4}+2$）＝13タック分
＊ゆるみは1～2cmとる

△
13÷2＝6.5（HLでのタック分）
タック分　タック数

タックのとり方

0.5出　0.5出　0.5出　0.5出

4.5　7

カーブ　案内線　中心

HL
HL縫い止まり

タックスカートウエスト線のとり方

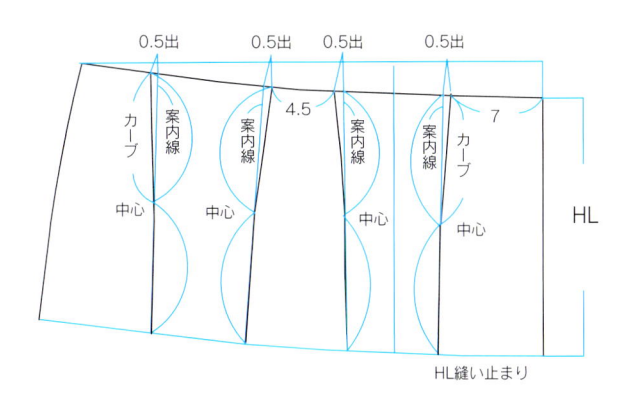

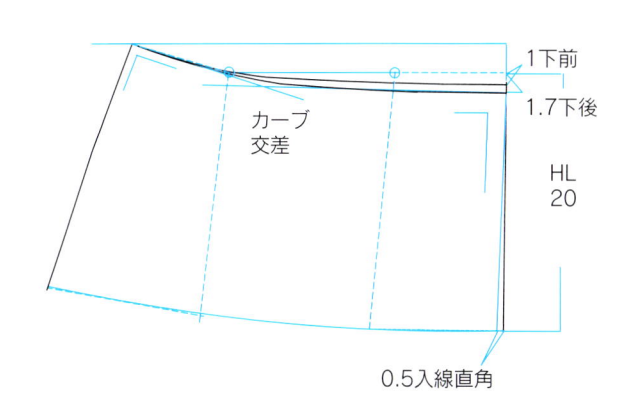

1下前
1.7下後
カーブ交差
HL 20
0.5入線直角

---

6) ティアードスカート

ウエスト　　62cm
ヒップ　　　86cm〜90cm
スカート丈　64cm
布地110幅　1.5m

裏のとり方

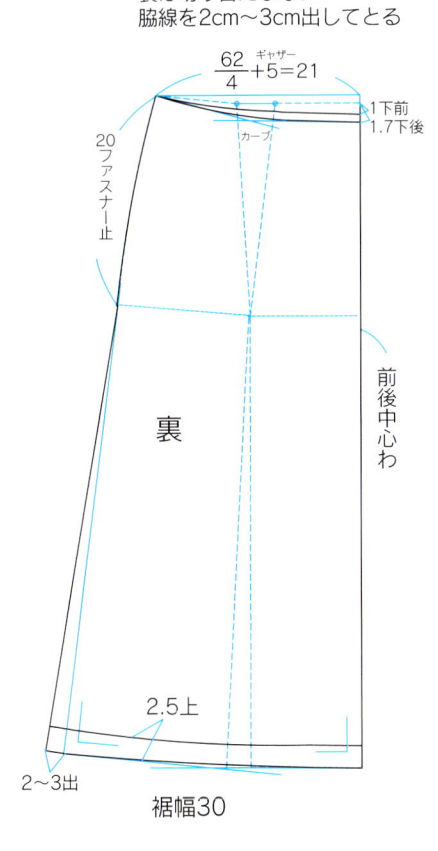

裏は切り替えしない
脇線を2cm〜3cmを出してとる

$\frac{62}{4}+5=21$ ギャザー

1下前
1.7下後
カーブ

20 ファスナー止

裏

前後中心わ

2.5上
2〜3出
裾幅30

ギャザーの入れ方

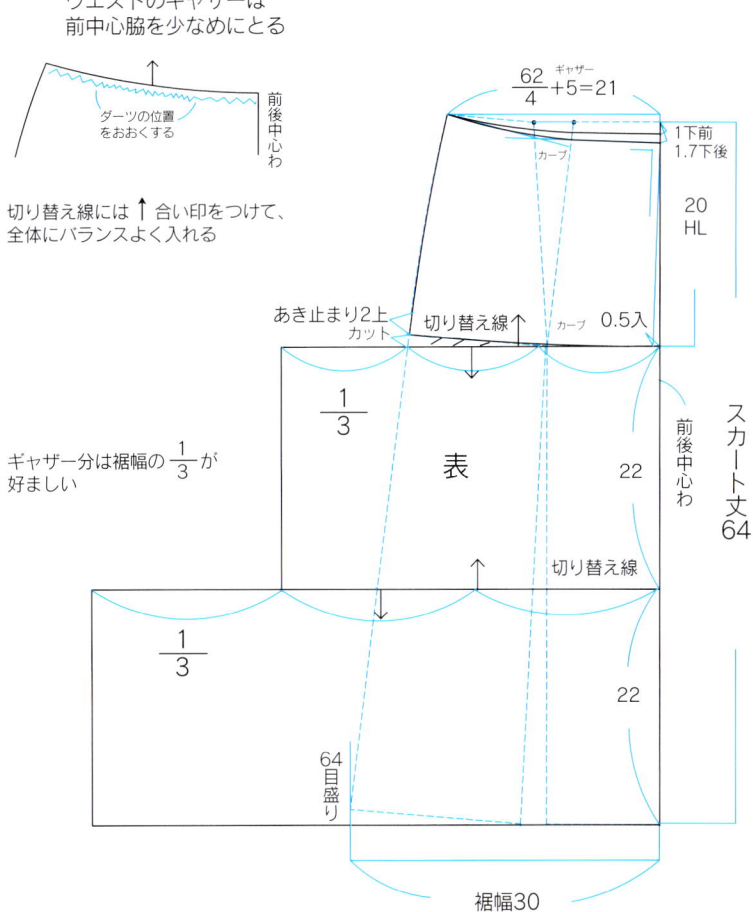

ウエストのギャザーは
前中心脇を少なめにとる

ダーツの位置をおおくする
前後中心わ

切り替え線には↑合い印をつけて、
全体にバランスよく入れる

ギャザー分は裾幅の $\frac{1}{3}$ が
好ましい

$\frac{62}{4}+5=21$ ギャザー

1下前
1.7下後
カーブ

20 HL

あき止まり2上 カット　切り替え線↑　カーブ　0.5入

$\frac{1}{3}$

表

22

前後中心わ　スカート丈64

切り替え線

$\frac{1}{3}$

22

64目盛り

裾幅30

7）エスカルゴスカート（5枚切り替え）

ウエスト　66cm
ヒップ　90cm
スカート丈　65cm

③ 後スカート

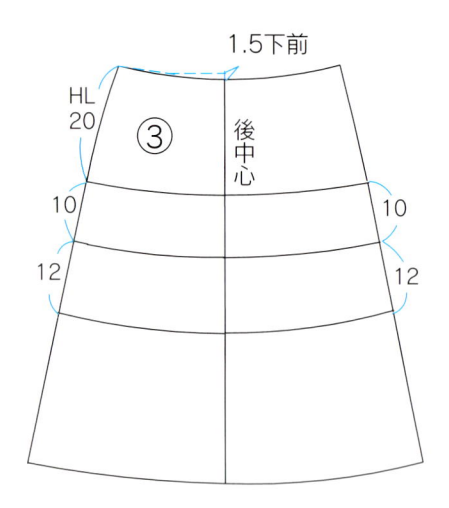

② 前スカート

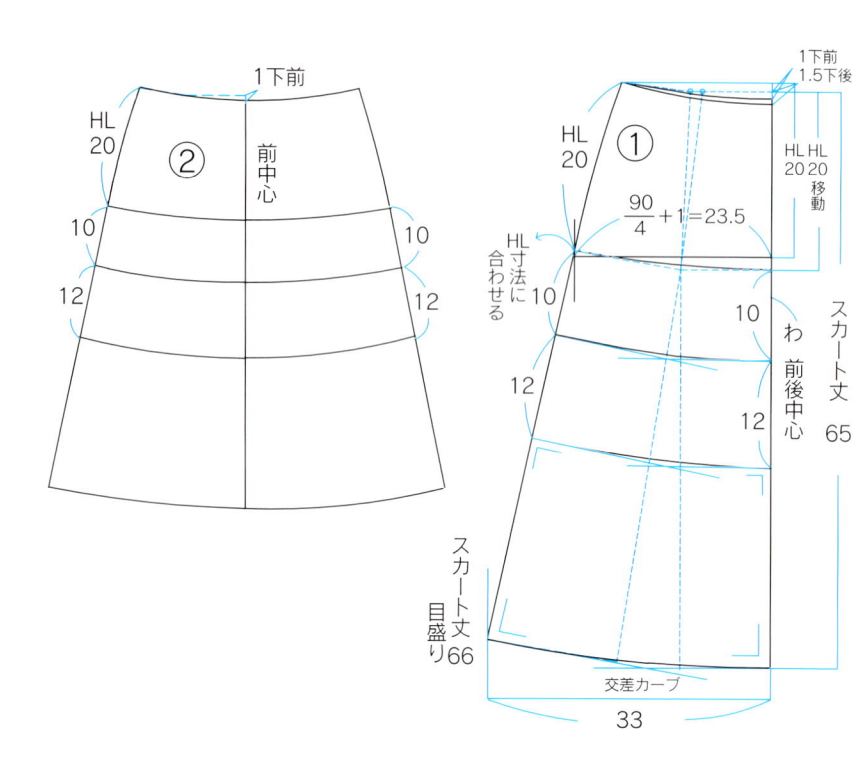

① 原型で製図

①後中心HLより10cm下
　☆斜めの線を決める
②HL総寸＝23.5×4＝94
③94÷5＝18.8▽
④裾幅総寸33×4＝132
⑤132÷5＝26.4△

④ 前後スカートとを1枚に置く
　切り替え線の寸法

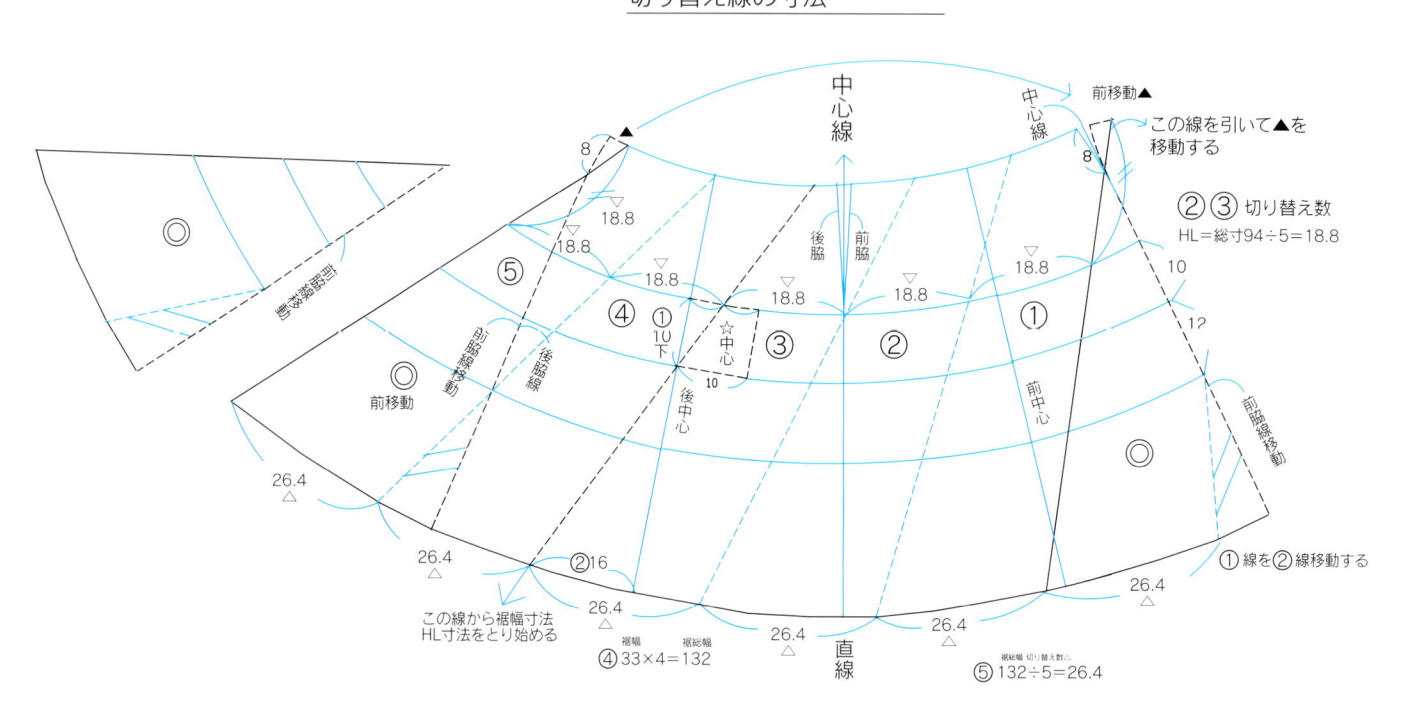

②③切り替え数
HL総寸94÷5＝18.8

①線を②線移動する

④33×4＝132

⑤132÷5＝26.4

5 ダーツの寸法

ウエスト いせこみ 切り替え数
(66+1.5)÷5=13.5

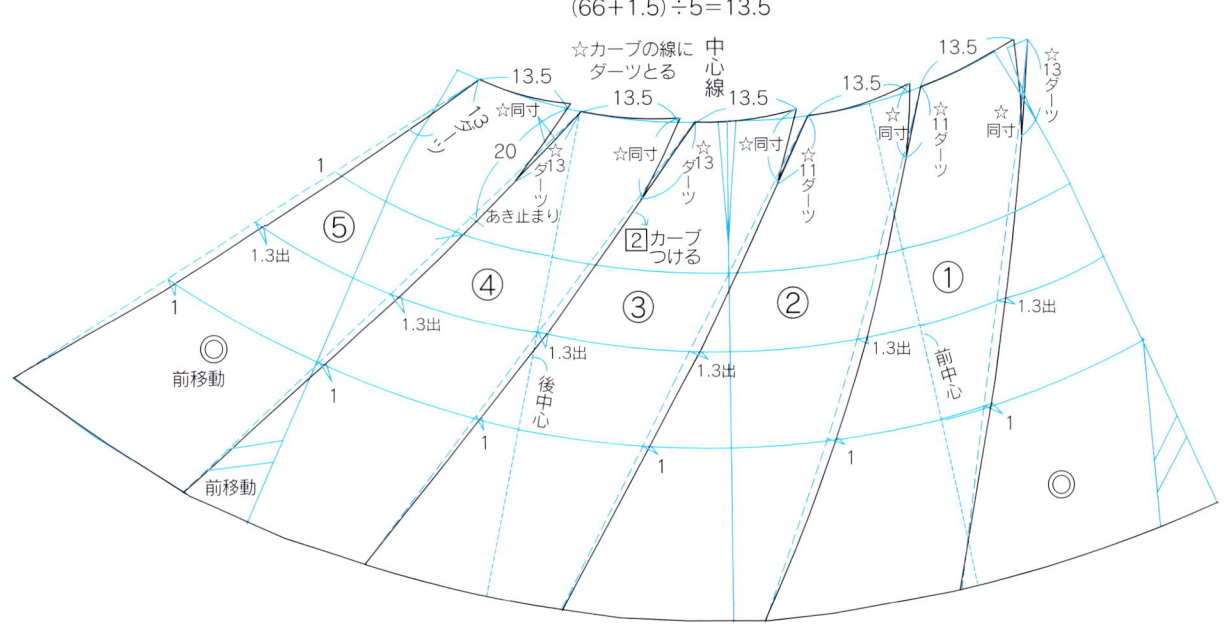

6 1枚ずつ切り離す

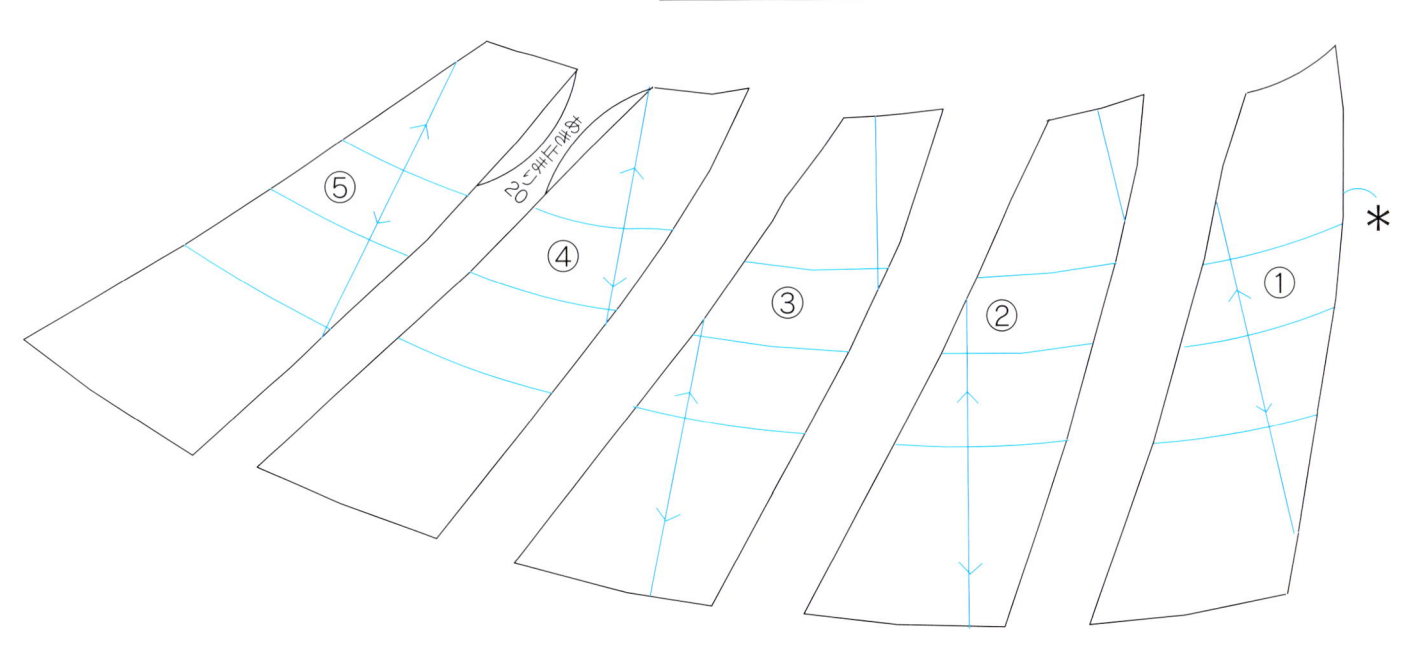

パターンの応用

① HLより下の部分はデザインに応じて自由に変更できる。
長さを変える時は、丈の不足分をそのまま延長する。
裾幅を変える時には、＊右側の線を変える。

② このパターンを使って体型の異なる人の
パターンを作ることができる。
H、Wの差を5等分した分量を＊右側の線で
変更する。

8) エスカルゴスカート(5枚カットフレア)

ウエスト　66cm
ヒップ　90cm
スカート丈　65cm

① 最初に裾をミシンで1cmに仕上げる。
② スカート丈28cmまで縫う。
③ ◇ をつけて縫う。
④ ロックミシンは右の☆から最初にかけて、カーブの方はウエストから続けて縫う。
⑤ ウエストのベルト幅1.5cmを仕上げてステッチを0.1cmかける。

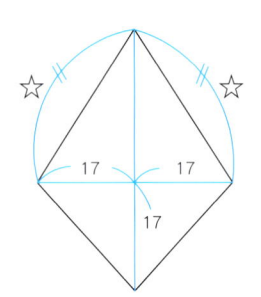

1 エスカルゴスカート(5枚切り替え応用)

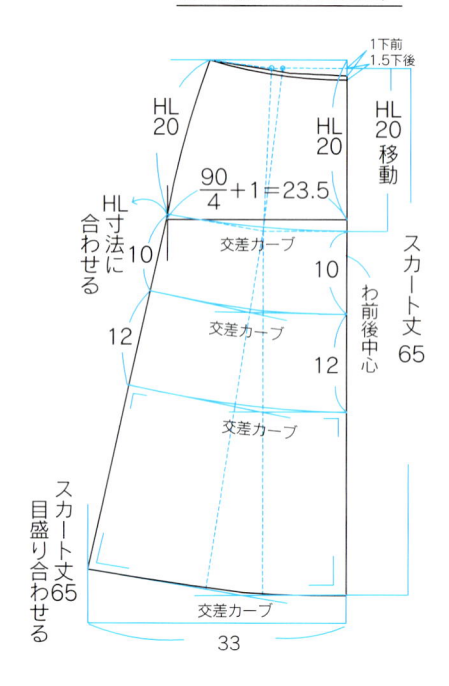

$\frac{90}{4}+1=23.5$

2 ダーツの寸法

$(66cm+1.5cm) \div 5 = 13.5$

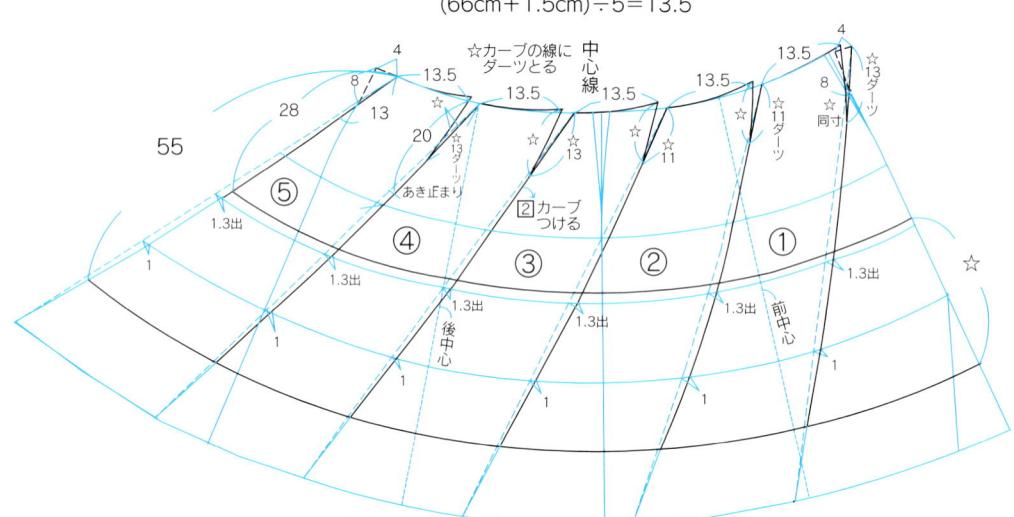

3 1枚ずつ切り離す

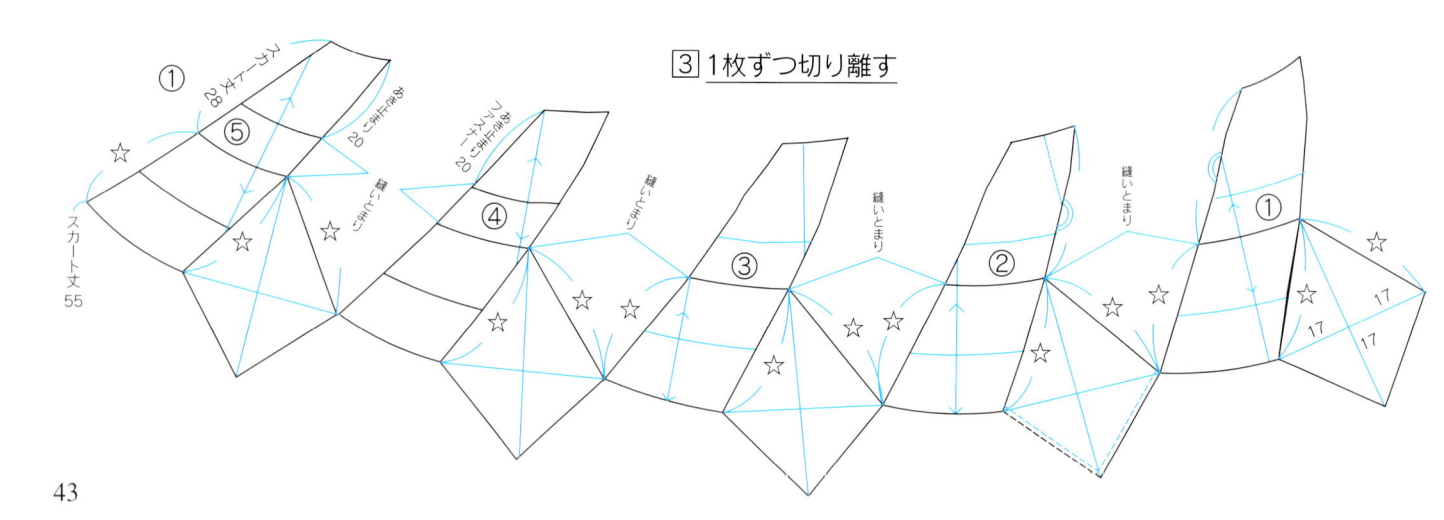

9) エスカルゴスカート (6枚フレア切り替え)

ウエスト 62cm
ヒップ 86cm
スカート丈 65cm
布地150幅 1.2m

1 原型で製図

2 前後のスカートを1枚に置く切り替え線の寸法

HL=22.5×4=90
90÷6=15

④裾幅 総裾幅
30×4=120
⑤総裾幅 切り替え数
120÷6=20△

① 後中心HLより10cm下
☆斜めの線を決める。

② HL総寸=22.5×4=90

③ 90÷6=15▽

④ 裾幅総寸=30×4=120

⑤ 裾幅 切り替え数
120÷6=20△

3 ダーツの寸法

ウエスト いせこみ 切り替え数
62+2=64   64÷6=10.6(約)

4 1枚づつ切り離す

裾幅を広くした場合は、0.5cmカット

10) 切り替えスカート

ウエスト	64cm
ヒップ	90cm
スカート丈	60cm
布地110幅	1.3m

2 切り替え線の図

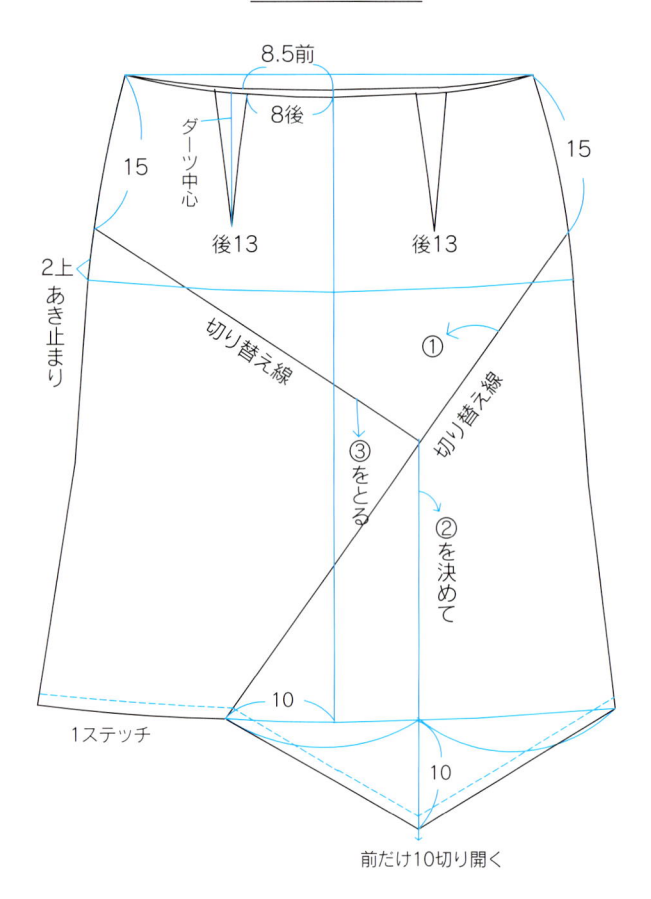

- 8.5前
- 8後
- ダーツ中心
- 15
- 後13
- 2上 あき止まり
- 切り替え線
- ①
- ③をとる
- ②を決めて
- 10
- 10
- 1ステッチ
- 前だけ10切り開く

1 原型で製図

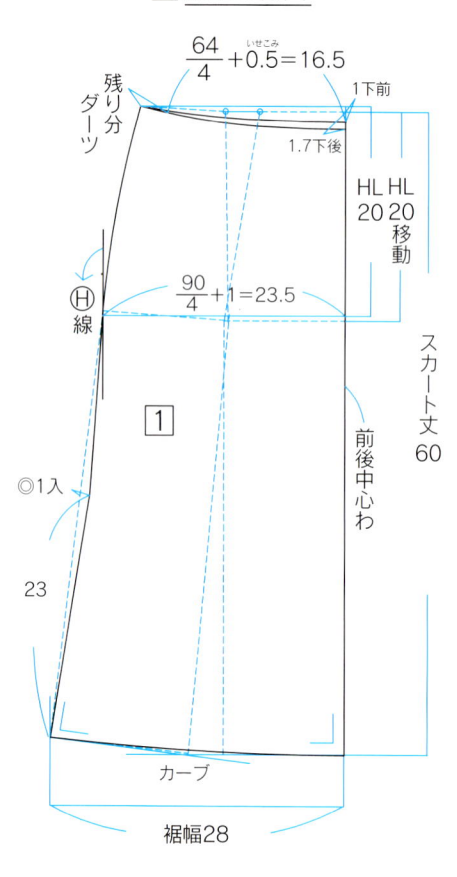

$\frac{64}{4} + 0.5 = 16.5$ いせこみ

- 残り分ダーツ
- 1下前
- 1.7下後
- HL 20
- HL 20 移動
- $\frac{90}{4} + 1 = 23.5$
- H線
- ◎1入
- 23
- スカート丈 60
- 前後中心わ
- カーブ
- 裾幅28

◎裏スカートは裾から23スリットして切り替えしないでとる。1入りはとらない。

前ダーツ位置

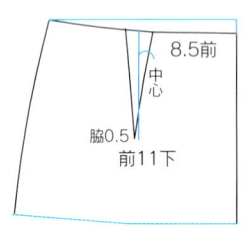

- 8.5前中心
- 脇0.5
- 前11下

縫い方のポイント

切り替え線を縫って、
前後スカートの脇を縫う
裾は縫いしろに芯を貼り、
1.2cmをロックミシンでかける

前切り開き図

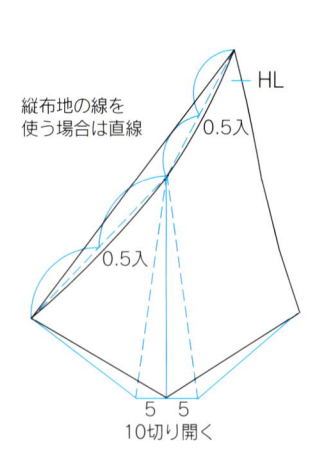

- 縦布地の線を使う場合は直線
- HL
- 0.5入
- 0.5入
- 5 5
- 10切り開く

後切り開き図

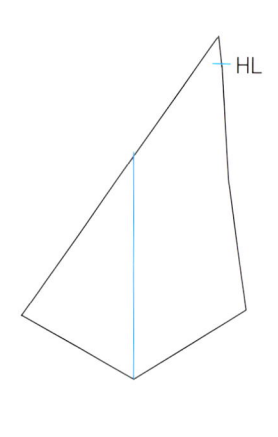

- HL

- 1.5幅
- 裏ベルト布0.5cm出す表から0.1ステッチ

11) マーメイドスカート(10枚はぎ)

ウエスト　62cm
ヒップ　　90cm
スカート丈　55cm
布地110幅　1.3m

裏のとり方

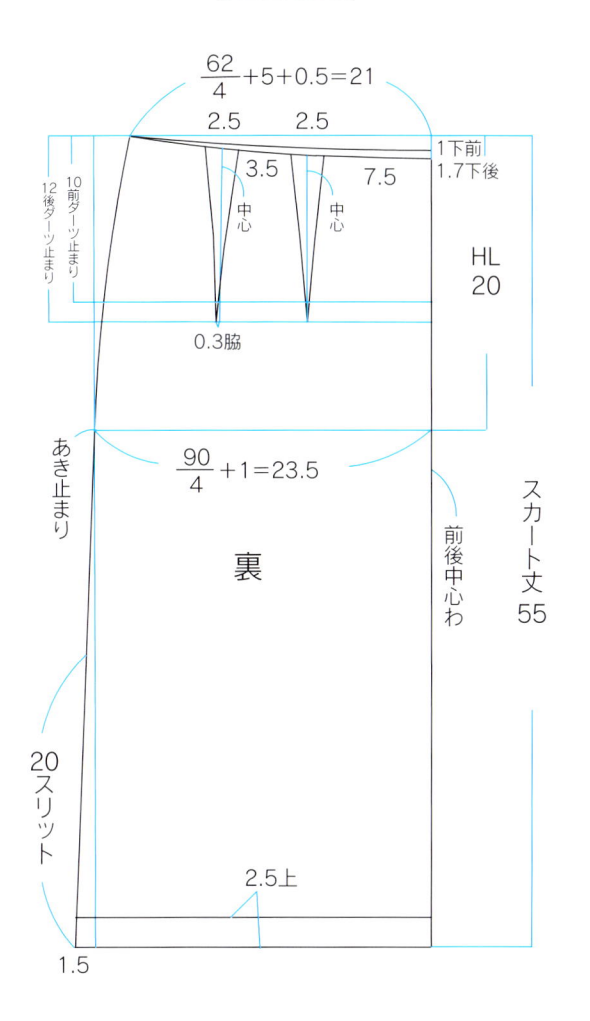

$\frac{62}{4}+5+0.5=21$

2.5　2.5
3.5
7.5
1下前
1.7下後
中心　中心
10前ダーツ止まり
12後ダーツ止まり
0.3脇
HL 20

$\frac{90}{4}+1=23.5$

あき止まり
裏
前後中心わ
スカート丈 55

20 スリット

2.5上
1.5

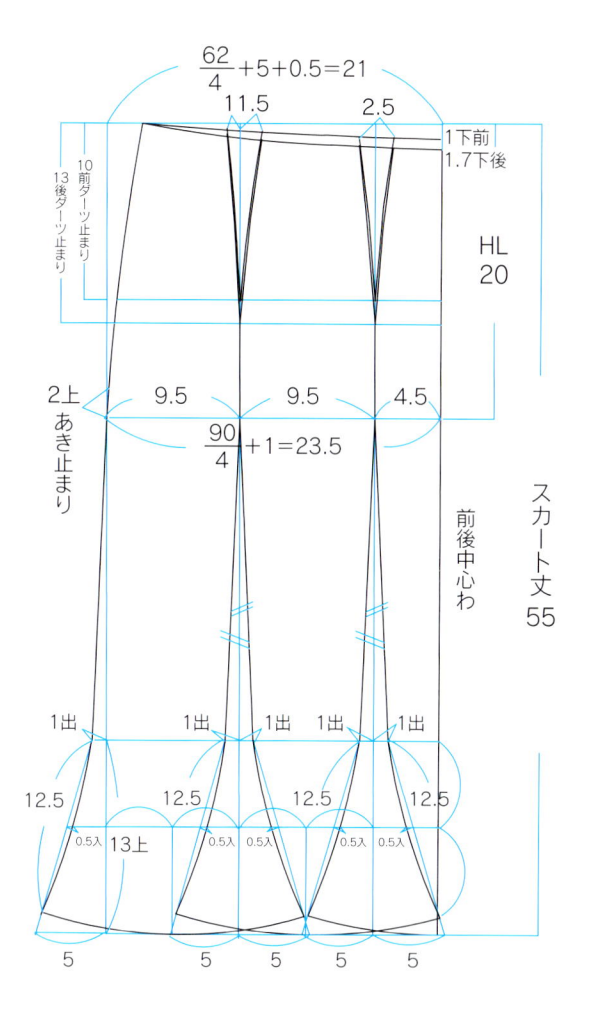

$\frac{62}{4}+5+0.5=21$

11.5　2.5
1下前
1.7下後
10前ダーツ止まり
13後ダーツ止まり
HL 20

2上　9.5　9.5　4.5
あき止まり

$\frac{90}{4}+1=23.5$

前後中心わ
スカート丈 55

1出　1出　1出　1出
12.5　12.5　12.5　12.5
0.5入　13上　0.5入　0.5入　0.5入　0.5入
5　5　5　5　5

前ダーツの位置

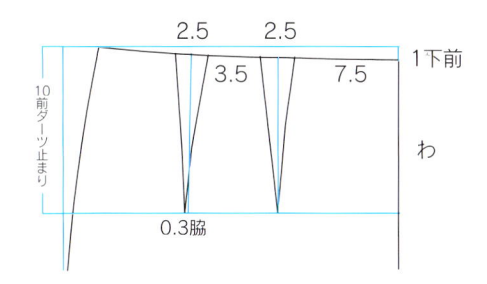

2.5　2.5
3.5　7.5
1下前
10前ダーツ止まり
0.3脇
わ

縫い方の手順によって、仕上がりが変わる

切り替え線を全部縫って裾を仕上げると、
フレアースカートのような感じになる
＊裾を仕上げて切り替え線を後で縫うと、
　裾が広がらずプリーツスカートのようになる

12) 総プリーツスカート

ウエスト　68cm
ヒップ　　90cm
スカート丈　67cm

作り方

① 裾を最初に仕上げて、縫い止まりまで縫う。
② かげひだは右の方に倒す。後も同じ方向に倒して
　 アイロンで仕上げる。
③ 前後別々にプリーツを仕上げた後で、
　 脇かげ中心をミシンで縫う。
④ ファスナーをつける。

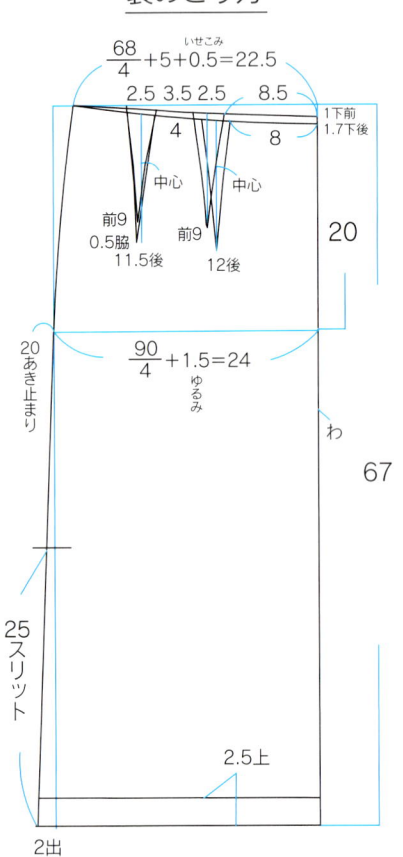

3 切り開き図

表ひだはダーツ止まりから裾0.5出して線を引く

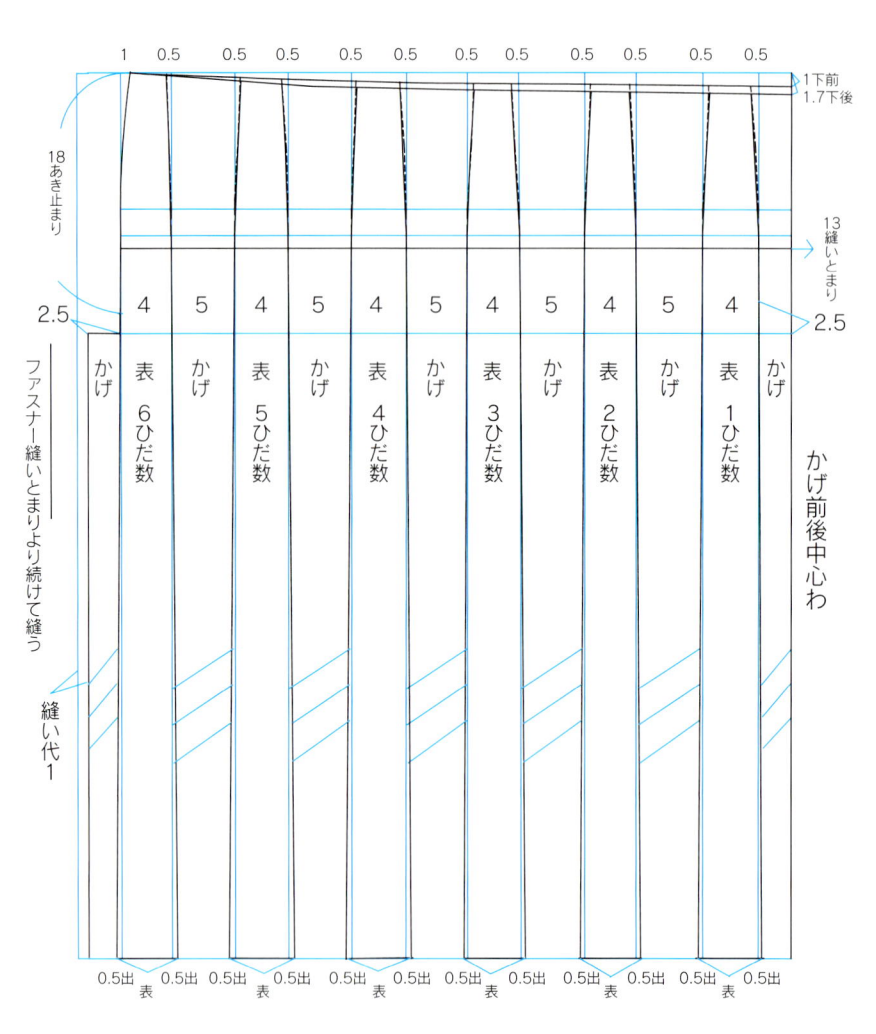

裏のとり方

$\frac{68}{4}+5+0.5=22.5$ いせこみ

$\frac{90}{4}+1.5=24$ ゆるみ

プリーツスカートを美しく整えるには、
裾幅 = $\frac{S \quad L}{\underset{4}{28\sim32}}$ とる

HL直下でどんなにかげ分を多くしても、
プリーツはきれいにならない

2 ウエストダーツのとり方

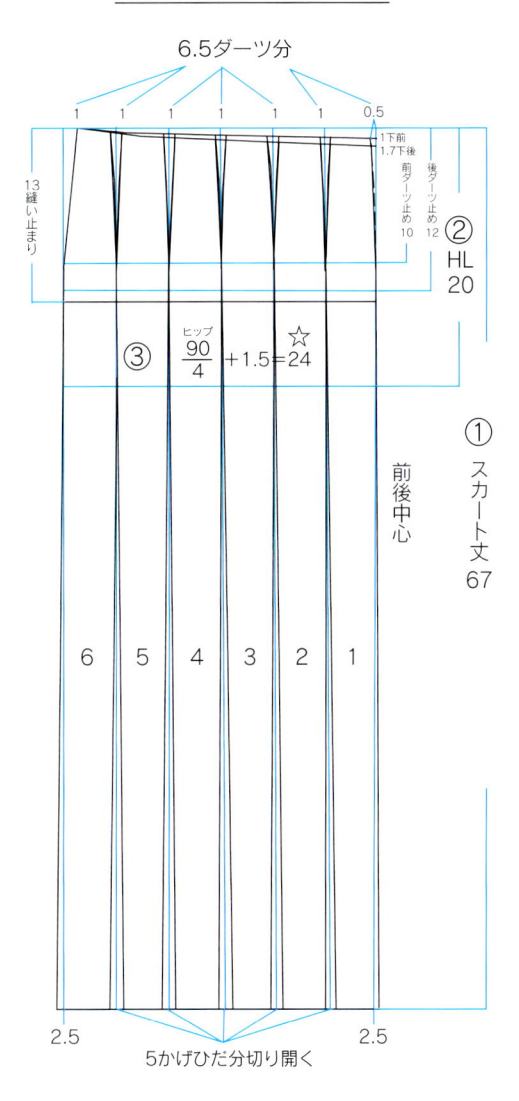

6.5ダーツ分
1　1　1　1　1　0.5

1下前
1.7下後
前ダーツ止め 10
後ダーツ止め 12

13縫い止まり

② HL 20

③ ヒップ 90/4 +1.5=☆24

6　5　4　3　2　1

① スカート丈 67
前後中心

2.5　　　2.5
5かげひだ分切り開く

④ 24÷6=4(HLでの寸法) ☆ひだ数
⑤ 24−(68/4 + 0.5)=6.5ダーツ分　W　いせこみ
⑥ 6.5÷6=1.1(約) ダーツ分　ひだ数
⑦ かげ分30÷6=5かげ寸法
　HLでかげ寸法を決める
　5(かげ寸法)×6(ひだ数)=30(かげ分)

1 採寸の製図
ひだ数の寸法

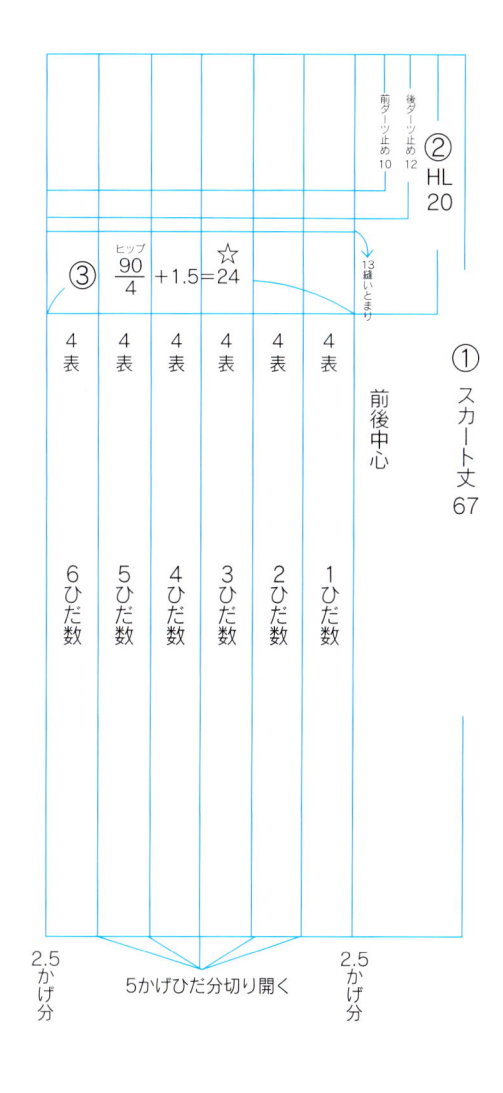

② HL 20
前ダーツ止め 10
後ダーツ止め 12

③ ヒップ 90/4 +1.5=☆24

13縫いとまり

4表　4表　4表　4表　4表　4表

6ひだ数　5ひだ数　4ひだ数　3ひだ数　2ひだ数　1ひだ数

① スカート丈 67
前後中心

2.5かげ分　　2.5かげ分
5かげひだ分切り開く

① スカート丈67cm
② ヒップライン20cm
③ 90/4 +1.5cm〜1cm=☆24

48

13) 4枚はぎスカート

ウエスト　64cm
ヒップ　88cm
スカート丈　65cm

裾線カーブのとり方
フレアスカートの場合は、原型開き分の中心線を交差して裾線のカーブをとる

[2] お腹が出ている人のとり方
ウエスト寸法をとり、残りをダーツに。
0.5cmはいせこみ分。前下がりはとらない

[1] 原型で製図
ウエストと裾幅に原型を置く

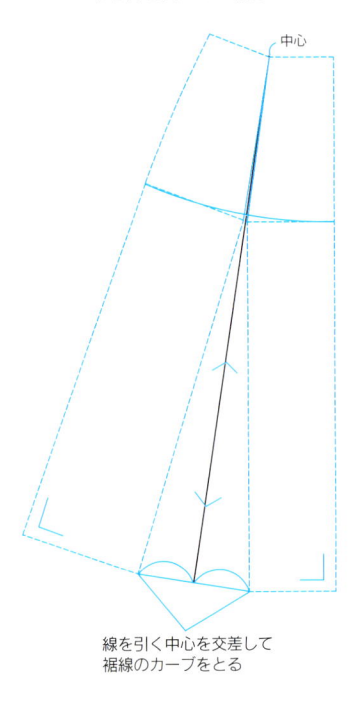

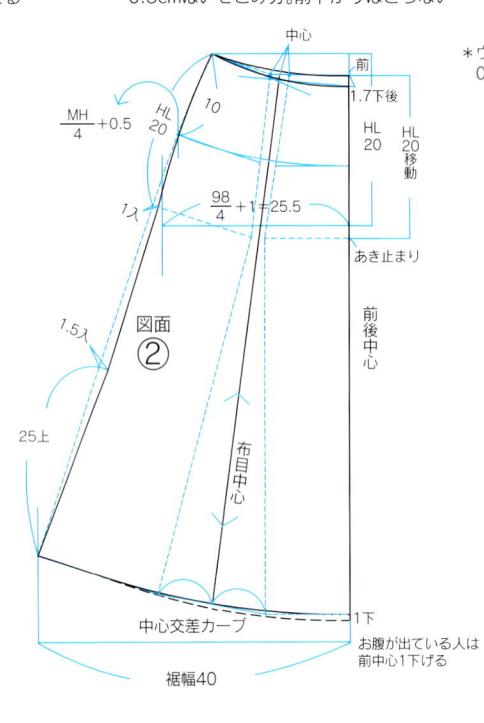

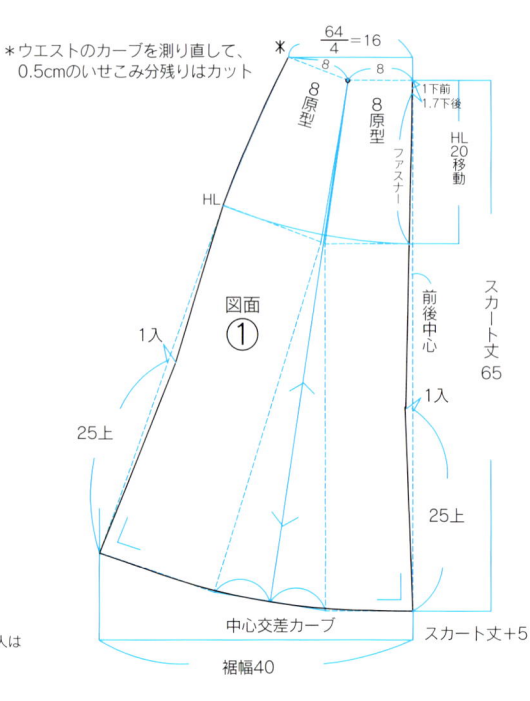

*ウエストのカーブを測り直して、0.5cmのいせこみ分残りはカット

$\frac{64}{4}=16$

$\frac{MH}{4}+0.5$

$\frac{98}{4}+1=25.5$

裏のとり方
裏はバイアスでとる必要はない
前はわにとり、後は縫いしろをとる

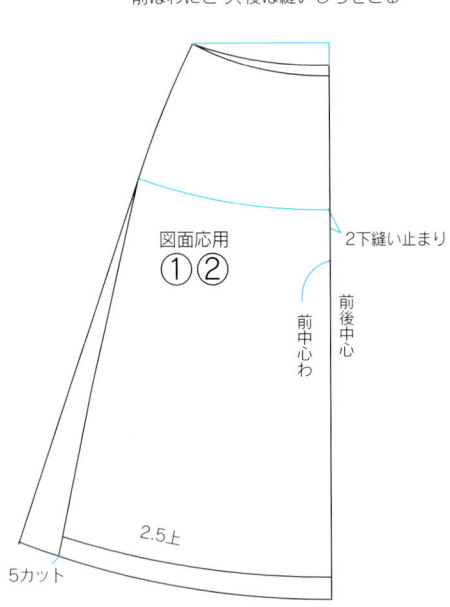

ダーツ位置の決め方
ウエスト寸法をとって残り中心にダーツをとる
脇から少し出して、ダーツを多くとってもよい

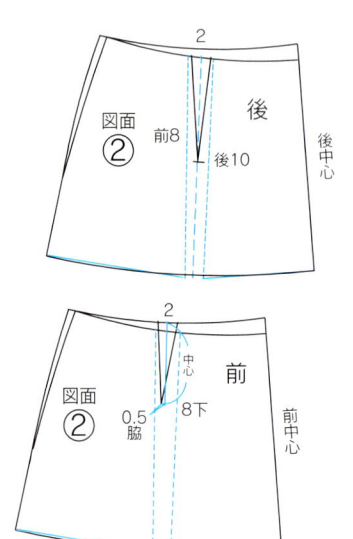

布の置き方
布目中心に置いてとる

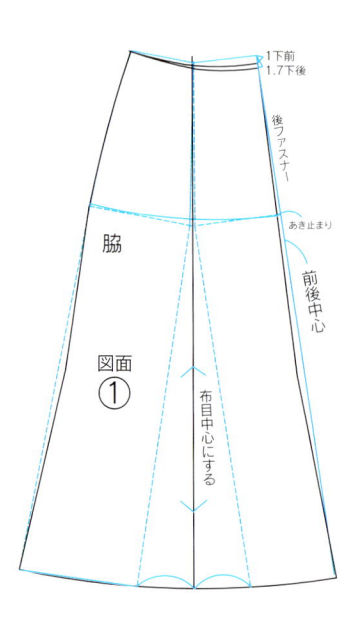

14) フィットフレアロングスカート

ウエスト　64cm
ヒップ　88cm
スカート丈　90cm
布地150幅　1m

前スカート

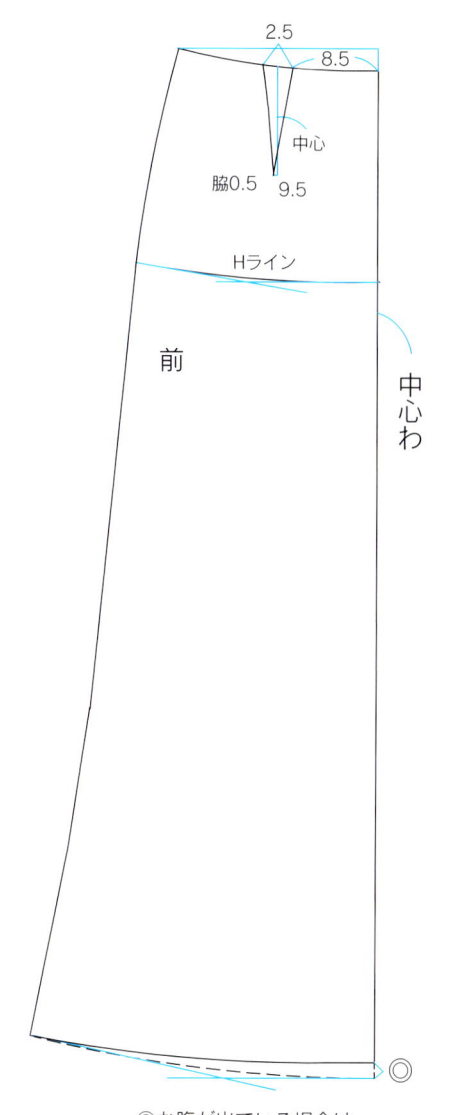

原型で製図

残り分ダーツ 2.5
$\frac{64}{4}+0.5=16.5$ いせこみ
1前 1.7後
HL 20
HL 20 移動
8
中心
12下
$\frac{88}{4}+1=23$
☆HL線にHL寸法を合わせる☆
あき止まり
スカート丈 90
後中心
前中心わ直下
1.5入
2 案内線
1入
30
30
30
90 スカート丈 目盛り
交差カーブ
裾幅33
2

2.5
8.5
中心
脇0.5
9.5
Hライン
前
中心わ

◎お腹が出ている場合は 0.5cm～1.5cm下げる

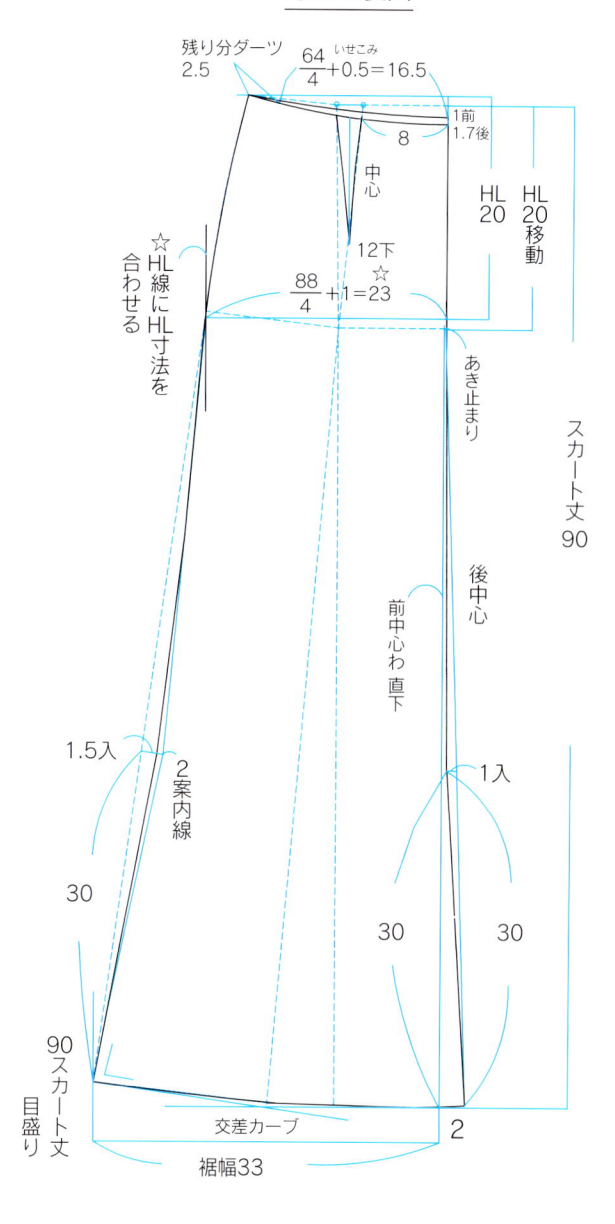

ダーツのとり方

スカートのダーツは少し丸みをつけてとる
0.2cm入ったところに案内線を引いて、
下からダーツ中心まで案内線をかき、
上側をカーブでとる

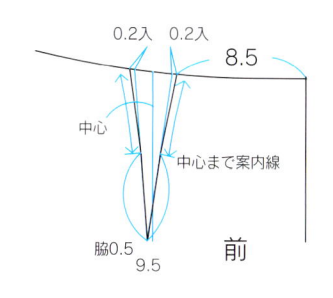

0.2入　0.2入
8.5
中心
中心まで案内線
脇0.5
9.5
前

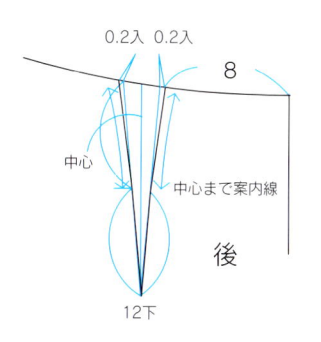

0.2入　0.2入
8
中心
中心まで案内線
後
12下

お腹が出ている人のとり方

ミドルヒップ(お腹が出ている人)の寸法を測って原型を合わせる

$\frac{ミドルヒップ}{4}+0.5=$ 寸法に原型を合わせてとる

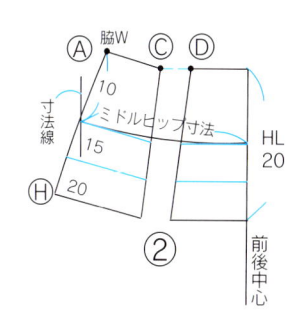

Ⓐ　脇W　Ⓒ　Ⓓ
10
寸法線
ミドルヒップ寸法
15
HL 20
Ⓗ　20
②
前後中心

15) 8枚はぎロングスカート

ウエスト　64cm＋4cm＝68
　　　　　（ベルトでしめる）
ヒップ　　88cm
スカート丈　88cm

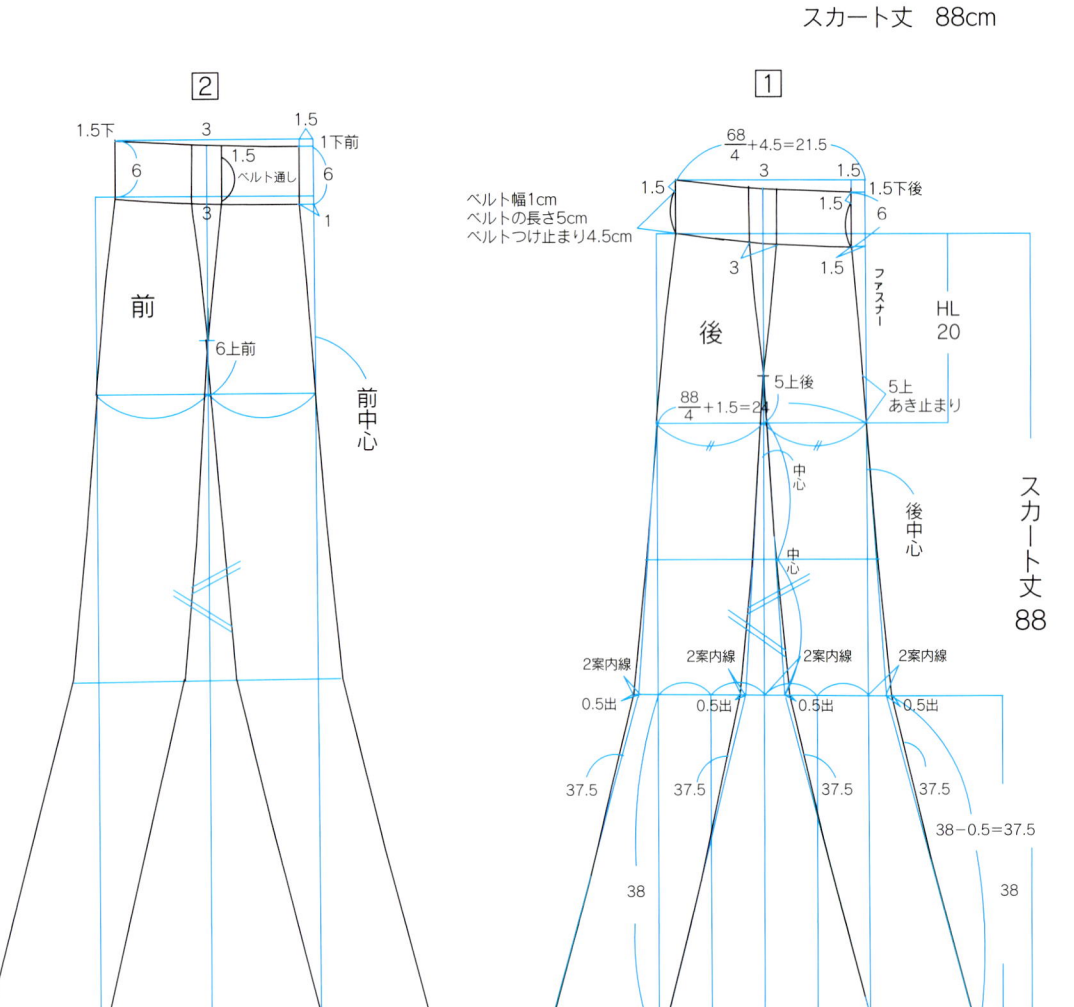

後と前は前下がりダーツの位置を変えるだけでその他は同じ

見返しのとり方

見返しを続けてとる場合

見返しを別々にとる場合

裏のとり方

裏は切り替えしないで、ダーツを同じ位置にとる
裾は3cm短くして脇にスリットを入れる
見返しには接着芯を張って裏布と縫い合わせる

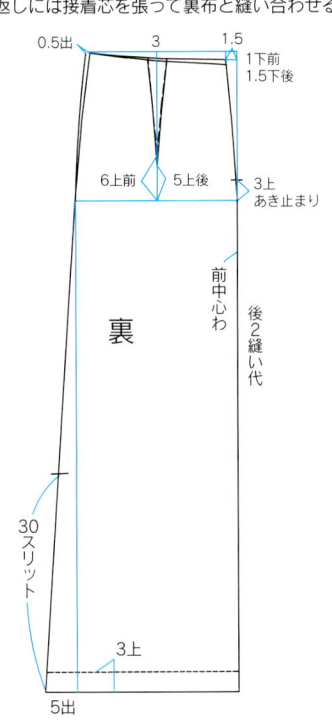

16) キュロットスカート

キュロットはスカートのデザインに股上をつけて作ります。
股上のゆるみは前 $\frac{ヒップ}{10}$ 後は前+2cm(カーブ線3cm)。
後ろH下がりはつけません。フレアスカートはすべて
前後股下線は直下でとります。
作り方はパンツと同じです。
スカート原型に股上線をつけて簡単に作れます。

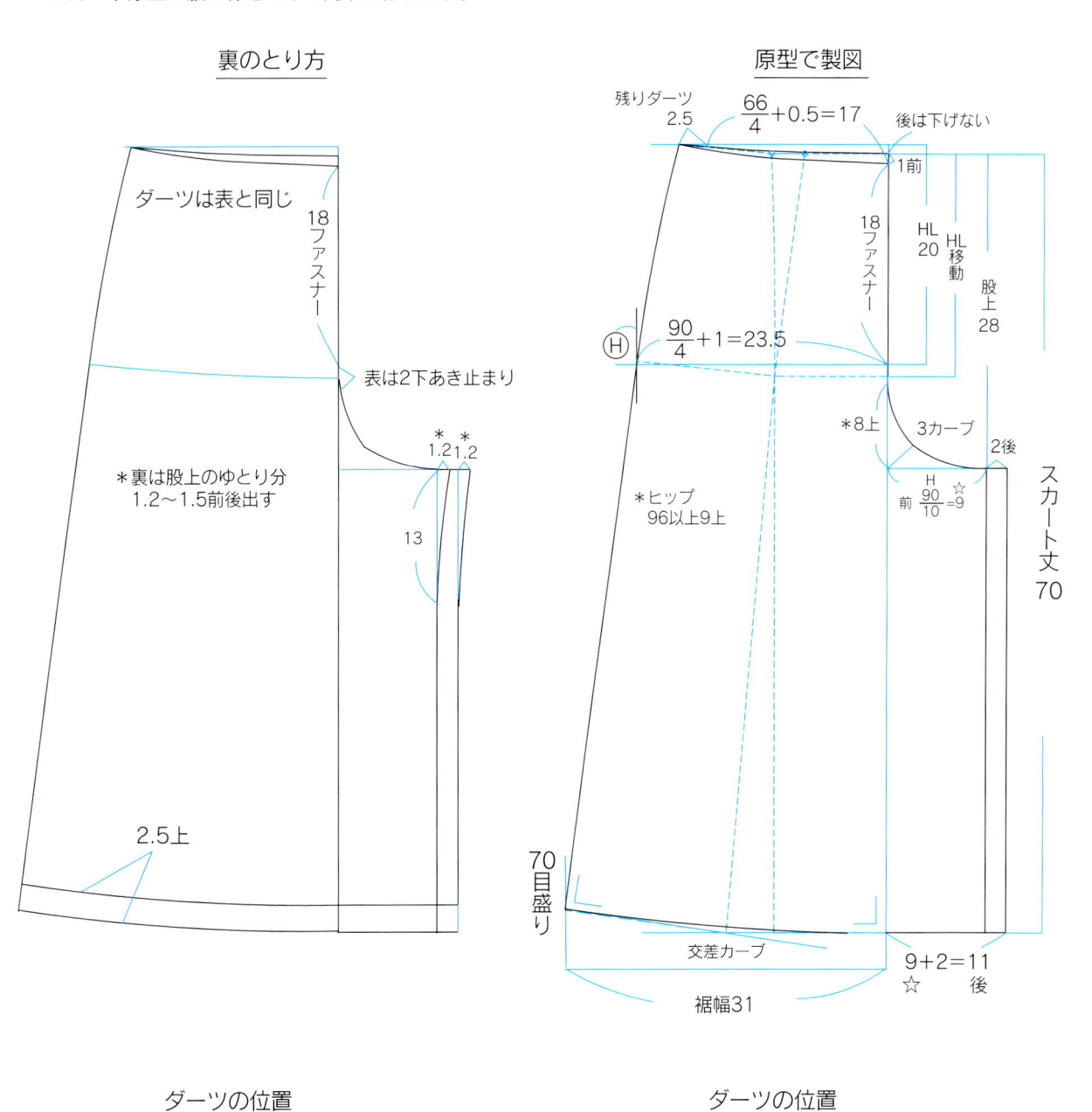

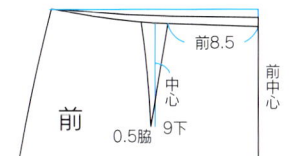

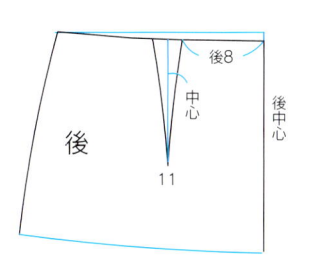

ウエスト　66cm
ヒップ　　90cm
スカート丈　70cm
布地110幅1.5m

裏のとり方

- 18 ファスナー
- ダーツは表と同じ
- 表は2下あき止まり
- *裏は股上のゆとり分 1.2〜1.5前後出す
- 1.2　1.2
- 13
- 2.5上

原型で製図

- 残りダーツ 2.5
- $\frac{66}{4}+0.5=17$
- 後は下げない
- 1前
- 18 ファスナー
- HL 20
- HL移動
- 股上 28
- $\frac{90}{4}+1=23.5$
- H
- *8上
- 3カーブ
- 2後
- 前 $\frac{H}{90}\frac{90}{10}=9$ ☆
- *ヒップ 96以上9上
- スカート丈 70
- 70目盛り
- 交差カーブ
- 裾幅31
- 9+2=11 ☆ 後

ダーツの位置（前）

前8.5
中心
0.5脇　9下
前中心
前

ダーツの位置（後）

後8
中心
後中心
11
後

52

パンツ

ウエスト　64cm
ヒップ　88cm
股上　28cm
パンツ丈　98cm
布地150幅　1.1m

1）スリムパンツ

1 パンツのみ前から製図

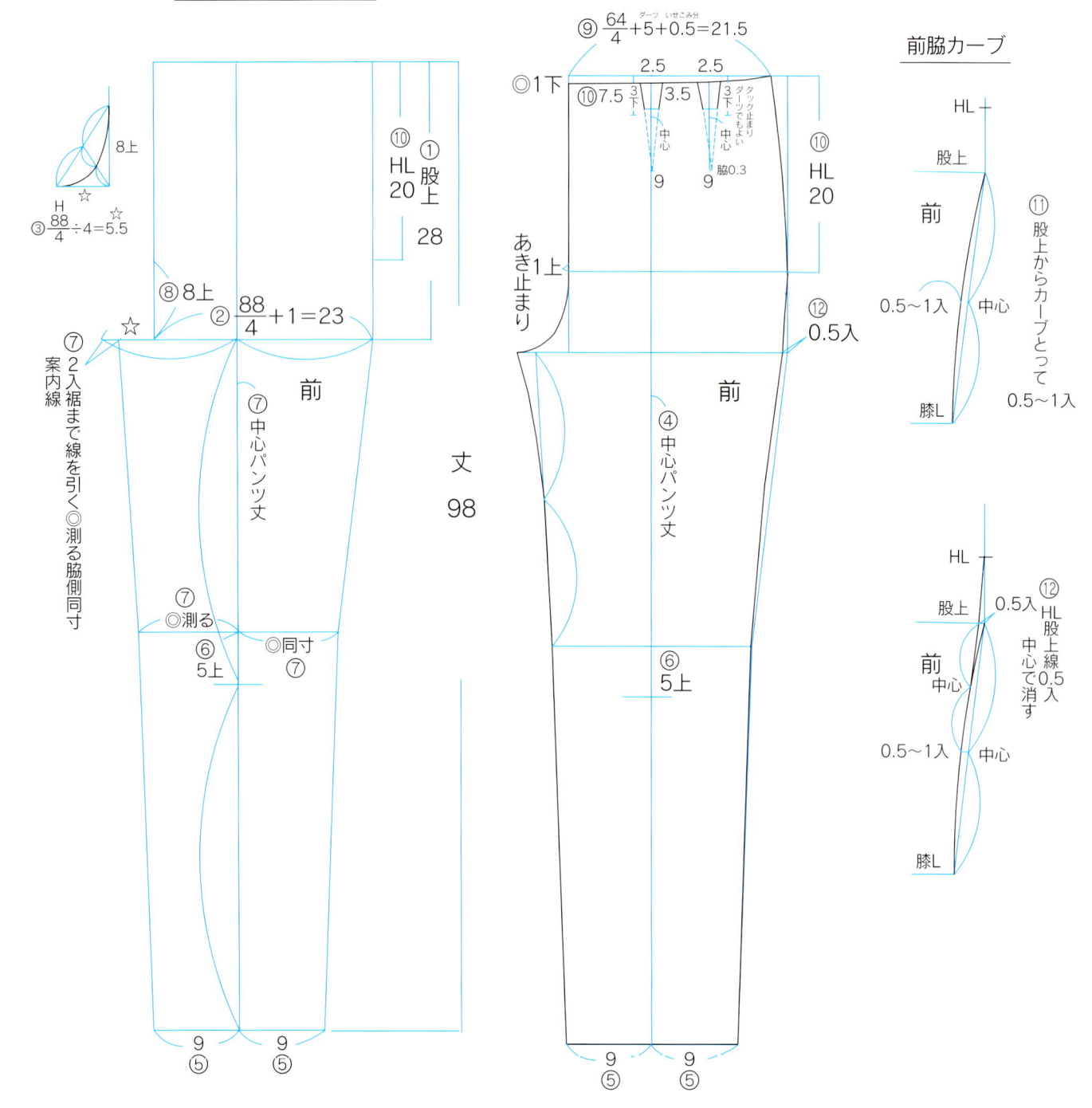

⑨ $\frac{64}{4}+5+0.5=21.5$

◎1下
2.5　2.5
⑩ 7.5　3　3.5　3
　　下　中　下
　　　　心　　中心　脇0.3
あき止まり 1上

⑩ HL 20
⑫ 0.5入

前

④ 中心パンツ丈

⑥ 5上

9　9
⑤　⑤

8上
③ $\frac{H}{4} \div 4 = 5.5$ ☆

⑧ 8上　② $\frac{88}{4}+1=23$

⑦ 2入裾まで線を引く◎測る脇側同寸
案内線

前

⑦ 中心パンツ丈

丈 98

⑦ ◎測る
⑥ 5上　⑦ ◎同寸

9　9
⑤　⑤

⑩ HL 20 股上 28

前脇カーブ

HL
股上
前
0.5〜1入 中心
膝L

⑪ 股上からカーブとって 0.5〜1入

HL
股上
前　⑫ 0.5入 HL 股上線 中心 0.5入 中心で消す
0.5〜1入 中心
膝L

①股上を28cmにとる。
② $\frac{88}{4}+1=23$ (普通 ゆるめ 1〜1.5cm)
③ $\frac{88}{4} \div 4 = 5.5$ ☆
④パンツ丈の中心に折り山線を入れる。
⑤裾幅寸法9cmをとる。
⑥股下中心より5cmから7cm上を真横に線をひく。
⑦前股上から2cm入り裾まで案内線をひく。
⑧股上8cmにカーブをつける。
⑨前中心からウエスト寸法。
⑩ヒップライン20cmをとる。
⑪股上から脇カーブを0.5cmから1cmに入れる。
⑫股上0.5cmを入れ最後にHLから膝までカーブをとる。

2 後の製図

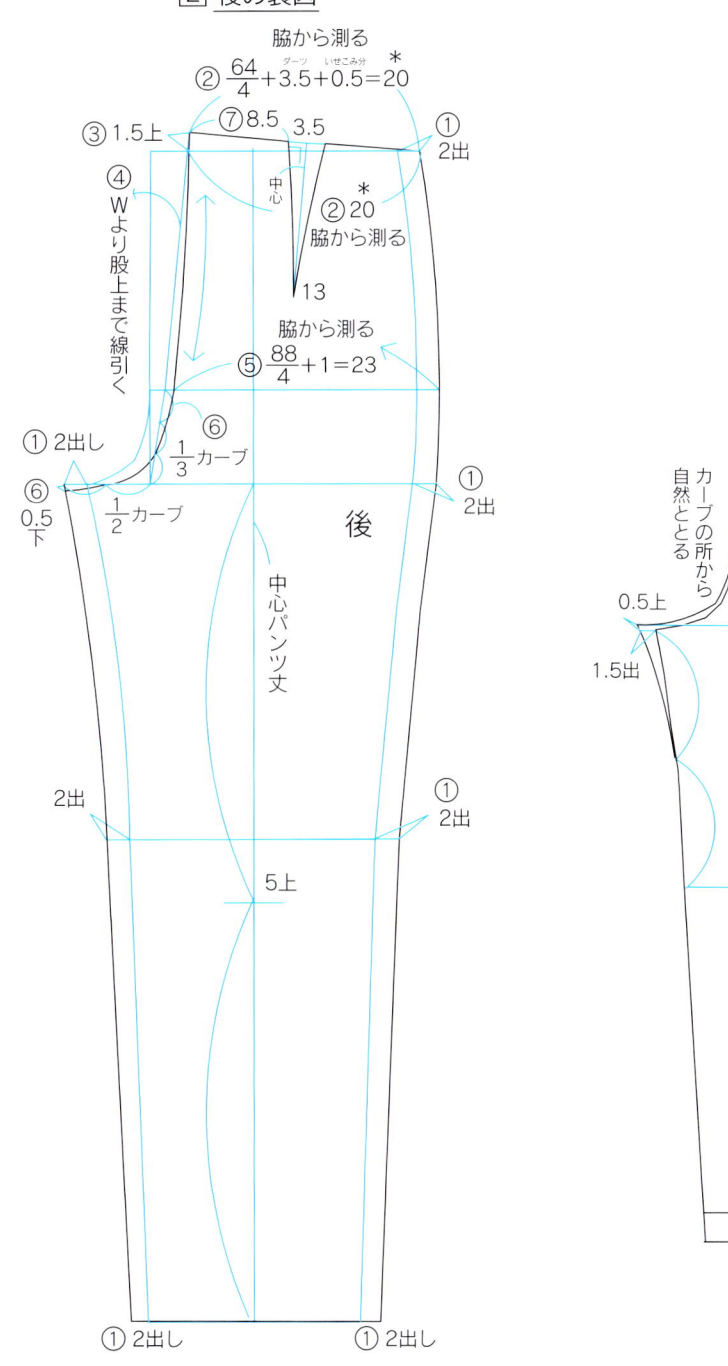

脇から測る

② $\frac{64}{4}$ + 3.5 + 0.5 = 20
　　ダーツ　いせこみ分　＊

③ 1.5上　⑦ 8.5　3.5　① 2出

中心

②20
脇から測る
＊

13

脇から測る
⑤ $\frac{88}{4}$ + 1 = 23

④ Wより股上まで線引く

① 2出し
⑥ 0.5下
$\frac{1}{3}$カーブ
$\frac{1}{2}$カーブ
後
① 2出

中心パンツ丈

2出　① 2出

5上

① 2出し　① 2出し

裏のとり方

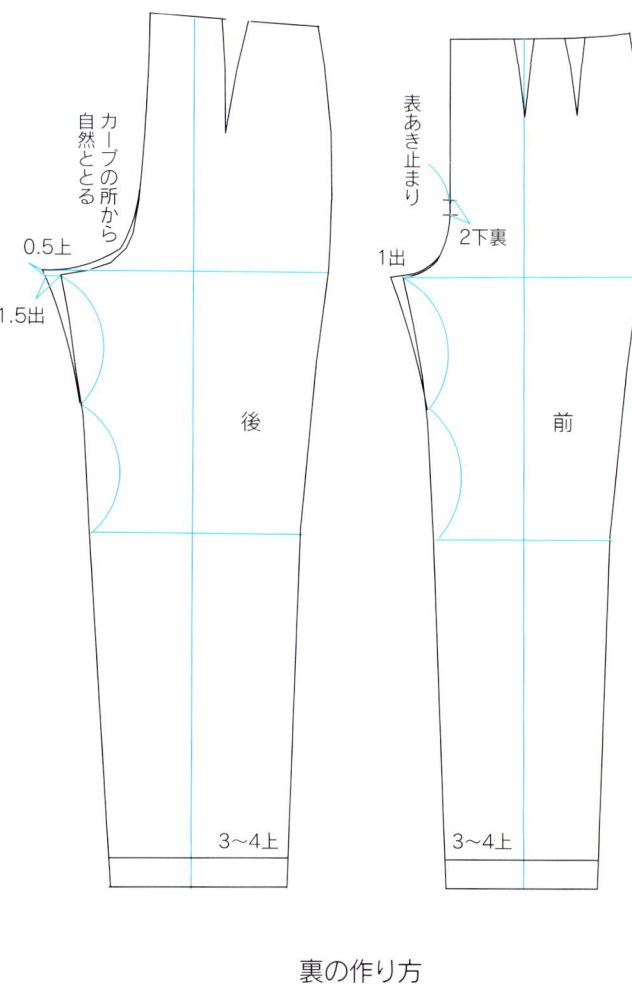

カーブの所から自然ととる

0.5上
1.5出

後

表あき止まり
1出
2下裏

前

3～4上　3～4上

裏の作り方

①前の線より2cm出してウエストから裾まで、股下から裾までをとる。
②脇からウエスト寸法をとる。
③ウエスト寸法より真上に後中心を1.5cm上にとる。
④ウエストから股上まで線をひく。
⑤脇からヒップのゆるみ寸法をとる。
⑥股上にカーブをとって股下から0.5cm下げる。
⑦後中心からダーツをとる。

　裏を裁つ場合は布を少し斜めにおく。股上側は図のようにします。
　自然とカーブをつけ、ゆとり分をとり、脇側もゆとり分を0.2～0.3cmとる。
　股下、脇の縫い代は後ろ側にアイロンをかける。裾を3～4cm短く仕上げ、あき位置は裏布をまつりつけてウエストにはしつけでとめて、ベルトをつける。

2) ワイドパンツ

ウエスト　62cm
ヒップ　86cm
股上　27cm
パンツ丈　100cm
布地150幅　1.2m

前から製図

$\frac{62}{4}+5+0.5=21$ ダーツいせこみ
2.5　2.5
◎1下
7.5　3.5　中心　中心
3.5
18　　　　　　　　　脇0.5　HL 20　股上 27
　　　　　　10　9.5
あき止まり
$\frac{86}{4}\div4=5.5$(約)　8上　$\frac{86}{4}+1.5=23$　0.5入
☆5.5
2入案内線膝ラインまで　カーブ
中心　前
1入
丈100
11　11
7上
11　11

後の製図

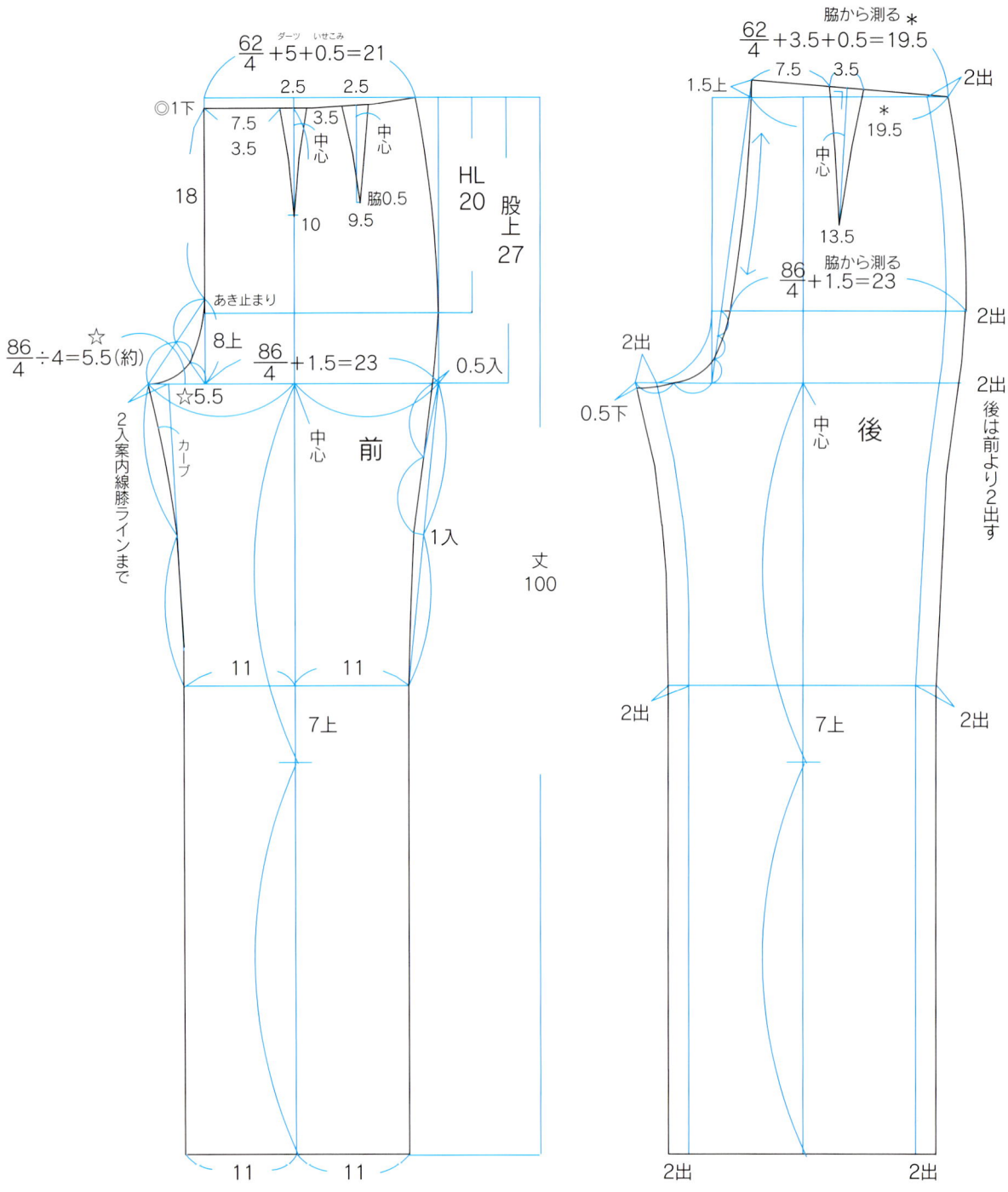

脇から測る＊
$\frac{62}{4}+3.5+0.5=19.5$
1.5上　7.5　3.5　2出
＊19.5
中心
13.5
脇から測る
$\frac{86}{4}+1.5=23$　2出
2出
0.5下　中心　後　2出　後は前より2出す
2出　7上　2出
2出　　　2出

作り方

①ダーツは中心に倒す。
②片足ずつ仕上げる。
③中心線にアイロンをかけておく。
④股上をあき止まりまで縫う。
⑤ファスナーをつける。
⑥ウエストにベルトをつける。

◎ウエスト前中心(「標準)

68以下　－　1下
70～73　－　0.5下
75以上　－　0

＊ヒップのゆるみ
　普通　ゆるみ
　（1　　1.5）

3) L寸ストレートパンツ

ウエスト　76cm
ヒップ　100cm
パンツ丈　102cm

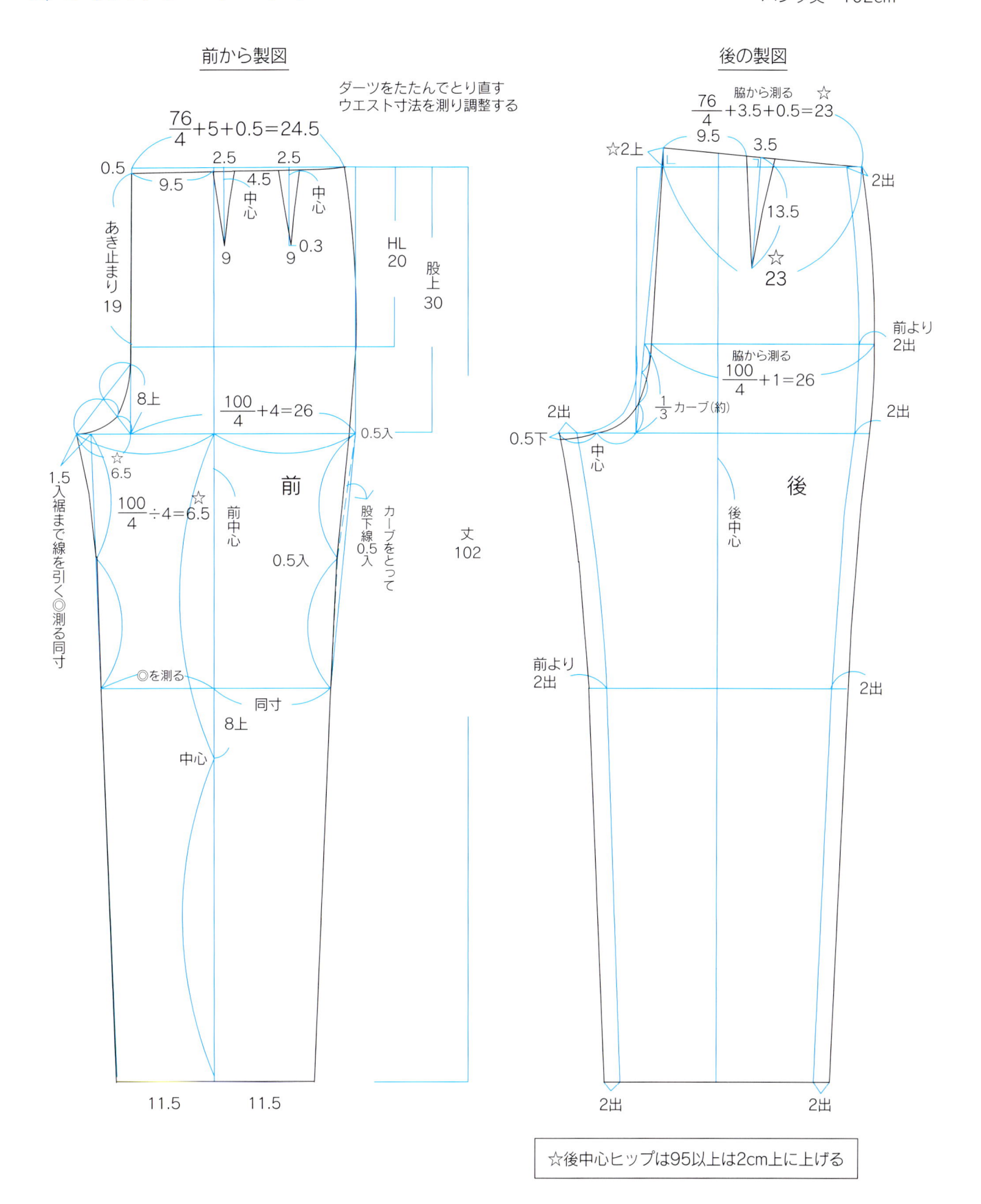

前から製図

ダーツをたたんでとり直す
ウエスト寸法を測り調整する

$\frac{76}{4}+5+0.5=24.5$

0.5
9.5
2.5　2.5
4.5
中心　中心
9　9
0.3
HL 20
股上 30
あき止まり 19

8上
$\frac{100}{4}+4=26$
0.5入

1.5入裾まで線を引く◎測る同寸
☆6.5
$\frac{100}{4}÷4=6.5$ ☆
前中心
前
股下線 0.5入
カーブをとって
0.5入
丈 102

◎を測る
同寸
8上
中心

11.5　11.5

後の製図

脇から測る ☆
$\frac{76}{4}+3.5+0.5=23$
9.5　3.5
☆2上
13.5
☆
23
2出

前より2出
脇から測る
$\frac{100}{4}+1=26$
2出

2出
0.5下
中心
$\frac{1}{3}$カーブ(約)
後
後中心

前より2出
2出

2出　2出

☆後中心ヒップは95以上は2cm上に上げる

56

4) クロップドパンツ

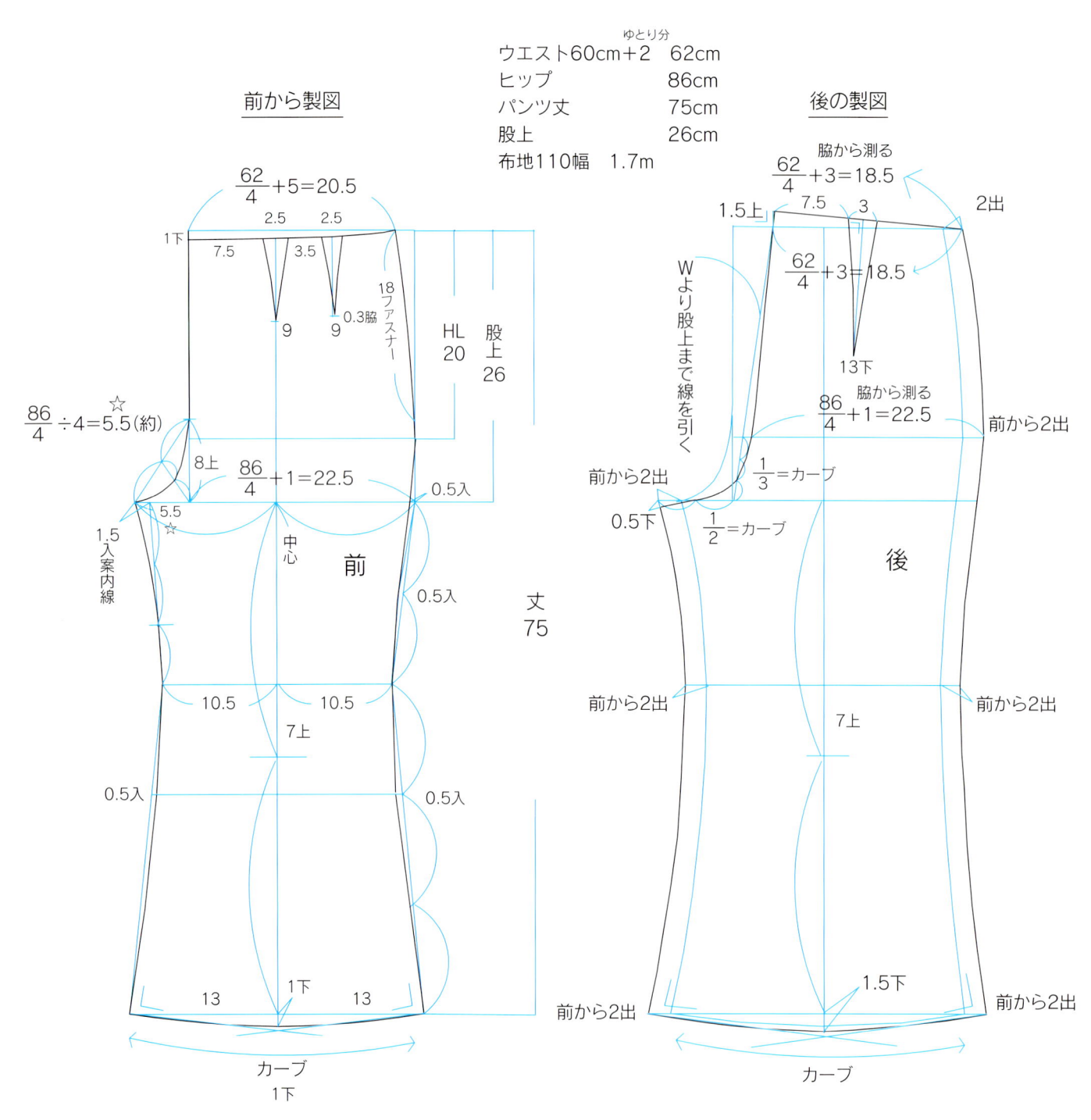

ウエスト60cm＋2　62cm（ゆとり分）
ヒップ　　　　　86cm
パンツ丈　　　　75cm
股上　　　　　　26cm
布地110幅　1.7m

前から製図

$\frac{62}{4}+5=20.5$

2.5　2.5
1下　7.5　3.5
9　9　0.3脇
18ファスナー
HL 20　股上 26

$\frac{86}{4}÷4=5.5$（約）

8上　$\frac{86}{4}+1=22.5$　0.5入

1.5入案内線　5.5 ☆

中心　前

0.5入

丈 75

10.5　10.5
7上

0.5入　0.5入

13　1下　13

カーブ
1下

綿布は膝からのカーブがきれいにできないので
カーブは少なくする

後の製図

脇から測る
$\frac{62}{4}+3=18.5$
1.5上　7.5　3　2出

$\frac{62}{4}+3=18.5$
13下

Wより股上まで線を引く

脇から測る
$\frac{86}{4}+1=22.5$　前から2出

前から2出
0.5下　$\frac{1}{3}$＝カーブ
$\frac{1}{2}$＝カーブ

後

前から2出　7上　前から2出

1.5下

前から2出　カーブ　前から2出

後は前より脇線や内股線を2cmずつ出す

5) キュロットパンツ（前タック後ダーツ）

ウエスト　66cm
ヒップ　　90cm
パンツ丈　63cm
布地110幅　1.4m

前から製図
スカート原型を使う

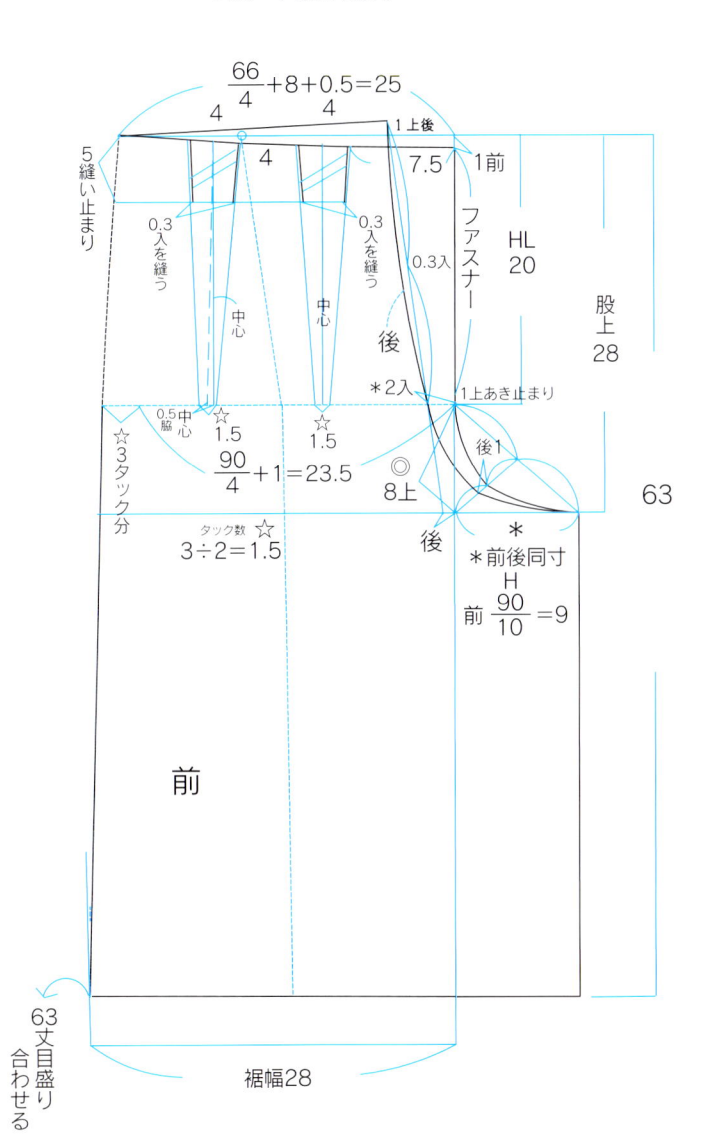

$$\frac{66}{4}+8+0.5=25$$

5 縫い止まり
4
0.3 入を縫う
中心
0.3 入を縫う
中心
1上後
1前
7.5
ファスナー
HL 20
0.3入
後
*2入
1上あき止まり
0.5 中心 脇
☆1.5
☆1.5
後1
☆3タック分
$$\frac{90}{4}+1=23.5$$
8上
63
タック数☆
3÷2=1.5
後
*
*前後同寸
H
前 $\frac{90}{10}=9$

前

63丈目盛り合わせる

裾幅28

後の製図

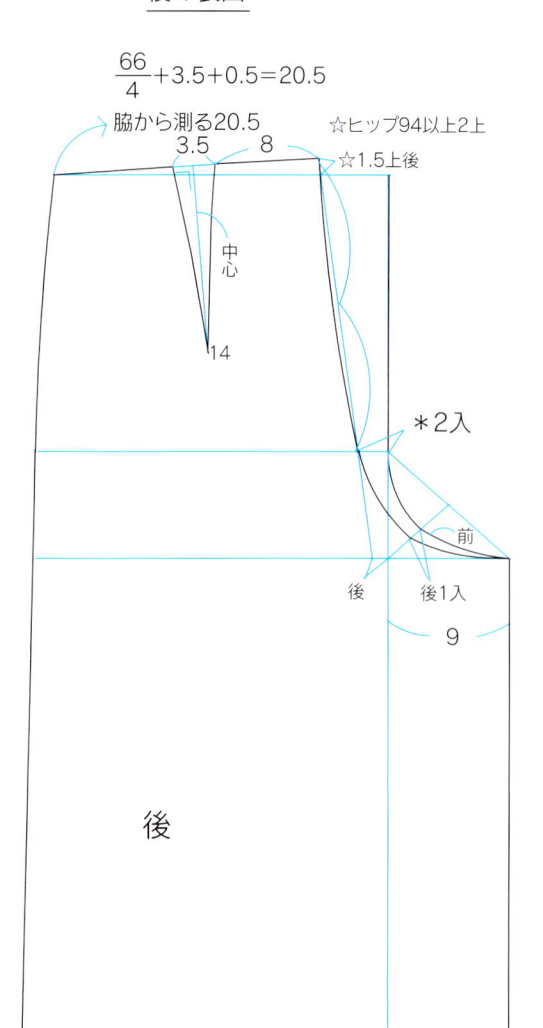

$$\frac{66}{4}+3.5+0.5=20.5$$

脇から測る20.5
3.5　8
☆ヒップ94以上2上
☆1.5上後
中心
14
*2入
前
後
後1入
9

後

スカート原型の使い方

ウエストに対して裾幅が広くない場合は、
脇HL直下線を使う
裾幅スカート丈の目盛とW寸法を
脇だけ合わせてとる

◎ヒップ94～98＝9上
　ヒップ100以上＝10上
　*ヒップにゆるみが3cm以上の
　　場合は前後同寸

*前にゆるみが3cm以上ある場合は
　HLで2cm入り、
　後のカーブを深くとる
　（前にタックを入れる場合は、
　　Hのゆるみが多くなるため）

ブラウス

1) タンクトップ

ノースリーブの場合はダーツを1.5cm（標準）
袖をつける場合はダーツを1cm（標準）

背肩幅　37cm
背丈　37cm
バスト　80cm
布地110幅　1.3m

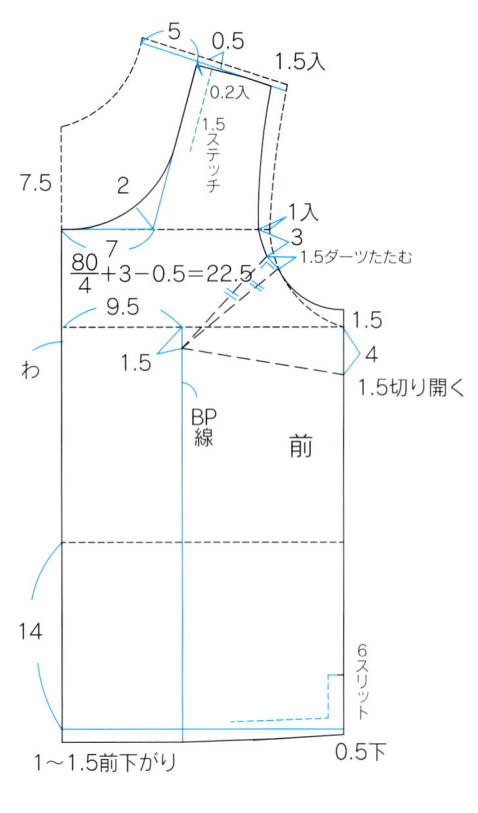

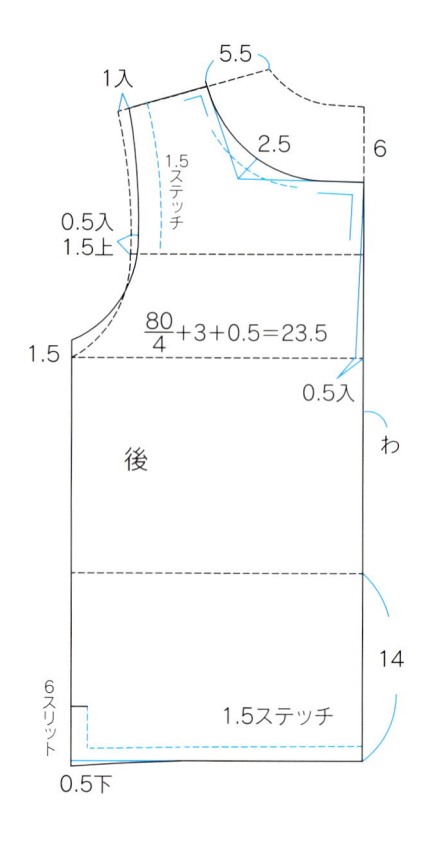

前身頃主要寸法：
$\frac{80}{4}+3-0.5=22.5$

後身頃主要寸法：
$\frac{80}{4}+3+0.5=23.5$

背肩幅の広い人

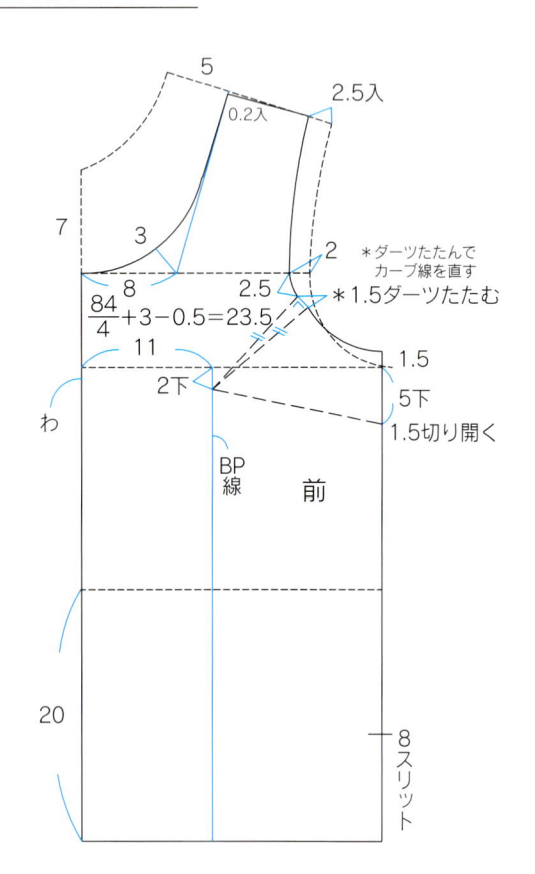

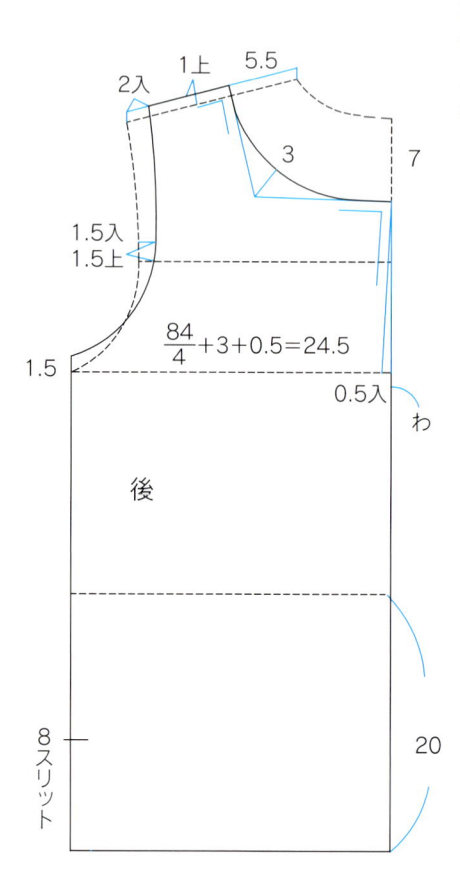

背肩幅　40cm
背丈　38cm
バスト　84cm
布地110幅　1.4m

前身頃主要寸法：
$\frac{84}{4}+3-0.5=23.5$

後身頃主要寸法：
$\frac{84}{4}+3+0.5=24.5$

ダーツの消し方

1 たたんだ分脇下げる
ダーツをたたんで脇ダーツが多い場合は
BPで重ね、ダーツ分だけ切り開く
その分を脇で下げ、脇線をとり直す

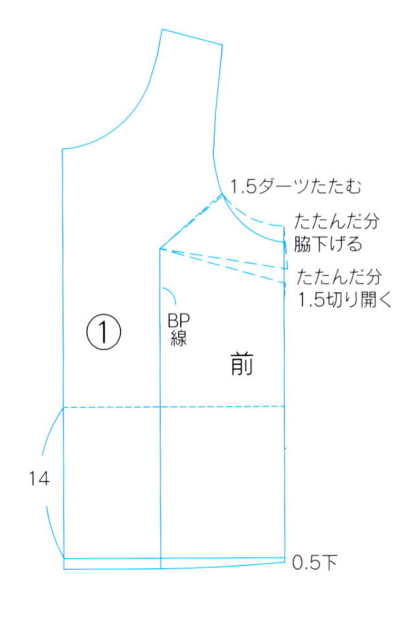

- 1.5ダーツたたむ
- たたんだ分脇下げる
- たたんだ分1.5切り開く
- BP線
- 前
- 14
- 0.5下

2 切り開き分脇カット
*2.5cm切り開いて多い場合は、BPで重ねる

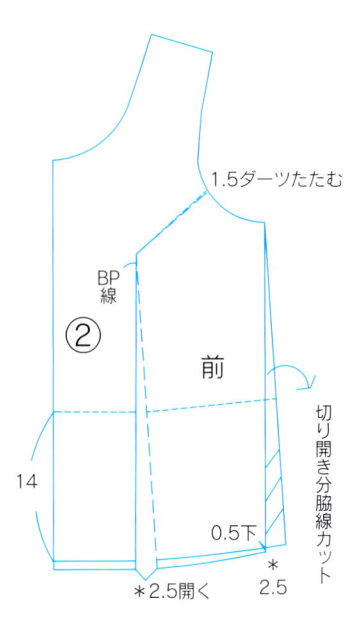

- 1.5ダーツたたむ
- BP線
- 前
- 14
- 切り開き分脇線カット
- *2.5開く
- 0.5下
- *2.5

3 切り開き分を脇の裾でカット
ダーツでたたんで切り開き分を裾脇でカットする

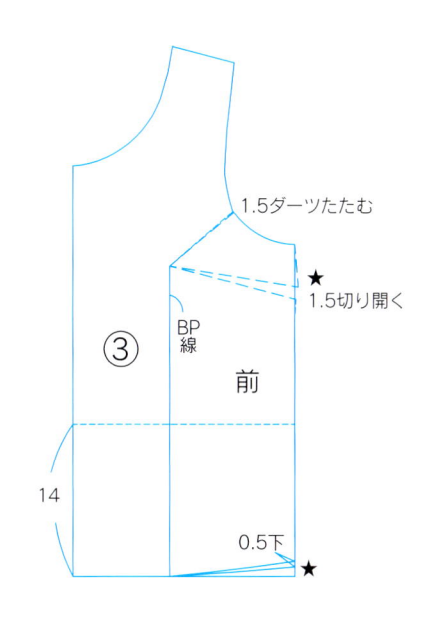

- 1.5ダーツたたむ
- BP線
- 前
- ★1.5切り開く
- 14
- 0.5下
- ★

ダーツのとり方

1 脇ダーツのとり方
ダーツをたたんで切り開き分を脇ダーツでとる

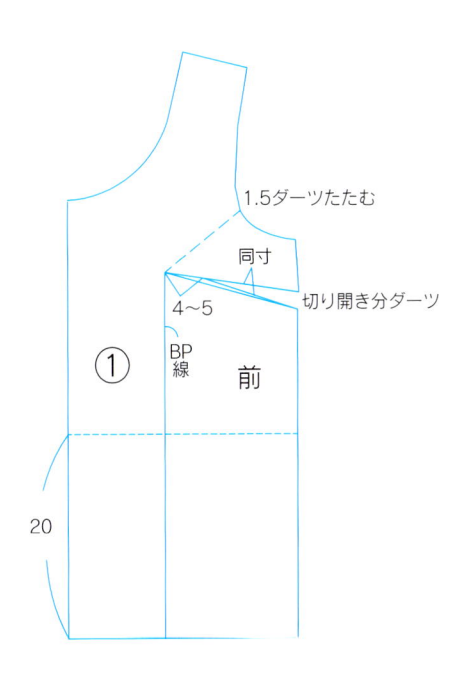

- 1.5ダーツたたむ
- 同寸
- 4～5
- 切り開き分ダーツ
- BP線
- 前
- 20

2 脇ダーツのとり方
ダーツをたたんで切り開き分をとる
その分、前下がり分を脇ダーツでとる

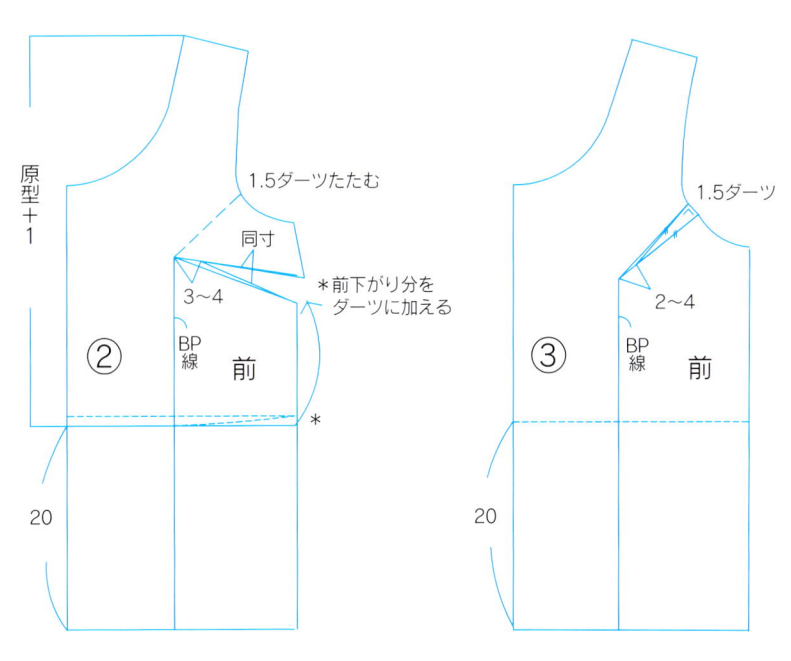

- 原型+1
- 1.5ダーツたたむ
- 同寸
- 3～4
- *前下がり分をダーツに加える
- BP線
- 前
- 20
- *

3 袖ぐりダーツのとり方
ダーツを移動しないでとる

- 1.5ダーツ
- 2～4
- BP線
- 前
- 20

2）半袖ブラウス

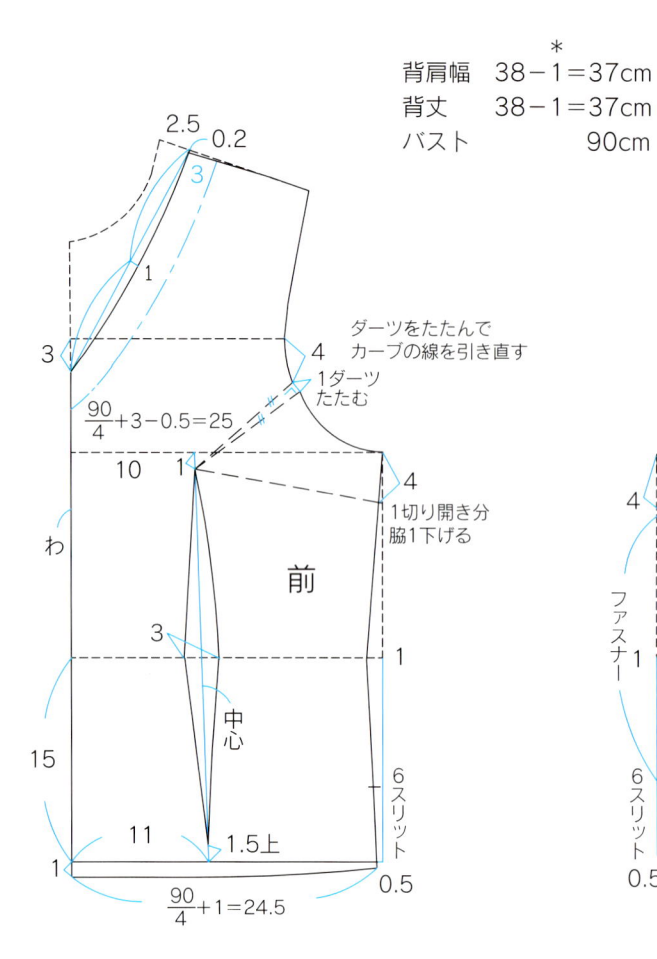

背肩幅　38−1＝37cm *
背丈　38−1＝37cm
バスト　90cm

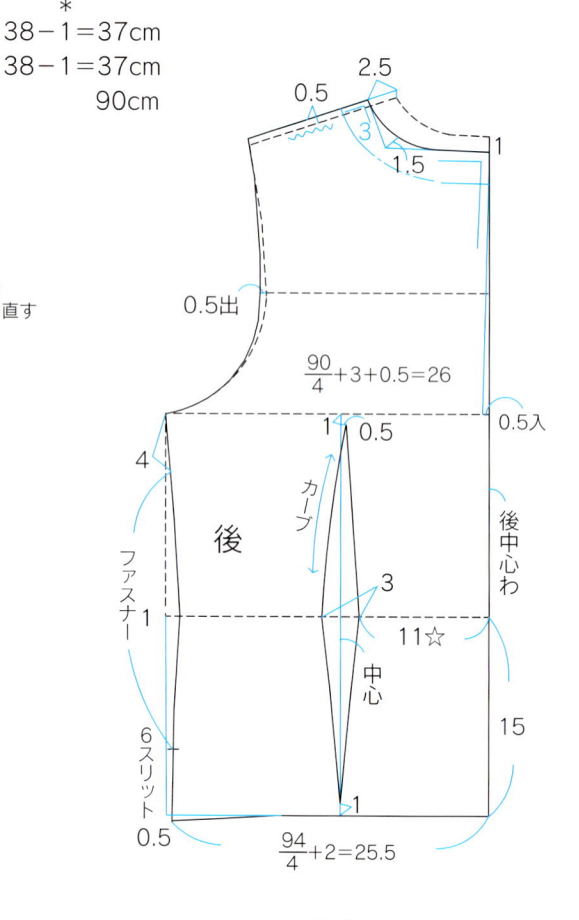

前身頃:
- 2.5, 0.2, 3, 1
- 3
- 4　ダーツをたたんでカーブの線を引き直す
- $\frac{90}{4}+3-0.5=25$
- 10, 1
- 4　1切り開き分 脇1下げる
- 1ダーツたたむ
- わ
- 前
- 3, 1
- 中心
- 15
- 11　1.5上
- 1　$\frac{90}{4}+1=24.5$　0.5
- 6 スリット

＊このみによって背肩幅を1cm狭くとってもよい

後身頃:
- 2.5, 0.5, 3, 1
- 1.5
- 0.5出
- $\frac{90}{4}+3+0.5=26$
- 0.5入
- 4, 1, 0.5
- ファスナー
- 後
- カーブ
- 3
- 1　11☆
- 中心
- 6 スリット
- 15
- 0.5　1　$\frac{94}{4}+2=25.5$
- 後中心わ

AH49　AH $\frac{90}{2}+4=49$
袖山 $\frac{49}{3}=16$（約）

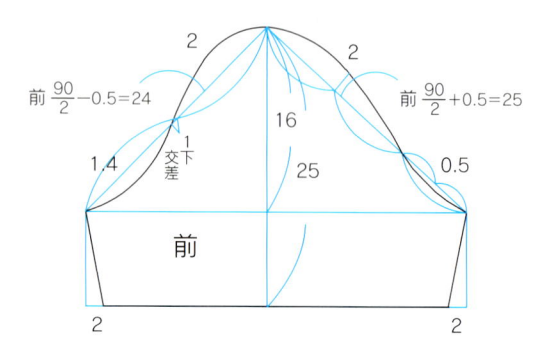

ダーツの消し方

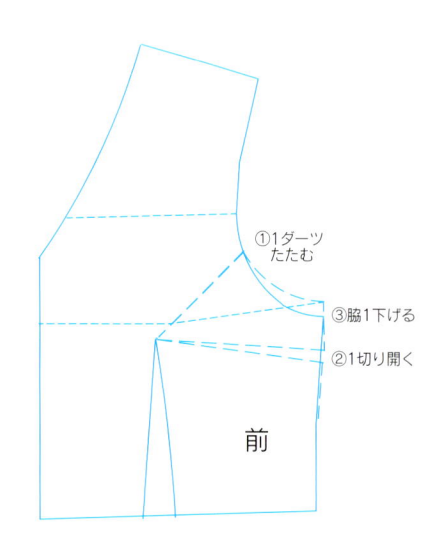

①1ダーツたたむ
③脇1下げる
②1切り開く
前

袖

- 2, 2
- 前 $\frac{90}{2}-0.5=24$　前 $\frac{90}{2}+0.5=25$
- 16
- 1.4　1交差　1下　0.5
- 25
- 前
- 2, 2

後身頃のダーツの決め方（標準）

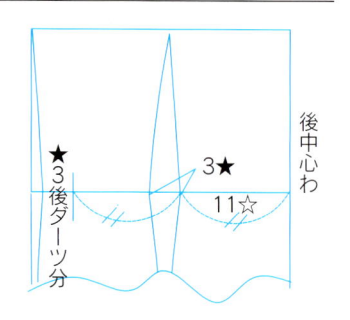

★3後ダーツ分　3★　11☆
後中心わ

見返し

見返しは接着芯を貼って印をつける
外側はでき上がり線をロックミシン

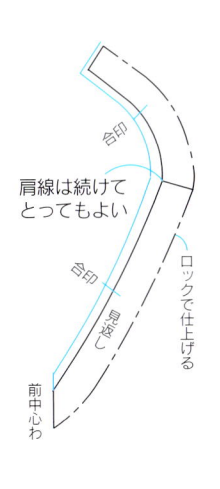

見返しのつけ方

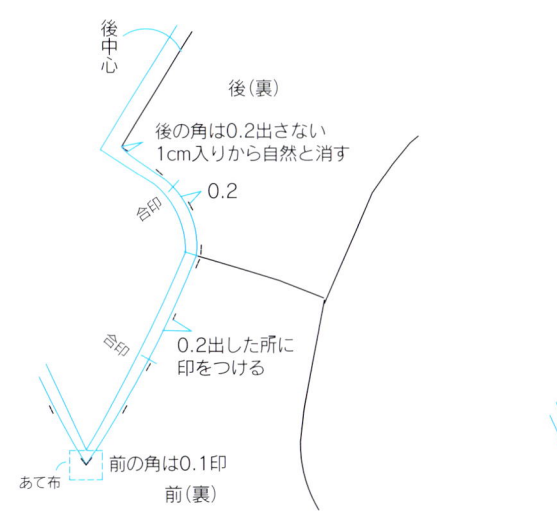

後の角は0.2出さない
1cm入りから自然と消す

0.2出した所に印をつける

前の角は0.1印

衿ぐりから0.2cm外側に印(線)つける

夏物で普通の綿を使用する場合は、
伸び止めテープをつけなくても作れる
見返し線と表の印を縫い合わせて、
カーブに切り込みを入れる
見返しの縫いしろは0.6cm～0.8cm

ファスナーの場合

見返しを仕上げてファスナーをつける

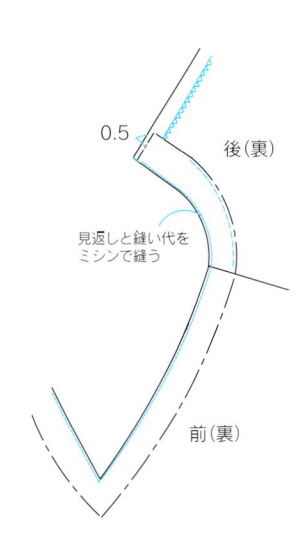

裏に返してアイロンで整える
見返しと縫いしろをミシンで縫う
(見返しを整えるため)

コンシールの場合

コンシールをつけて見返しをつける
見返しは後中心を0.5cm控えて身ごろはでき上がり線で折り、
見返しに重ねて縫う

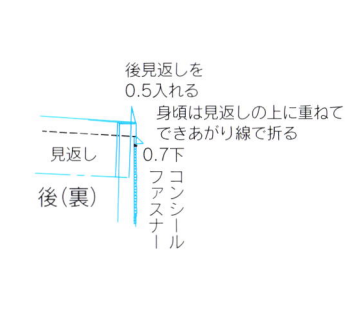

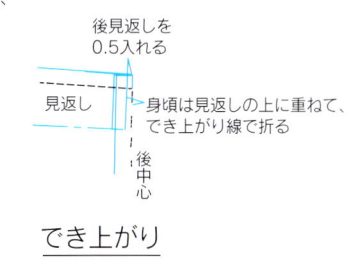

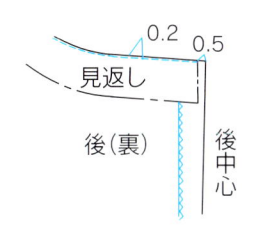

後見返しを0.5入れる
身頃は見返しの上に重ねてできあがり線で折る
0.7下
コンシールファスナー

後見返しを0.5入れる
身頃は見返しの上に重ねて、でき上がり線で折る

でき上がり

0.2 0.5
見返し
後(裏) 後中心

3）ノースリーブブラウス（Vネックフリル）

背肩幅　37cm
背丈　37cm
バスト　84cm
布地110幅　1m

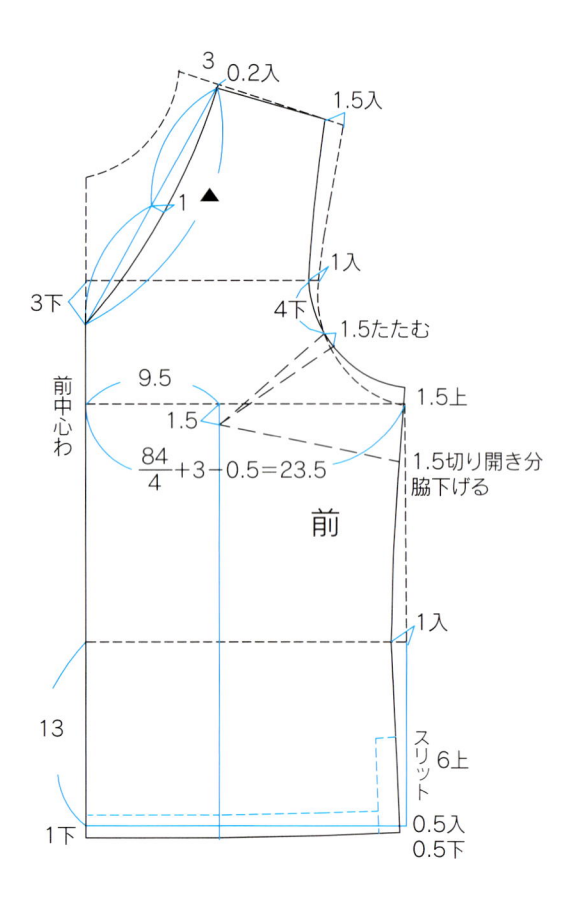

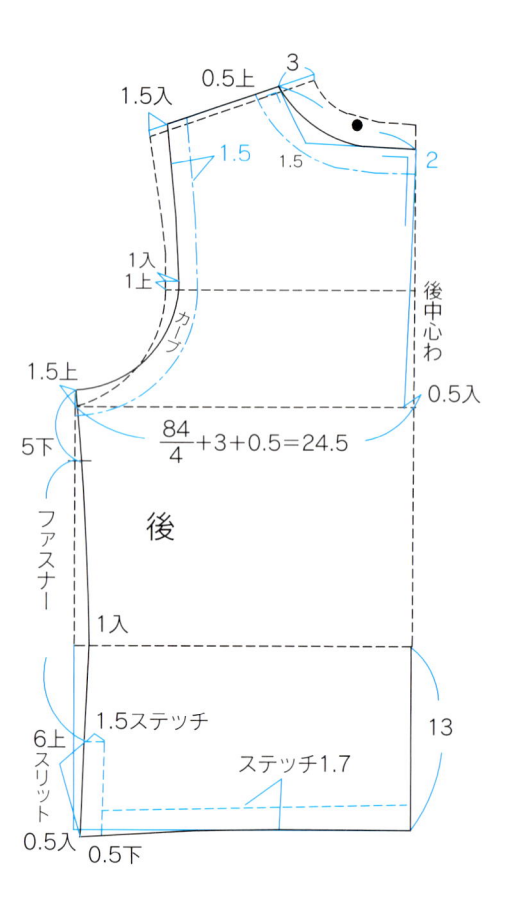

前（身頃製図）

- 3　0.2入
- 1.5入
- 3下
- 1下
- 4下　1.5たたむ
- 9.5
- 1.5
- $\frac{84}{4}+3-0.5=23.5$
- 1.5上
- 1.5切り開き分 脇下げる
- 前中心わ
- 1入
- 13
- 1入
- スリット 6上
- 0.5入
- 0.5下

後（身頃製図）

- 0.5上　3
- 1.5入
- 1.5
- 2
- 1入　1上
- カーブ
- 1.5上
- 5下　ファスナー
- $\frac{84}{4}+3+0.5=24.5$
- 後中心わ
- 0.5入
- 1入
- 1.5ステッチ
- 6上 スリット
- ステッチ1.7
- 13
- 0.5入　0.5下

見返しのとり方
見返しには接着芯を貼る

- 後中心で継ぐ
- 1
- 2
- 肩はわ
- 袖ぐり同じ（布が足りない場合は別）
- わ

長さの決め方

衿ぐり寸法　フリル分

衿の長さ＝33÷3＝11
フリル分　衿ぐり寸法
11＋33＝44
衿の長さの総寸　44×2＝88
フリルはバイアスをわでとって、
衿ぐりもわで作る

ギャザーのとり方

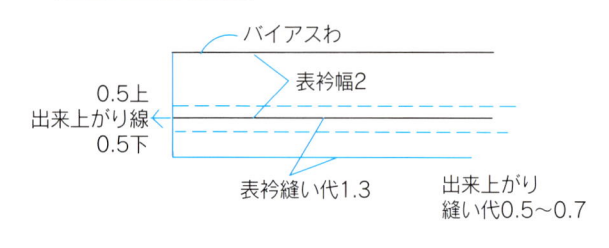

- バイアスわ
- 表衿幅2
- 0.5上
- 出来上がり線
- 0.5下
- 表衿縫い代1.3
- 出来上がり縫い代0.5〜0.7

①バイアスをわでとって縫いしろを
　1.3cmから1.5cmとる
②針目は大きくしてから図のように
　出来上がり線の上下をミシンで縫う
③下糸を2本一緒に引き、ギャザーを入れる
④衿ぐり寸法に合わせ、ギャザーを入れた後で
　縫いしろにアイロンで整える
⑤身ごろにつけた後、ギャザーに入れた2本の糸をとる

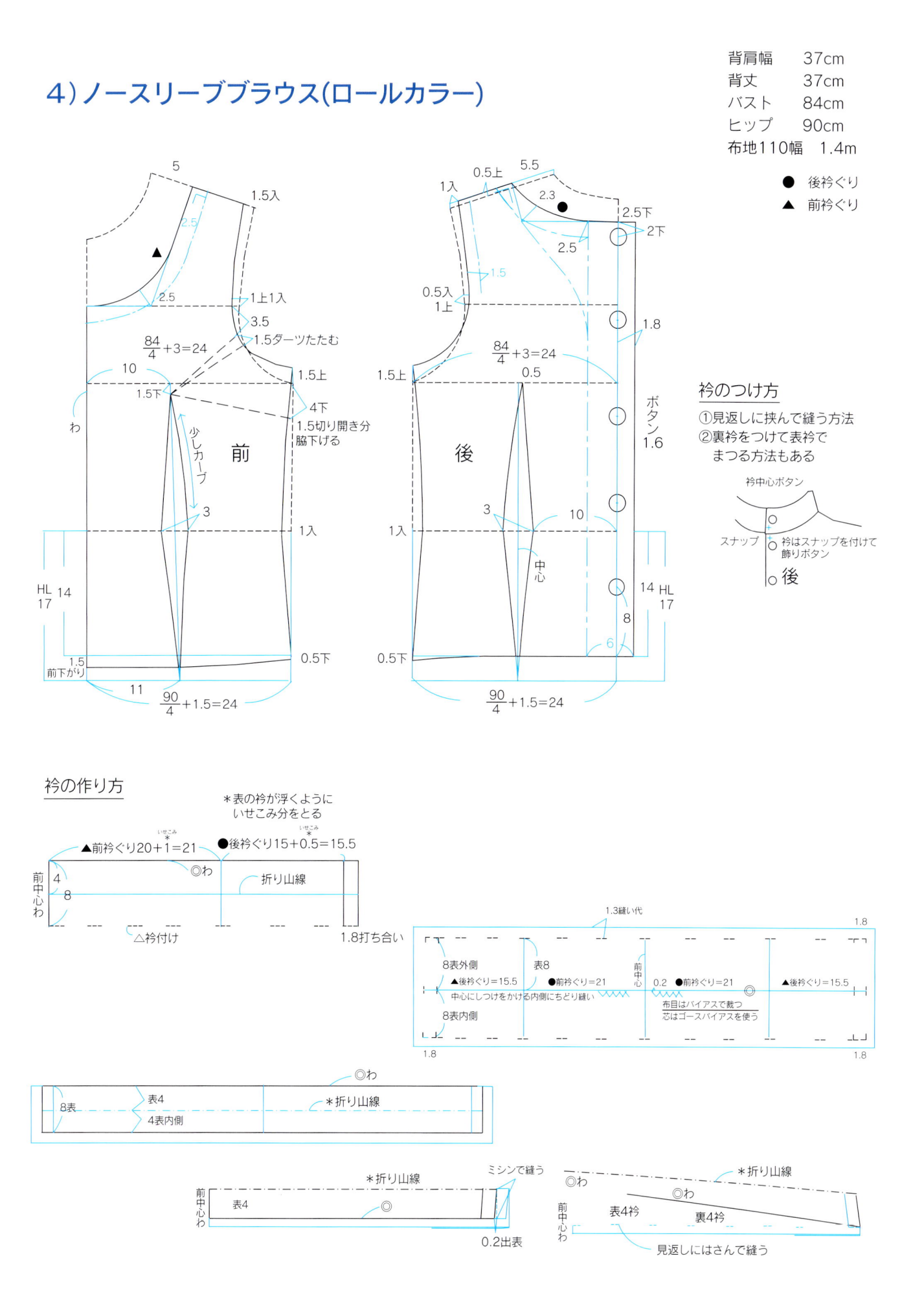

4) ノースリーブブラウス（ロールカラー）

背肩幅　37cm
背丈　37cm
バスト　84cm
ヒップ　90cm
布地110幅　1.4m

● 後衿ぐり
▲ 前衿ぐり

衿のつけ方
①見返しに挟んで縫う方法
②裏衿をつけて表衿でまつる方法もある

衿中心ボタン
スナップ
衿はスナップを付けて飾りボタン
後

衿の作り方

*表の衿が浮くようにいせこみ分をとる

▲前衿ぐり20+1=21　●後衿ぐり15+0.5=15.5

折り山線
△衿付け
1.8打ち合い

1.3縫い代
8表外側　表8　前衿ぐり21　前中心　0.2　●前衿ぐり21　▲後衿ぐり=15.5
8表内側
中心にしつけをかける内側にちどり縫い
布目はバイアスで裁つ　芯はゴースバイアスを使う

8表　表4
4表内側
*折り山線 ◎わ

*折り山線　ミシンで縫う
前中心わ　表4　◎
0.2出表

*折り山線 ◎わ
前中心わ　表4衿　裏4衿
見返しにはさんで縫う

5) ノースリーブブラウス・スカート(カウルネックライン)

背肩幅　37cm
背丈　37cm
バスト　80cm

原型を倒して切り開き線

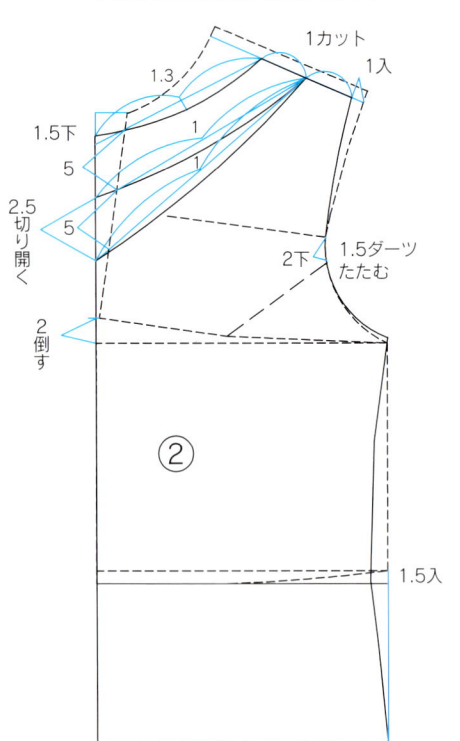

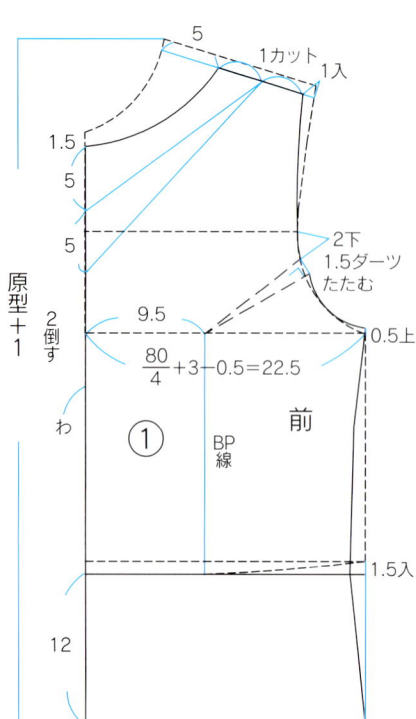

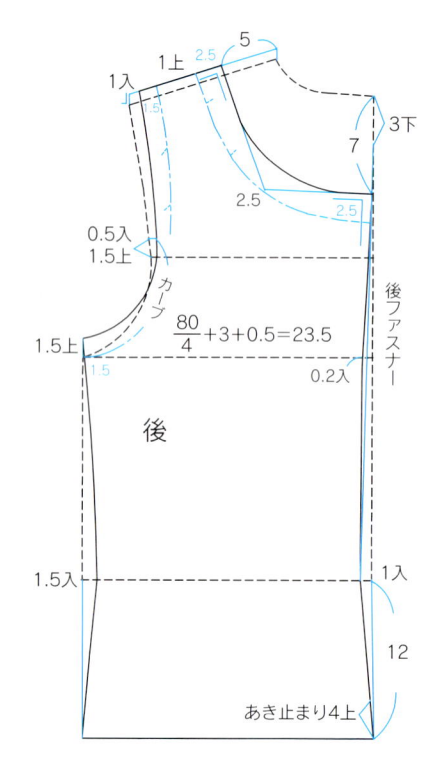

前：$\dfrac{80}{4}+3-0.5=22.5$

後：$\dfrac{80}{4}+3+0.5=23.5$

切り開き図

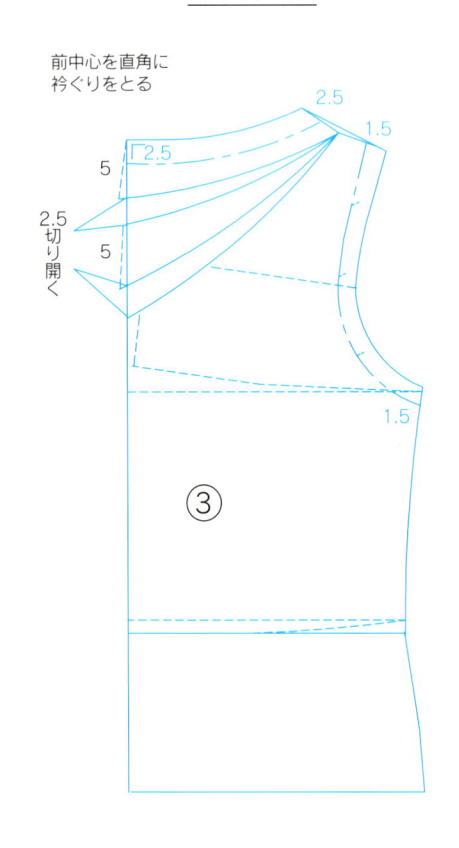

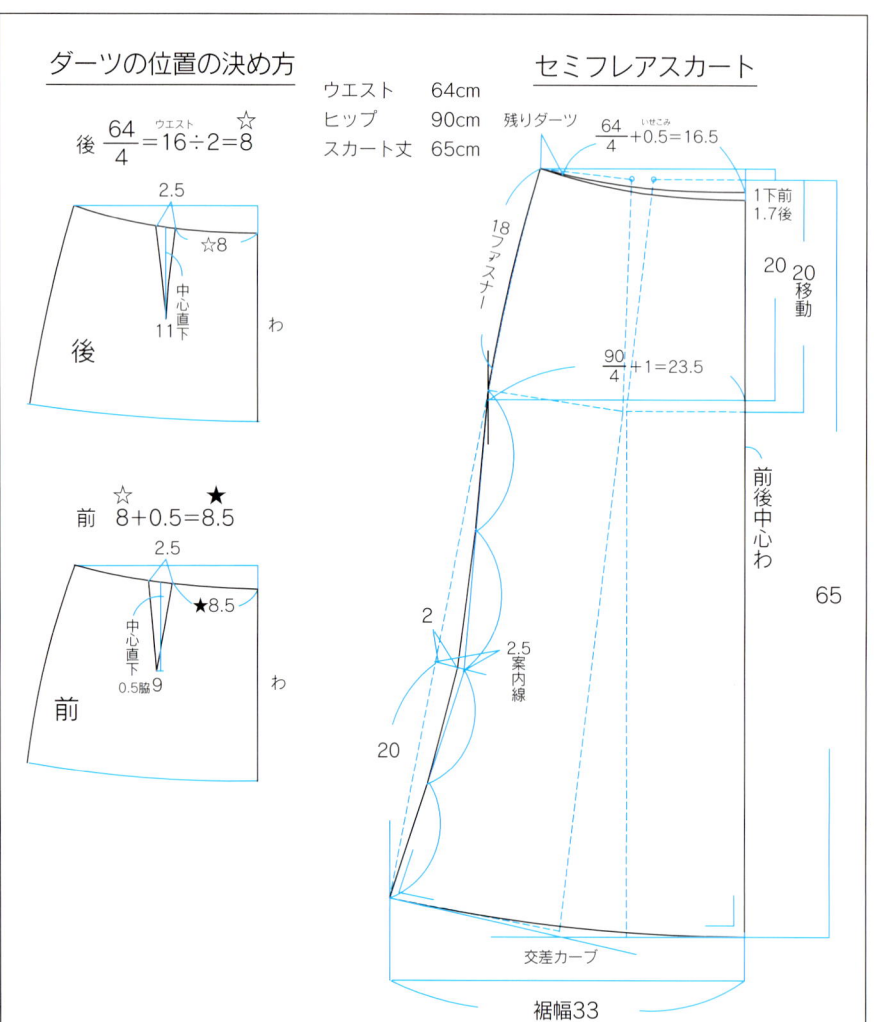

前中心を直角に衿ぐりをとる

ダーツの位置の決め方

ウエスト　64cm
ヒップ　90cm
スカート丈　65cm

後　$\dfrac{64}{4}=16\div2=8$　☆

前　☆8+0.5=★8.5

セミフレアスカート

残りダーツ　$\dfrac{64}{4}+0.5=16.5$

$\dfrac{90}{4}+1=23.5$

裾幅33

6）スモックブラウス（背肩幅が広い）

背肩幅　　40cm
背丈　　　40cm
バスト　　84cm
布地110幅　1.4m
紐の長さ1.3m～1.5m

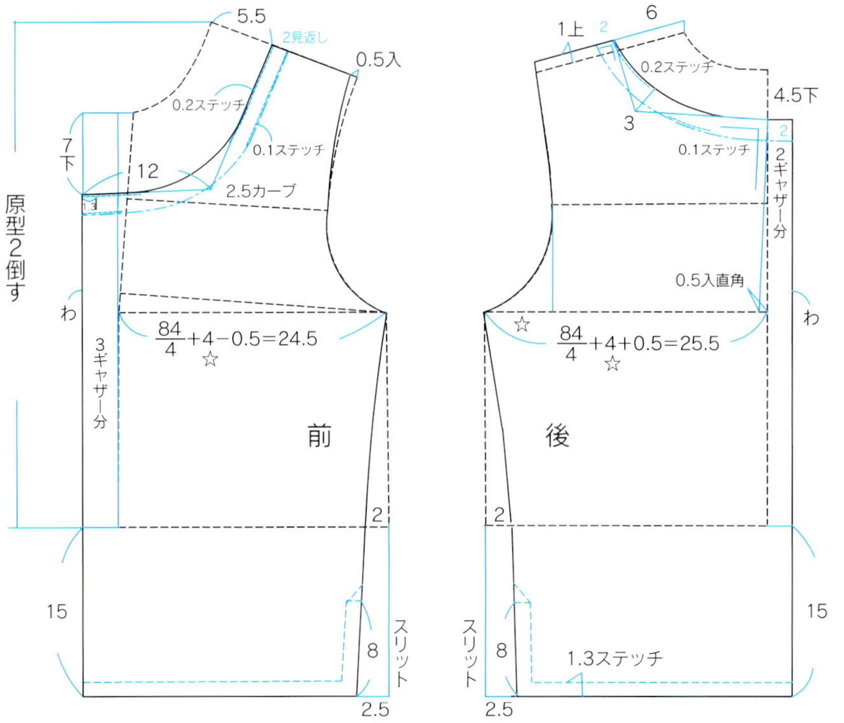

$前\frac{47}{2}-0.5=23$　　$後\frac{47}{2}+0.5=24$

$\frac{84}{4}+4-0.5=24.5$ ☆

$\frac{84}{4}+4+0.5=25.5$ ☆

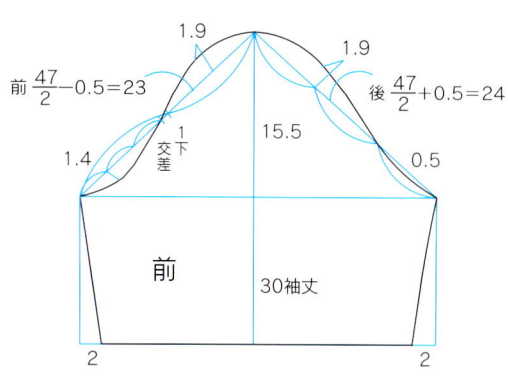

バイアスの作り方
布を3.5cm幅のバイアスに裁ち切る
アイロンで幅3cmに伸ばし、両端を0.5cmずつ
折り曲げてアイロンで仕上げる
厚紙に巻いて使う

ボタンホール位置

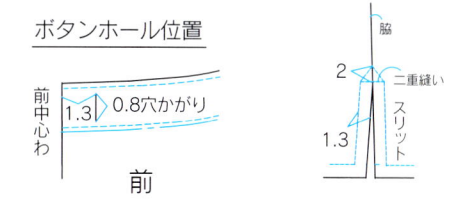

☆背肩幅に対してバストが小さい人は、腕の動きをよくするためにゆるみを多くする

7）スモックブラウス（背肩幅が狭い）

背肩幅　　37cm
背丈　　　37cm
バスト　　80cm
布地110幅　1.4m

$前\frac{45}{2}-0.5=22$　　$後\frac{45}{2}+0.5=23$

$\frac{80}{4}+3-0.5=22.5$

$\frac{80}{4}+3+0.5=23.5$

AH45

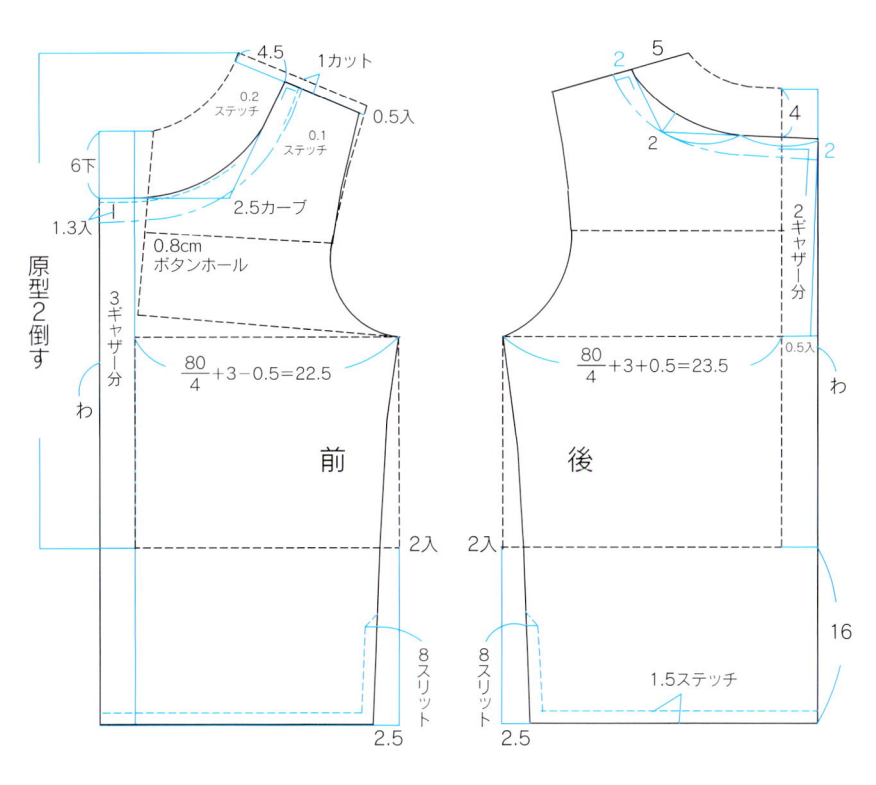

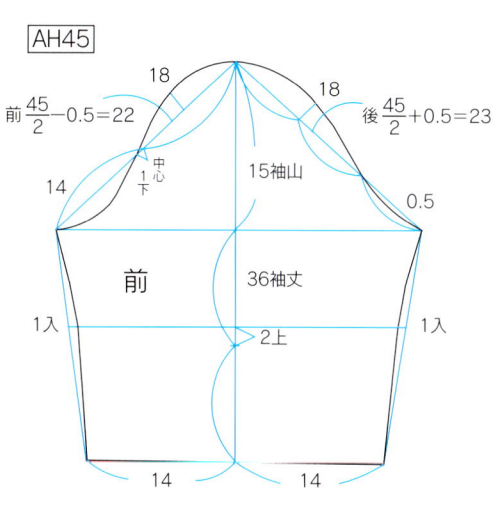

8) ブラウス（スタンドカラー）チャイナカラー

背肩幅　37cm
背丈　37cm
バスト　84cm
ヒップ　92cm
布地110幅　1.6m

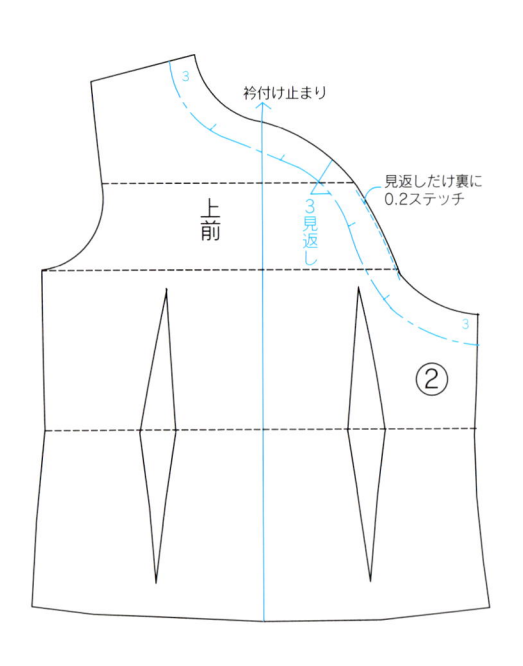

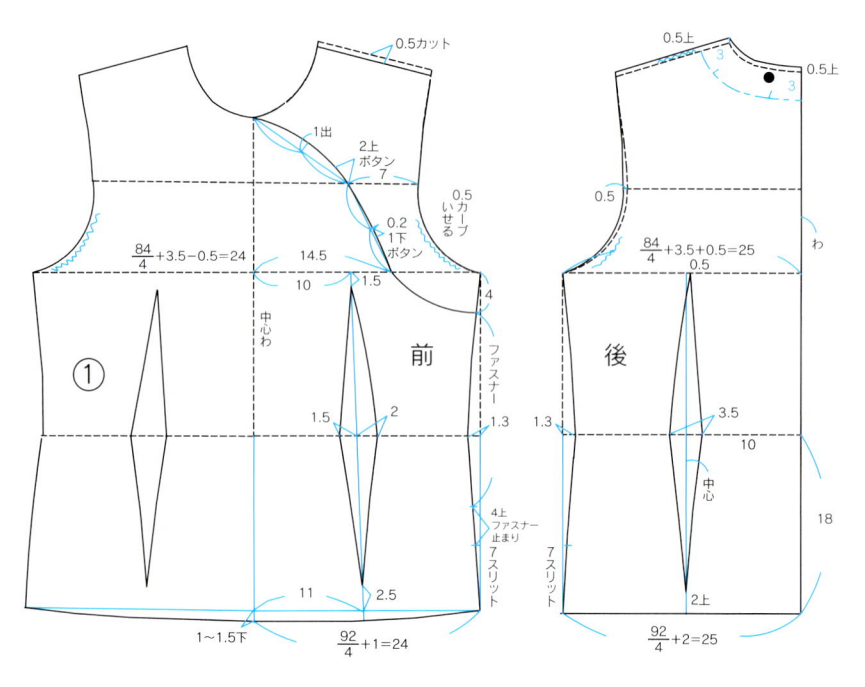

ボタンの位置

ファスナーをつけるには、後身ごろと前身ごろの持ち出し部分との間に入れて一緒に縫う

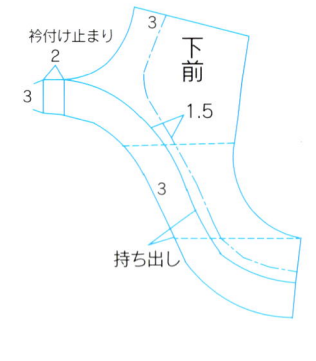

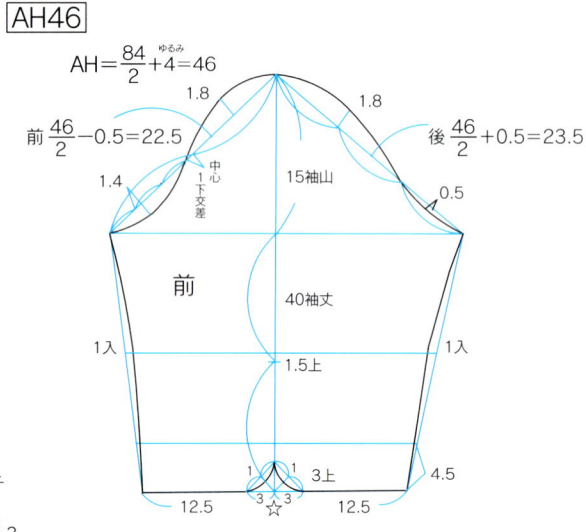

バストの高い人
ダーツを消した後①をとる

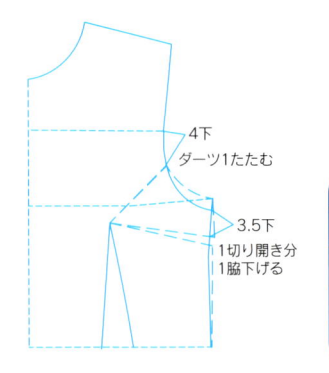

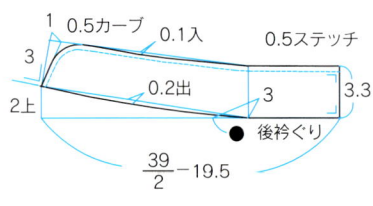

衿ぐり寸法39

$\frac{39}{2} - 19.5$

AH46

$AH = \frac{84}{2} + 4 = 46$

前 $\frac{46}{2} - 0.5 = 22.5$
後 $\frac{46}{2} + 0.5 = 23.5$

☆袖口スリットの縫いしろは4.5cmとって折り曲げ、カーブのスリットを先に縫う

縫い代に1〜1.2テープ（接着）

スタンドカラー首回りゆるみ寸法 (単位:cm)

サイズ	採寸首回り	標準	ゆるみ	コート
S	35	38	39	40〜41
M	36	39	40	41〜42
L	37	40	41	42〜42.5
LL	38	41	42	43〜45

前 $\frac{84}{4} + 3.5 - 0.5 = 24$
前 $\frac{92}{4} + 1 = 24$
後 $\frac{84}{4} + 3.5 + 0.5 = 25$
後 $\frac{92}{4} + 2 = 25$

9) ブラウス(台衿付きシャツカラー、ドロップ袖)

背肩幅 38cm
背丈 38cm
バスト 84cm

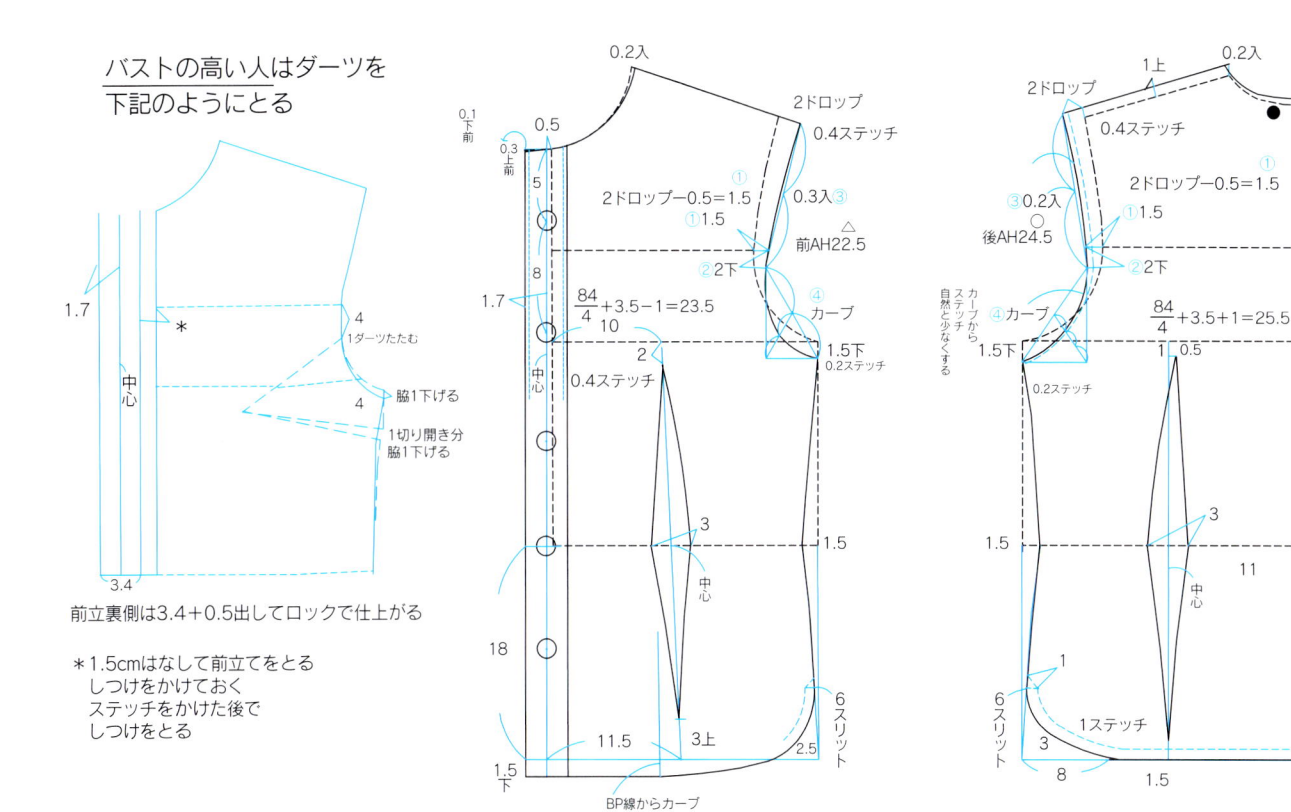

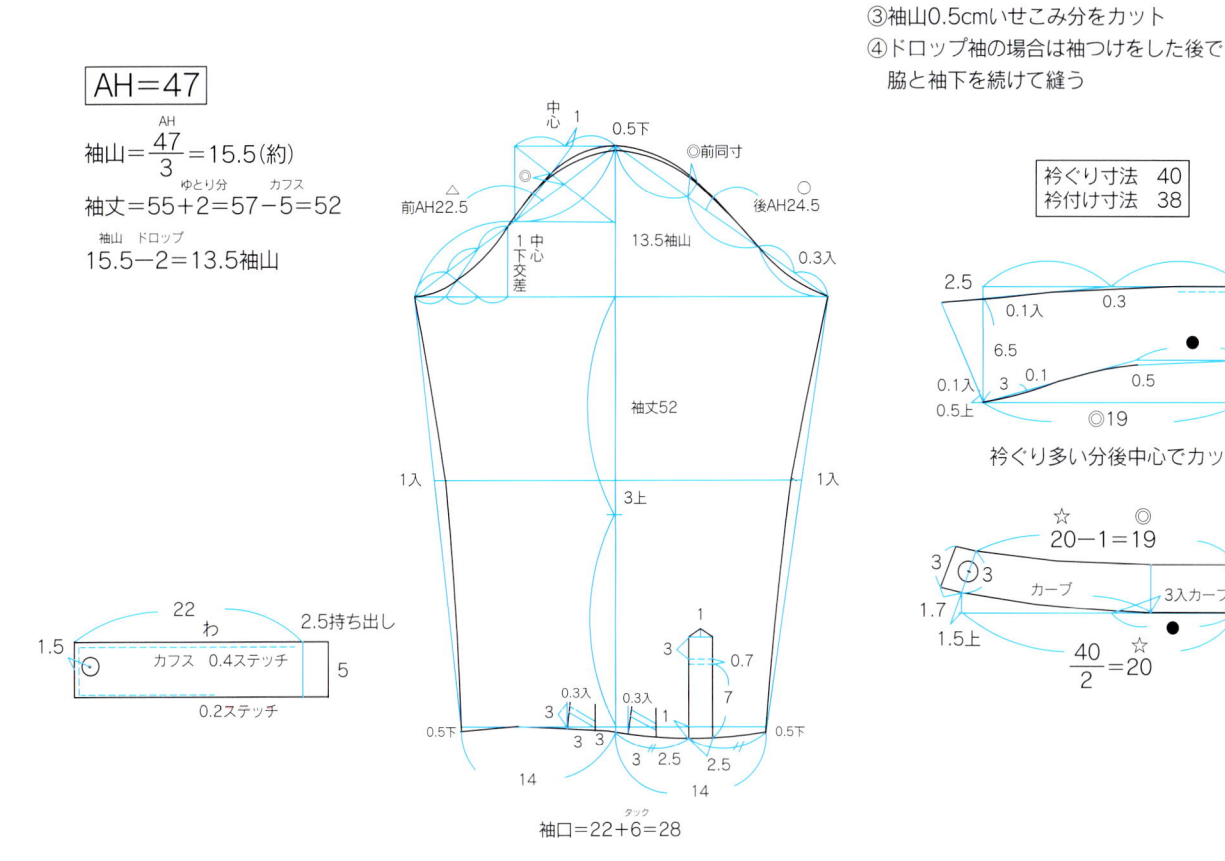

①バストのゆるみは後+1、前-1
②前後身ごろのAHと、袖AHを同寸にしてとる
③袖山0.5cmいせこみ分をカット
④ドロップ袖の場合は袖つけをした後で脇と袖下を続けて縫う

衿ぐり寸法 40
衿付け寸法 38

AH=47

袖山 = $\frac{AH}{3}$ = $\frac{47}{3}$ = 15.5(約)

袖丈 = 55+2 = 57-5 = 52

15.5-2 = 13.5袖山

袖口 = 22+6 = 28

衿ぐり多い分後中心でカット

$\frac{40}{2}$ = 20

20-1 = 19

バストの高い人はダーツを下記のようにとる

前立裏側は3.4+0.5出してロックで仕上がる

*1.5cmはなして前立てをとる
 しつけをかけておく
 ステッチをかけた後で
 しつけをとる

10) ブラウス(前ダーツにブレード)

背肩幅　37cm
背丈　37cm
バスト　82cm
布地110　幅1.6m

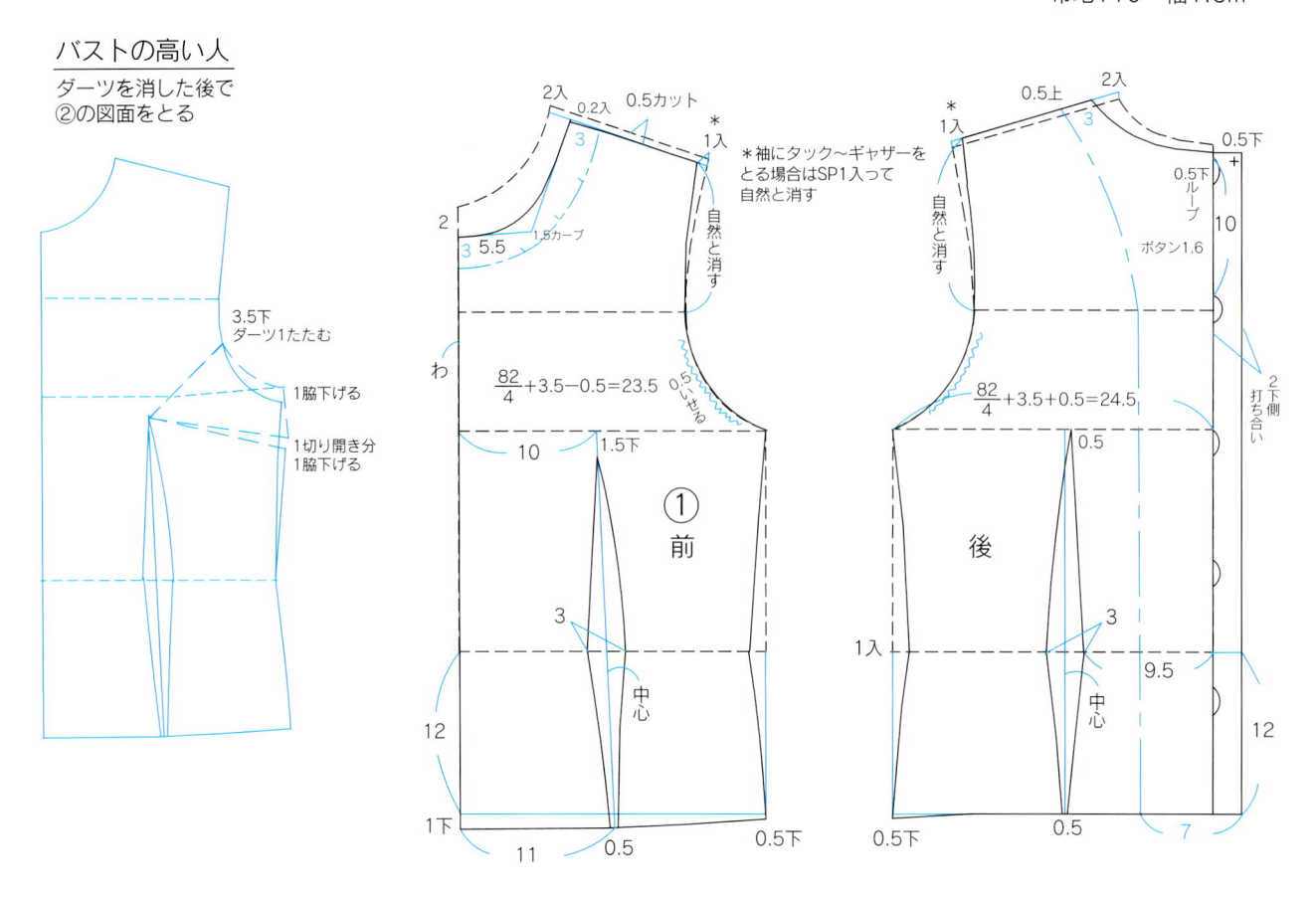

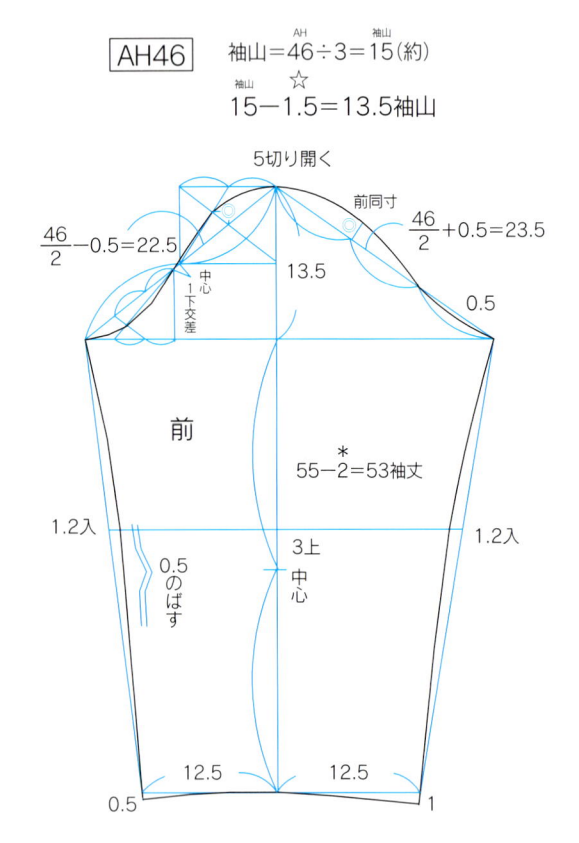

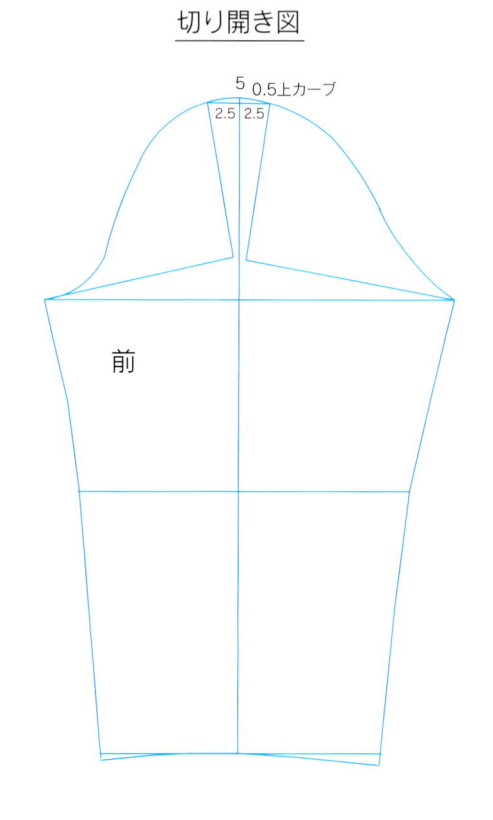

切り開き線　　　　　　　切り開き図

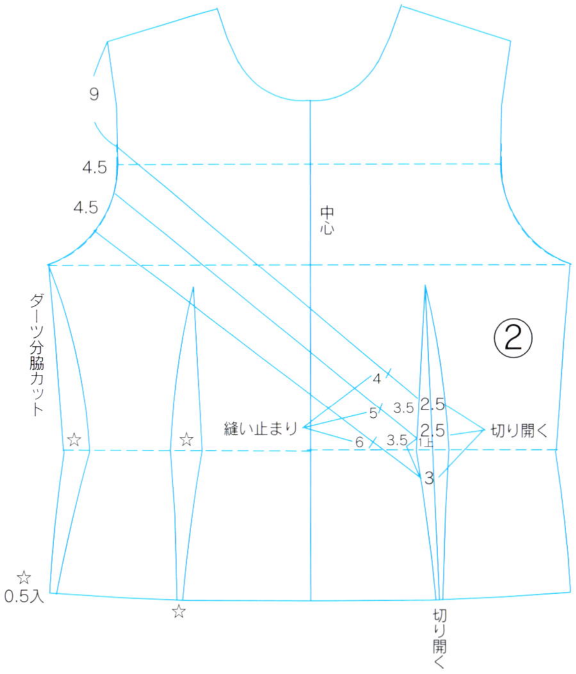

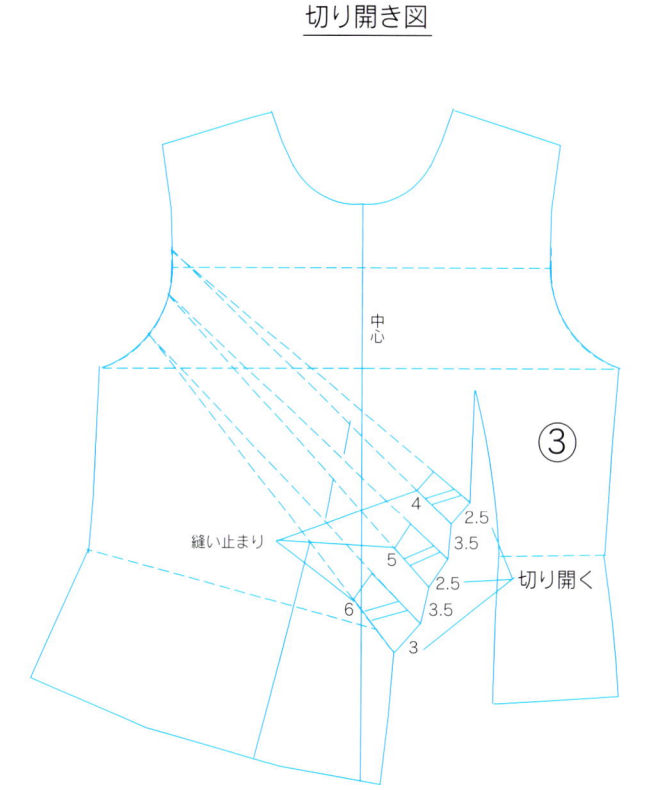

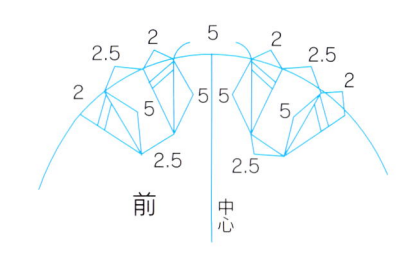

タックのとり方

タック寸法を2〜2.5cmの場合は5cm長くとって図のようにとる

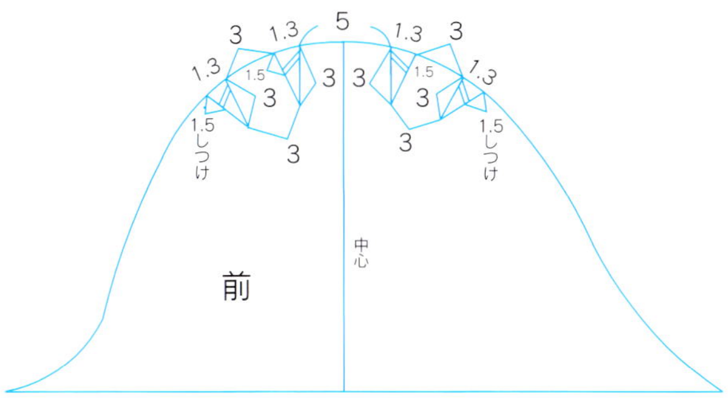

タックをたたんで袖山のカーブをとり直す
袖山のタックはしつけをかけて
袖をつけた後でしつけをとる

袖山を切り開く場合の袖山高さの寸法(単位:cm)		
袖山切り開き分		袖山低くする ☆
3	—	0.5
4	—	1
5	—	1.5
7	—	2.5
10	—	3

☆切り開き分の袖丈が
　長くなるので、
　好みによってカットする

11) ブラウス(ラッフルカラー)

背肩幅　37cm
背丈　36cm
バスト　84cm

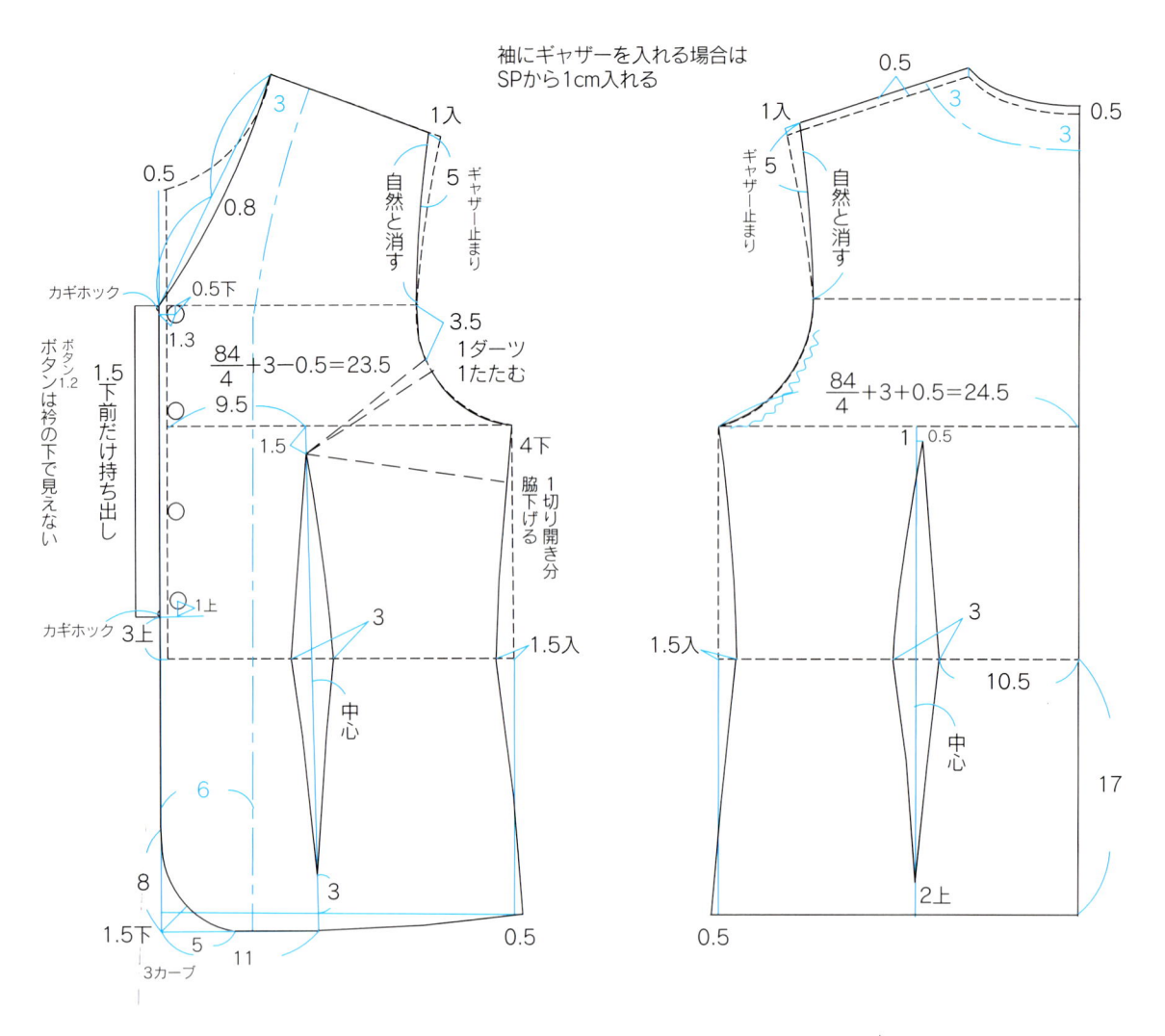

$\frac{84}{4}+3-0.5=23.5$

$\frac{84}{4}+3+0.5=24.5$

AH46　袖山=46÷3=15(約)　☆ 15-1.5=13.5袖山

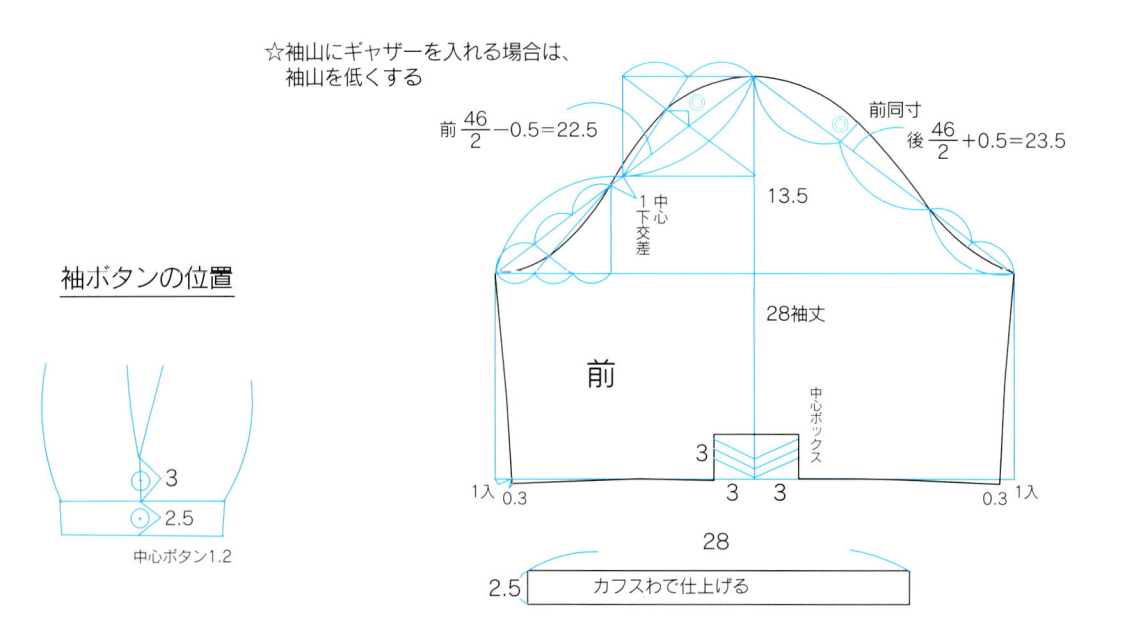

☆袖山にギャザーを入れる場合は、袖山を低くする

前 $\frac{46}{2}-0.5=22.5$　後 $\frac{46}{2}+0.5=23.5$

袖ボタンの位置

布の裁ち方

後中心わ
NP
衿付け少しギャザー
1 はなす

切り開き図

後中心わ
前肩幅
後肩幅
NP
3切り開く
3切り開く
0.7切り開き
3切り開く
3切り開く
3切り開く
1 はなす

衿のとり方

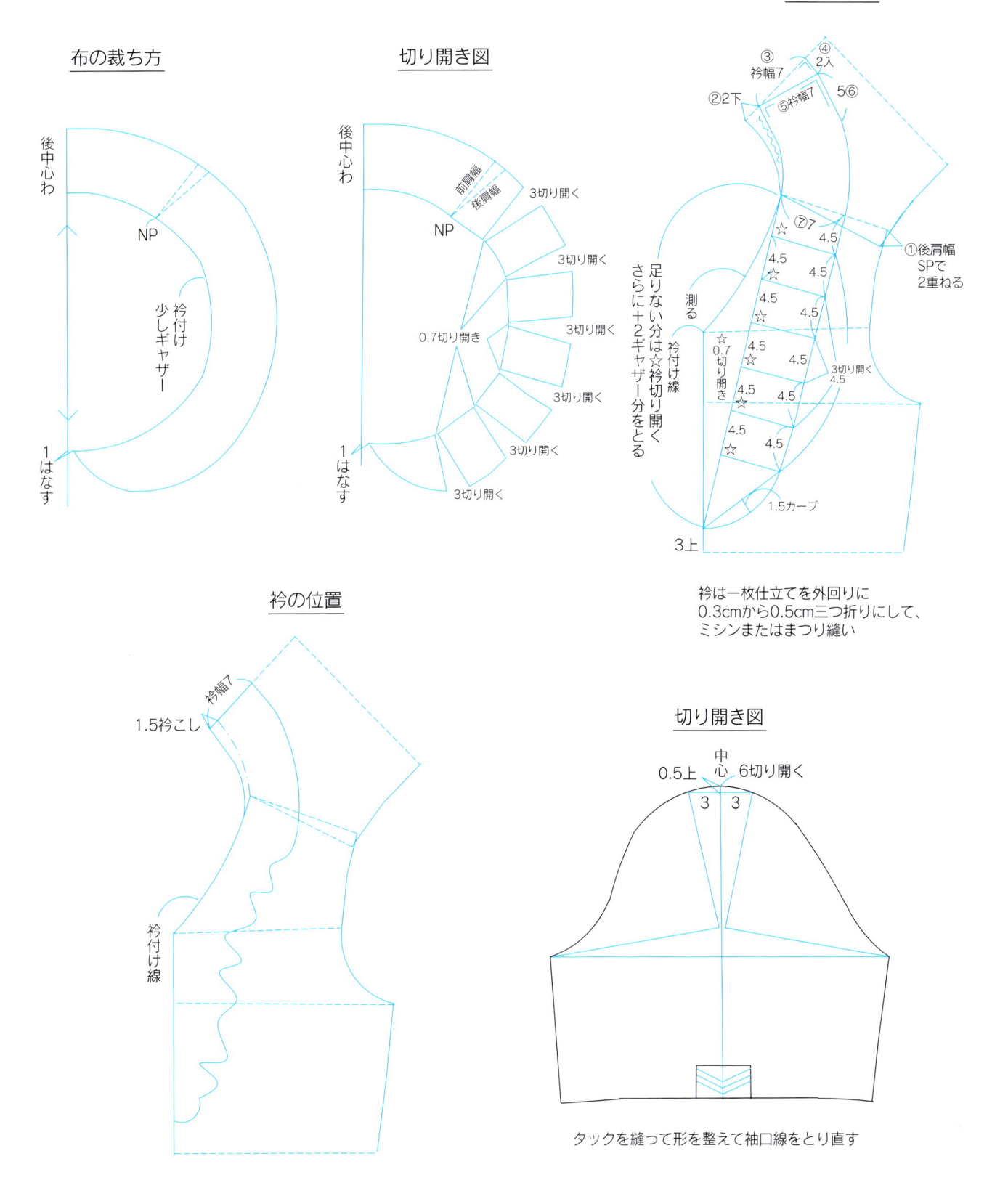

③ 衿幅7
④ 2入
② 2下
⑤ 衿幅7
⑤⑥
①後肩幅 SPで2重ねる
⑦ 7
4.5
☆ 4.5
☆ 4.5
☆ 4.5
☆ 4.5
☆ 0.7切り開き
☆ 4.5
☆ 4.5 3切り開く
☆ 4.5 4.5
測る
衿付け線
足りない分は☆衿切り開く さらに+2ギャザー分をとる
1.5カーブ
3上

衿は一枚仕立てを外回りに
0.3cmから0.5cm三つ折りにして、
ミシンまたはまつり縫い

衿の位置

衿幅7
1.5衿こし
衿付け線

切り開き図

0.5上 中心 6切り開く
3 3

タックを縫って形を整えて袖口線をとり直す

12) ブラウス(フレンチスリーブ)

背肩幅　37cm
背丈　37cm
バスト　82cm
ヒップ　90cm

袖丈10のとり方

身ごろと袖を続けてとる場合は、後＋1、前－1の前後差をつける

$\frac{82}{4}+3.5-1=23$

$\frac{82}{4}+3.5+1=25$

$\frac{90}{4}+1=23.5$

$\frac{90}{4}+2.5=25$

袖の脇にカーブをとって、脇の2cm下より袖止まりまでとる

前

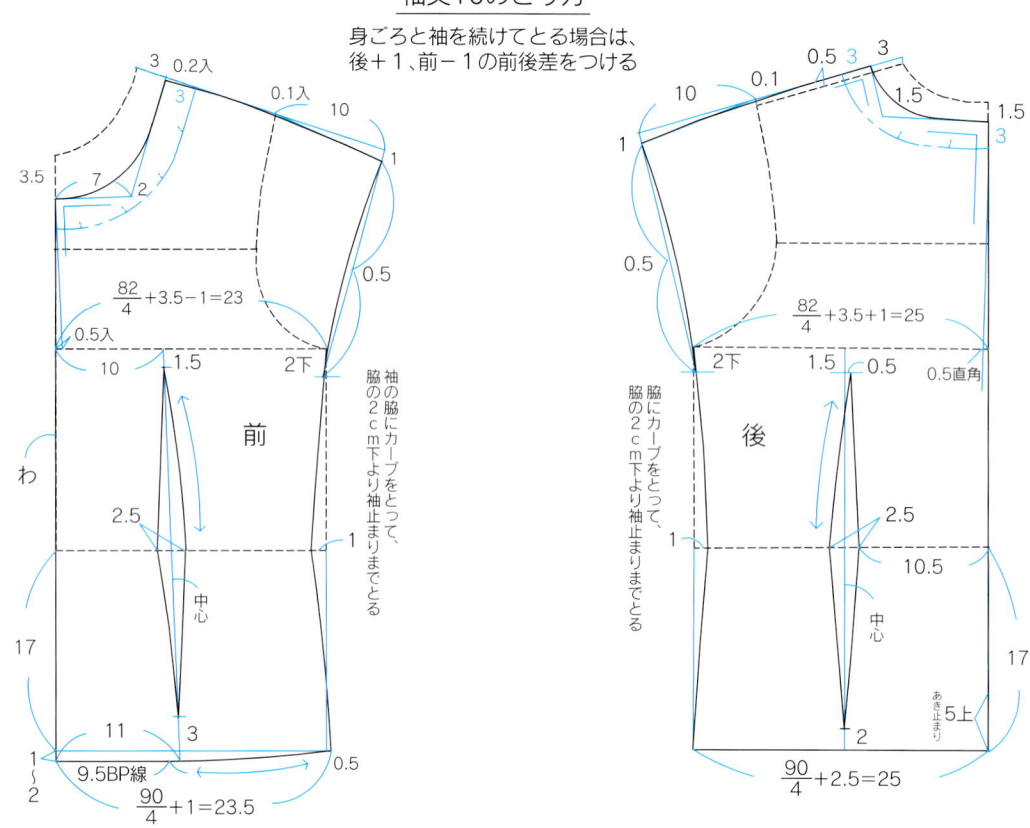

後

袖丈15のとり方

肩を縫って袖口を仕上げて、脇は袖下と続けて縫う

15－0.5＝14.5

$\frac{82}{4}+3.5-1=23$

$\frac{82}{4}+3.5+1=25$

前

後

ファスナー

＊バストが特に高い人は原型＋1(前下がり)をとって、その分脇で下げる。その場合は、後肩幅を1cm上げる。

13) ブラウス(オープンカラー)

背肩幅　37cm
背丈　37cm
バスト　82cm
ヒップ　88cm
布地110幅　1.7m

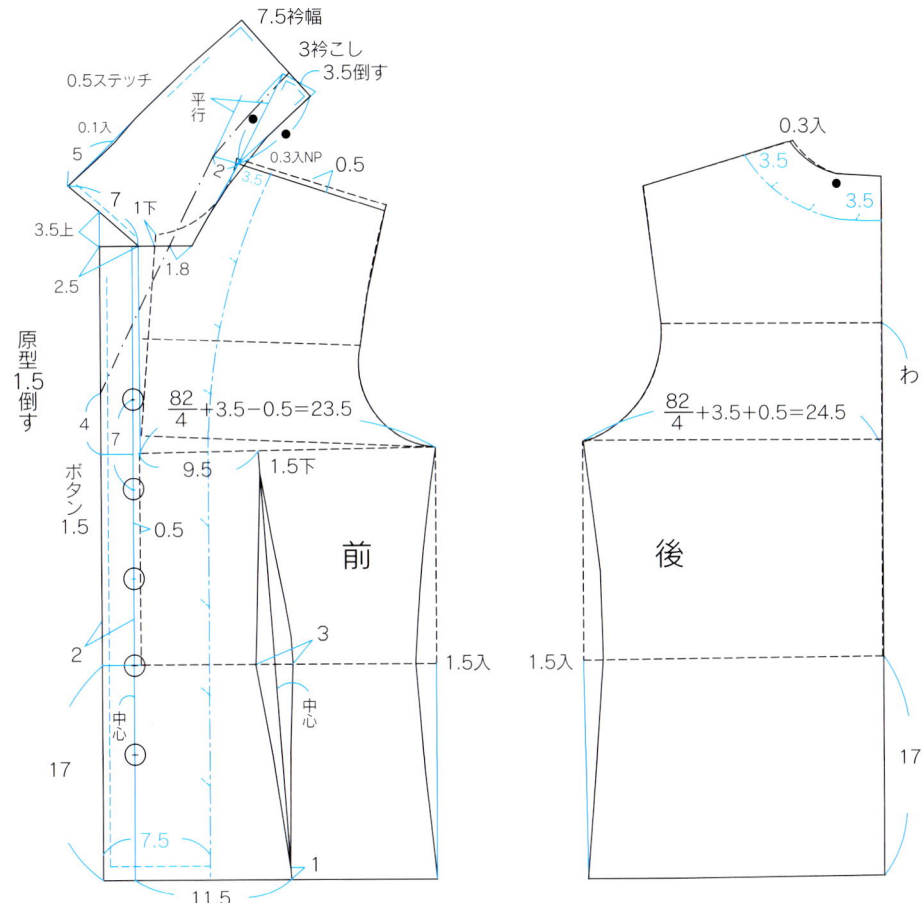

$\frac{82}{4}+3.5-0.5=23.5$

$\frac{82}{4}+3.5+0.5=24.5$

AH46　袖丈＝54＋2＝56－4＝52(カフス)
カフスの場合は袖丈＋2(ゆとり分)
袖山＝46÷3＝15(約)

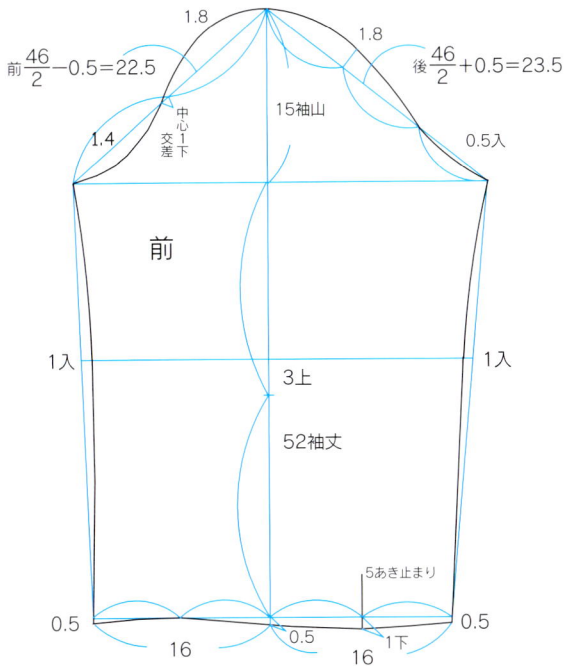

前 $\frac{46}{2}-0.5=22.5$　後 $\frac{46}{2}+0.5=23.5$

原型を倒してとる場合は身ごろのAHにはダーツはとらない
(デザインによってブレードをとる時は別)

原型を倒して製図する場合は
前丈が多くなるので体型によって前肩幅を
0～1cmカットして前下がり分にとってもよい

そりみの人、バストの高い人は、この図面で
前肩幅をカットしなくて
前下がり分をとらなくても、とってもよい

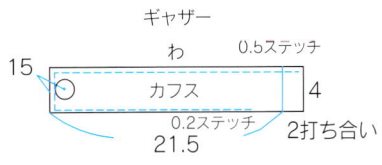

ホームウエア・マタニティ

背肩幅　37cm
背丈　37cm
バスト　80cm
スカート丈　60cm
布地112幅　1.1m

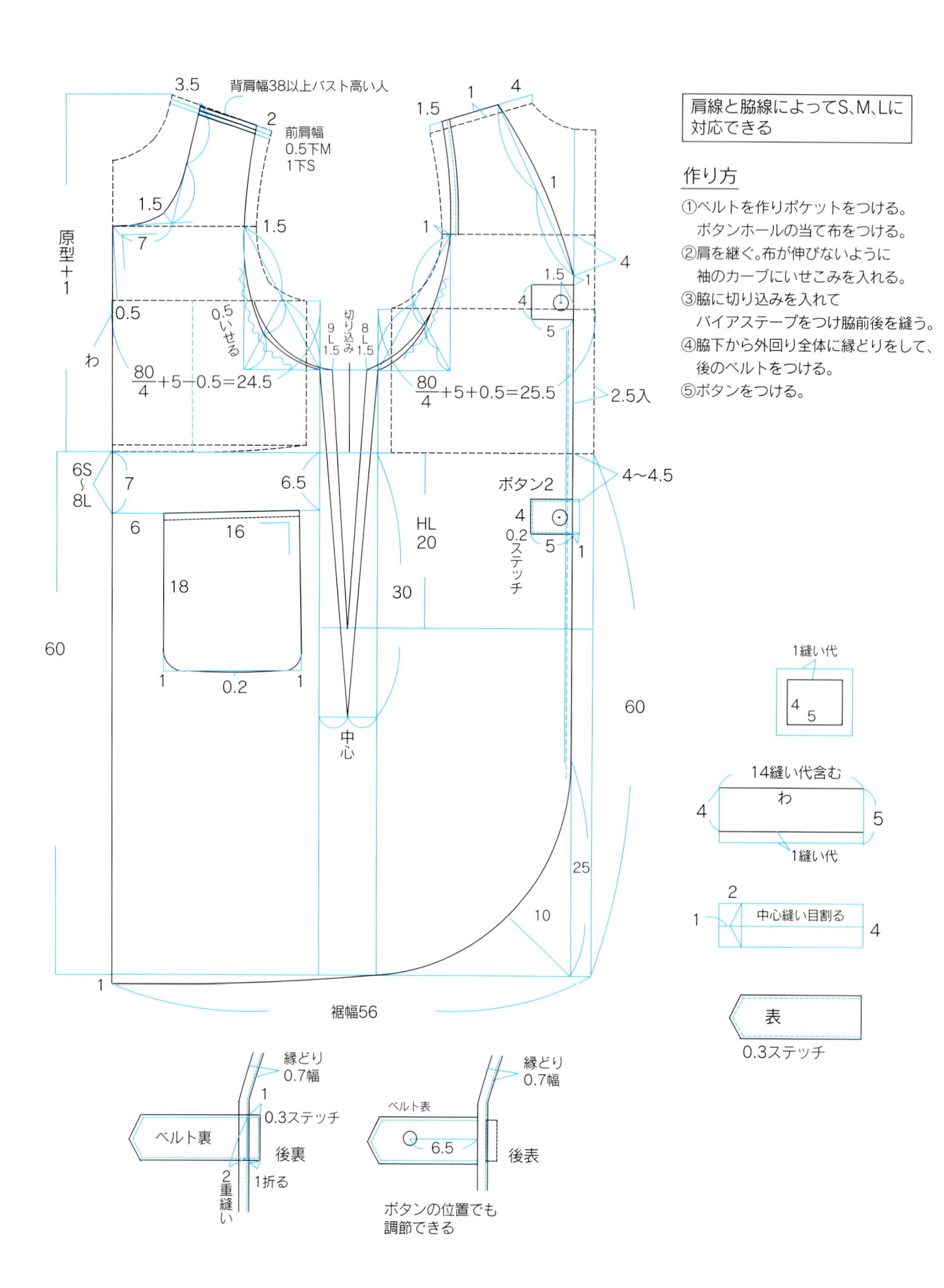

1）エプロン

縁どり
バイアステープ(市販1.6cm幅5m)
バイアステープ(市販0.8cmダブル幅5m)

肩線と脇線によってS、M、Lに対応できる

作り方
① ベルトを作りポケットをつける。
　ボタンホールの当て布をつける。
② 肩を継ぐ。布が伸びないように
　袖のカーブにいせこみを入れる。
③ 脇に切り込みを入れて
　バイアステープをつけ脇前後を縫う。
④ 脇下から外回り全体に縁どりをして、
　後のベルトをつける。
⑤ ボタンをつける。

$\frac{80}{4}+5-0.5=24.5$

$\frac{80}{4}+5+0.5=25.5$

ボタンの位置でも調節できる

2）エプロンドレス

縁どり
バイアステープ(市販1.6cm幅2m)
バイアステープ(市販0.8cmダブル幅2m)

背肩幅　37cm
背丈　37cm
バスト　84cm
スカート丈　60cm
布地112幅　1.1m

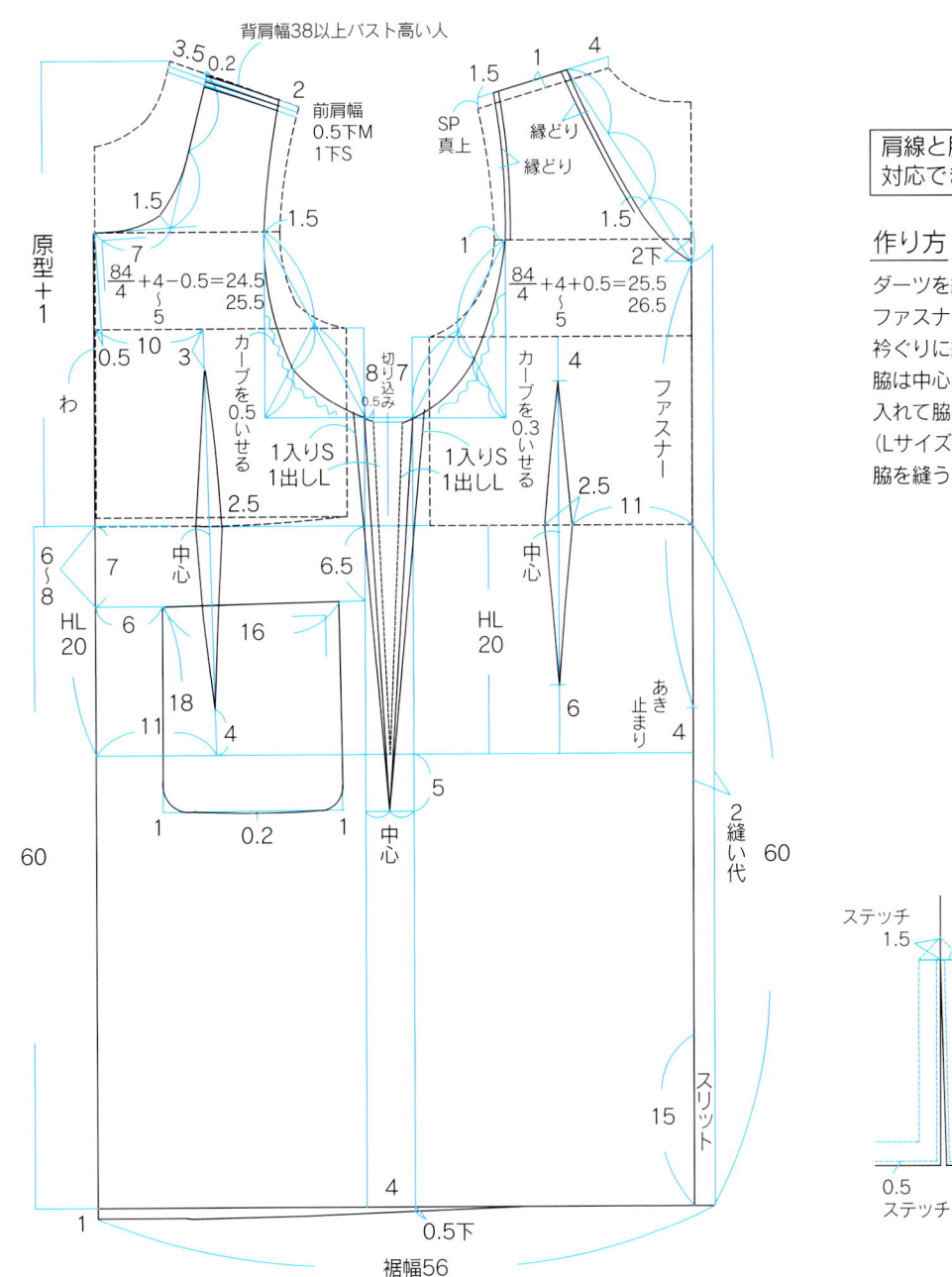

肩線と脇線によってS、M、Lに対応できる

作り方

ダーツを縫ってポケットをつけ、肩をつぐ、ファスナーをつける
衿ぐりに縁どりする
脇は中心に8cmから10cm切り込みを入れて脇から縁どりをする
（Lサイズは脇の切り込み入れない）
脇を縫う、裾を仕上げる

厚紙でポケットの型紙をとる

ポケット縫い代0.8～1cmでロックミシンをかける
カーブの縫い代側をぐしぬいする

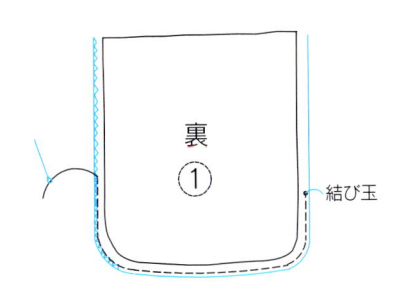

パッチポケットの簡単なつくり方

厚紙の型紙を裏側に入れてカーブの所をぐしぬいで調整し、丸みをつける
アイロンで全体の形を作る

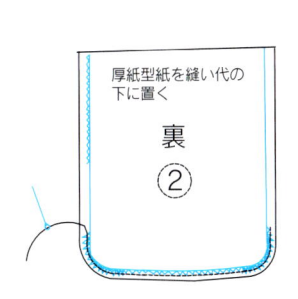

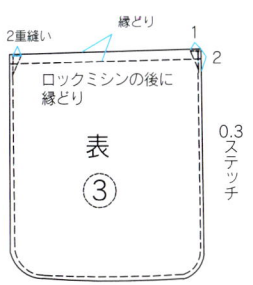

3）キャミソール3点（応用カウルネックライン）

背肩幅　38cm
背丈　38cm
バスト　80cm

布が伸びるのでバストにはゆるみはとらない。
身ごろが伸びるのでいせこみを入れて袖ぐりの縁どりをつける。

1 キャミソール
ダーツの消し方

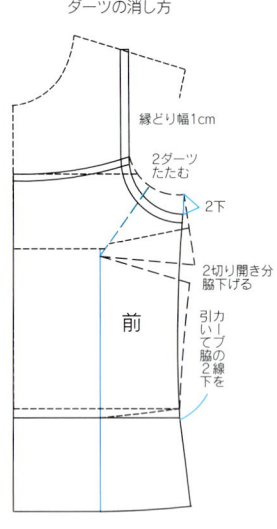

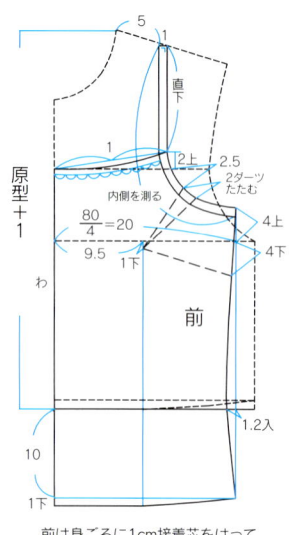

縁どり幅1cm
2ダーツたたむ
2下
2切り開き分脇下げる
カーブで脇の線2下を引く
前

原型＋1
5、1、直下
2上、2.5、2ダーツたたむ
内側を測る
$\frac{80}{4}=20$
9.5、1下、4上、4下
わ
前
1.2入
10
1下

前は身ごろに1cm接着芯をはって
縫い代1.5ロック
レース1.5幅をつける

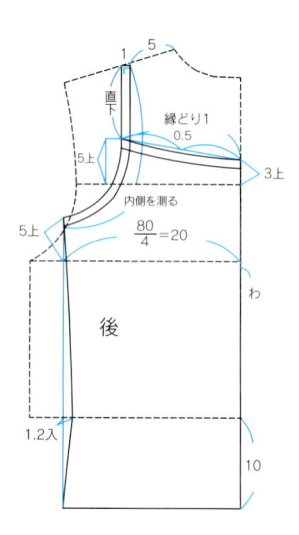

5、1、直下
縁どり1、0.5
5上、3上
内側を測る
$\frac{80}{4}=20$
5上
わ
後
1.2入
10

袖の縁どりは肩を続けてとり
脇で継ぐ最後につける

カウルネックライン
キャミソール応用

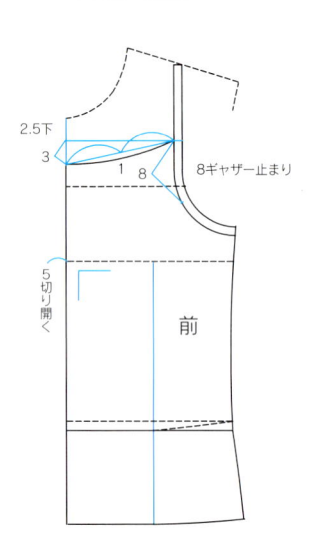

2.5下
3、1、8　8ギャザー止まり
5切り開く
前

切り開き図
カウルネックライン（胸にブレード）

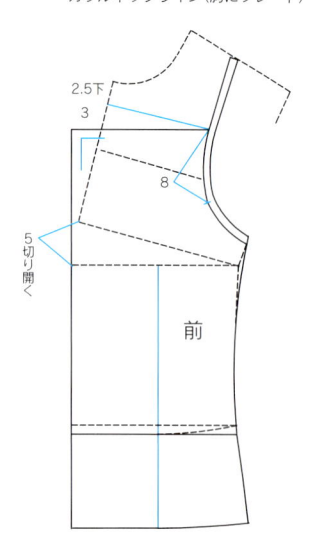

2.5下
3、8
5切り開く
前

2 カウルネックライン

2.5下
3
ギャザー止まり
6切り開く
前

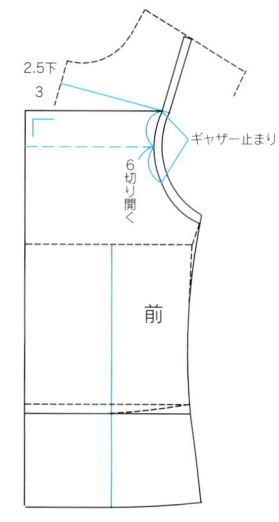

バストライン線を真横に引く

3 カウルネックライン（袖ぐりギャザー）
切り開き図

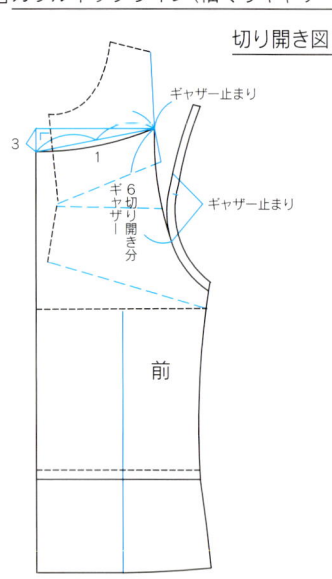

ギャザー止まり
3、1
6切り開き分ギャザー
ギャザー止まり
前

縁どりテープのつくり方

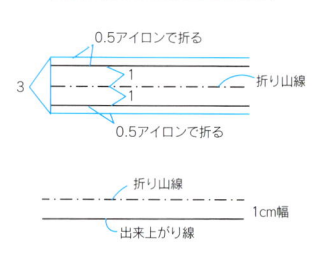

0.5アイロンで折る
1
3
1
0.5アイロンで折る
折り山線

折り山線
1cm幅
出来上がり線

キャミソール応用
1　キャミソール
2　カウルネックライン（胸にブレード）
3　カウルネックライン（袖ぐりギャザー）

4) サンドレス

メートルライン幅1cm　長さ1.8m
布地110幅　1.8m

背肩幅　　37cm
背丈　　　37cm
バスト　　80cm
スカート丈　65cm

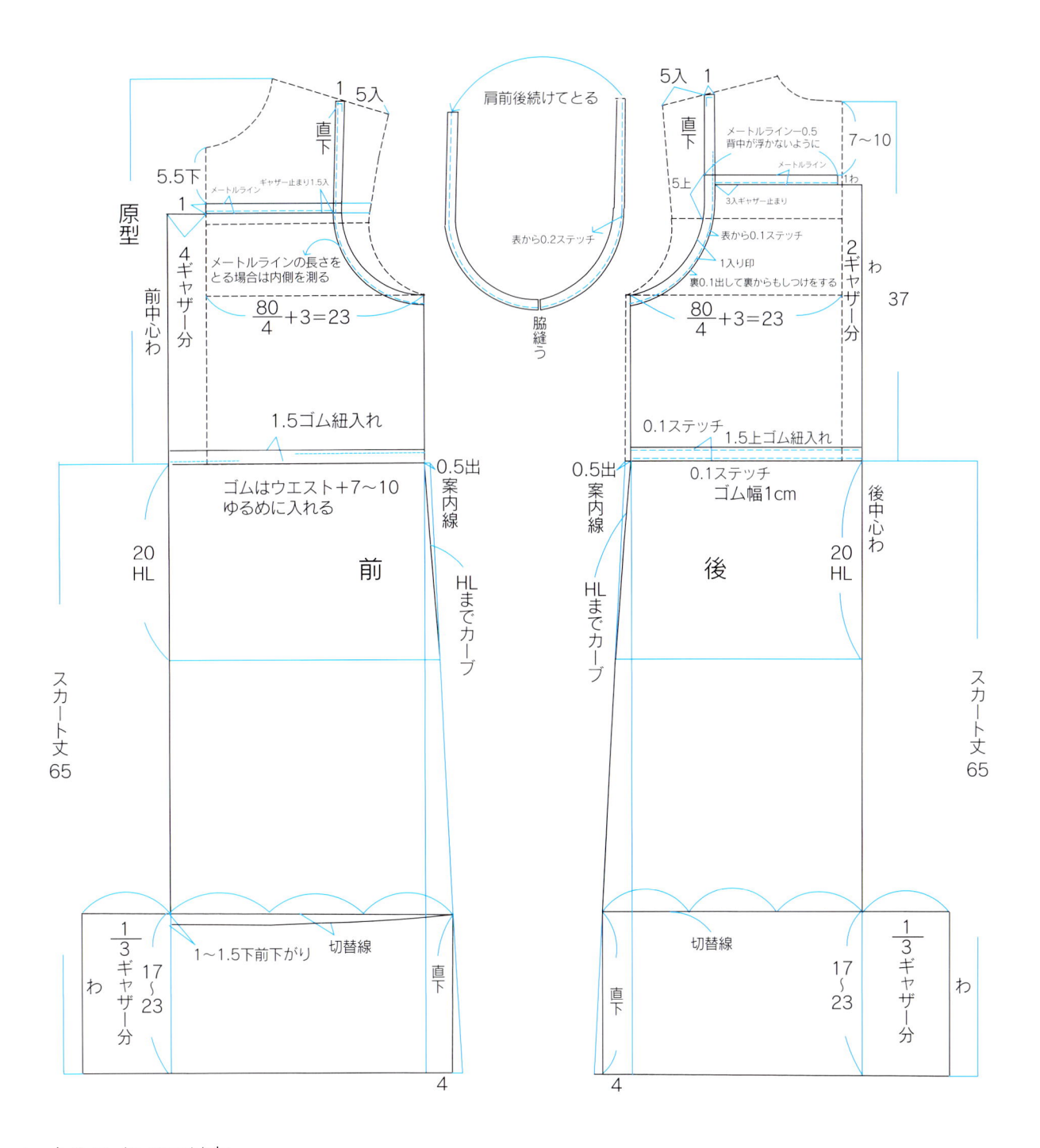

$$\frac{80}{4}+3=23$$

$$\frac{1}{3}ギャザー分$$

メートルラインのつけ方

袖ぐりの1cm内側を測る
ギャザーを背幅や胸幅に入れる

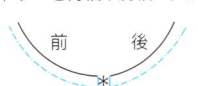

寸法を測ってメートルラインに
印(*)をつけ、脇で縫い合わせる
その後、脇から表にしつけをかける
裏は0.1cm出して裏からもしつけを
かけて、表脇からミシンで縫う

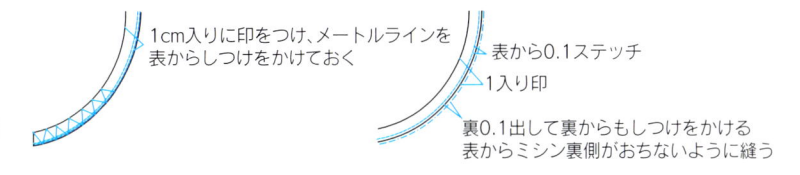

1cm入りに印をつけ、メートルラインを
表からしつけをかけておく

表から0.1ステッチ
1入り印
裏0.1出して裏からもしつけをかける
表からミシン裏側がおちないように縫う

ゴムを入れずに紐で結んだり、
ゴムを入れて上から紐で結んだりするなど、
好みによって作ることができる

5）ホームドレス(ラグラン袖)

ラグラン袖はバストのゆるみを後＋1、前−1
背肩幅の狭い人は＋1cm広くとった方がきれい。

背肩幅＋1　38cm
背丈　37cm
バスト　84cm
布地110幅　2.5m

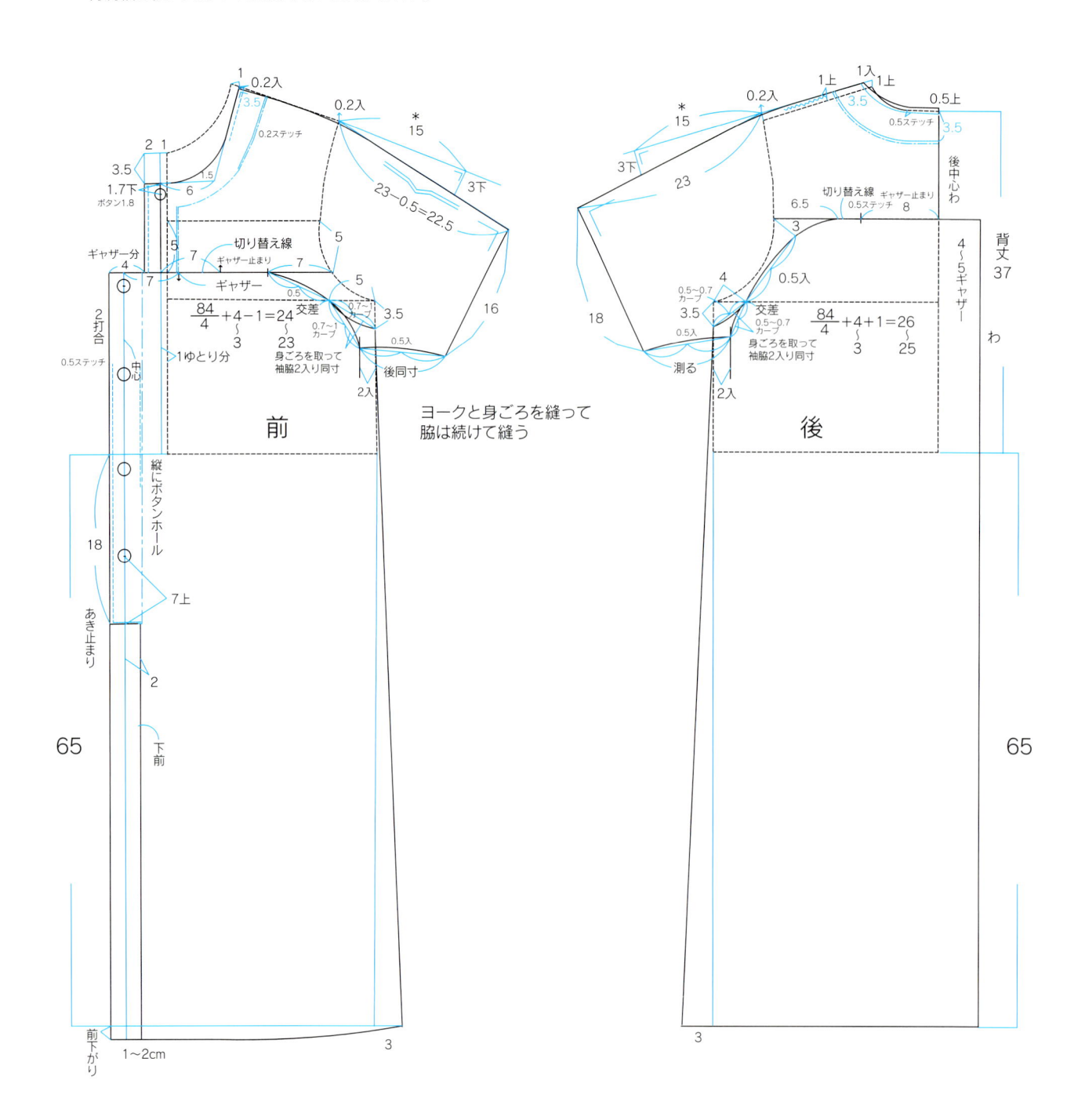

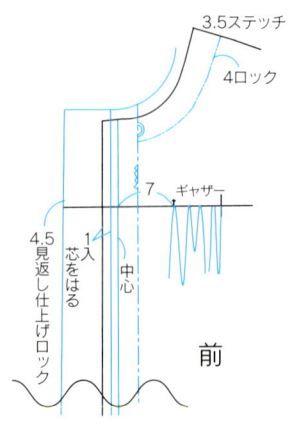

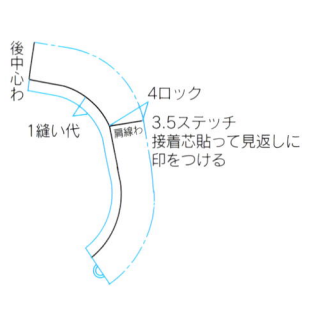

見返し芯の貼り方と作り方
①見返しはヨークと身ごろを縫って続けてとる。
　芯はでき上がり線より1cm入ったところに接着芯を貼る。
②見返しは4.5cmのところをロックミシンで縫う。
③肩線は後中心をわにして続けてとり、
　4cmにロックミシンをかける。
④表0.2cm外側の印と、見返しの線を合わせて縫う。
⑤表から見返し全体にステッチをかける。

ラグラン袖の簡単なとり方

ラグラン袖はバストのゆるみ後＋1　前－1（基本）

ラグラン袖を簡単にとる場合は
腕の上げ下げを容易にする為に
袖山を15cmとって3cm下げて製図する
袖山15cm（背肩幅36～40）

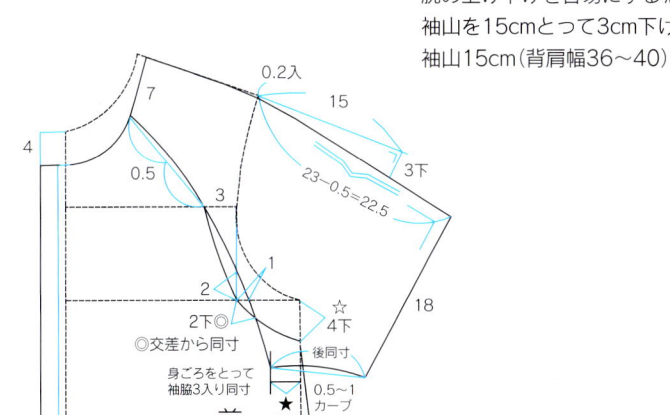

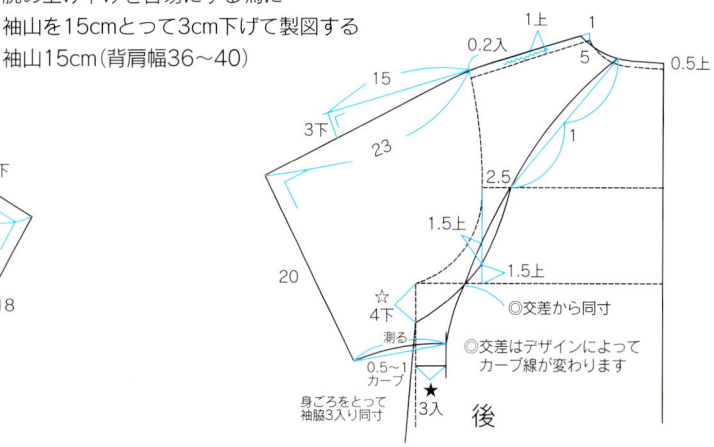

バストが高い人は
原型＋1（前下がり）をとって
その分を脇1cm多く下げる

ラグラン袖補整のとり方
ラグラン袖の場合は身ごろのAHを
とって袖のAHをとる
線がきれいに出来ない場合は
袖AHのカーブを補整する

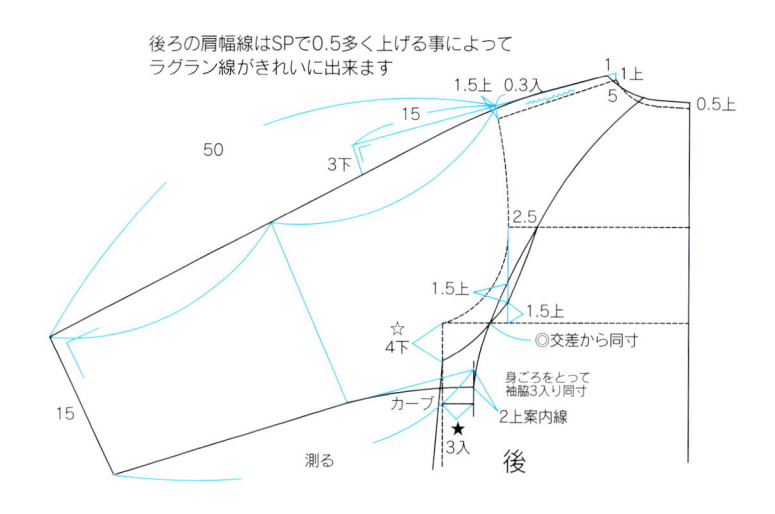

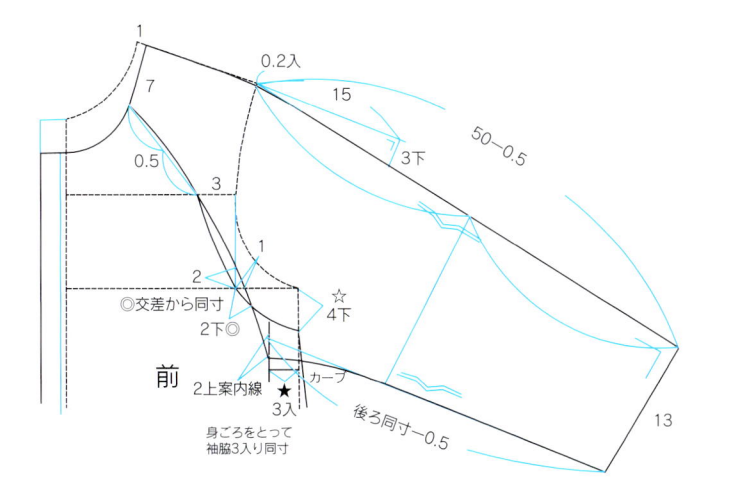

後ろの肩幅線はSPで0.5多く上げる事によって
ラグラン線がきれいに出来ます

脇の下げ寸法によって袖が大きくなり
脇線は身ごろの方に多く入ります

脇を多く下げる場合はバストの
ゆるみも多くとる

（単位:cm）

☆脇を下げた寸法	★身ごろに入り寸法
2下	1.5～2
3下	2～2.5
4下	2.5～3.5
5下	3.5～4.5
6下	4.5～5.5

80

6) マタニティジャンバースカート

背肩幅　38cm
背丈　　38cm
バスト　84cm
布地110幅　2.6m

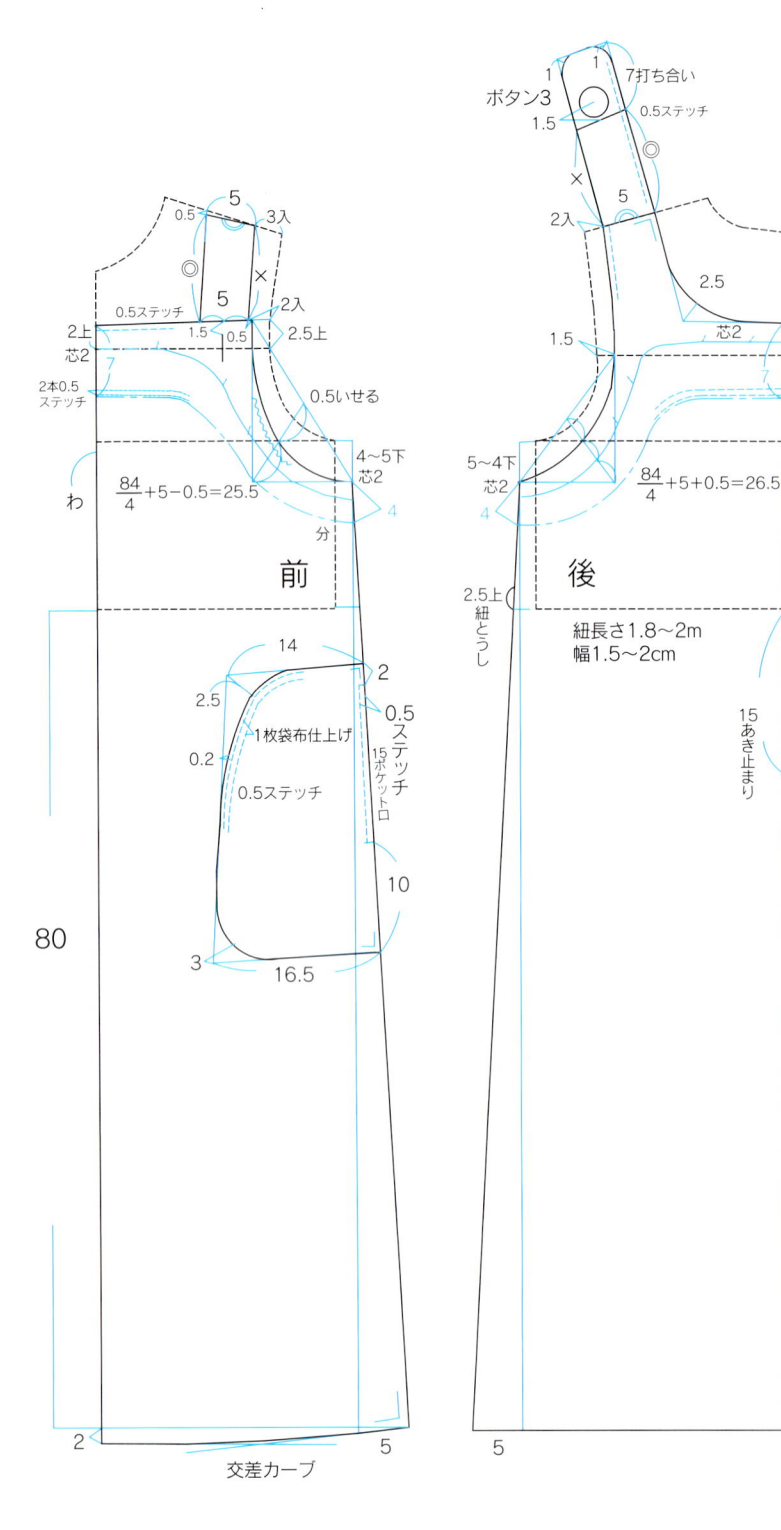

ポケットの作り方

脇を縫う時にポケット口をミシンで
あらく縫っておく。

① 1枚ポケット(表布)はでき上がりより
　 1cm縫いしろをつけてロックミシンをかける。
② ポケット口に接着芯を貼る。
③ ポケット口を前身ごろ表と一緒にして、
　 0.5cmをステッチ。
④ ポケット布を前身ごろに合わせる。
　 後脇のでき上がり線から0.2cm出して、
　 縫いしろの裏側から縫う。
⑤ 表からでき上がり線と外側0.5cmをステッチ。
⑥ 脇ポケット口をあらく縫ったところをとる。
　 最後にポケット口の両端を止める。

ポケット図

前(裏) 15 ポケット口 0.5ステッチ

1枚袋布
0.5ステッチ
ミシン縫い
1cm縫い代ロック
縫い代とロック

0.2cm離した後、縫いしろの裏側からミシンをかける厚紙をおくときれいにできる

前(裏)

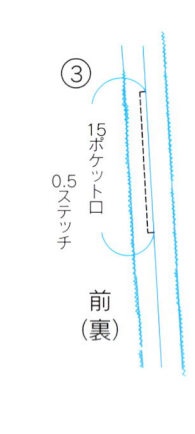

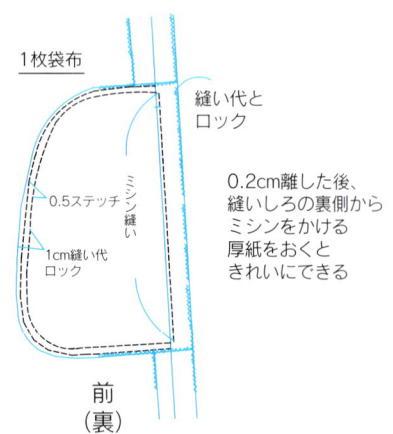

マタニティだけでなく、前に紐を結び
ホームウエアとしても利用できる

前:
$\frac{84}{4}+5-0.5=25.5$

後:
$\frac{84}{4}+5+0.5=26.5$

紐の作り方
(幅2cm)
2×4=8　二つに折って中心線に2cm折る
紐の長さ 1.5m～1.7m

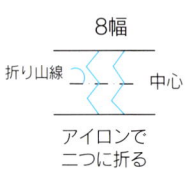

8幅　折り山線　中心　アイロンで二つに折る
4幅　中心に両側を折る
2幅　幅2cm出来上がり　0.2ミシン　わ　四つ折りにしてミシン

7) サンドレス(袖フリル)

背肩幅　38cm
背丈　38cm
バスト　84cm
スカート丈　65cm

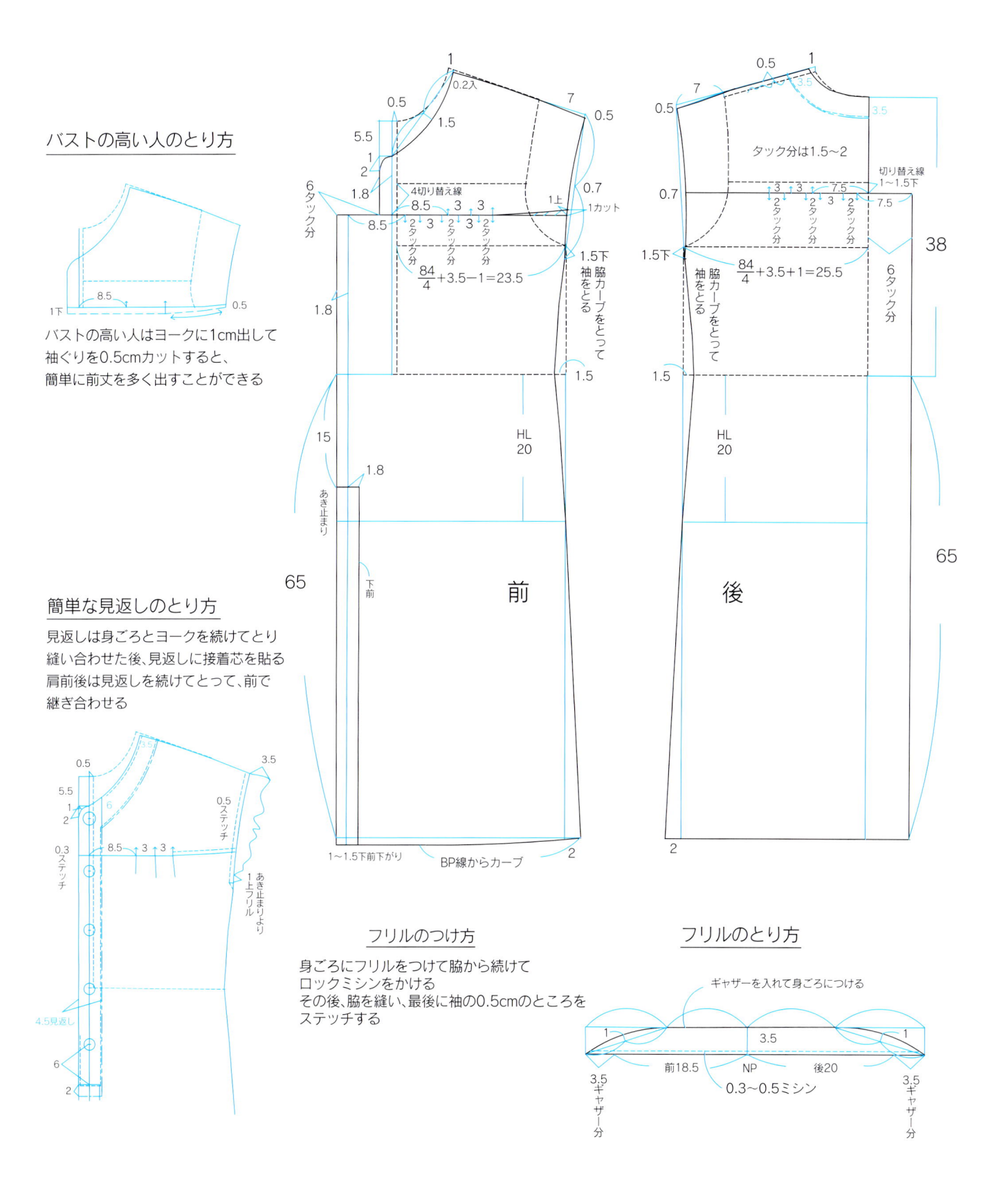

バストの高い人のとり方

バストの高い人はヨークに1cm出して
袖ぐりを0.5cmカットすると、
簡単に前丈を多く出すことができる

簡単な見返しのとり方

見返しは身ごろとヨークを続けてとり
縫い合わせた後、見返しに接着芯を貼る
肩前後は見返しを続けてとって、前で
継ぎ合わせる

前: $\frac{84}{4}+3.5-1=23.5$

後: $\frac{84}{4}+3.5+1=25.5$

フリルのつけ方

身ごろにフリルをつけて脇から続けて
ロックミシンをかける
その後、脇を縫い、最後に袖の0.5cmのところを
ステッチする

フリルのとり方

ギャザーを入れて身ごろにつける
前18.5　NP　後20
0.3～0.5ミシン

8) サンドレス(フレンチドロップ袖)

背肩幅	36cm
背丈	37cm
バスト	84cm
ウエスト	68cm
ヒップ	90cm

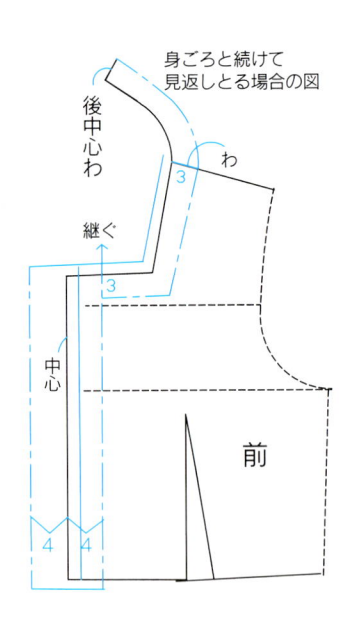

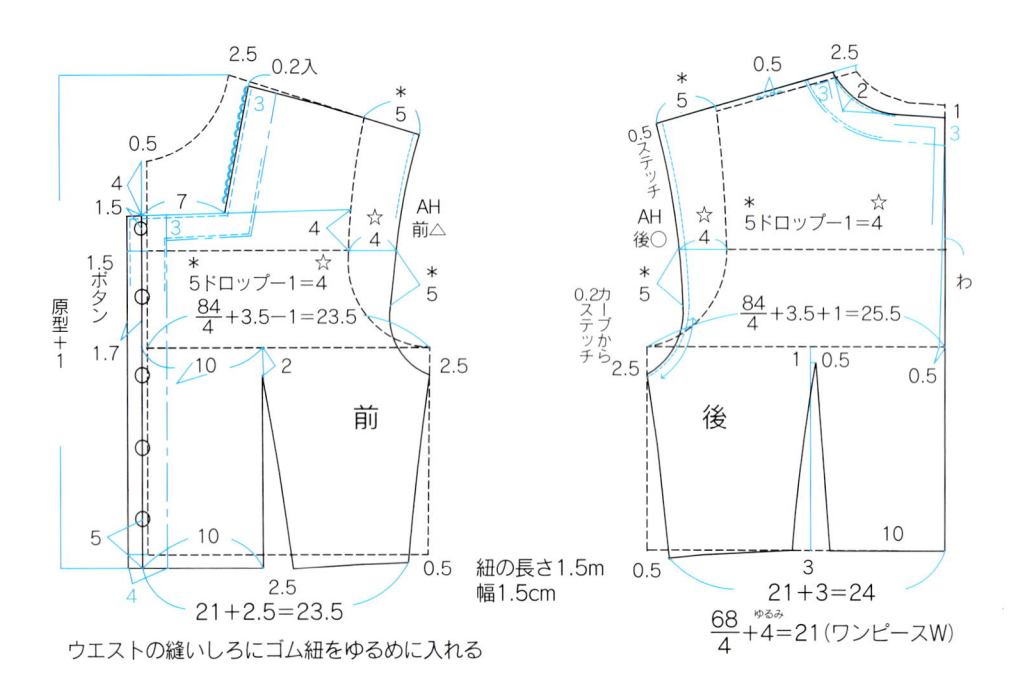

身ごろと続けて見返しとる場合の図

後中心わ　継ぐ　中心　前

前:
2.5　0.2入
0.5　3
4　7　5
1.5　3　*5ドロップ-1=4　☆4　AH前△　*5
原型+1　1.5ボタン　$\frac{84}{4}+3.5-1=23.5$
1.7　10　2　2.5
前
5　10　0.5
4　21+2.5=23.5　紐の長さ1.5m　幅1.5cm

ウエストの縫いしろにゴム紐をゆるめに入れる

後:
*5　0.5　2.5　2
0.5ステッチ　3　1　3
AH後○　*5　☆4　5ドロップ-1=4　わ
0.2カーブからステッチ　$\frac{84}{4}+3.5+1=25.5$
2.5　1　0.5　0.5
後
0.5　10
21+3=24
$\frac{68}{4}+4=21$(ワンピースW)

スカートにファスナーをつけないとり方
ワンピースW(ヒップ+2)をとって作る
その際、スカートは前後中心わをとる
ウエストでゴム紐をゆるめに入れる

衿ぐりのレースは0.2ステッチと一緒にミシン

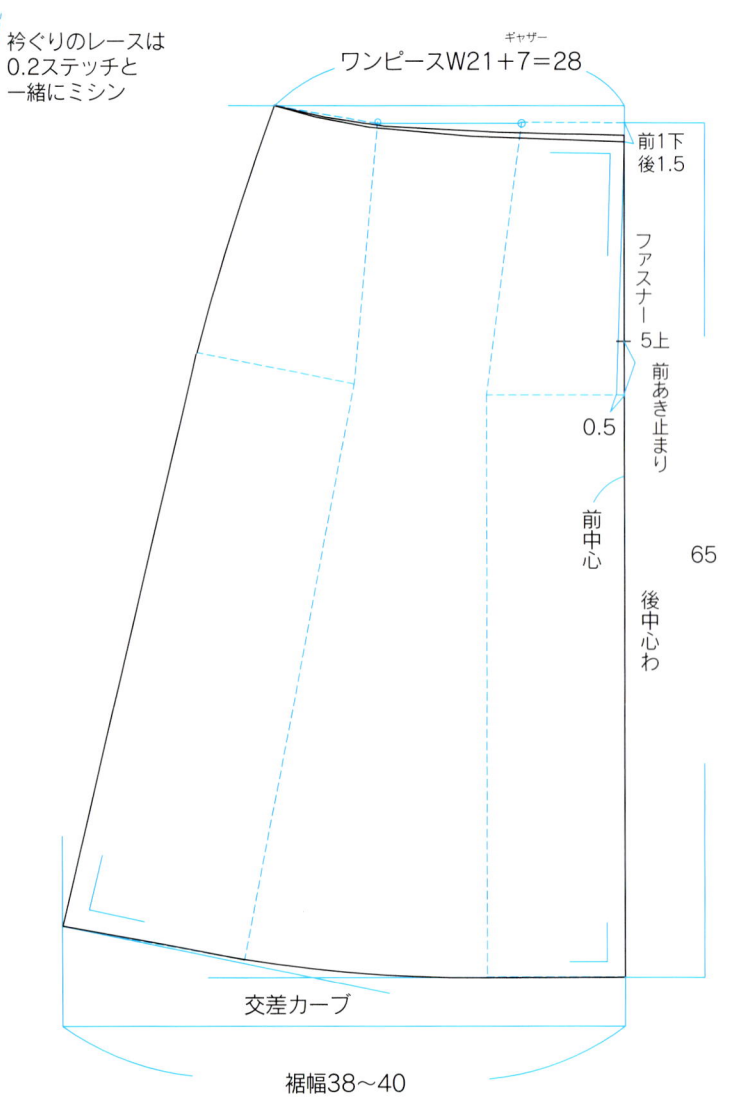

ワンピースW21+7=28 ギャザー
前1下　後1.5
ファスナー5上　前あき止まり
0.5
前中心　65
後中心わ
交差カーブ
裾幅38〜40

ドロップ袖身ごろAHのとり方
① ドロップ分より背幅、胸幅線を－0.5cmから1.0cm少なくとる。

ドロップ分 *	背幅、胸幅線 ☆
1〜3	－0.5
4以上	－1.0

② *ドロップ分だけ下げる。
③ カーブをとる。
④ ドロップ分5下からカーブをとる。

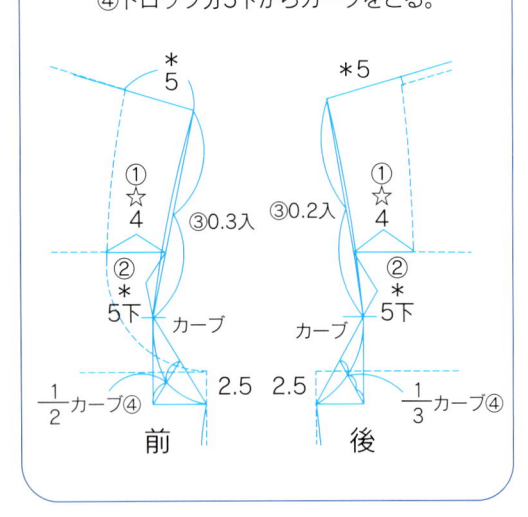

前: *5　①☆4　③0.3入　②*5下　カーブ　$\frac{1}{2}$カーブ④　2.5
後: *5　①☆4　③0.2入　②*5下　カーブ　2.5　$\frac{1}{3}$カーブ④

ドロップ袖

[AH44]
袖山44÷3=14.5(約)
袖丈14−5=9

前△ 21.5　袖山14.5　5ドロップ　前同寸　後○ 22.5
中心下1　9袖丈　0.3
1　1

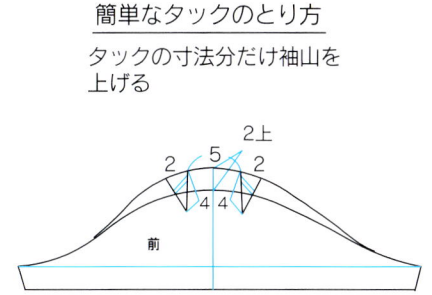

簡単なタックのとり方

タックの寸法分だけ袖山を上げる

2上
2　5　2
4　4
前

袖のつけ方

袖口は1cmのところをミシンで縫う
タックにしつけをかけて、袖をつけた後しつけをとる
袖の縫いしろは身ごろ側に倒しステッチ
脇、袖下を続けて縫う

9) マタニティドレス

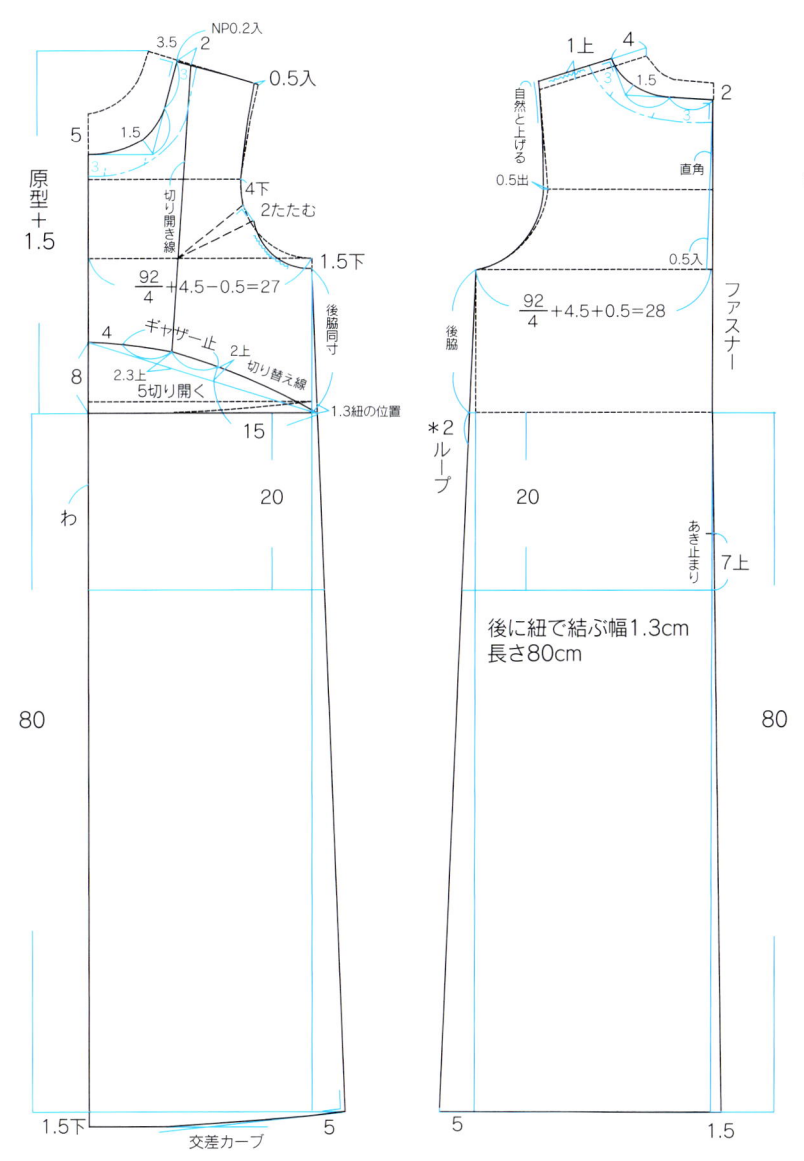

背肩幅	38cm
背丈	38cm
バスト	92cm
ヒップ	94cm
スカート丈	80cm
布地110幅	2.5m

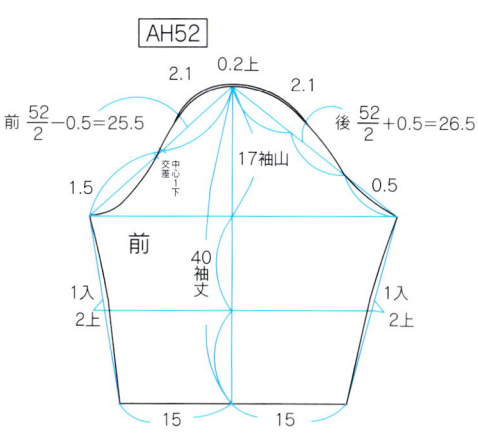

原型＋1.5

NP0.2入
3.5　2
0.5入
5
1.5
切り開き線　4下　2たたむ
1.5下
$\frac{92}{4}+4.5-0.5=27$
後脇同寸
4　ギャザー止　2上　切り替え線
8　2.3切り開く
5切り開く　15　1.3紐の位置
わ　20
80
1.5下　5
交差カーブ

1上　4
自然と上げる　1.5　2
0.5出
直角
0.5入
$\frac{92}{4}+4.5+0.5=28$
後脇　ファスナー
*2ループ
20
後に紐で結ぶ幅1.3cm
長さ80cm
あき止まり　7上
5　80　1.5

[AH52]
2.1　0.2上　2.1
前 $\frac{52}{2}-0.5=25.5$　後 $\frac{52}{2}+0.5=26.5$
1.5　中心下　17袖山　0.5
前　40袖丈
1入　1入
2上　2上
15　15

マタニティドレスはバストを高くするので、原型＋1.5cm、
スカートの裾で1.5cmから2cm出す

＊紐を長く(15cm〜17cm程度)すると、出産後ウエストで
紐を結んでワンピースでも着ることができる

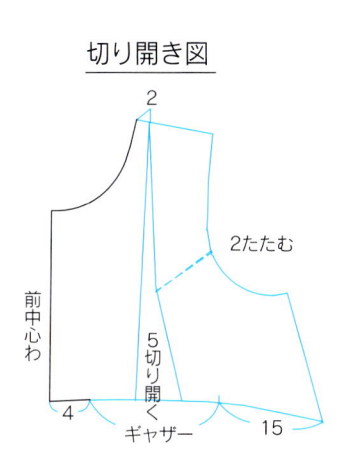

切り開き図

2
前中心わ　2たたむ
5切り開く
4　ギャザー　15

ワンピース

1）ノースリーブワンピース（Vネックライン）

背肩幅　36cm
背丈　36cm
バスト　78cm
ヒップ　86cm
スカート丈　60cm

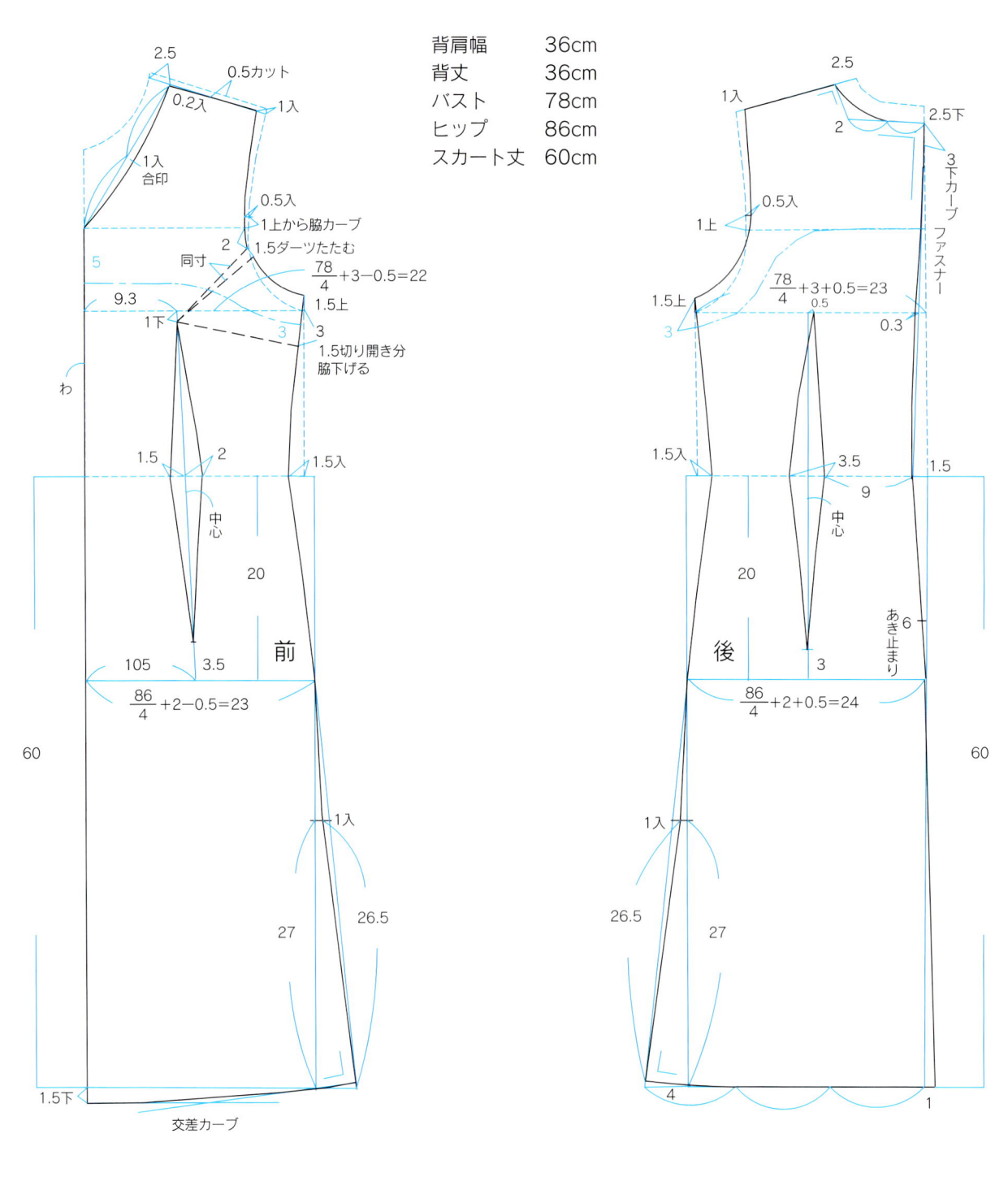

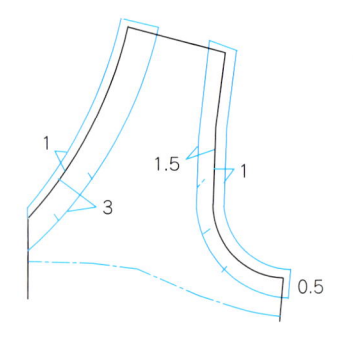

$\frac{78}{4}+3-0.5=22$

$\frac{78}{4}+3+0.5=23$

$\frac{86}{4}+2-0.5=23$

$\frac{86}{4}+2+0.5=24$

前

後

芯の貼り方

接着芯は衿ぐりと袖ぐりを
縫いしろ側に1cm出して貼る
布地によっては
見返し全体に貼る場合もある

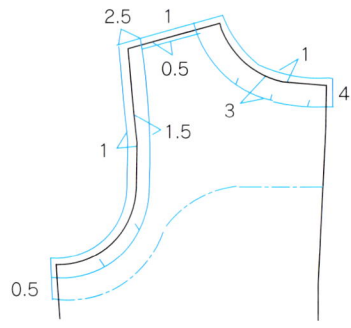

2）ノースリーブワンピース（ハイウエスト）

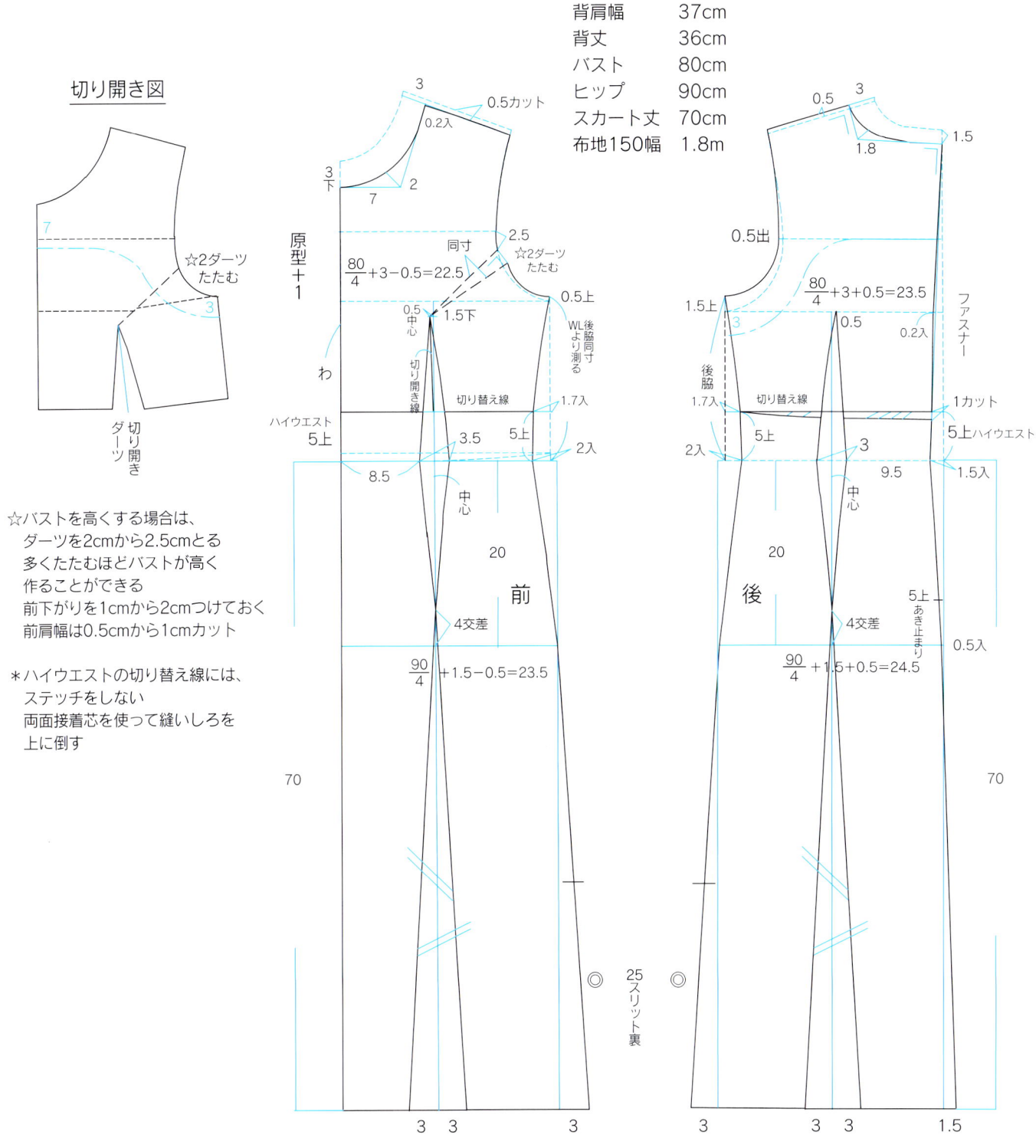

背肩幅　37cm
背丈　36cm
バスト　80cm
ヒップ　90cm
スカート丈　70cm
布地150幅　1.8m

切り開き図

☆バストを高くする場合は、
　ダーツを2cmから2.5cmとる
　多くたたむほどバストが高く
　作ることができる
　前下がりを1cmから2cmつけておく
　前肩幅は0.5cmから1cmカット

＊ハイウエストの切り替え線には、
　ステッチをしない
　両面接着芯を使って縫いしろを
　上に倒す

$\frac{80}{4}+3-0.5=22.5$

$\frac{80}{4}+3+0.5=23.5$

$\frac{90}{4}+1.5-0.5=23.5$

$\frac{90}{4}+1.5+0.5=24.5$

裾上がり線は表から全体にピンで止め、切り替え線を少し上げて丸みをとって
裾の線をつける

<u>裏のとり方</u>
切り替え線より下は、裏は切り替えずに、ダーツに変えて脇で25cmスリットを入れる

3）ノースリーブワンピース(胸にギャザー)

背肩幅　36cm
背丈　　36cm
バスト　78cm
ヒップ　88cm
スカート丈　65cm
布地110幅　2.4m

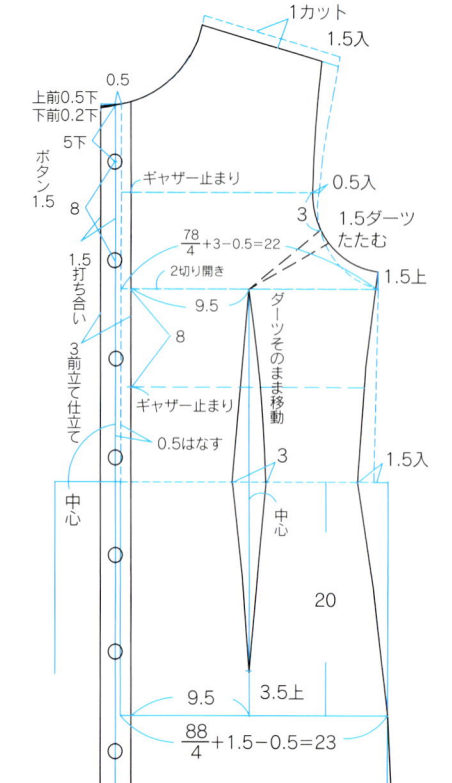

切り開き図

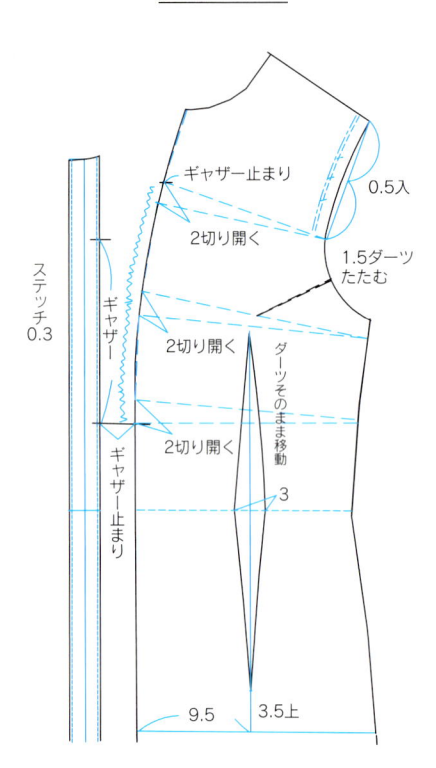

$\frac{78}{4}+3-0.5=22$

$\frac{78}{4}+3+0.5=23$

$\frac{88}{4}+1.5-0.5=23$

$\frac{88}{4}+1.5+0.5=24$

前　　後

衿ぐり寸法38

$\frac{38}{2}=19$

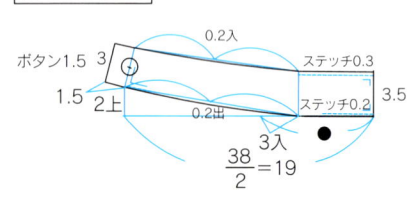

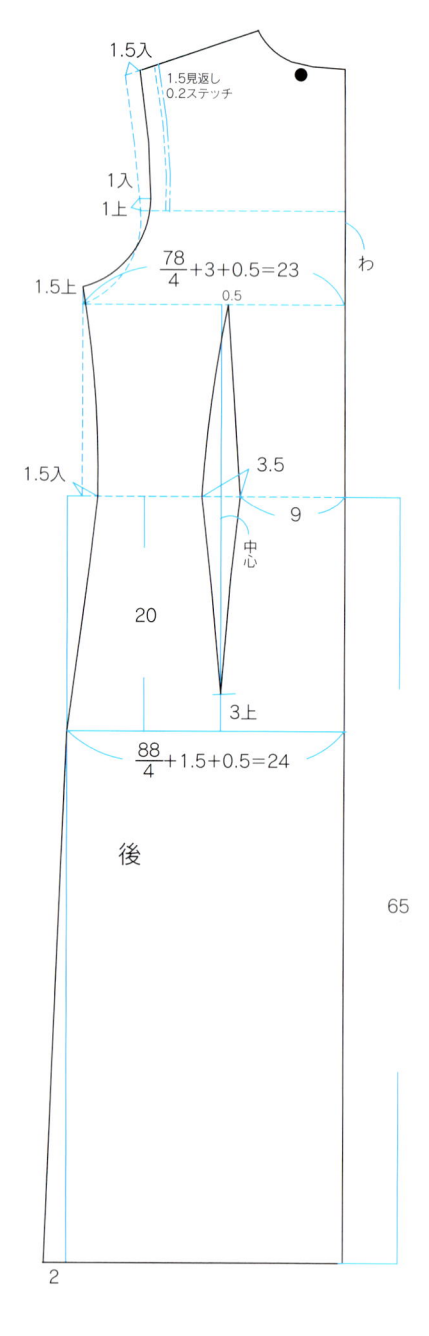

スタンドカラーの作り方

①表衿どおりに接着芯を貼る。
　その上に薄い芯を縫いしろまで
　全体に貼って、表衿を整える。

角は0
表0.2出して印

②裏衿は衿付け線より0.1cm出して折っておく。
③表から0.2cm出したところと、裏の線を合わせて縫う。
④衿を仕上げて表衿を身ごろにつける。
⑤裏衿はでき上がり線に合わせてまつる。
⑥表からステッチをする。

身ごろを仕上げて前立てをつけ、最後に衿をつける

首回りのゆるみの寸法
スタンドカラー　　（単位：cm）

サイズ	採寸首回り	標準	ゆるみ	コート
S	35	38	39	40～41
M	36	39	40	41～42
L	37	40	41	42～42.5
LL	38	41	42	43～43

4）ノースリーブワンピース（Ｖネックライン、ロング）

背肩幅　37cm
背丈　37cm
バスト　84cm
ヒップ　94cm
スカート丈　83cm
布地150幅　1.5m

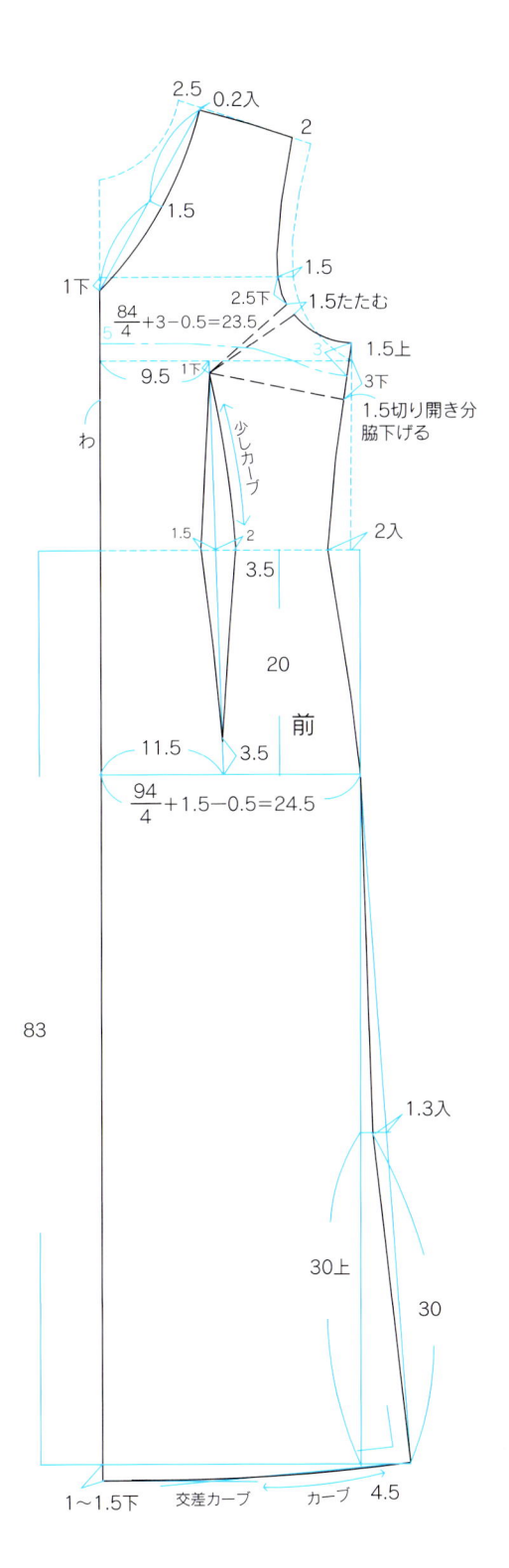

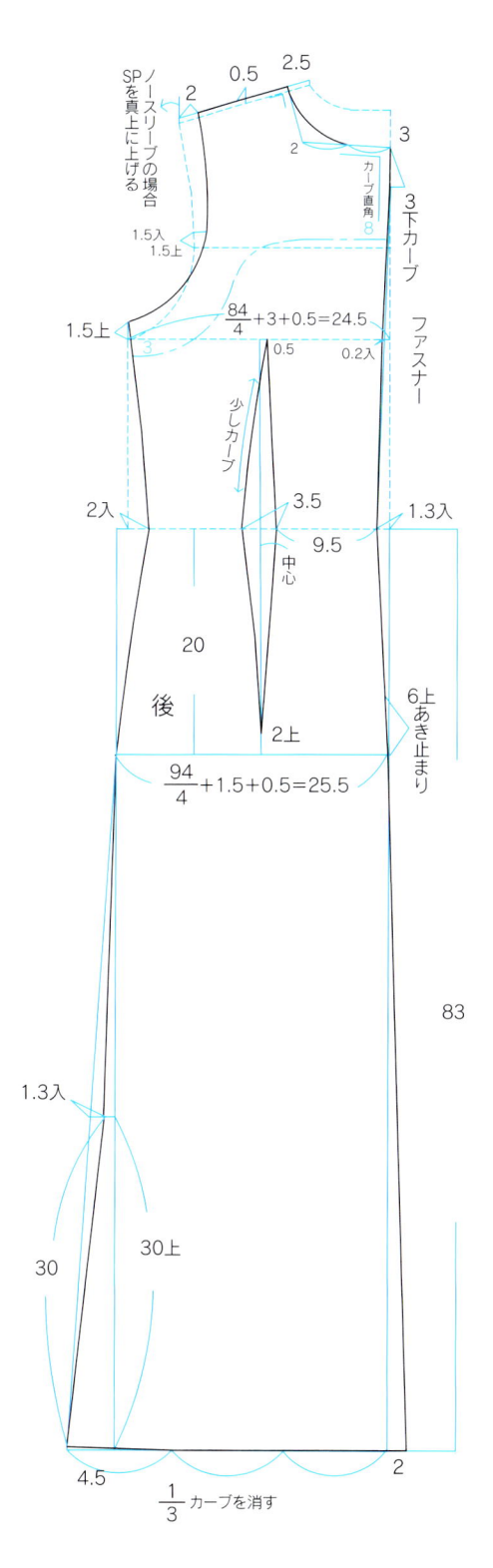

5) ノースリーブワンピース(スクエアネックライン)

ノースリーブの衿ぐりを5cm以上あける場合は、
後ろ肩幅線を少し多く上げる。(肩幅線が後ろ側にいかないようにするため)

背肩幅　37cm
背丈 38-1＝37cm
バスト　82cm
ヒップ　92cm
スカート丈　55cm
布地110幅　2.2m

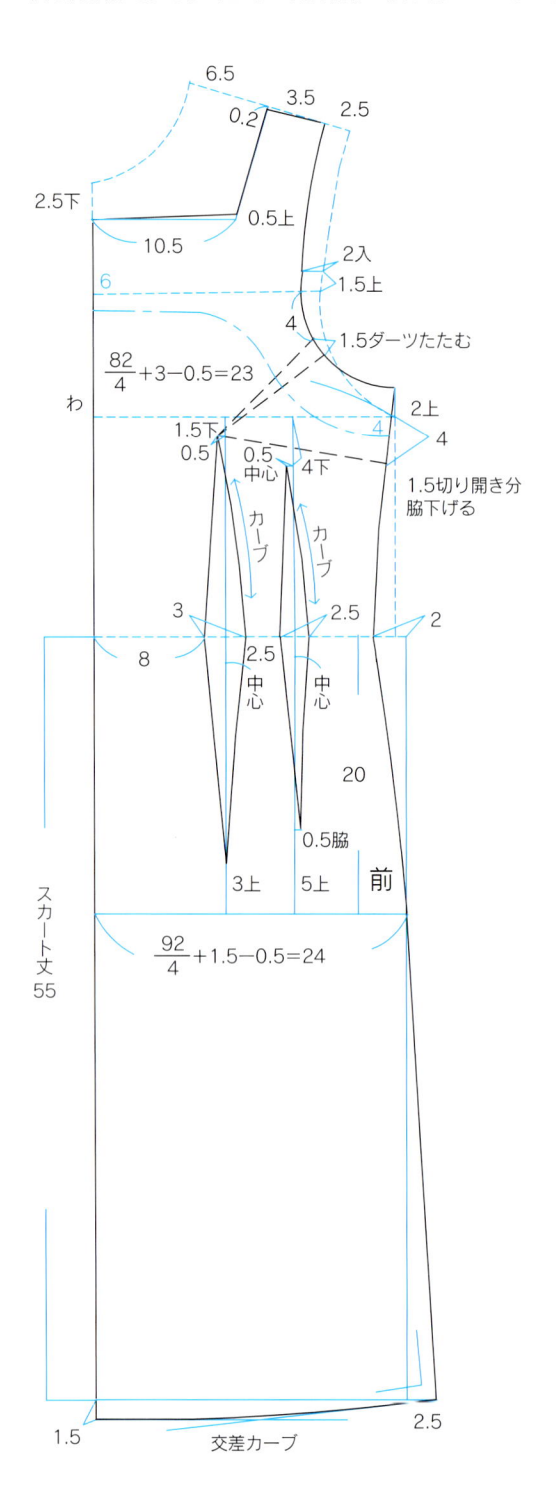

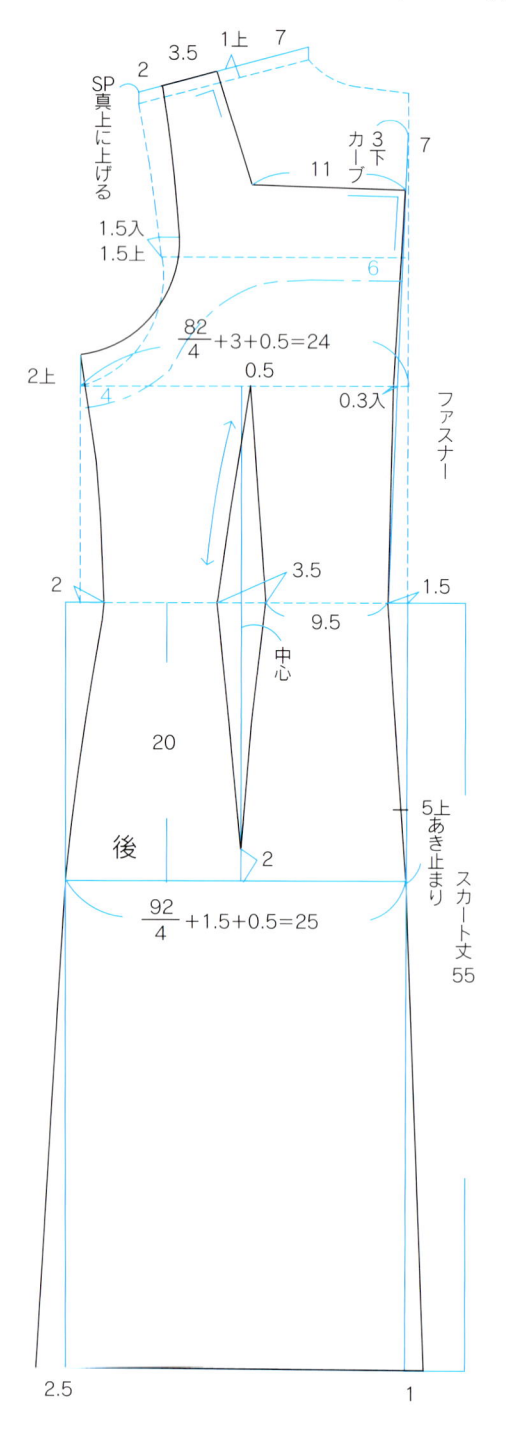

$\frac{82}{4}+3-0.5=23$

$\frac{82}{4}+3+0.5=24$

$\frac{92}{4}+1.5-0.5=24$

$\frac{92}{4}+1.5+0.5=25$

見返しのつけ方

身ごろの肩前後と見返しの肩前後を
縫い合わせる
身ごろの線より0.2cm出して、
見返しの線と合わせて衿ぐりや
袖ぐりを縫う
その後、脇と後中心を縫う

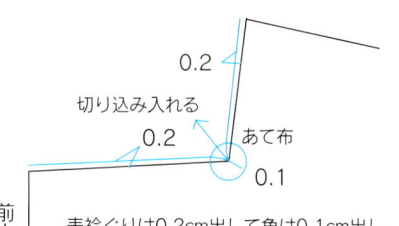

表衿ぐりは0.2cm出して角は0.1cm出し、
印を付けて、見返しの線と中表に
合わせて縫う(角は手縫いで止めておく)

6) ノースリーブワンピース(前衿ぐりドレープ)

背肩幅　37cm
背丈　37cm
バスト　80cm
ヒップ　90cm
スカート丈　75cm
布地110幅　2.3m

① 切り開き図

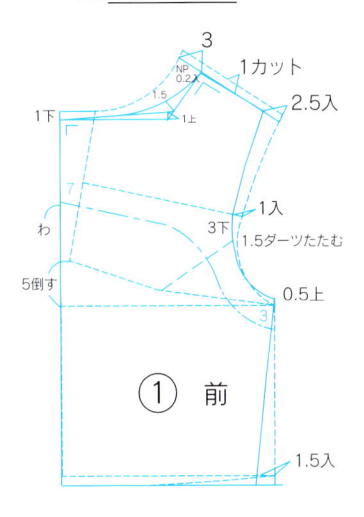

② タックの位置を決める

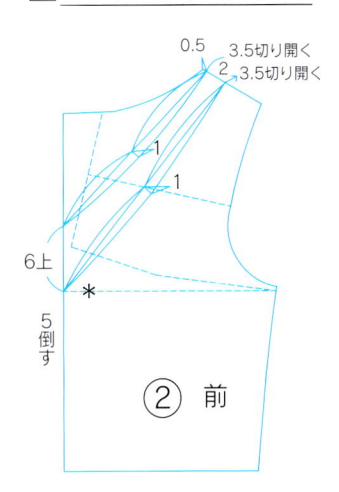

③ 切り開き図

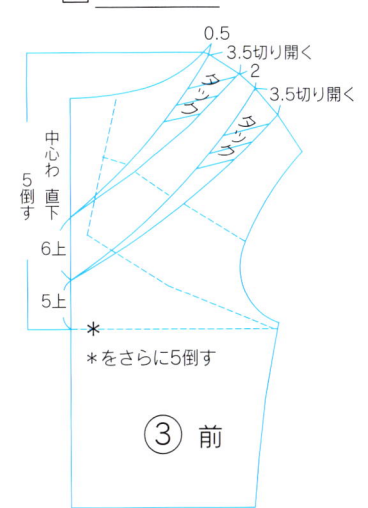

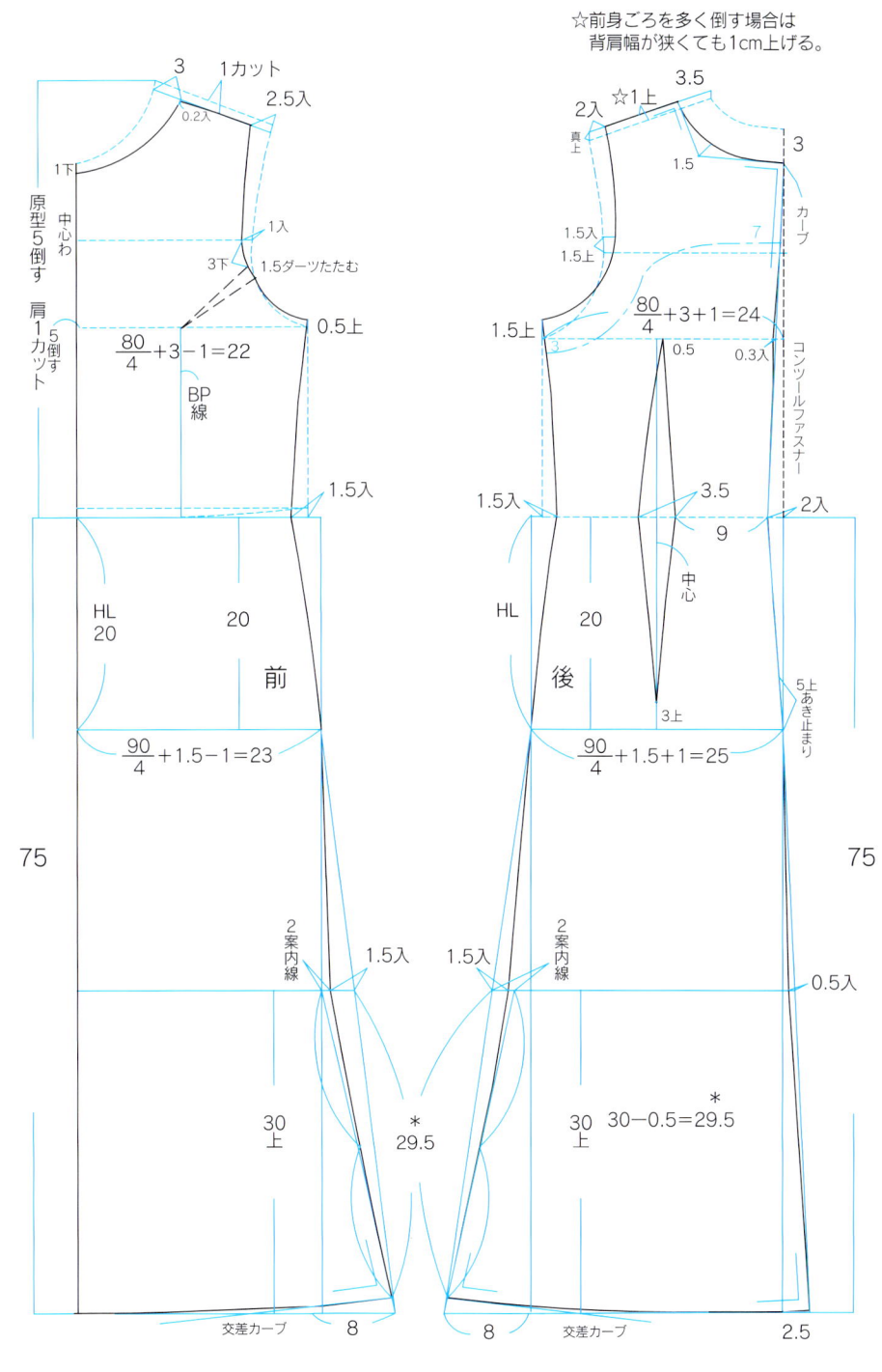

☆前身ごろを多く倒す場合は背肩幅が狭くても1cm上げる。

$\frac{80}{4}+3-1=22$

$\frac{80}{4}+3+1=24$

$\frac{90}{4}+1.5-1=23$

$\frac{90}{4}+1.5+1=25$

$30-0.5=29.5$

① 5cm倒して前衿にゆるみを入れてたるませ、ここで見返しをとる。
② 肩から切り開き線、タックの位置を決める。
③ さらに5cm倒し、肩で切り開く寸法をとって前中心を直下。
④ 肩タックは外側に肩の縫い目は後にする。

90

7) ワンピース(衿にタック入り)

背肩幅　37cm
背丈　37cm
バスト　84cm
ヒップ　92cm
スカート丈　65cm

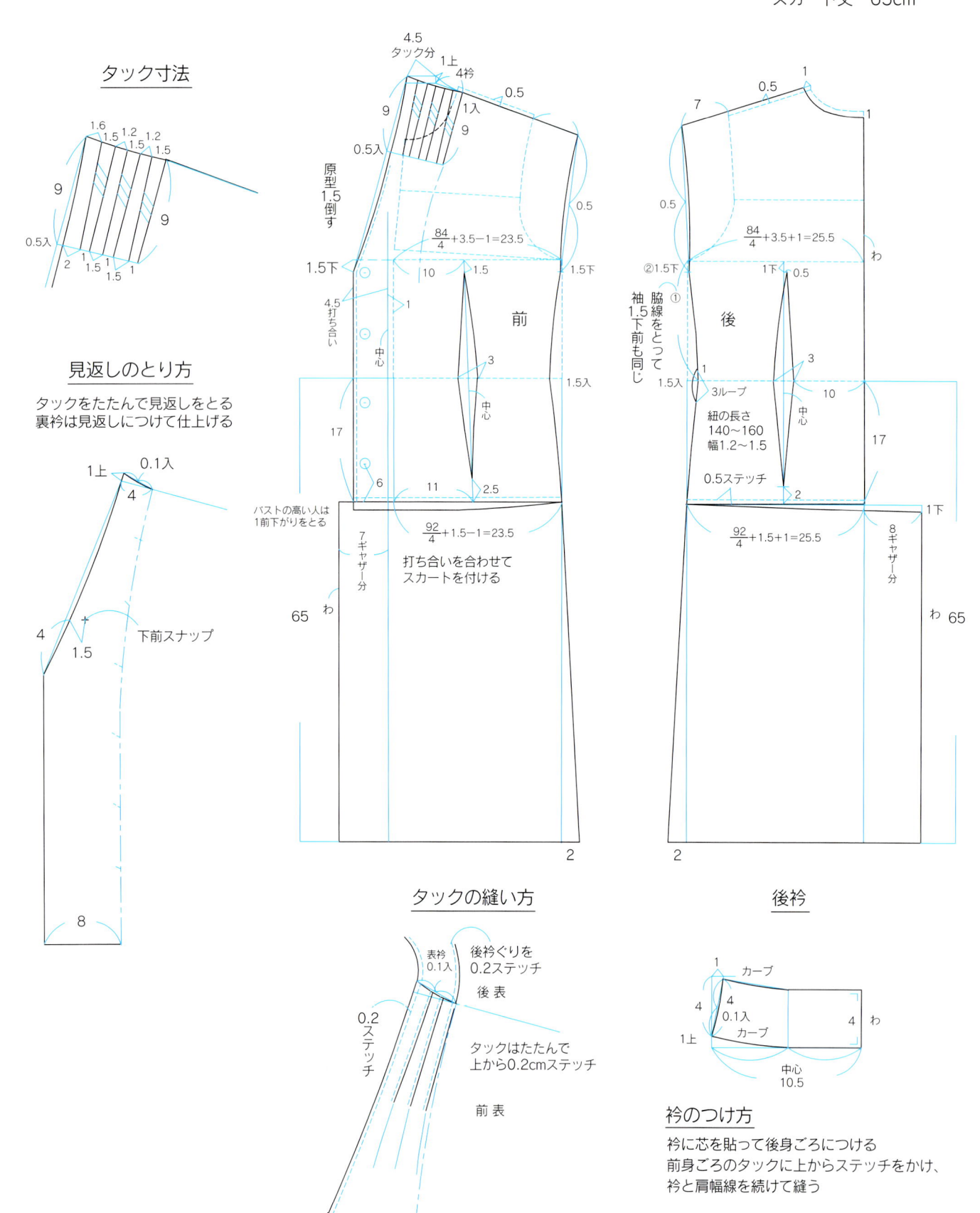

タック寸法

見返しのとり方

タックをたたんで見返しをとる
裏衿は見返しにつけて仕上げる

前身頃:
$\frac{84}{4}+3.5-1=23.5$
$\frac{92}{4}+1.5-1=23.5$

後身頃:
$\frac{84}{4}+3.5+1=25.5$
$\frac{92}{4}+1.5+1=25.5$

バストの高い人は1前下がりをとる
打ち合いを合わせてスカートを付ける

紐の長さ 140～160
幅 1.2～1.5

タックの縫い方

表衿 0.1入
後衿ぐりを0.2ステッチ
後 表
タックはたたんで上から0.2cmステッチ
前 表
0.2ステッチ

後衿

衿のつけ方

衿に芯を貼って後身ごろにつける
前身ごろのタックに上からステッチをかけ、
衿と肩幅線を続けて縫う

8) ワンピース(半袖、オープンカラー)

背肩幅　37cm
背丈　37cm
バスト　82cm
ウエスト　66cm
布地110幅　2.7m

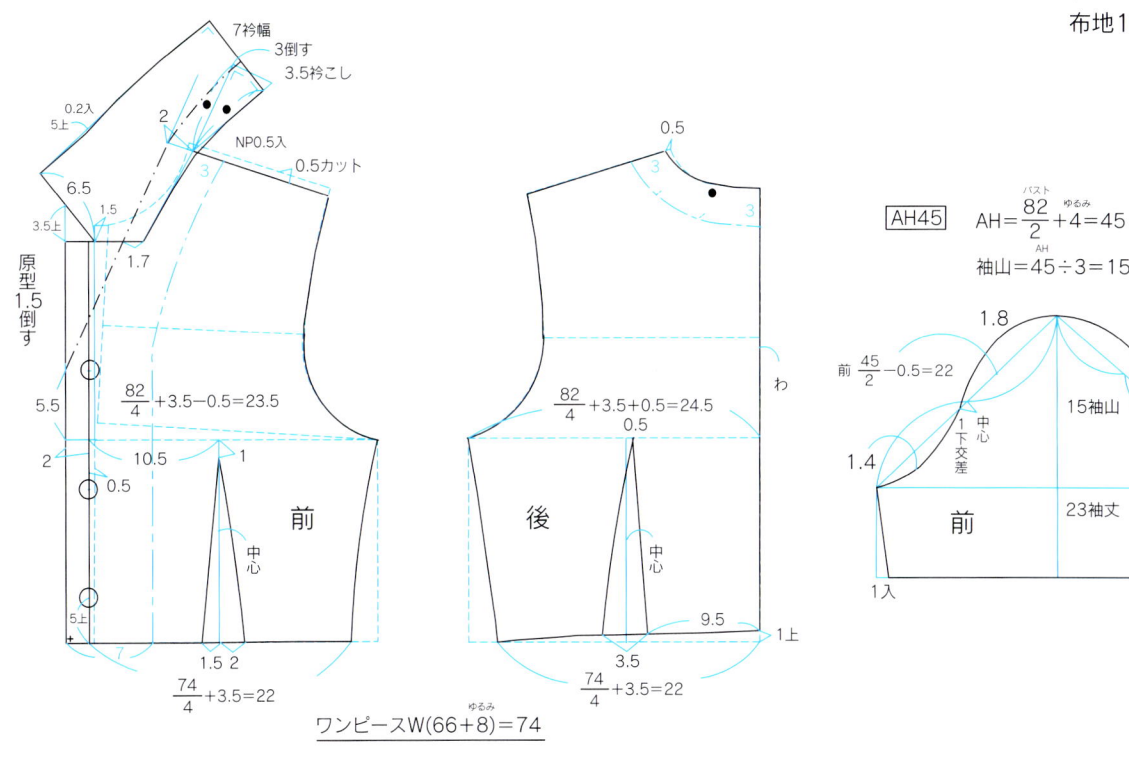

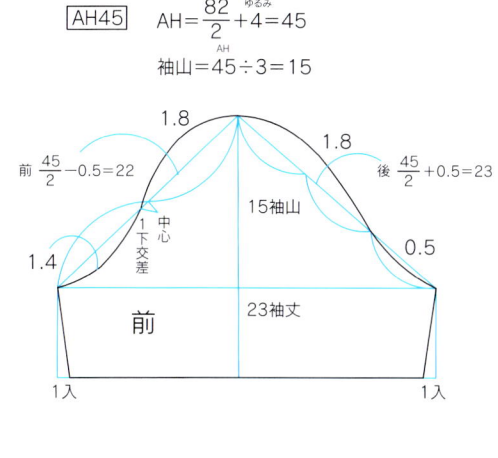

$AH = \dfrac{82}{2} + 4 = 45$ （バスト／ゆるみ／AH）

袖山 = $45 \div 3 = 15$

前 $\dfrac{45}{2} - 0.5 = 22$　　後 $\dfrac{45}{2} + 0.5 = 23$

前 $\dfrac{82}{4} + 3.5 - 0.5 = 23.5$

後 $\dfrac{82}{4} + 3.5 + 0.5 = 24.5$

$\dfrac{74}{4} + 3.5 = 22$

ワンピースW(66+8) = 74

4枚はぎのとり方

ワンピースW(66+8) = 74cm （ゆるみ）
ヒップ　90cm
スカート丈　63cm

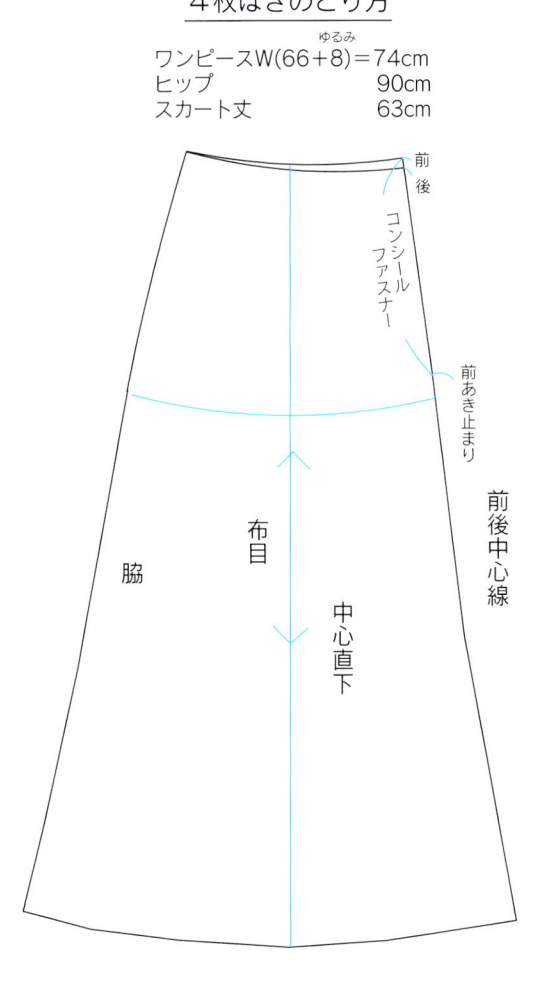

4枚はぎワンピーススカート

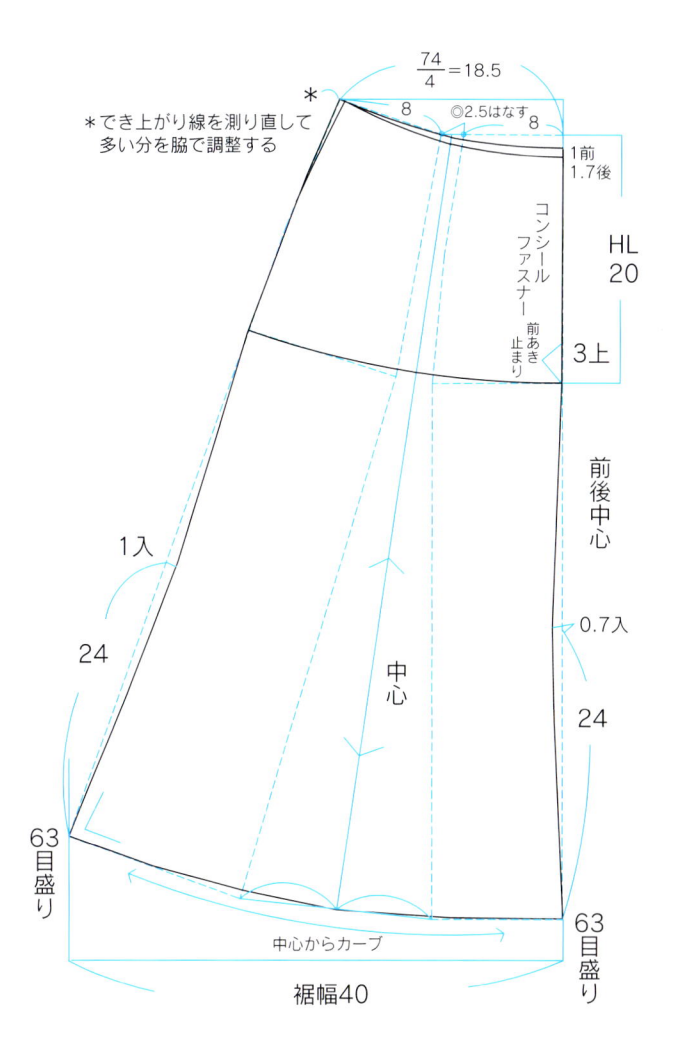

$\dfrac{74}{4} = 18.5$

*でき上がり線を測り直して多い分を脇で調整する

9) ワンピース(半袖、スクエアネックライン)

背肩幅	36cm
背丈	37cm
バスト	80cm
ヒップ	90cm
スカート丈	65cm
布地110幅	2.3m

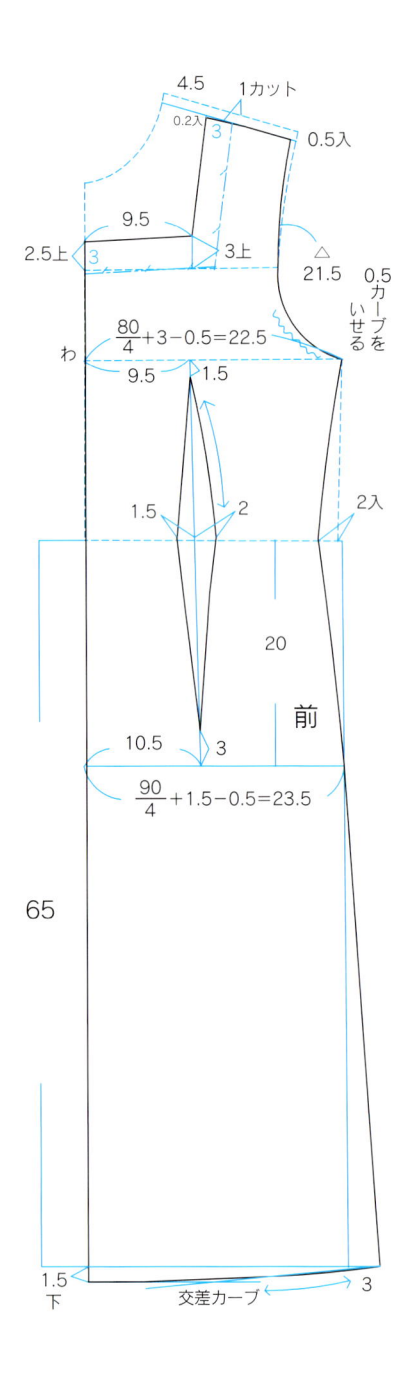

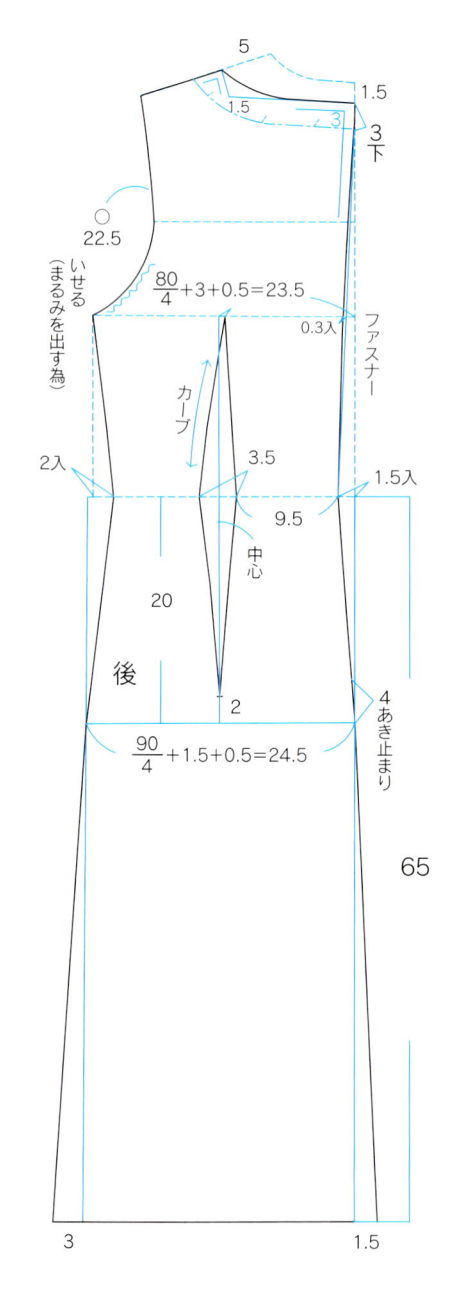

前:
$\frac{80}{4}+3-0.5=22.5$
$\frac{90}{4}+1.5-0.5=23.5$

後:
$\frac{80}{4}+3+0.5=23.5$
$\frac{90}{4}+1.5+0.5=24.5$

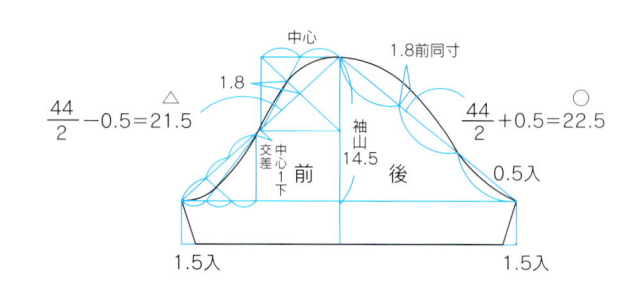

簡単なパターンのとり方

後肩幅と前肩幅を調整すると、ダーツをとらなくても作れる　(単位:cm)

バスト	後ろ肩幅	前肩幅	前下がり
S	0	1カット	1.5
M	0.5上	0.5カット	1.5〜2
L	1上	0	1.5〜2.5

＊袖ぐりのカーブを0.5cmいせる
アイロンでなじませて袖をつける

AH44
$AH=\frac{80}{2}+4=44$
袖山＝44÷3＝14.5(約)
袖丈＝19

$\frac{44}{2}-0.5=21.5$
$\frac{44}{2}+0.5=22.5$
袖山 14.5

10) ワンピース (7分袖、ラウンドネックライン)

背肩幅　40−1＝39cm
背丈　　40−2＝38cm
バスト　　　88cm
ヒップ　　　98cm
スカート丈　78cm
布地110幅　2.5m

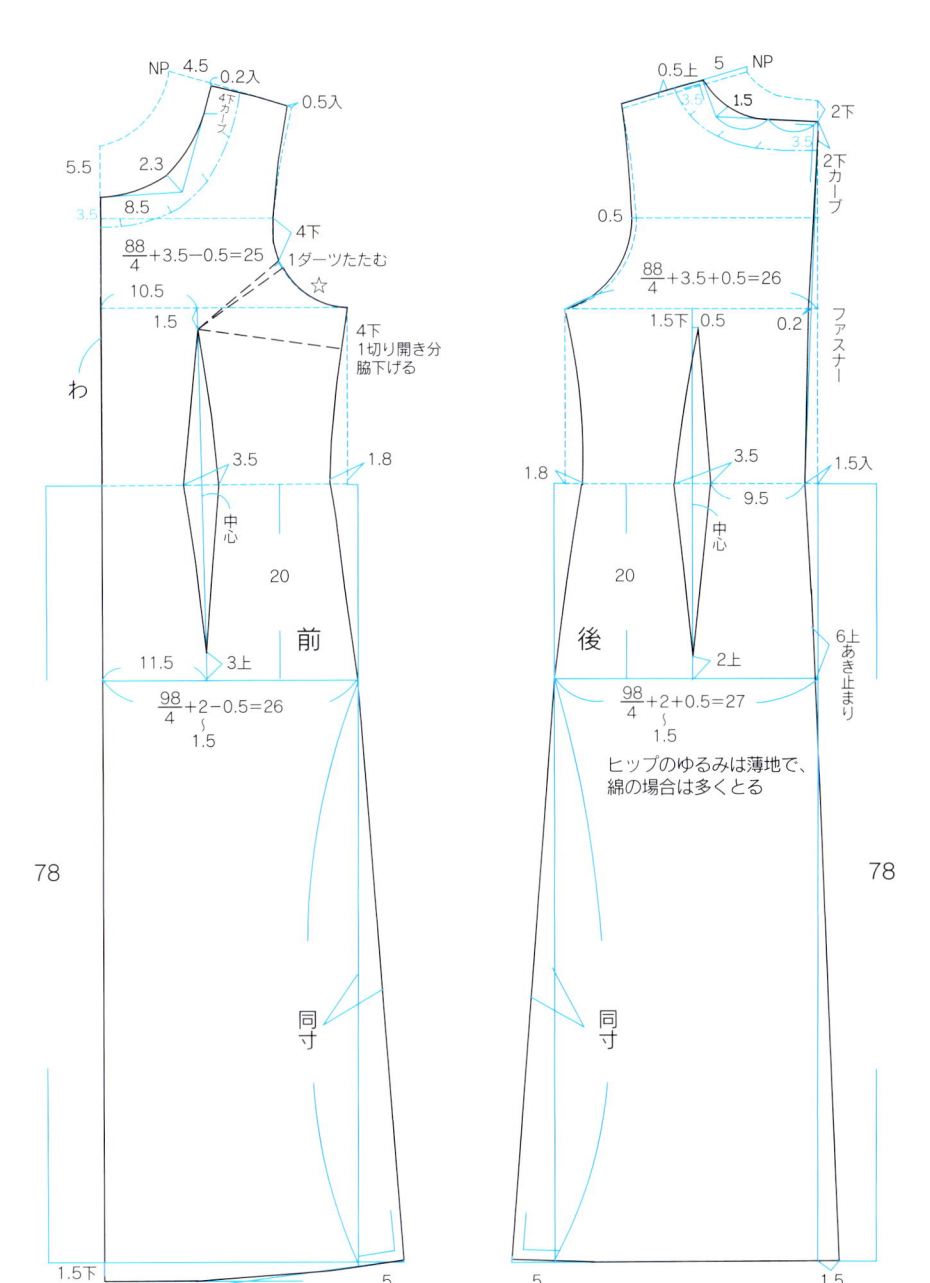

前身頃:
- NP 4.5　0.2入　0.5入
- 5.5　2.3　8.5　4下 4下カーブ
- $\frac{88}{4}+3.5-0.5=25$　4下 1ダーツたたむ ☆
- 10.5　1.5　4下 1切り開き分 脇下げる
- わ
- 3.5　1.8
- 中心　20　前
- 11.5　3上
- $\frac{98}{4}+2-0.5=26$ 〜 1.5
- 78
- 同寸
- 1.5下　カーブ　5

後身頃:
- 0.5上 5 NP　1.5
- 3.5　2下　2下カーブ
- 0.5　$\frac{88}{4}+3.5+0.5=26$　ファスナー
- 1.5下 0.5　0.2
- 1.8　3.5　1.5入
- 中心　9.5
- 20　後
- 2上　6上 あき止まり
- $\frac{98}{4}+2+0.5=27$ 〜 1.5
- ヒップのゆるみは薄地で、綿の場合は多くとる
- 78
- 同寸
- 5　1.5

☆バストが普通の人は1cmダーツを
　とらずに袖ぐりのカーブに0.5cm
　いせこみを入れてアイロンでなじませる

[AH49]
$AH = \frac{88}{2} + 5 = 49$ （バスト＋ゆるみAH）
袖山 ＝ 49÷3 ＝ 16（約）

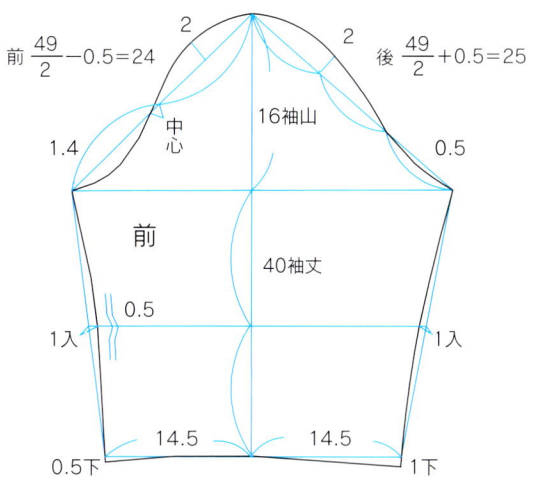

袖:
- 2　2
- 前 $\frac{49}{2}-0.5=24$　後 $\frac{49}{2}+0.5=25$
- 1.4　中心　16袖山　0.5
- 前　40袖丈
- 0.5　1入　1入
- 0.5下　14.5　14.5　1下

7分袖、袖口は直線でもよい

11) ワンピース(プリンセスライン)

背肩幅 38cm
背丈 38cm
バスト 84cm
ヒップ 96cm
スカート丈 76cm
布地150幅 2m

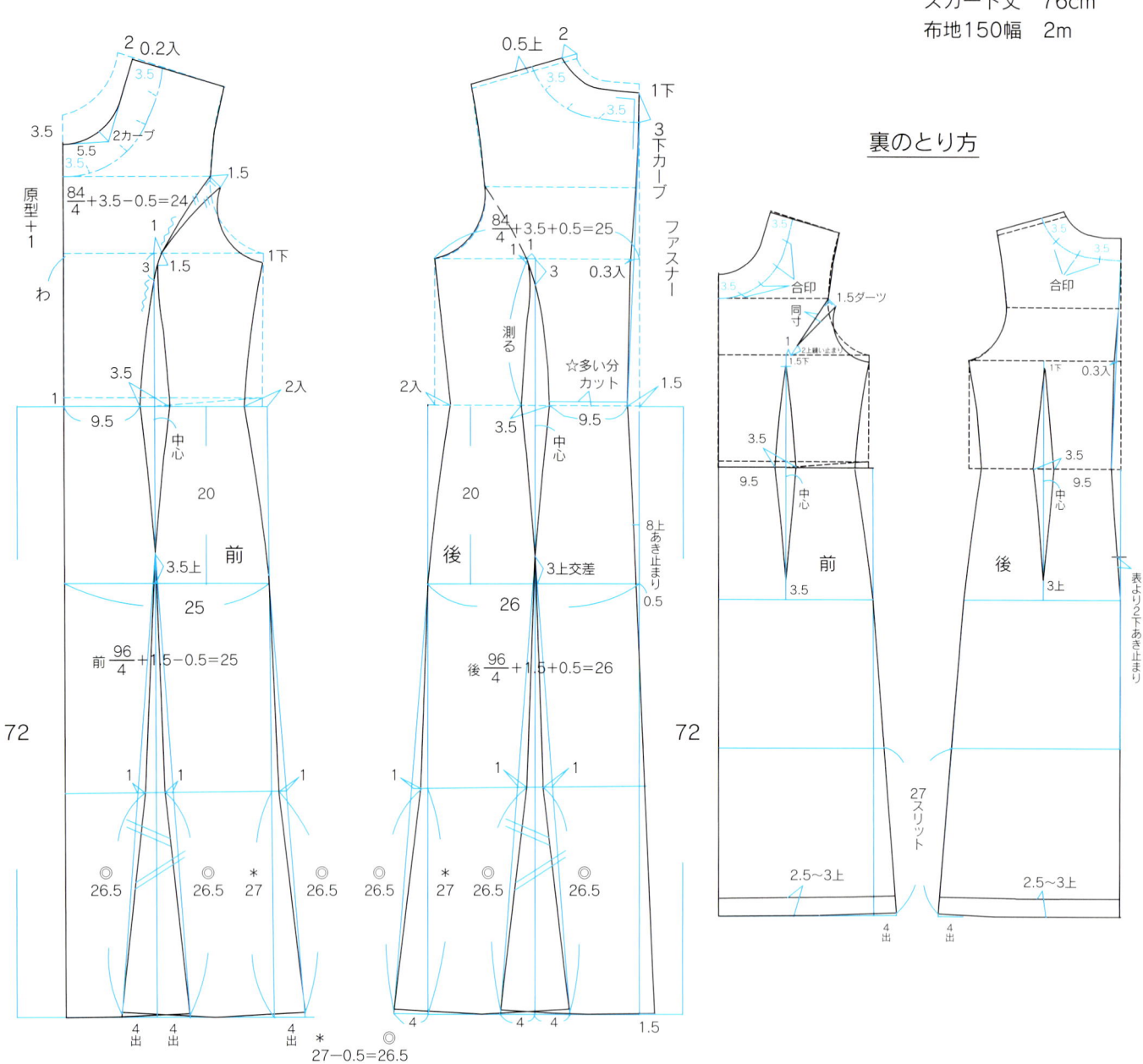

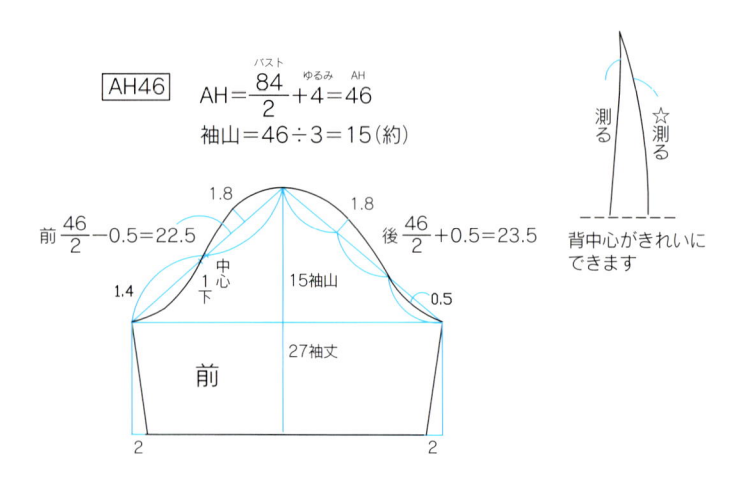

裏のとり方

$\frac{84}{4}+3.5-0.5=24$

$\frac{84}{4}+3.5+0.5=25$

前 $\frac{96}{4}+1.5-0.5=25$

後 $\frac{96}{4}+1.5+0.5=26$

AH46　AH $=\frac{84}{2}+4=46$ （バスト＋ゆるみ＝AH）
袖山 $=46\div 3=15$ （約）

前 $\frac{46}{2}-0.5=22.5$　　後 $\frac{46}{2}+0.5=23.5$

裏の作り方

裏布は切り替え線をとらずに
ダーツに変えてとる
脇をスリット
見返しは合い印をつけておく
裏地の衿ぐりカーブに切り込みを入れて、
裏を手前にしてしつけをかけ、
0.2cm外側を縫う(裏のゆとり分)

12) ワンピース(台衿つきシャツカラー)

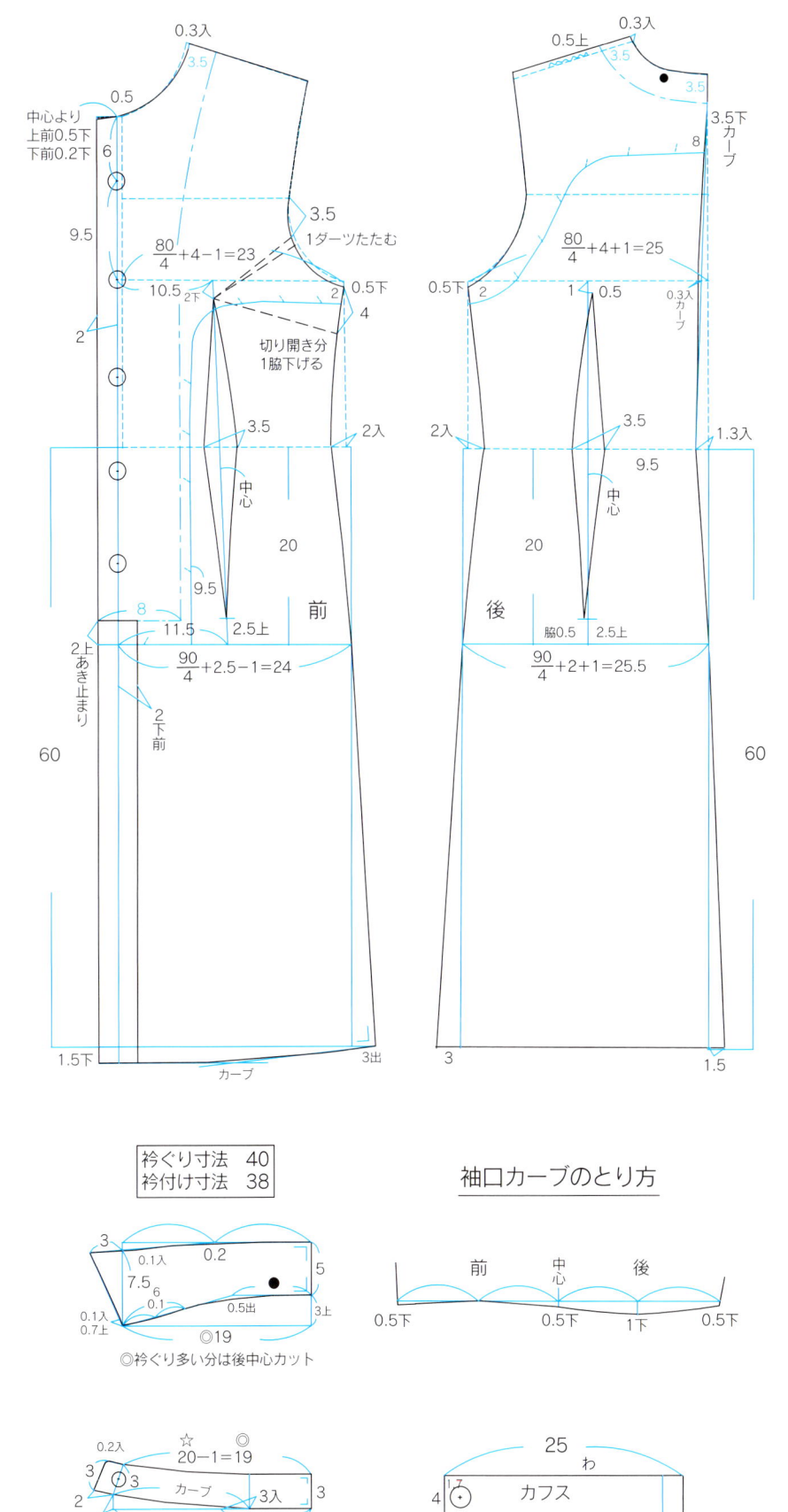

背肩幅	38cm
背丈	38−1＝37cm
バスト	80cm
ヒップ	90cm
スカート丈	60cm
布地150幅	1.8m

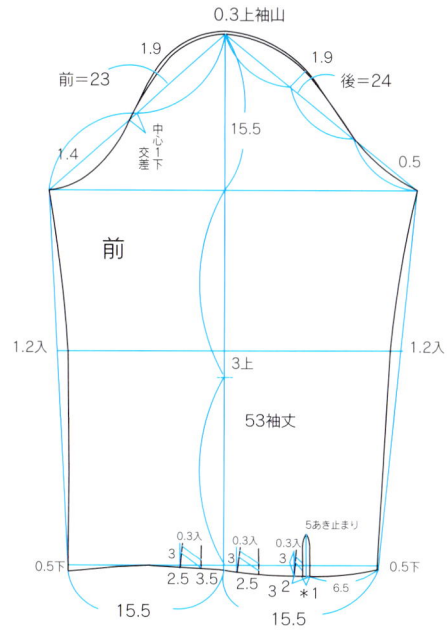

$\boxed{AH47}$ 袖山＝$\dfrac{47}{3}$＝15.5(約)

袖丈＝55+2＝57−4＝53

あき止まり分はタックの中に入れる
＊1cm持ち出し

13) ワンピース(ロールカラー)

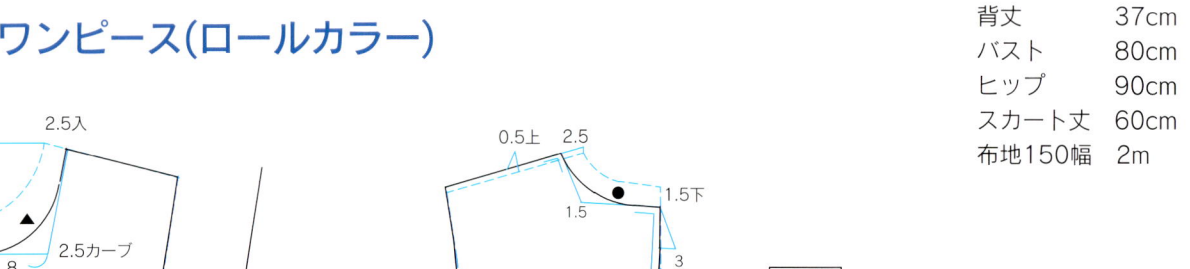

背肩幅	38cm
背丈	37cm
バスト	80cm
ヒップ	90cm
スカート丈	60cm
布地150幅	2m

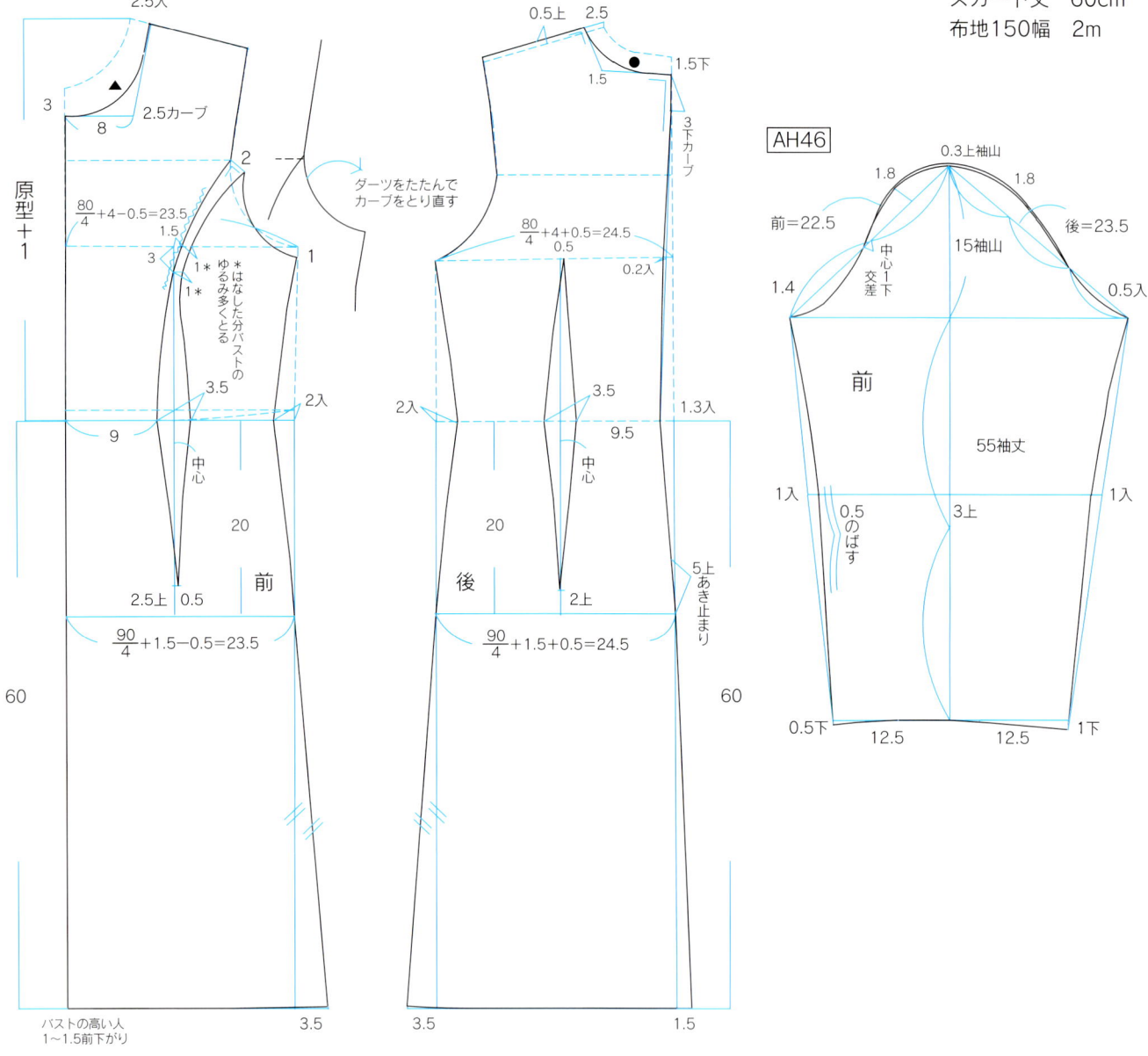

$\frac{80}{4}+4-0.5=23.5$

$\frac{80}{4}+4+0.5=24.5$

$\frac{90}{4}+1.5-0.5=23.5$

$\frac{90}{4}+1.5+0.5=24.5$

AH46

前=22.5　後=23.5

15袖山

55袖丈

原型＋1

2.5入　0.5上　2.5　1.5下　3下カーブ
3　2.5カーブ　0.5上袖山　1.8　1.8
8　ダーツをたたんでカーブをとり直す
2　1.4　中心1下交差　0.5入
1.5　＊はなした分バストのゆるみ多くとる
3　1＊　1＊　0.2入
3.5　2入　3.5　1.3入
9　中心　中心　9.5
20　20　1入　0.5のばす　3上　1入
前　後　5上あき止まり
2.5上　0.5　2上
60　60　0.5下　12.5　12.5　1下

バストの高い人 1〜1.5前下がり　3.5　3.5　1.5

前　後

脇スカートの裾線は前後を合わせてカーブをとり直す

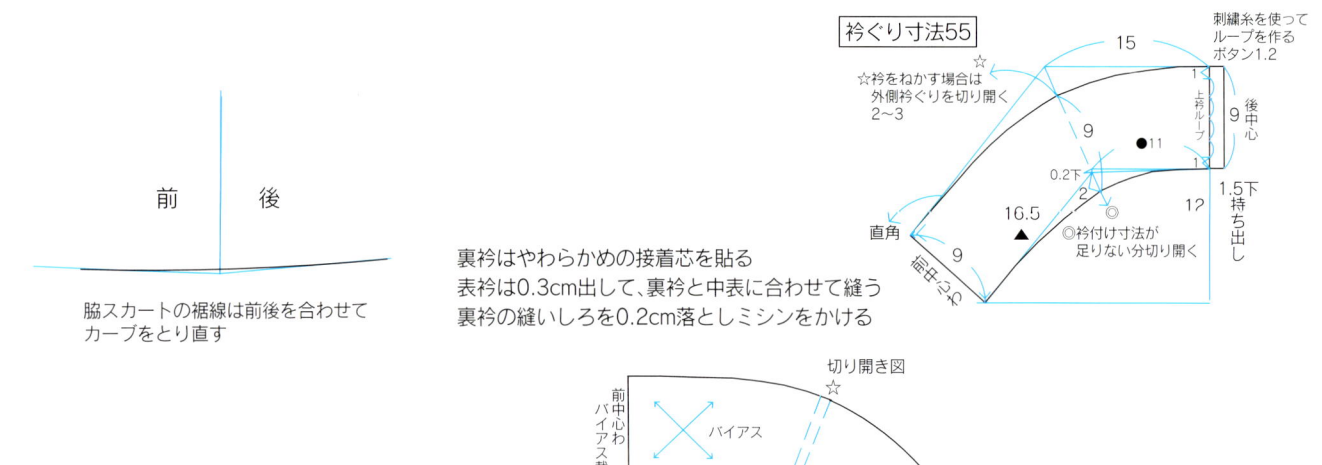

裏衿はやわらかめの接着芯を貼る
表衿は0.3cm出して、裏衿と中表に合わせて縫う
裏衿の縫いしろを0.2cm落としミシンをかける

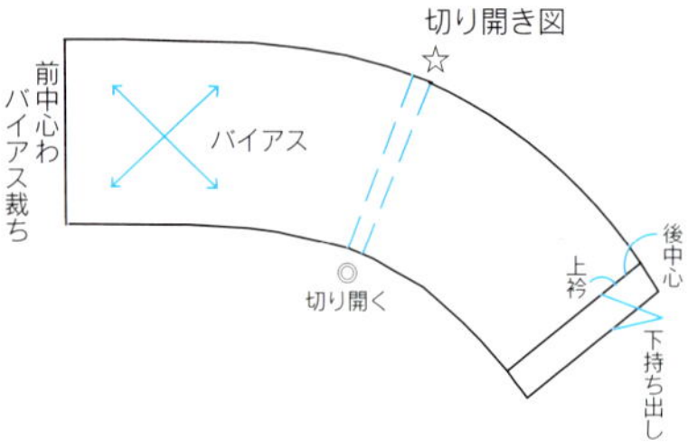

衿ぐり寸法55

☆衿をねかす場合は外側衿ぐりを切り開く 2〜3

刺繍糸を使ってループを作る ボタン1.2

15　9　●11　上衿ループ　後中心
0.2下　2　1.5下持ち出し
16.5　12　9　◎衿付け寸法が足りない分切り開く
直角　前中心

切り開き図

前中心わ バイアス裁ち　バイアス
◎切り開く　後中心　上衿　下持ち出し

14) ワンピース(キモノスリーブ)

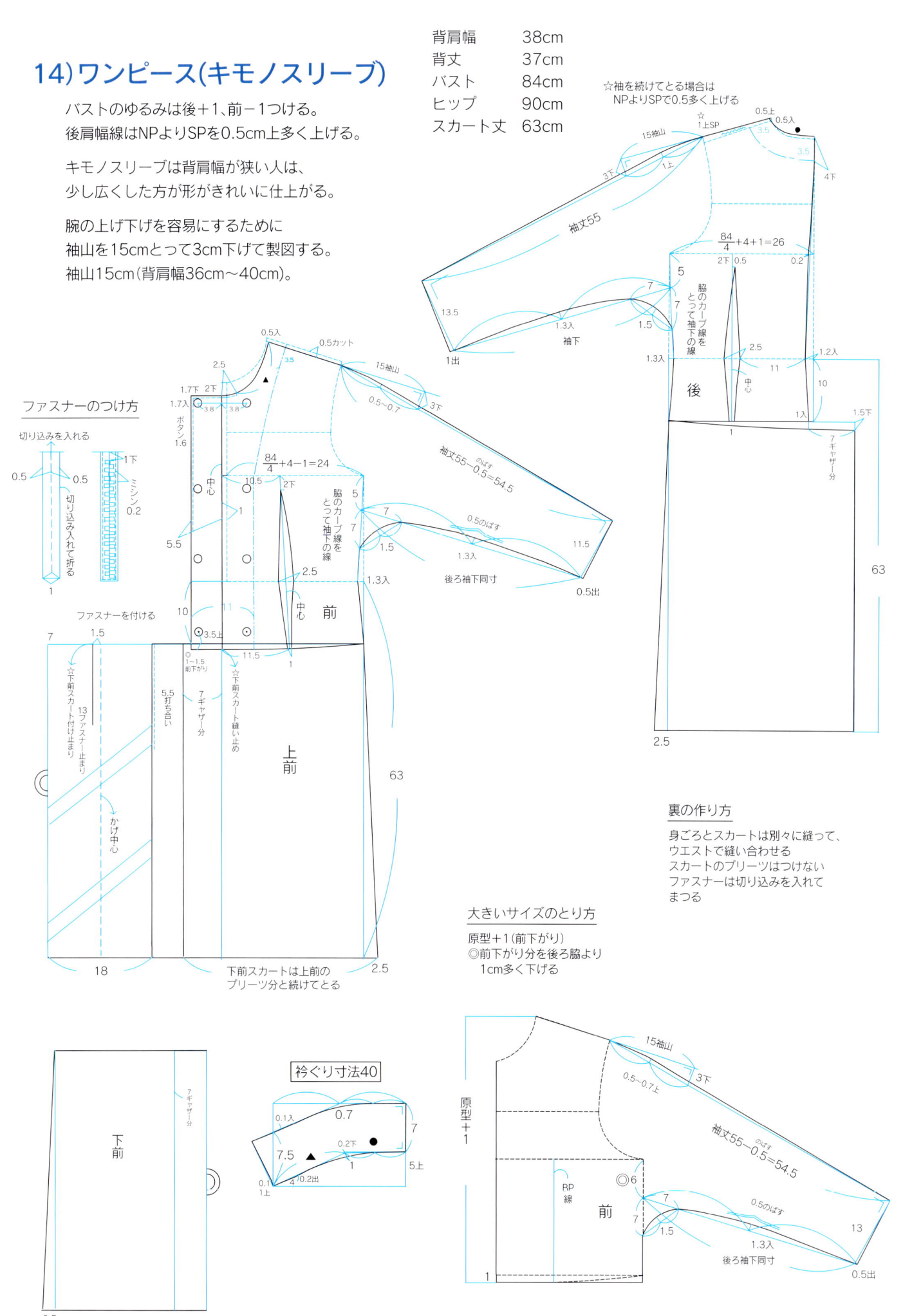

バストのゆるみは後＋1、前－1つける。
後肩幅線はNPよりSPを0.5cm上多く上げる。

キモノスリーブは背肩幅が狭い人は、
少し広くした方が形がきれいに仕上がる。

腕の上げ下げを容易にするために
袖山を15cmとって3cm下げて製図する。
袖山15cm(背肩幅36cm〜40cm)。

背肩幅　38cm
背丈　　37cm
バスト　84cm
ヒップ　90cm
スカート丈　63cm

☆袖を続けてとる場合は
NPよりSPで0.5多く上げる

裏の作り方
身ごろとスカートは別々に縫って、
ウエストで縫い合わせる
スカートのプリーツはつけない
ファスナーは切り込みを入れて
まつる

大きいサイズのとり方
原型＋1(前下がり)
◎前下がり分を後ろ脇より
　1cm多く下げる

衿ぐり寸法40

15) ワンピース（前開きラウンドネックライン）

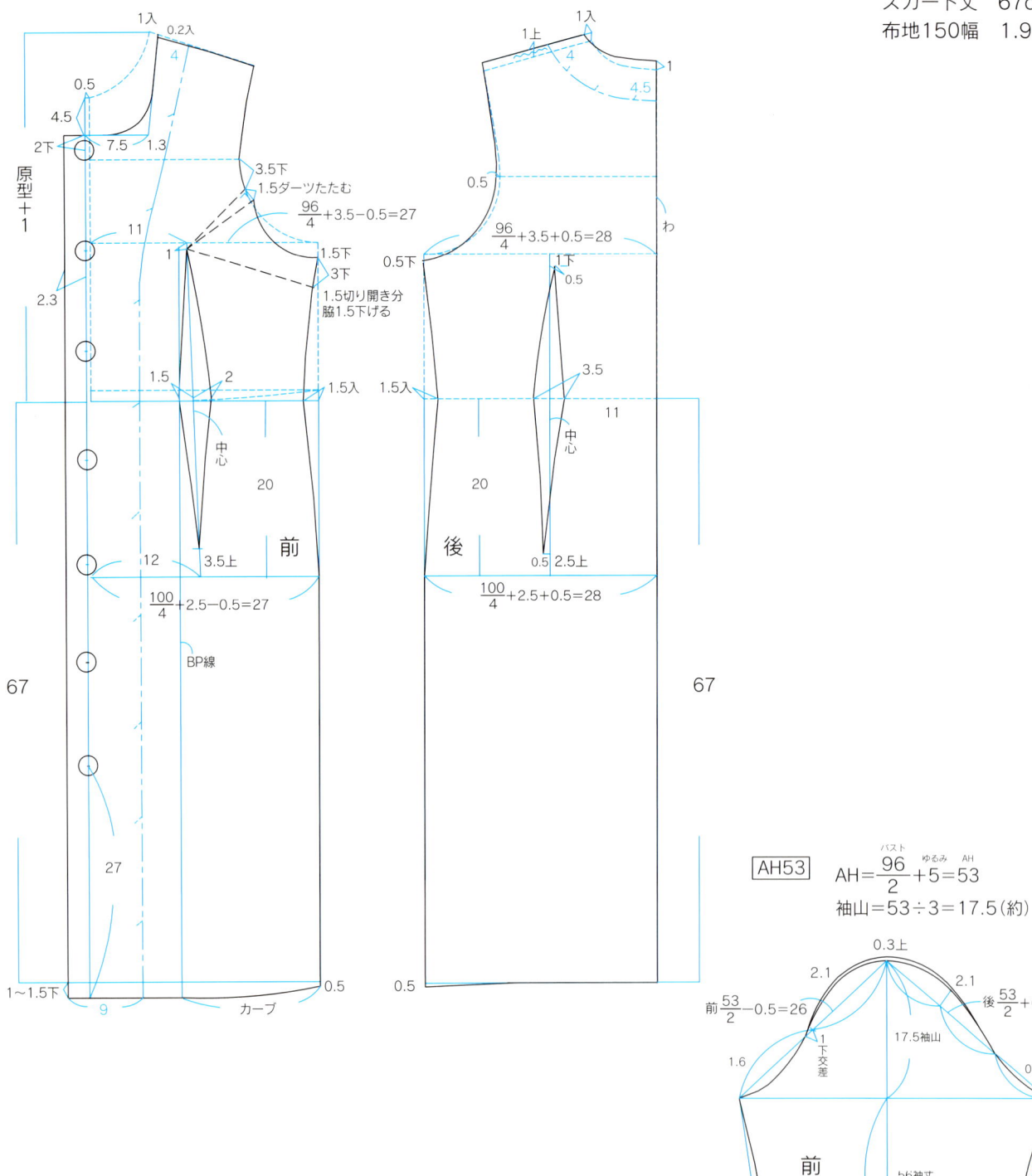

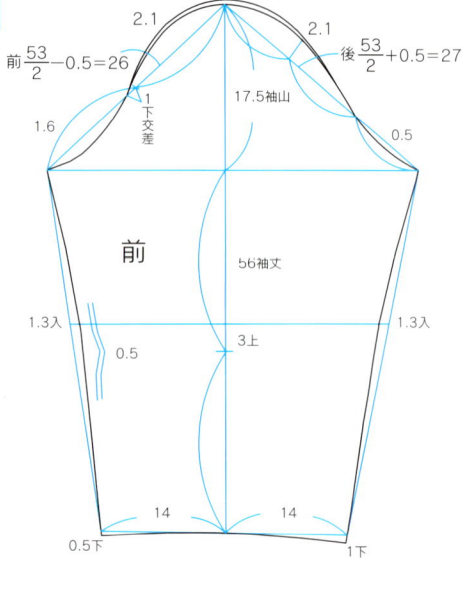

背肩幅	38cm
背丈	38cm
バスト	96cm
ヒップ	100cm
スカート丈	67cm
布地150幅	1.9m

$\frac{96}{4}+3.5-0.5=27$

$\frac{96}{4}+3.5+0.5=28$

$\frac{100}{4}+2.5-0.5=27$

$\frac{100}{4}+2.5+0.5=28$

AH53　$AH=\frac{96}{2}+5=53$

袖山 = 53÷3 = 17.5（約）

前 $\frac{53}{2}-0.5=26$　後 $\frac{53}{2}+0.5=27$

16) キャミソールドレス(着物地)

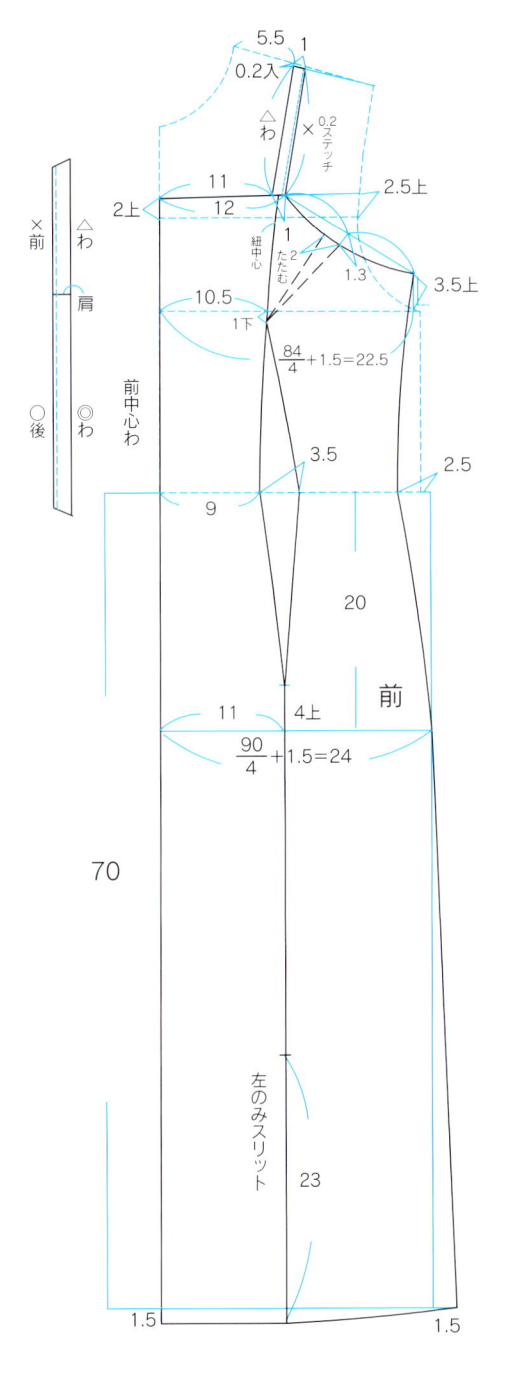

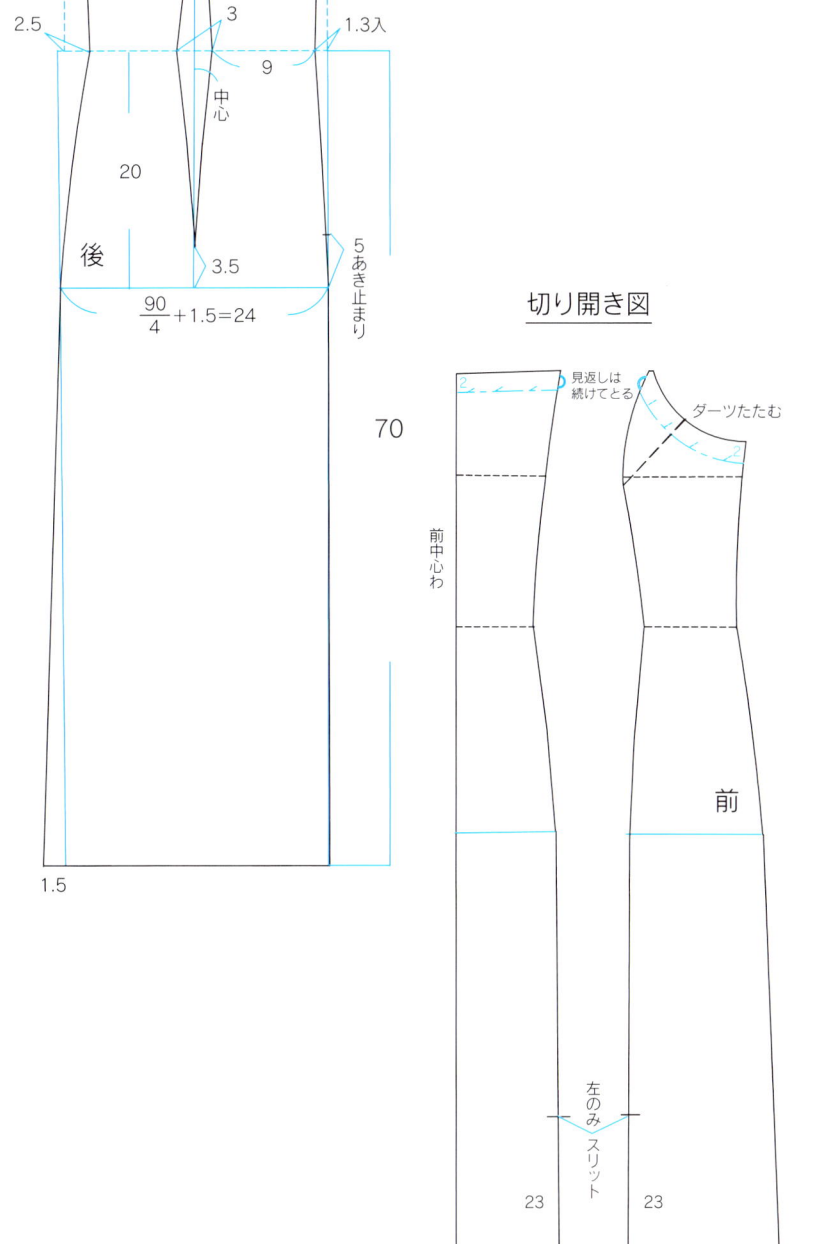

背肩幅　　37cm
背丈　　　37−1=36cm
バスト　　84cm
ヒップ　　90cm
スカート丈　70cm
反物　　　4m

17) キャミソールドレス

背肩幅	37cm
背丈	36cm
バスト	80cm
ヒップ	90cm
スカート丈	65cm
布地110幅	1.9m

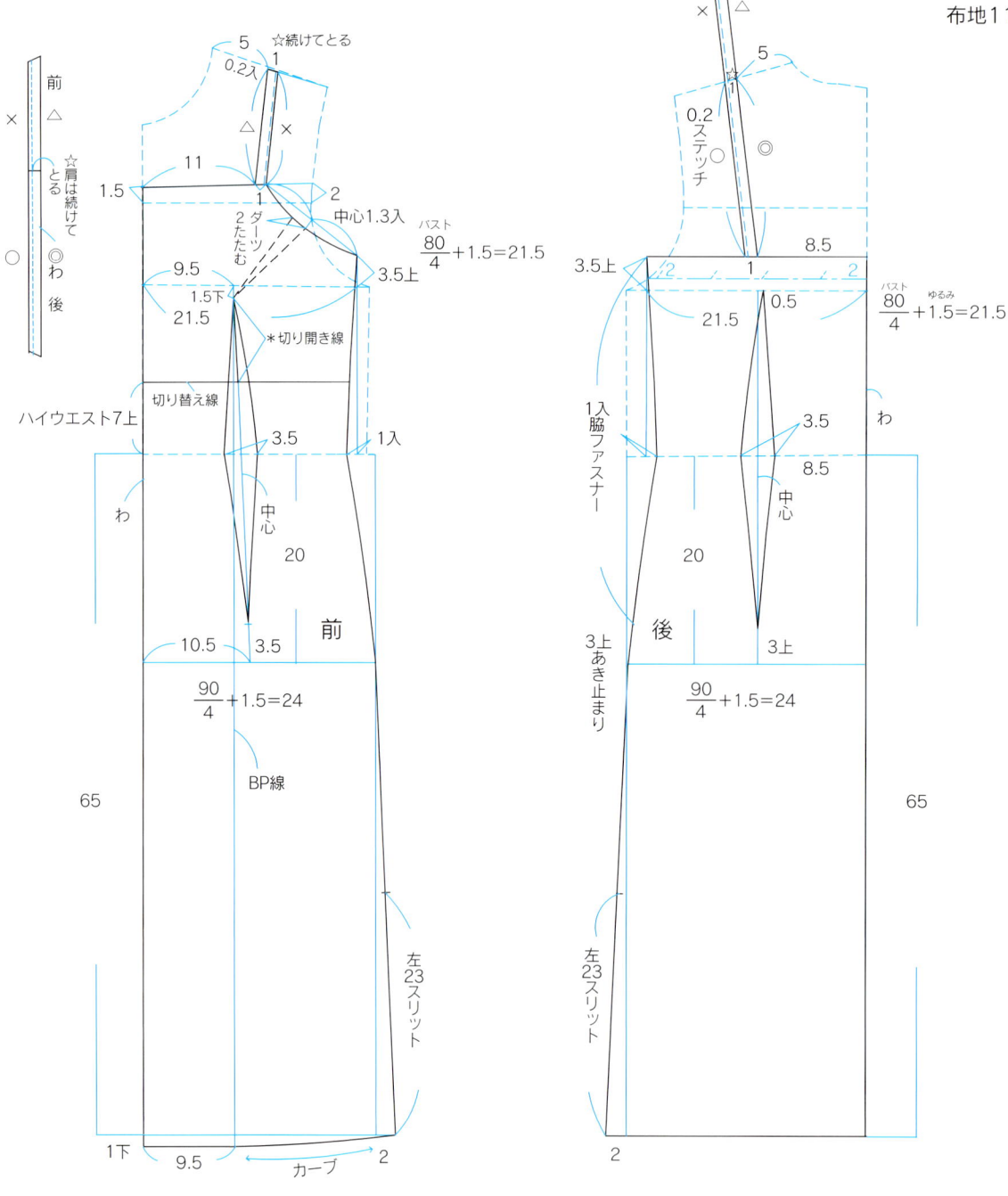

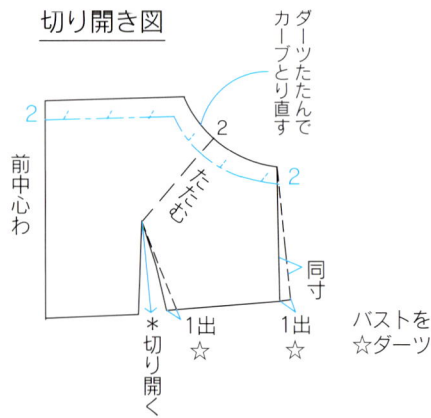

前:
- ☆続けてとる
- 0.2入
- ☆肩は続けてとる
- 11
- 1.5
- 中心1.3入
- バスト $\frac{80}{4}+1.5=21.5$
- 9.5
- 1.5下
- 21.5
- 2ダーツたたむ
- 3.5上
- *切り開き線
- 切り替え線
- ハイウエスト7上
- わ
- 中心
- 3.5
- 1入
- 20
- 10.5　3.5
- 前
- $\frac{90}{4}+1.5=24$
- BP線
- 65
- 1下　9.5　カーブ　2
- 左23スリット

後:
- 0.2ステッチ
- 5
- 1
- 3.5上
- 8.5
- 21.5
- 0.5
- バスト ゆるみ $\frac{80}{4}+1.5=21.5$
- 3.5
- 1入脇ファスナー
- 8.5
- わ
- 中心
- 20
- 3上あき止まり
- 3上
- $\frac{90}{4}+1.5=24$
- 後
- 65
- 左23スリット
- 2

切り開き図
- 前中心わ
- 2　2　2
- ダーツたたんでカーブとり直す
- 1出 ☆　1出 ☆
- *切り開く
- 同寸

バストを高くしたい場合は
☆ダーツを1cm出して脇を1cm出す

紐は4cmに裁ち、
1cmの幅に折って
外側に0.2cmステッチ

18) アンダーウエア

背肩幅　38cm
背丈　38cm
バスト　84cm
ヒップ　94cm
スカート丈　65cm
布地90幅　1.9m

普通の布地で作ると
ワンピースにもなります
その際バストのゆるみを
1.5cmとります

ダーツの消し方

見返しは縫いしろで仕上げてもよい
その場合は身ごろに1cm幅の伸びない芯を
貼る

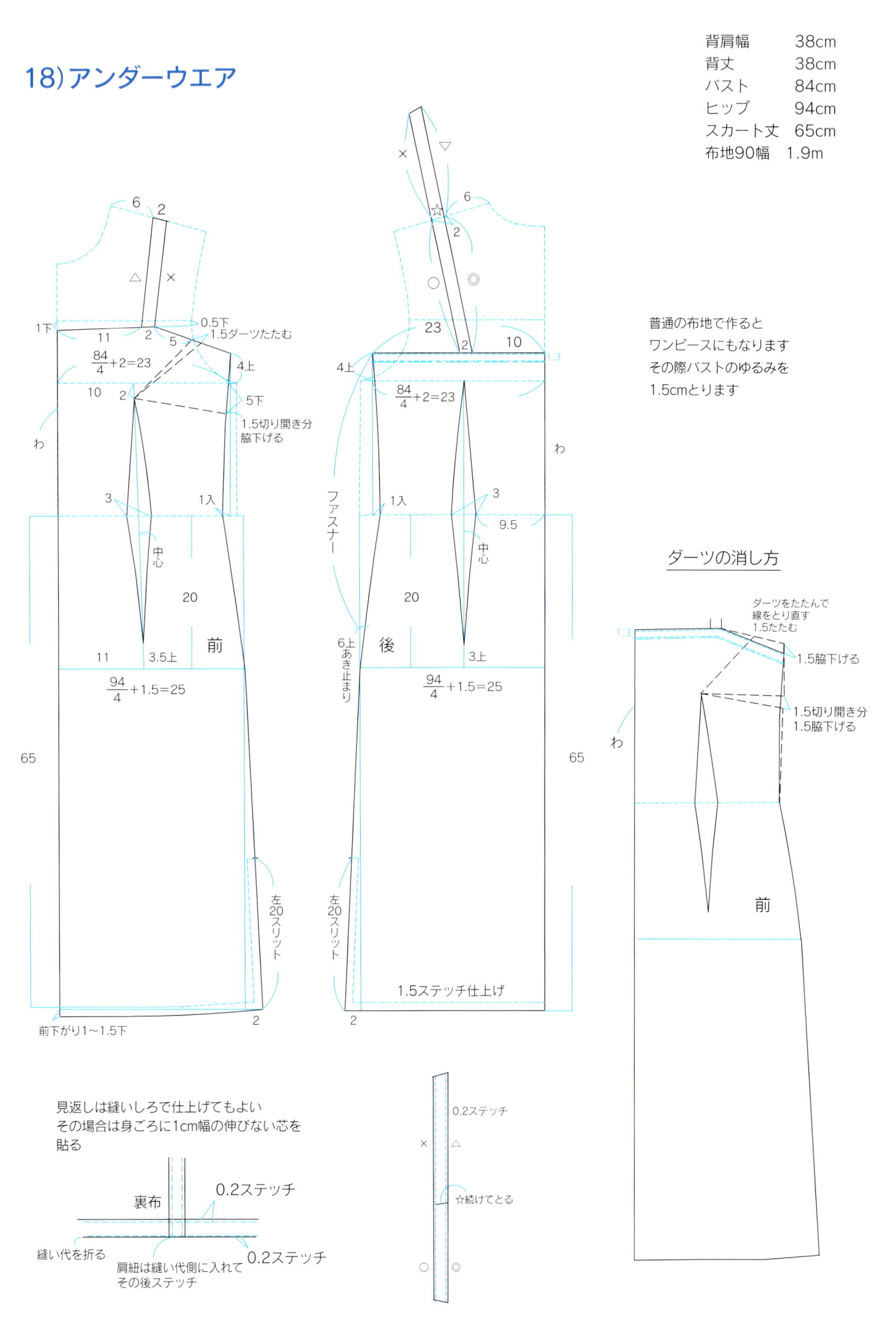

スーツ・ジャケット

1) ジャケットブラウス(ドロップ袖)

このジャケットは肩の前後を縫って袖をつけ、脇と袖下を続けて縫うと簡単にできる。

背肩幅　36cm
背丈　37cm
バスト　80cm

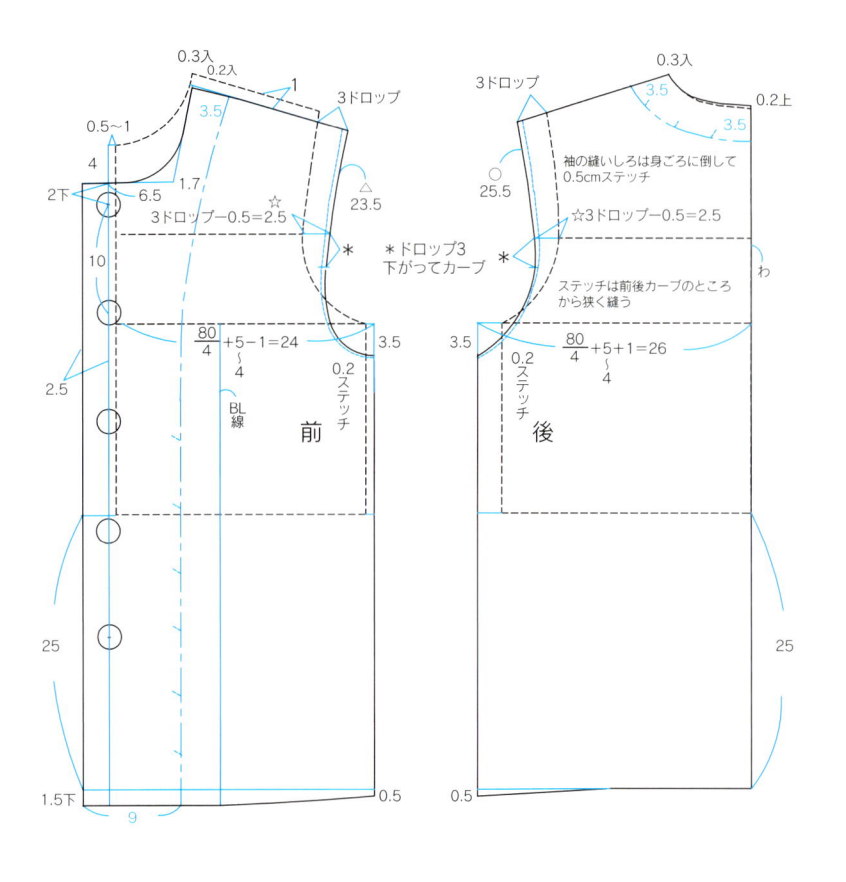

AH＝49

AH÷袖山
49÷3＝16(約)
　　袖山　ドロップ分
16－3＝13袖山
袖山のいせこみをなくすために
0.5cmカット

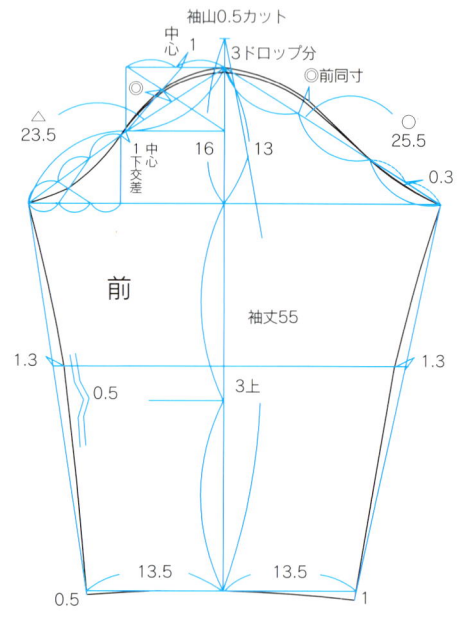

簡単なパターンのとり方(単位:cm)

後肩幅と前肩幅を調整すると
ダーツをとらなくても作れる

バスト	後ろ肩幅	前肩幅	前下がり
S	0上	1カット	1～1.5下
M	0.5上	0.5カット	1～2下
L	1上	0	1.5～2.5下

＊バストが高い人は原型＋1(前下がり)をとって、
その分を脇で下げる

NPから原型SPを0.5cm下げた線で
ドロップ3cmをとるとよい

ドロップ袖身ごろAHのとり方

①ドロップ分より背幅、胸幅線を
－0.5cmから1cm少なくとる。

　　＊　　　　　☆
ドロップ分　　　背幅、胸幅線
1～3　　　　　－0.5
4以上　　　　　－1.0

②＊ドロップ分だけ下げる。
③カーブをとる。
④ドロップ3cm下のところからカーブをとる。

背肩幅　39cm
背丈　38cm
バスト　92cm

L寸ドロップ袖

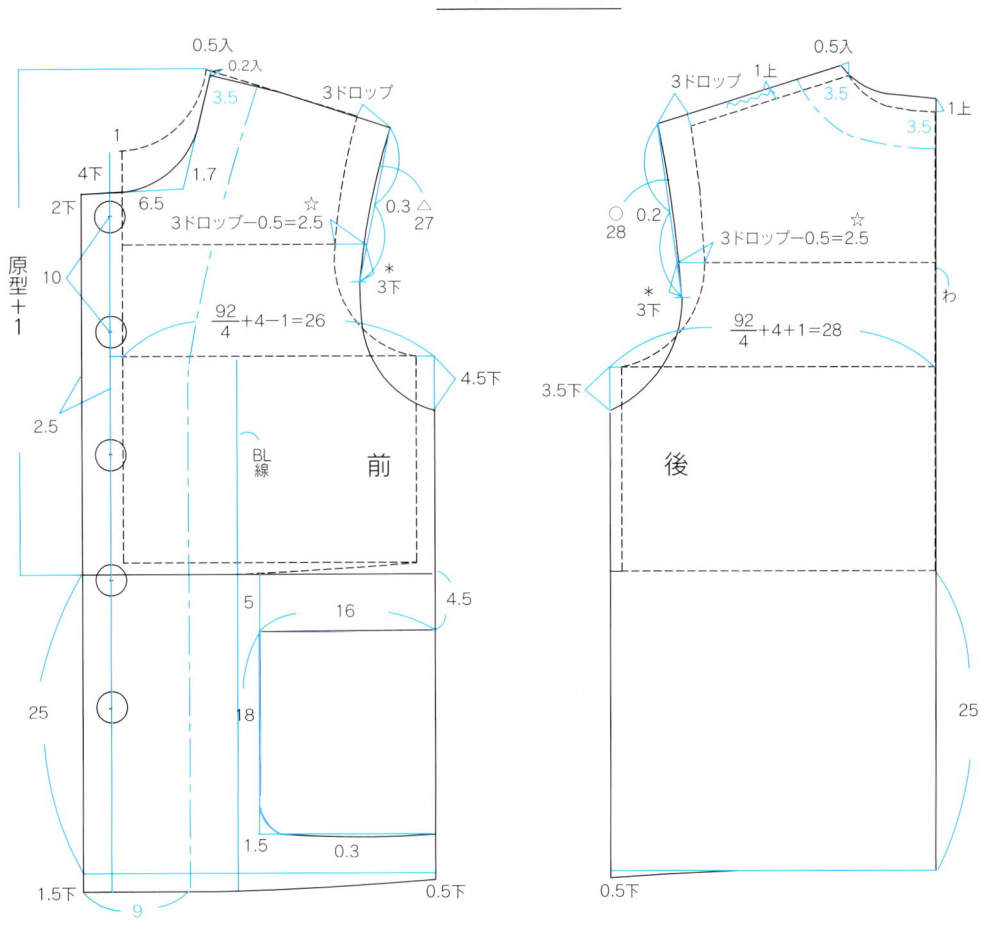

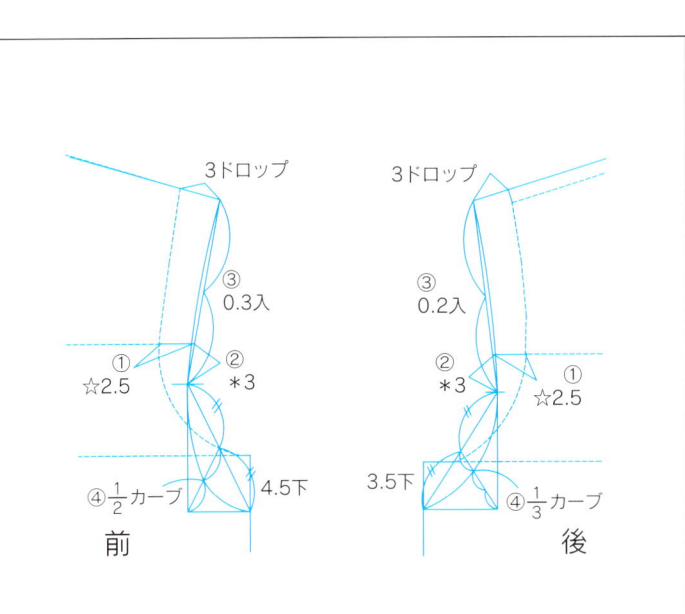

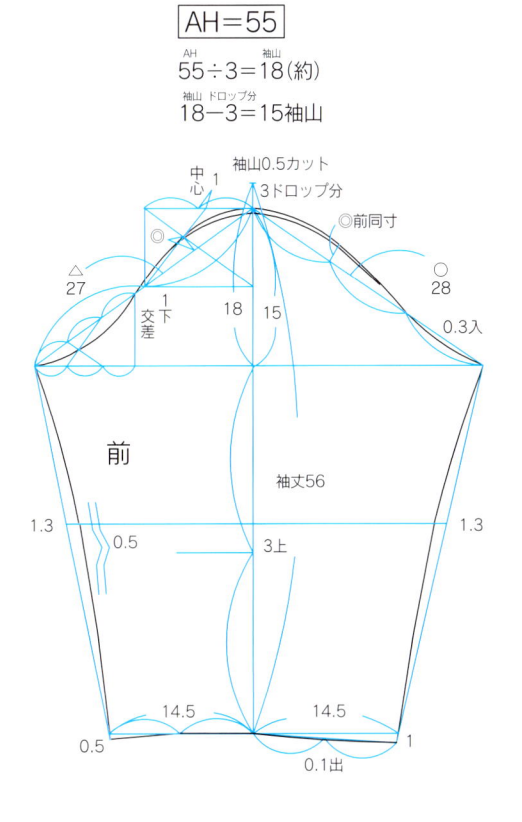

$\frac{92}{4}+4-1=26$

$\frac{92}{4}+4+1=28$

AH＝55

AH　袖山
$55 \div 3 = 18$(約)

袖山　ドロップ分
$18 - 3 = 15$ 袖山

袖丈56

2）ツーピース（ラウンドネックライン、タイトスカート）

背肩幅　38cm
背丈　38cm
バスト　82cm
布地150幅　2.1m

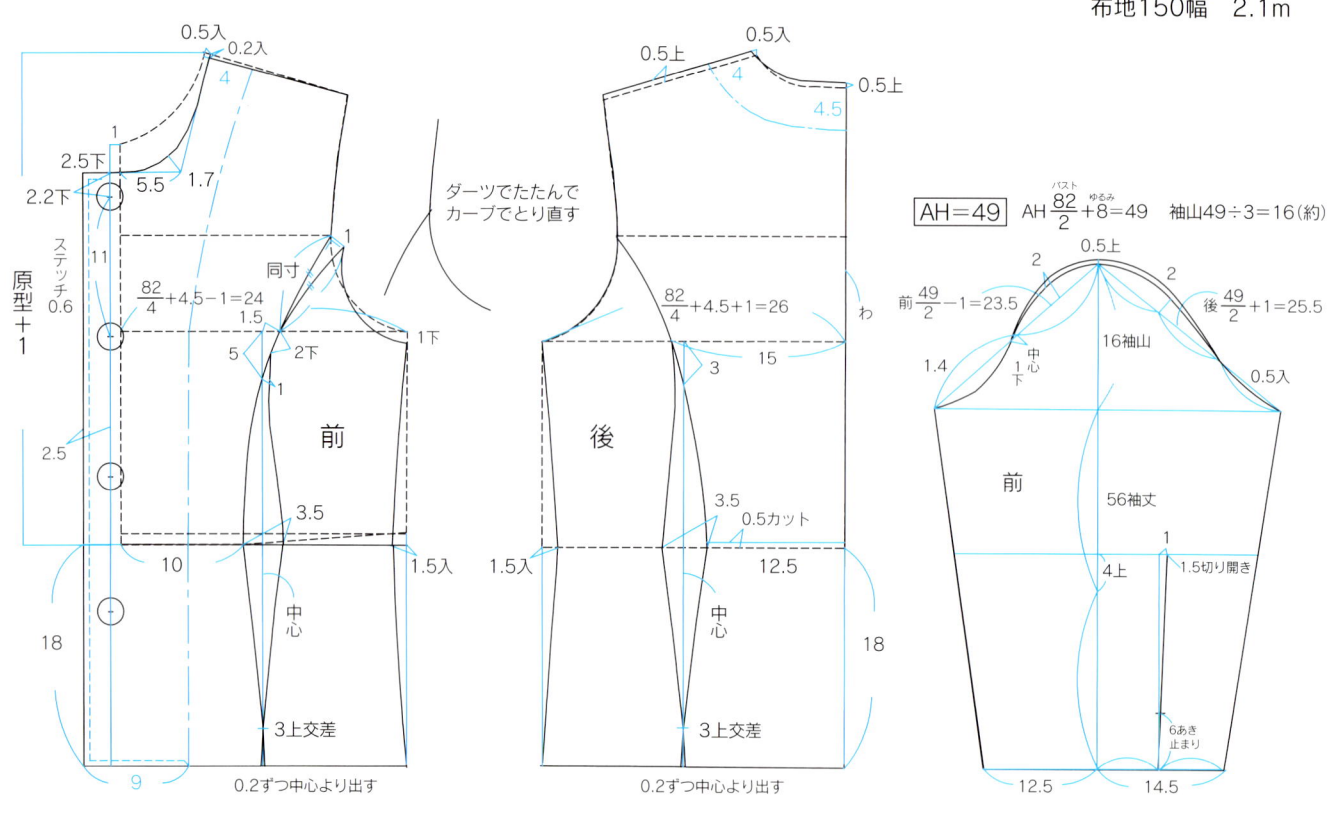

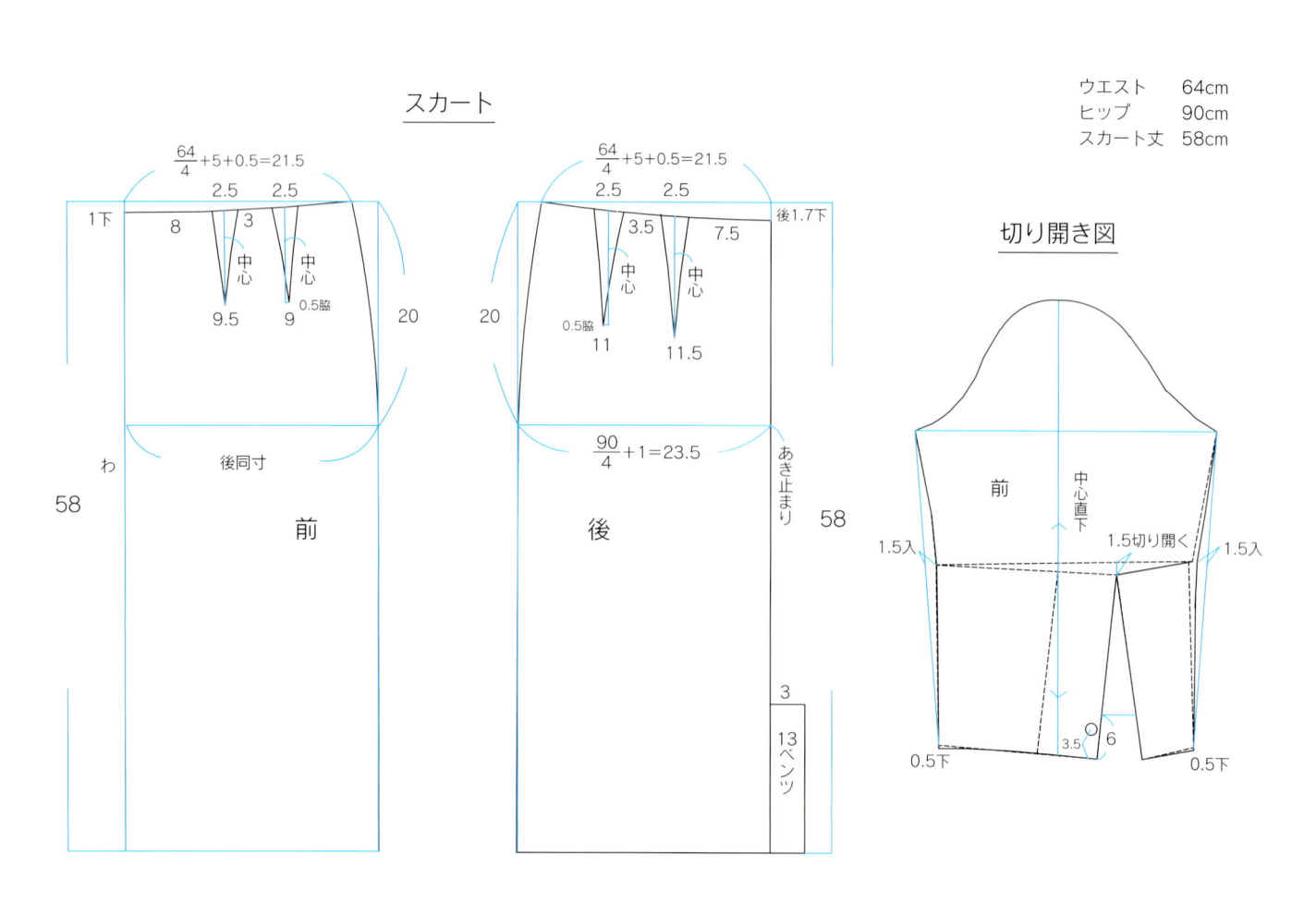

ウエスト　64cm
ヒップ　90cm
スカート丈　58cm

$AH=49$　$AH \dfrac{82}{2}+8=49$　袖山$49÷3=16$（約）

前 $\dfrac{49}{2}-1=23.5$　後 $\dfrac{49}{2}+1=25.5$

$\dfrac{82}{4}+4.5-1=24$
$\dfrac{82}{4}+4.5+1=26$

$\dfrac{64}{4}+5+0.5=21.5$
$\dfrac{90}{4}+1=23.5$

切り開き図

いかり肩の人のとり方

0.5上 NP
S　M　L
2.5～2.8～3
後NP

後NPと肩のNPカーブを
少なくとり、後身ごろだけで
調整する

なで肩の人のとり方

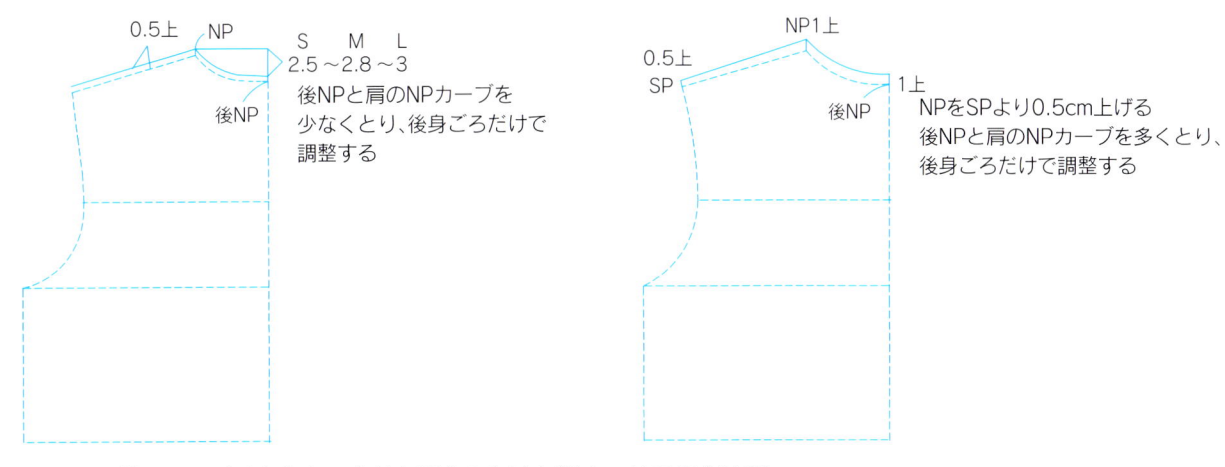

NP1上
0.5上 SP
1上
後NP

NPをSPより0.5cm上げる
後NPと肩のNPカーブを多くとり、
後身ごろだけで調整する

衿ぐりNPを0から1cmあけた場合のとり方(衿をつける場合は別)

ねこ背の人のとり方

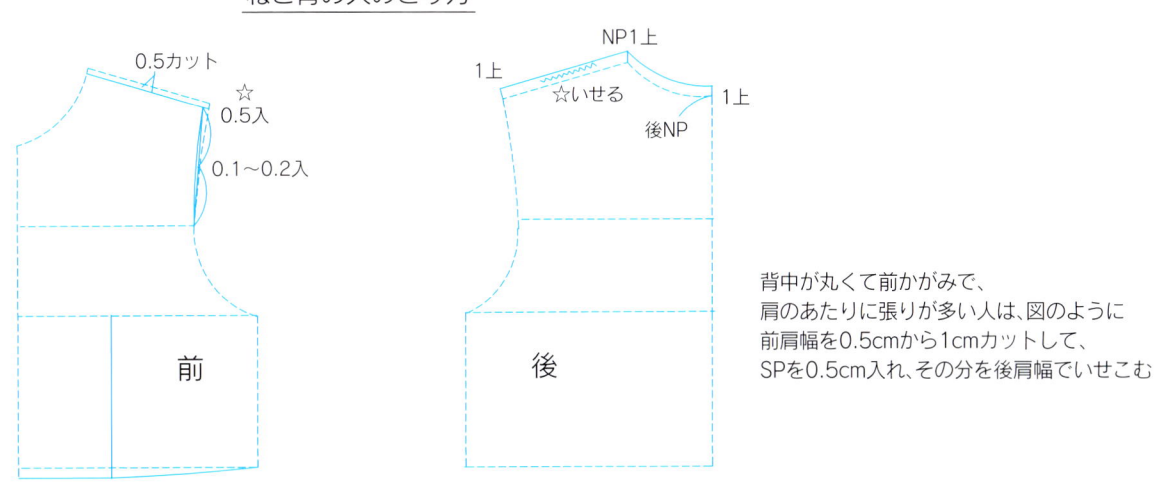

0.5カット
☆
0.5入
0.1～0.2入

前

NP1上
1上　☆いせる　1上
後NP

後

背中が丸くて前かがみで、
肩のあたりに張りが多い人は、図のように
前肩幅を0.5cmから1cmカットして、
SPを0.5cm入れ、その分を後肩幅でいせこむ

肩のあたりに肉づきの多い人のとり方

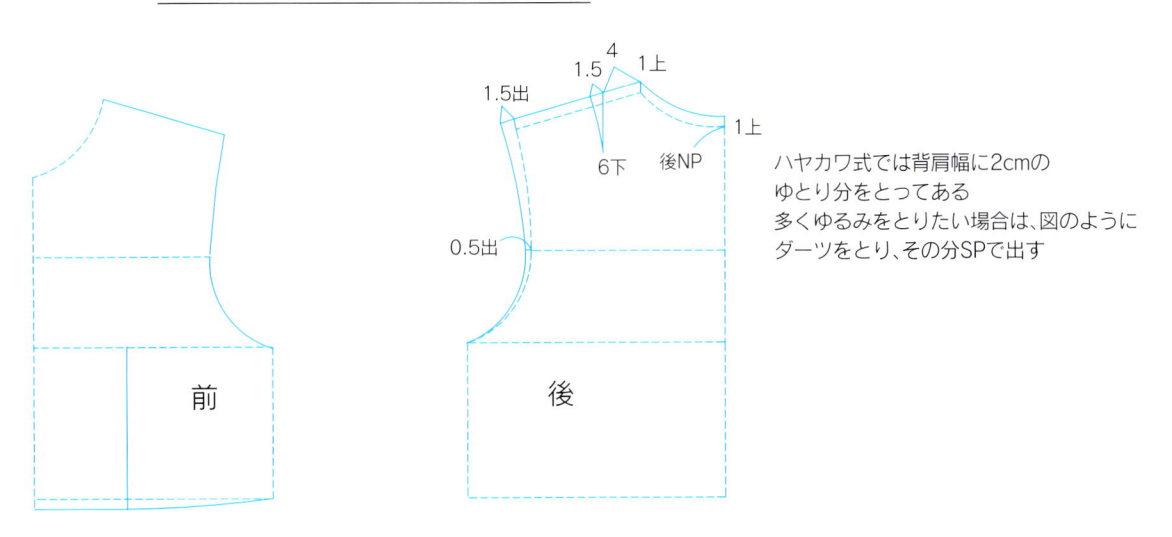

前

4　1上
1.5
1.5出
6下　後NP
1上
0.5出

後

ハヤカワ式では背肩幅に2cmの
ゆとり分をとってある
多くゆるみをとりたい場合は、図のように
ダーツをとり、その分SPで出す

裏布の裁ち方
裏布は表布よりゆとり分を出して裁つ

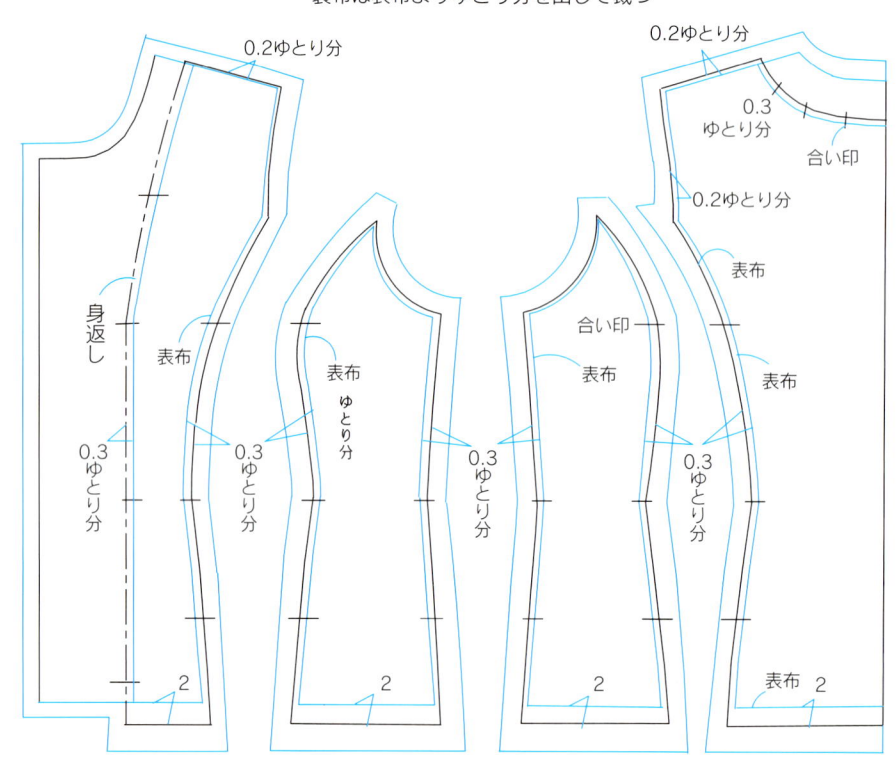

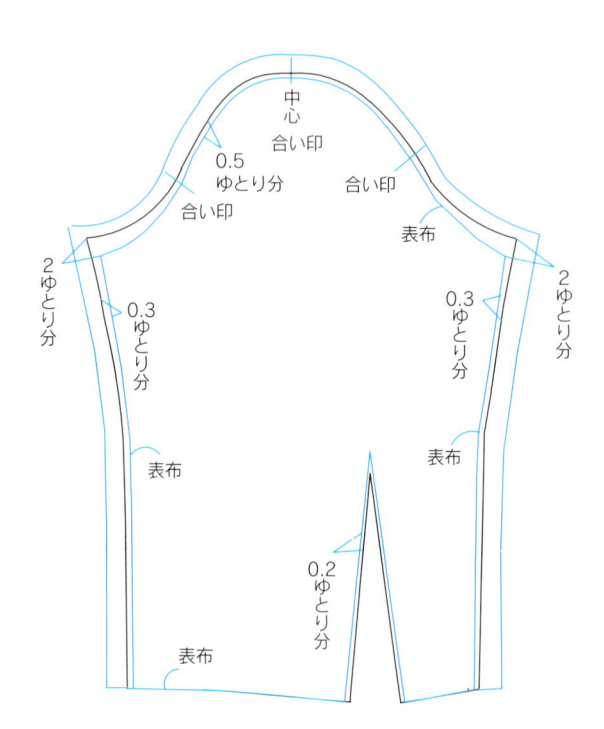

0.2ゆとり分
0.2ゆとり分
0.3ゆとり分
合い印
0.2ゆとり分
表布
身返し
表布
表布
合い印
表布
表布
0.3ゆとり分
0.3ゆとり分
0.3ゆとり分
0.3ゆとり分
2
2
2
2

中心
合い印
0.5ゆとり分
合い印
合い印
表布
2ゆとり分
2ゆとり分
0.3ゆとり分
0.3ゆとり分
表布
表布
0.2ゆとり分
表布

袖口は表より2cm裏を短く仕上げる

切り替え線、脇線、見返しは布地によって、
0.2cmから0.5cm広くとり、裏布の身幅をとる
背幅線、袖ぐりは0.2cm広く裁ち、ゆとり分をとる
身幅を広くとった分は少しきせをかけてアイロンで
仕上げる

また、でき上がり線にしつけをかけて0.2cmから0.5cm外側を
ミシンで縫い、出来上がってしつけをとる

接着芯の貼り方

衿ぐりを伸ばさないように、下記の図のように芯を貼る
袖ぐり、前肩幅はでき上がり線を中心Hにテープ接着芯を貼る

伸び止めテープ
接着芯幅1〜1.2

前裏

前裏

後裏

後裏

3

3

1〜1.5

1〜1.5

6〜7
1〜1.5

1〜1.5

4縫い代

4縫い代

4縫い代

4縫い代

出来上がり線にしつけをかけておく

1〜1.5

縫い代

裾はでき上がり線1cmから1.5cm出して貼る
布によってはでき上がり線から1cmまたは1.5cm入れて、
逆に縫いしろに貼る場合もある

前

8

2

2

7

1.5

見返しは布の厚さや芯の厚さによって、
接着芯を全体に貼る場合と貼らない場合がある

3）ツーピース（衿タック入り、マーメイドスカート）

背肩幅　38cm
背丈　37cm
バスト　88cm

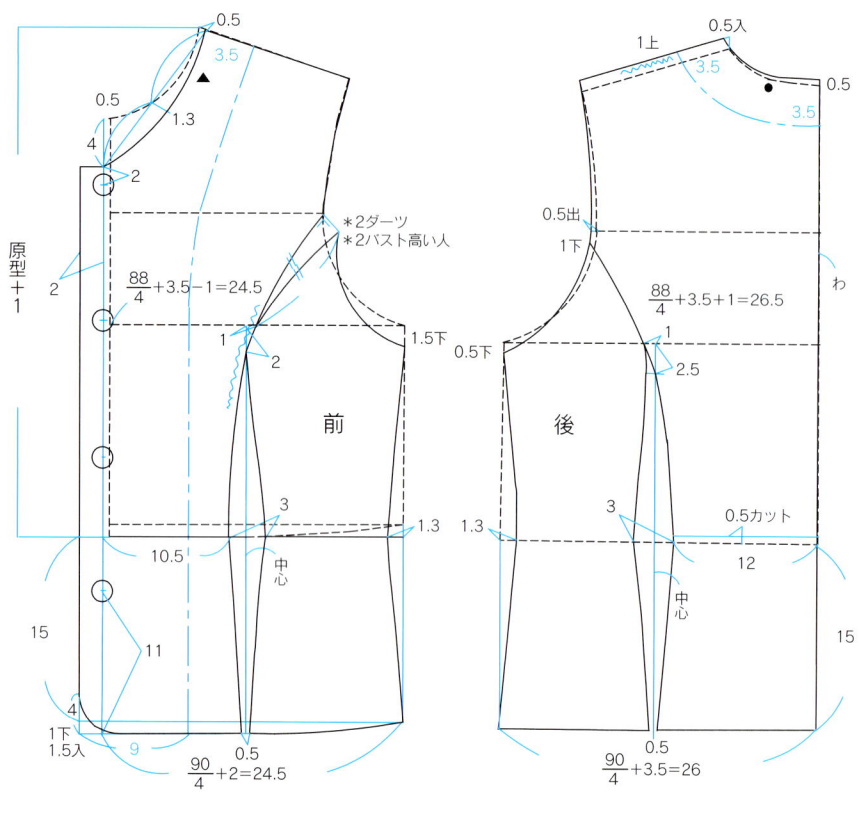

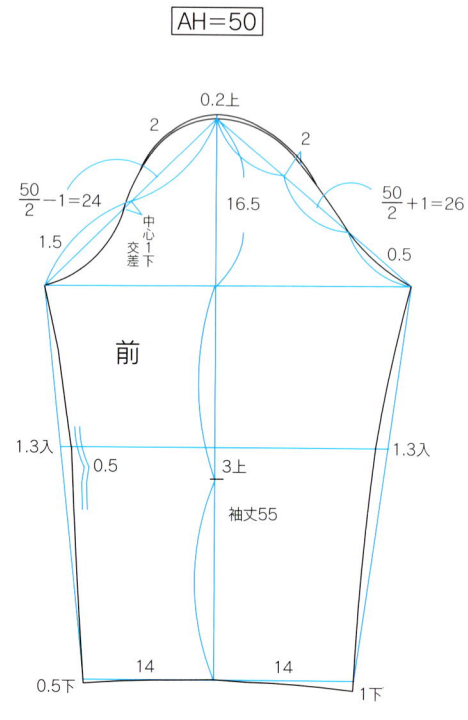

AH=50

衿ぐり寸法46

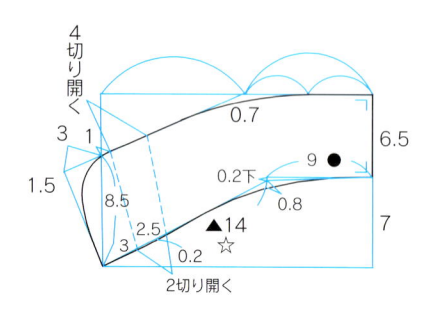

前ダーツの位置

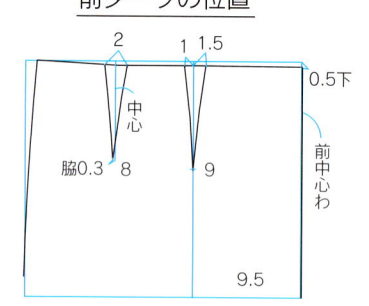

マーメイドスカート

切り開き図

裏のとり方
裏布は切り開かずに、ダーツをとって脇スリット分を25cmとる

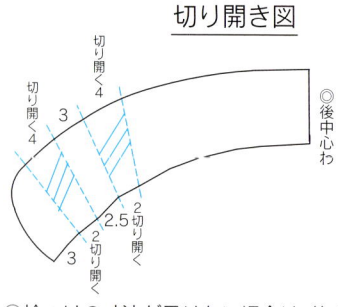

◎衿つけの寸法が足りない場合は、後中心で調整する
　衿つけ線はタックをたたんででき上がり線でとる
　衿はタックを開いて、カーブ線をとり直す

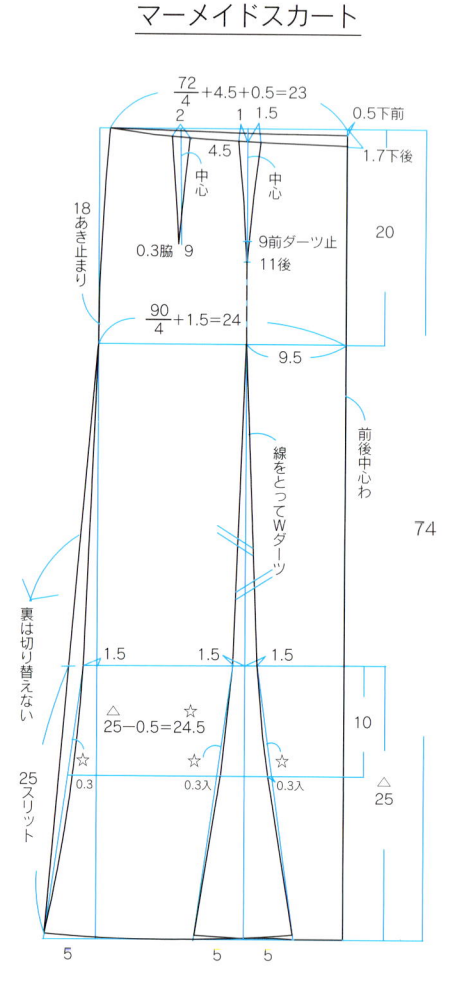

4) ツーピース(ショールカラー、6枚はぎスカート)

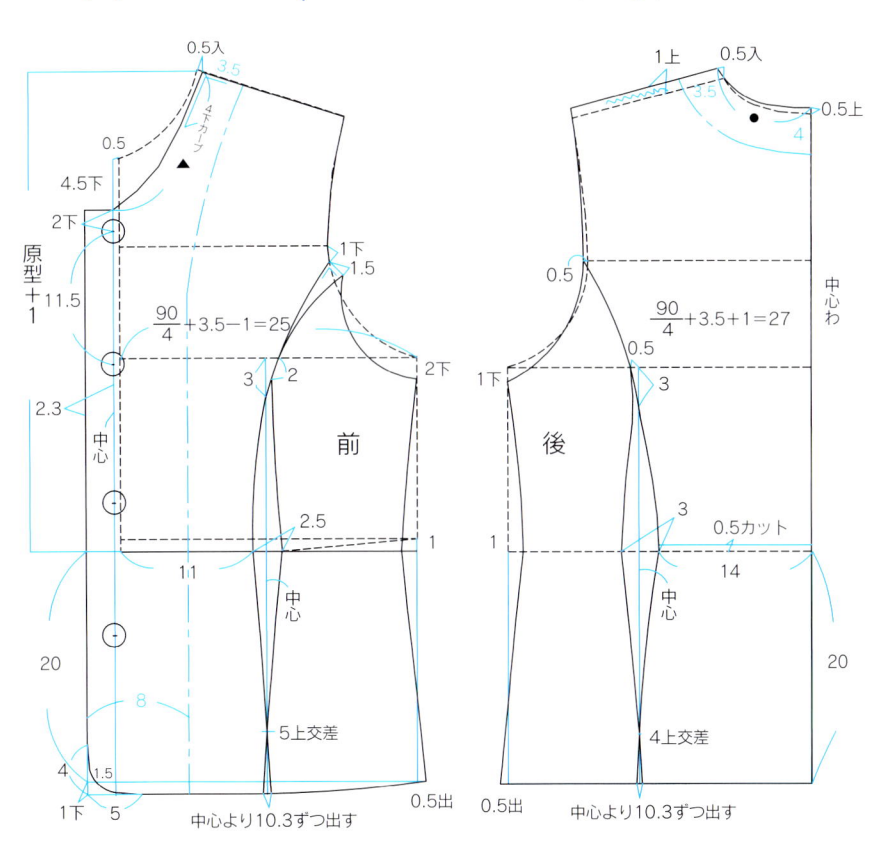

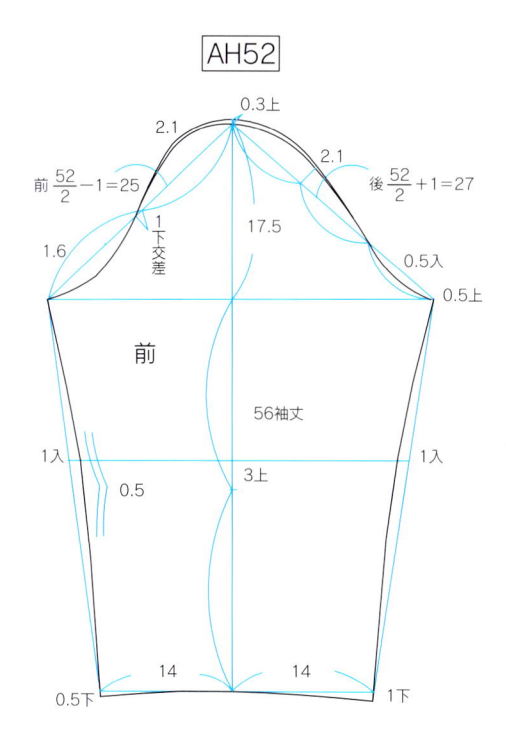

背肩幅　38cm
背丈　37cm
バスト　90cm
ヒップ　100cm

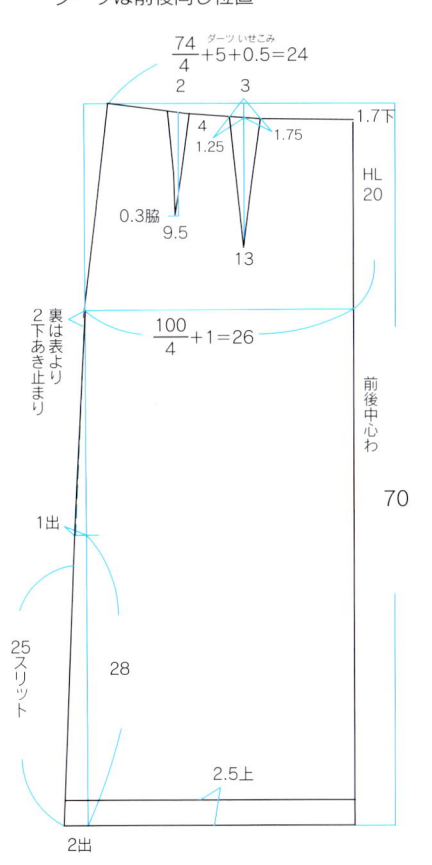

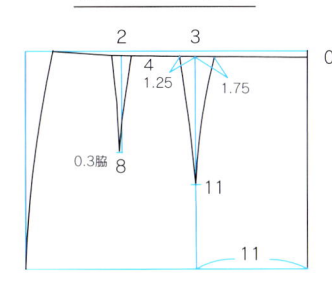

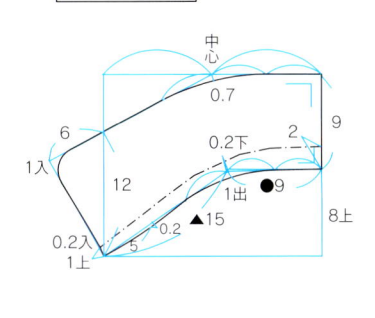

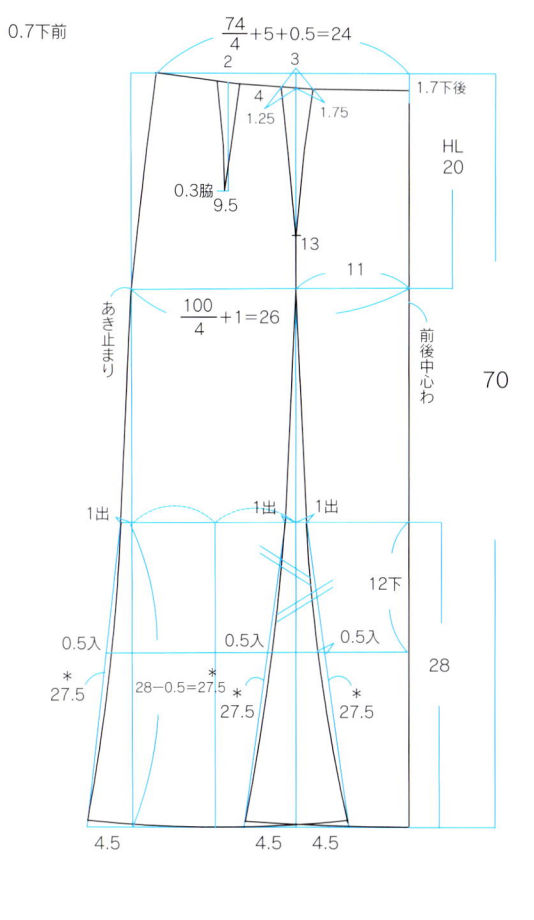

5) アンサンブル(ラッフルカラー、ノースリーブワンピース)

背肩幅　37cm
背丈　　37cm
バスト　84cm
布地110幅　1.8m

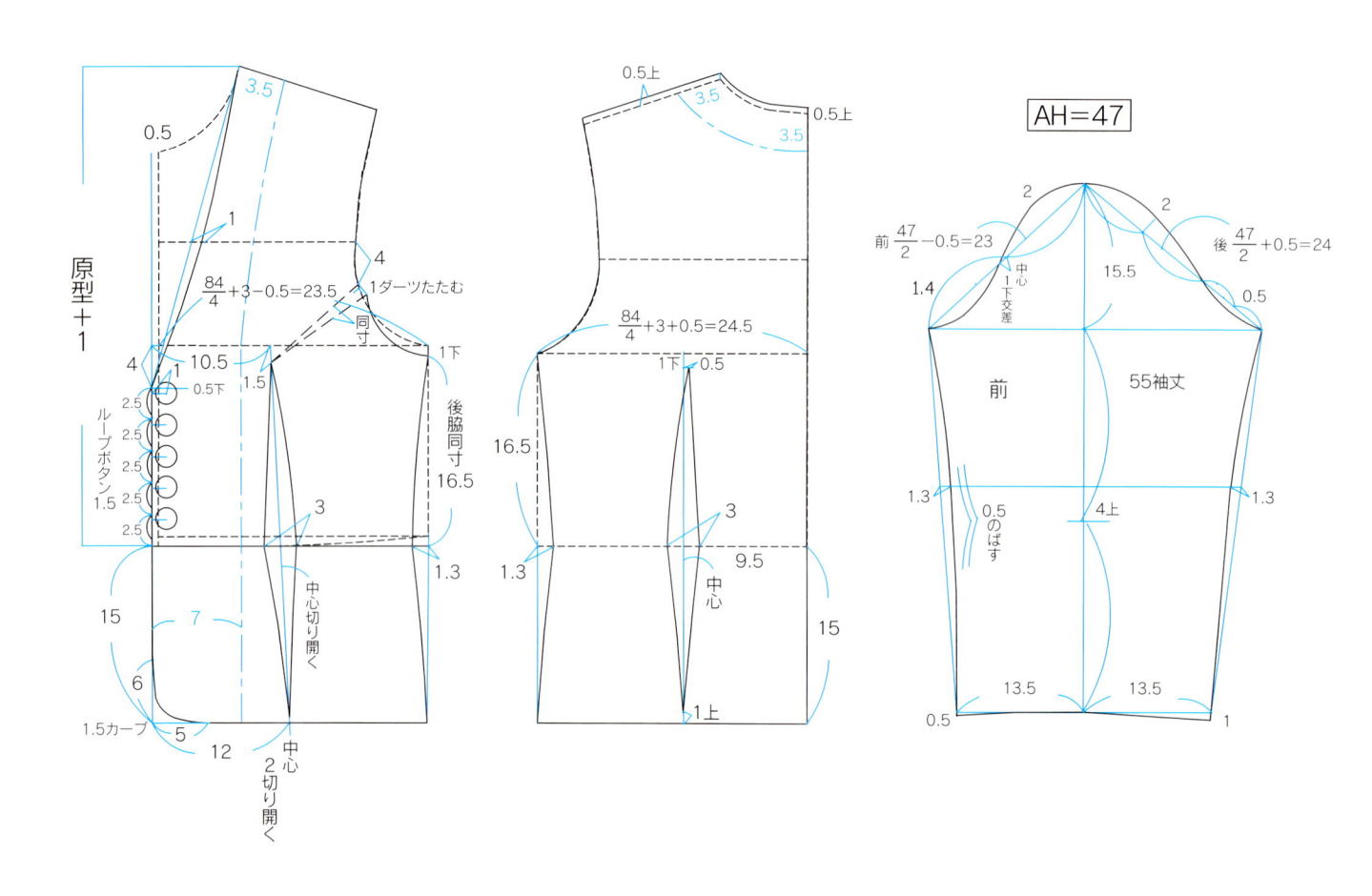

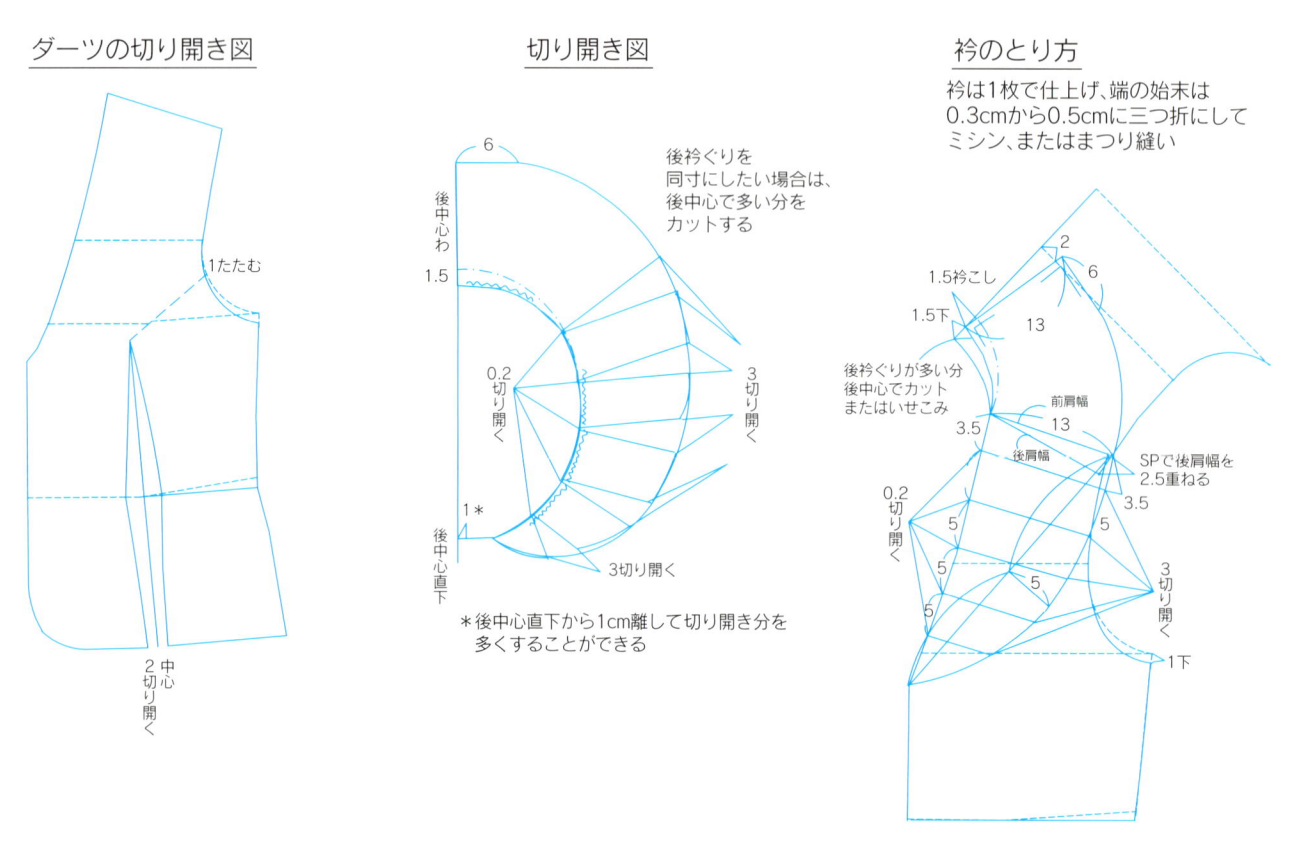

背肩幅	37cm
背丈	37cm
バスト	82cm
ウエスト	66cm
ヒップ	90cm
布地110幅	2.1m

切り開き図

アンサンブルワンピース

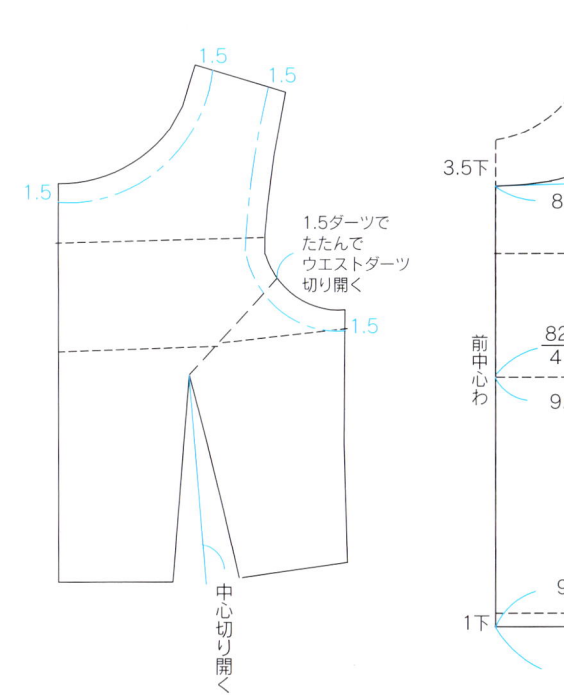

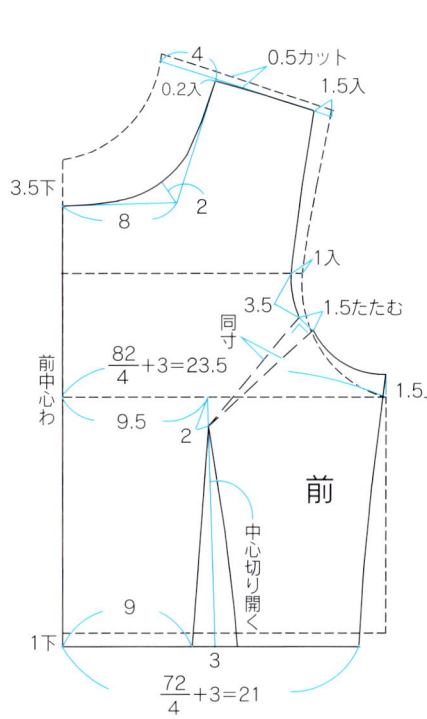

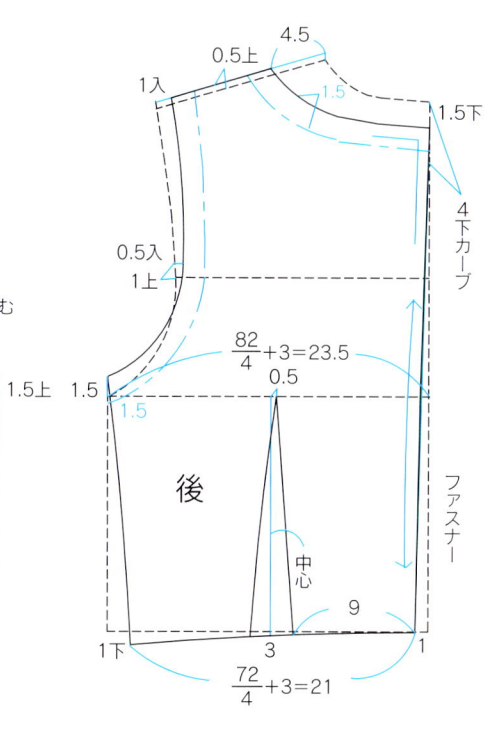

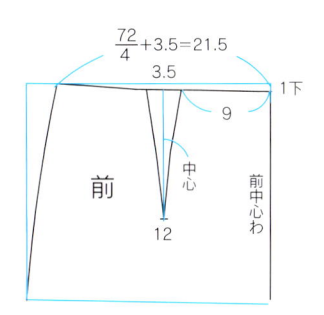

前:
- 0.5カット
- 4, 0.2入, 1.5入
- 3.5下, 8, 2
- 1入, 3.5, 1.5たたむ, 同寸
- 前中心わ, $\frac{82}{4}+3=23.5$
- 9.5, 1.5上
- 2, 前, 中心切り開く
- 1下, 9, 3, $\frac{72}{4}+3=21$

後:
- 4.5, 0.5上, 1入, 1.5
- 1入, 0.5入, 1.5下, 4下カーブ
- 1上, 1.5, $\frac{82}{4}+3=23.5$, 0.5
- 1.5, 後, 中心, ファスナー
- 1下, 9, 3, 1, $\frac{72}{4}+3=21$

1.5ダーツでたたんでウエストダーツ切り開く

中心切り開く

前スカート:
- $\frac{72}{4}+3.5=21.5$
- 3.5, 1下, 9, 中心, 12
- 前中心わ

66+6=72ワンピースW

後スカート:
- $\frac{72}{4}+3.5=22.5$
- 3.5, 1下前, 9, 1.5下後
- 中心, 14
- $\frac{90}{4}+1.5=24$, 4上後あき止まり
- 前中心わ, スカート丈65
- 切り替え線, 0.2カット
- 6 5 4 3 2 1
- 2出 5 5 5 5 5 2.5
- 20, 切り開く

ボックス分の切り開き図

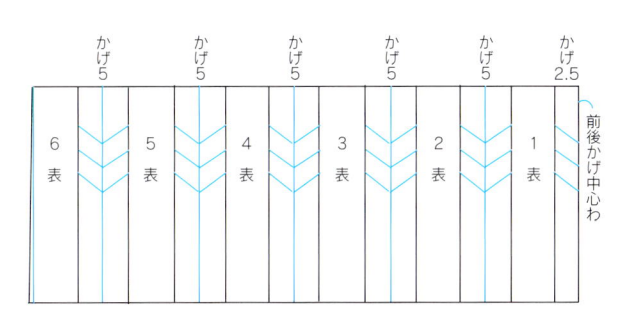

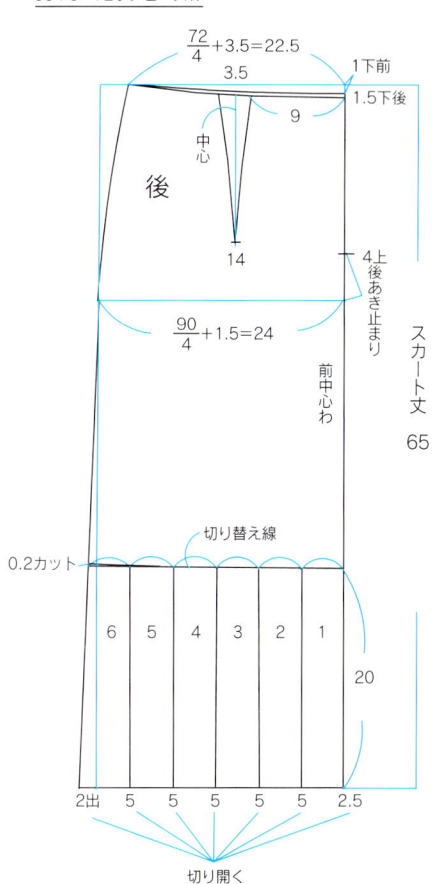

かげ5 かげ5 かげ5 かげ5 かげ5 かげ2.5
6表 5表 4表 3表 2表 1表
前後かげ中心わ

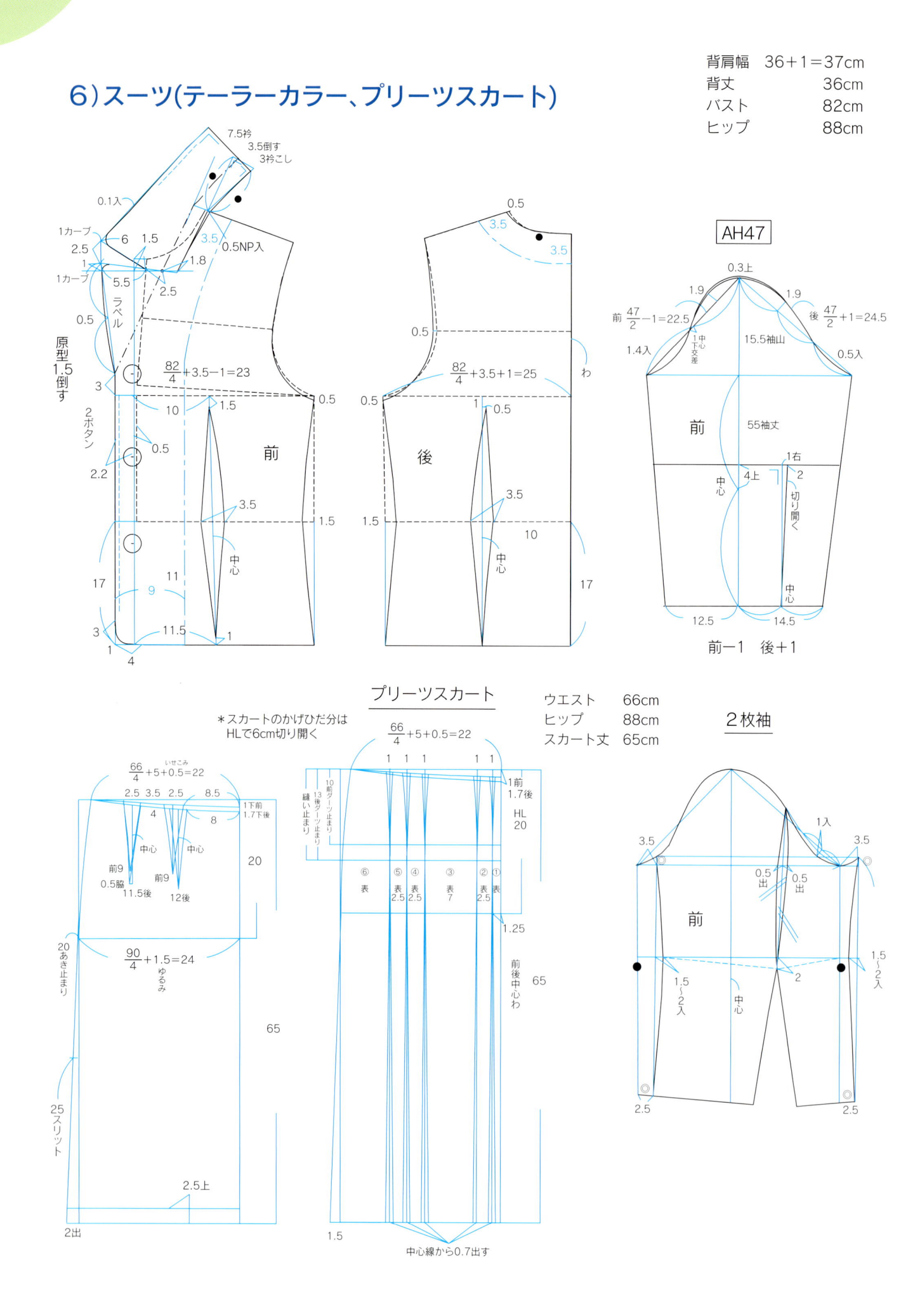

6) スーツ（テーラーカラー、プリーツスカート）

背肩幅　36＋1＝37cm
背丈　36cm
バスト　82cm
ヒップ　88cm

ウエスト　66cm
ヒップ　88cm
スカート丈　65cm

AH47

2枚袖

*スカートのかげひだ分はHLで6cm切り開く

テーラーカラーのとり方

折り山線と交差する点を基準にしたとり方

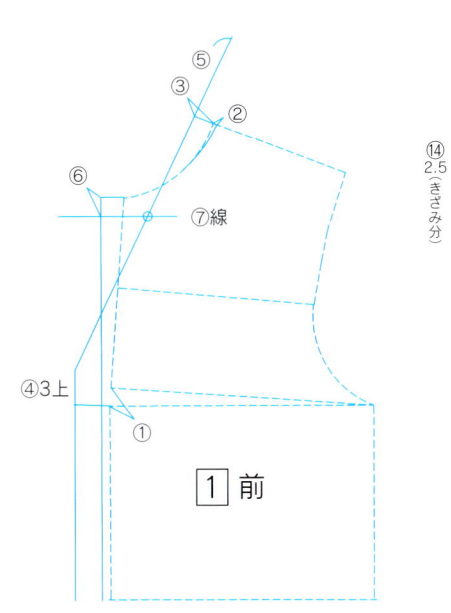

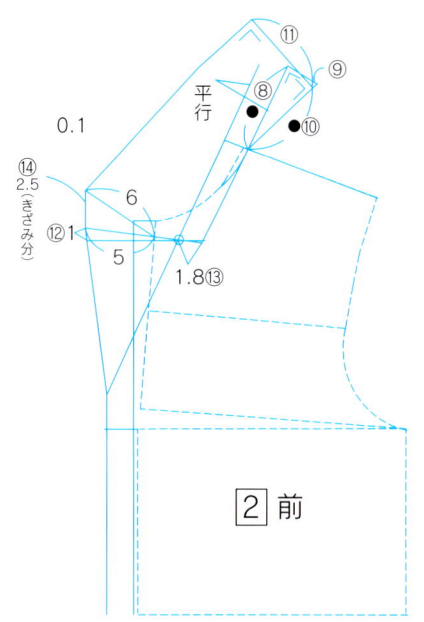

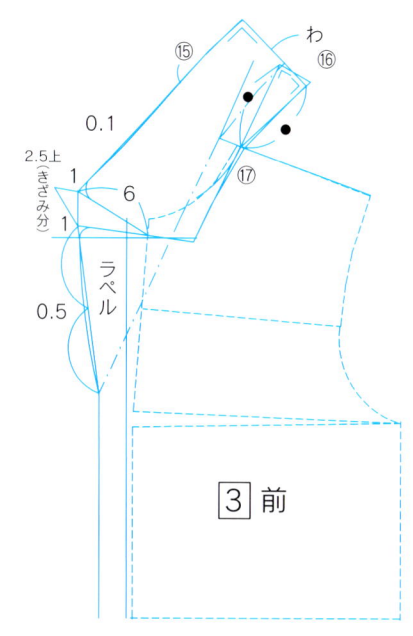

① 原型を倒す
② NPから0.5cm入れる
③ NPより折り山線を2cmとる
④ BLから3cm上に折り山線を決める
⑤ 折り山線の案内線を引く
⑥ 前NPより中心線をデザインに合わせて上げたり下げたりする
⑦ 折り山線と交差する点をとる

⑧ NPから平行に後衿ぐりをとる
⑨ 直角に3.5cm倒す
⑩ NPから倒した線で後衿ぐりをとり直す
⑪ 後衿幅を直角に7.5cmとる
⑫ ラペルの衿先を平行線より1cm上にして、折り山線を交差させて線を引く
⑬ NPから折り山線にそって1.8cmとる
⑭ ラペルの衿先からきざみ寸法

⑮ 衿ぐりの外回りを仕上げる
⑯ 衿ごしを3cmとる
⑰ NPの衿ぐりをカーブで整える

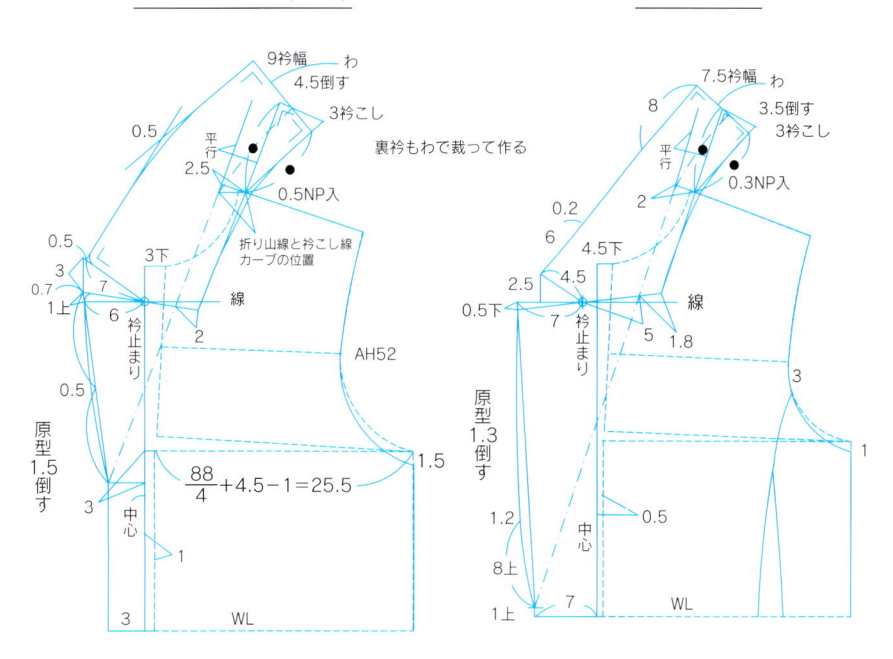

衿止まりで交差する点を基準にしたとり方

半コートの衿(厚地)　　スーツの衿

原型を倒す寸法

折り山線を引いてとる場合

バスト	スーツ	コート
S	1~1.5	1.3~1.5
M	1.3~1.5	1.5
L	1.5	1.5~1.7

(単位:cm)

衿を倒す寸法

標準より多くとれば衿は寝かした形になり、少なくとればその逆になる

後ろ衿幅	標準	スポーティーな衿
6	2.5	2
7	3.5	3
8	4	3.5
9	4.5	4
10	5.5	5
11	6.5	6
12	7.5	7
13	8.5	8
15	10	9

(単位:cm)

7）スーツ(ダブルテーラーカラー、プリーツスカート)

背肩幅	36＋1＝37cm
背丈	37cm
バスト	82cm
ヒップ	90cm
布地150幅	2.5m

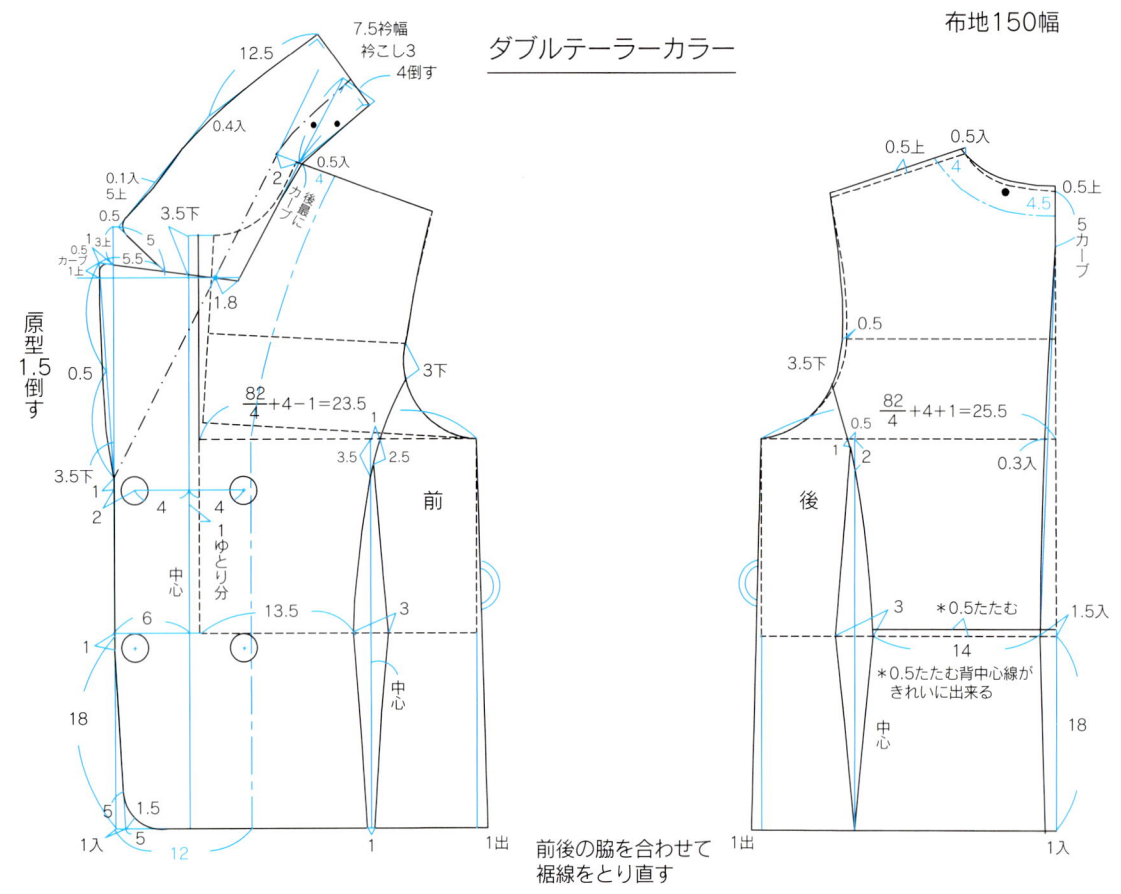

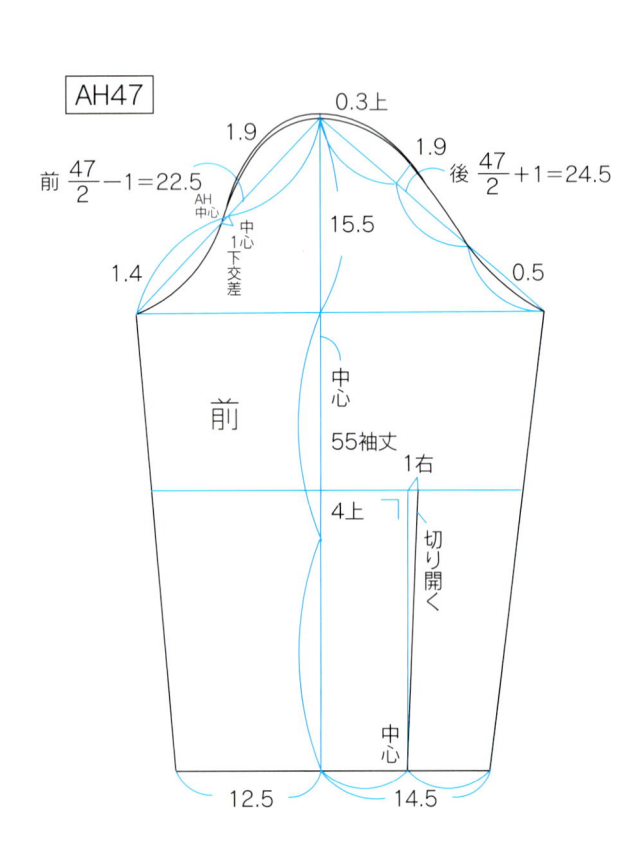

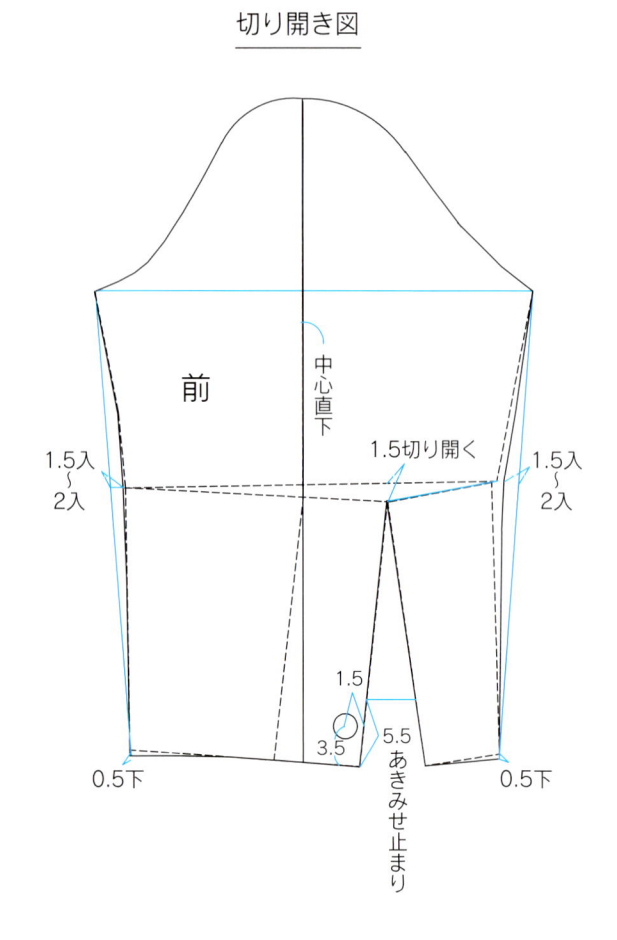

ダブルテーラーカラー

$\frac{82}{4}+4-1=23.5$

$\frac{82}{4}+4+1=25.5$

前後の脇を合わせて裾線をとり直す

*0.5たたむ背中心線がきれいに出来る

AH47

前 $\frac{47}{2}-1=22.5$

後 $\frac{47}{2}+1=24.5$

55袖丈

切り開き図

あきみせ止まり

プリーツスカート

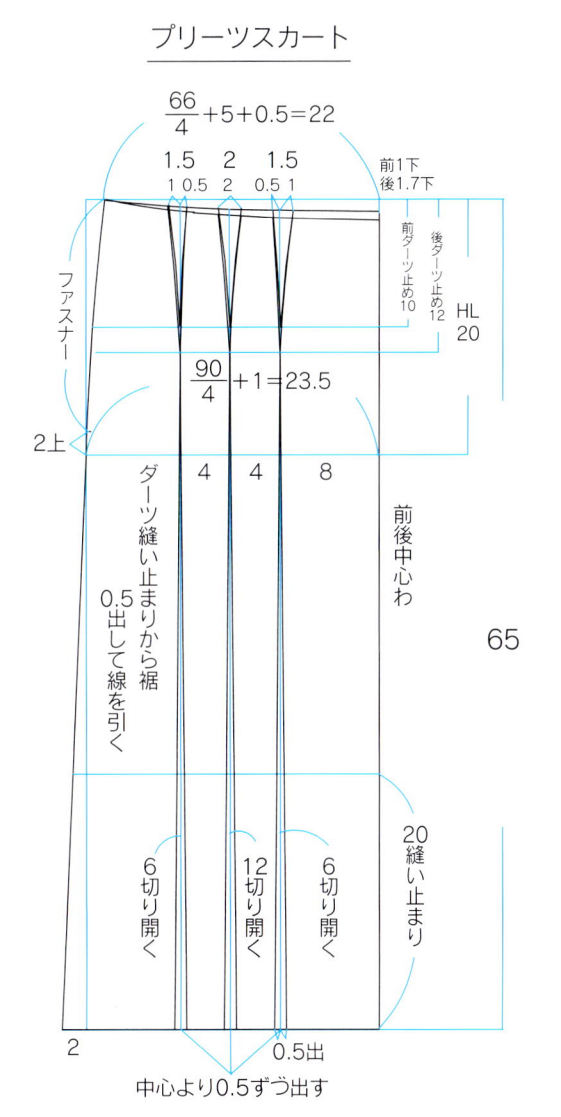

ウエスト	66cm
ヒップ	90cm
スカート丈	65cm

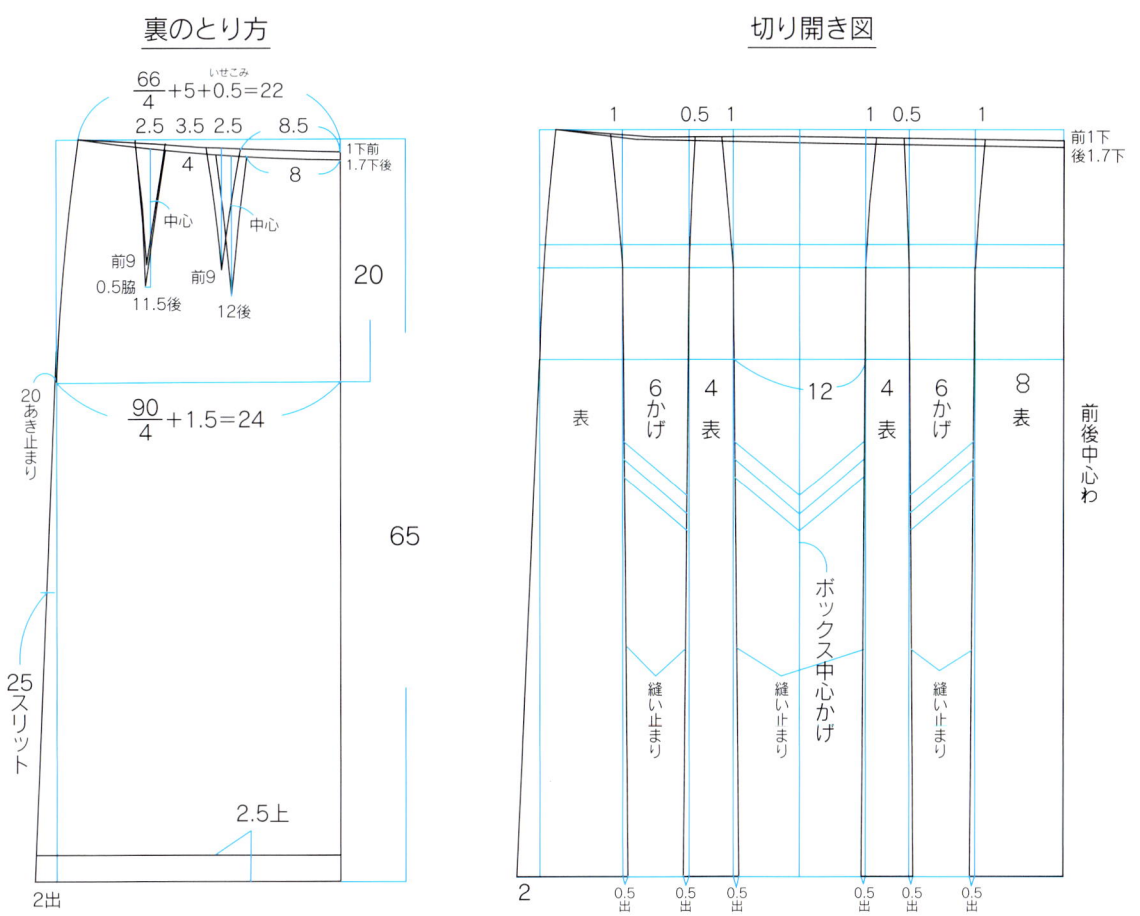

$\frac{66}{4}+5+0.5=22$

1.5　2　1.5
1　0.5　2　2　0.5　1

前1下
後1.7下

ファスナー

前ダーツ止め10
後ダーツ止め12

HL 20

2上

$\frac{90}{4}+1=23.5$

4　4　8

ダーツ縫い止まりから裾
0.5出して線を引く

前後中心わ

65

6切り開く　12切り開く　6切り開く

20縫い止まり

2　　0.5出

中心より0.5ずつ出す

裏のとり方

$\frac{66}{4}+5+0.5=22$

いせこみ
2.5　3.5　2.5　8.5
4　8
中心　中心
前9　前9
0.5脇　　　
11.5後　12後

1下前
1.7下後

20

20あき止まり

$\frac{90}{4}+1.5=24$

65

25スリット

2.5上

2出

切り開き図

1　0.5　1　　1　0.5　1

前1下
後1.7下

表　6かげ　4　表　12　4　表　6かげ　8　表

ボックス中心かげ

縫い止まり　縫い止まり　縫い止まり

前後中心わ

2　0.5出　0.5出　0.5出　0.5出　0.5出

8）ジャケット（ハイネックライン、割り袖）

背肩幅　＋1＝37cm
背丈　　36cm
バスト　80cm

前肩幅が背肩幅38cm以上、
そり身、バストの高い人はカットしない。

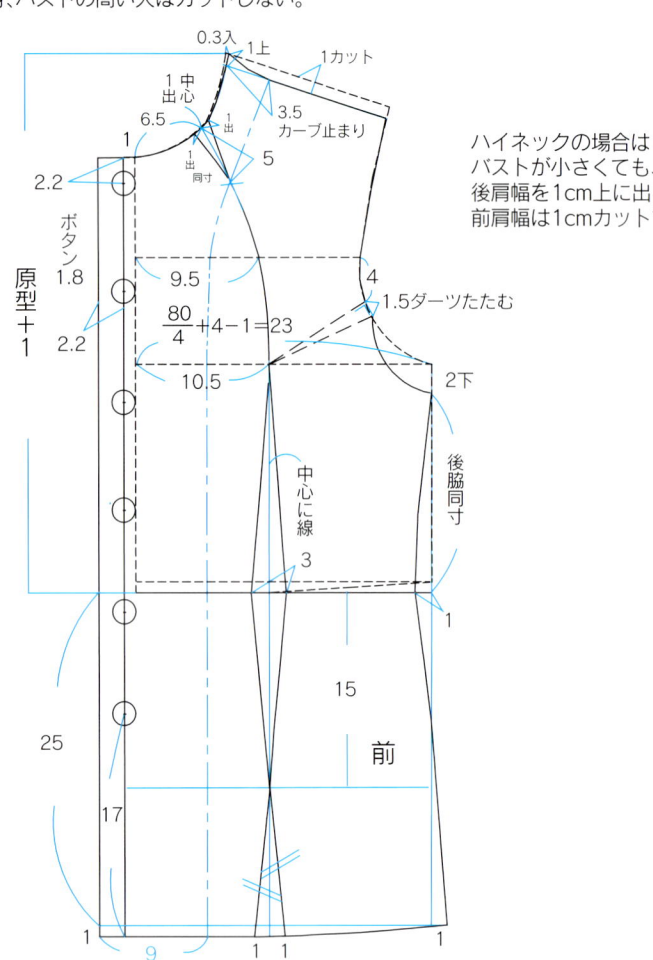

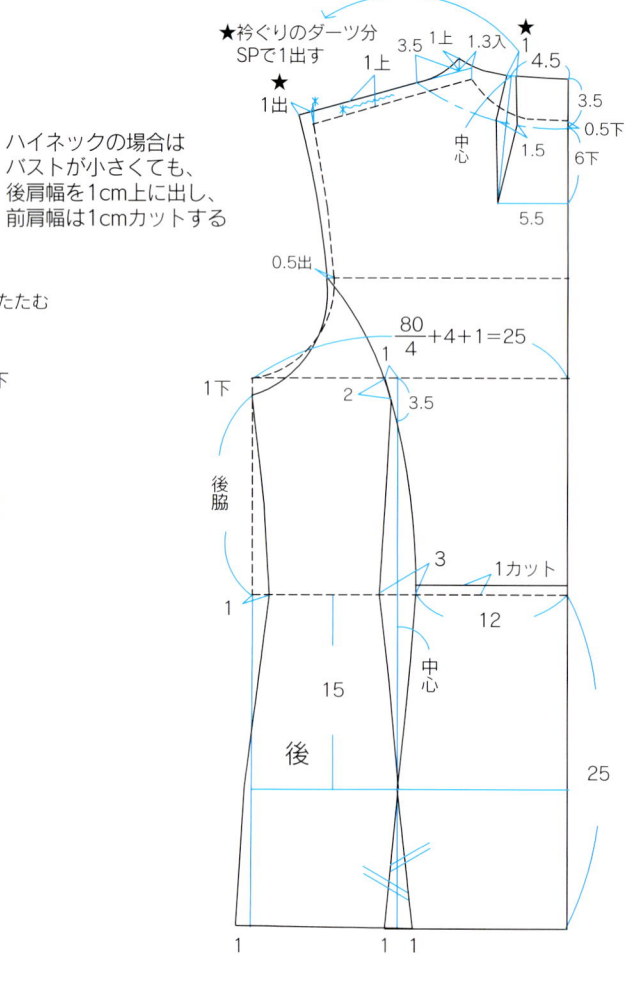

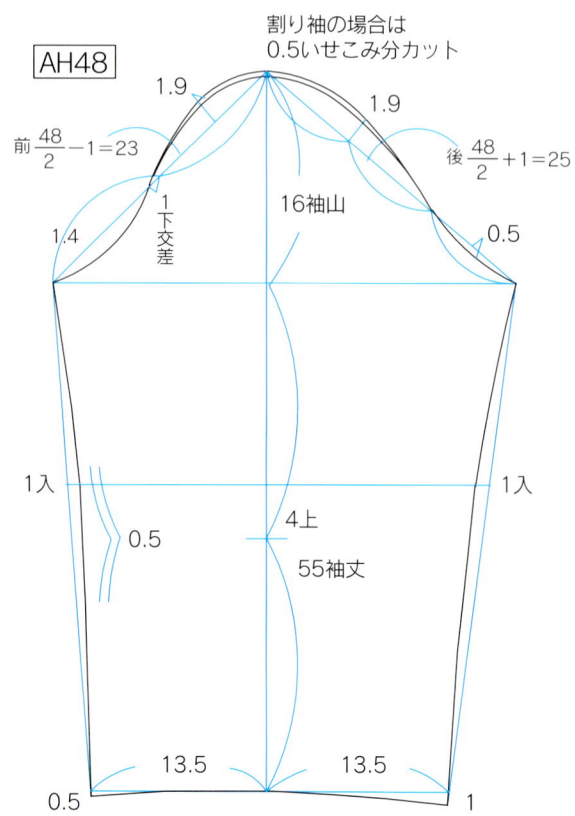

ハイネックの場合は
バストが小さくても、
後肩幅を1cm上に出し、
前肩幅は1cmカットする

★衿ぐりのダーツ分
SPで1出す

割り袖の作り方

①割り袖の場合、背肩幅を1cm広くとって、
　袖山のいせこみ分を0.5cmカットする
②下図のように袖山を割る

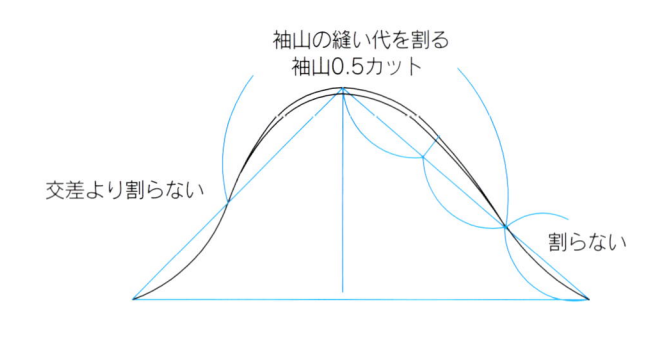

袖山の縫い代を割る
袖山0.5カット

交差より割らない　　割らない

AH48

割り袖の場合は
0.5いせこみ分カット

前 $\frac{48}{2}-1=23$　　後 $\frac{48}{2}+1=25$

16袖山

55袖丈

$\frac{80}{4}+4-1=23$

$\frac{80}{4}+4+1=25$

ウエスト ＋2＝68cm
ヒップ 90cm
股上 27cm
パンツ丈 100cm
布地150幅 1.2m

ハイネックと見返しのとり方

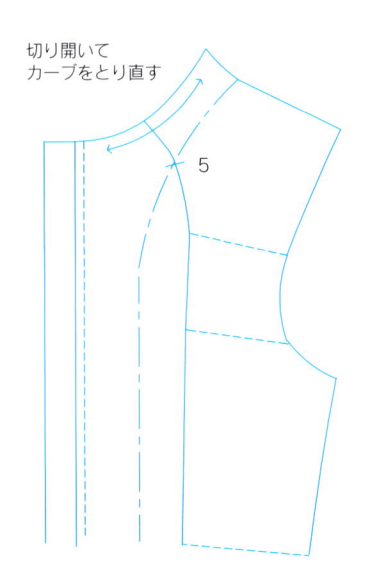

切り開いて
カーブをとり直す

5

見返しは続けてとる

切り開き図

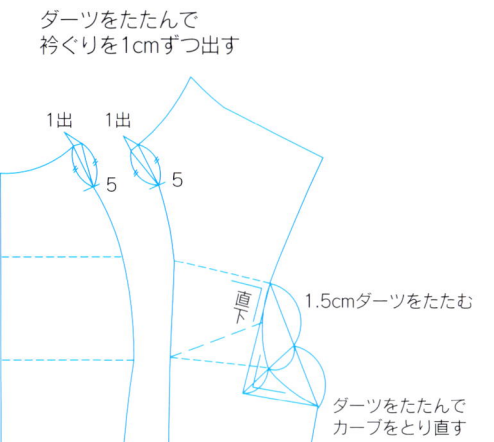

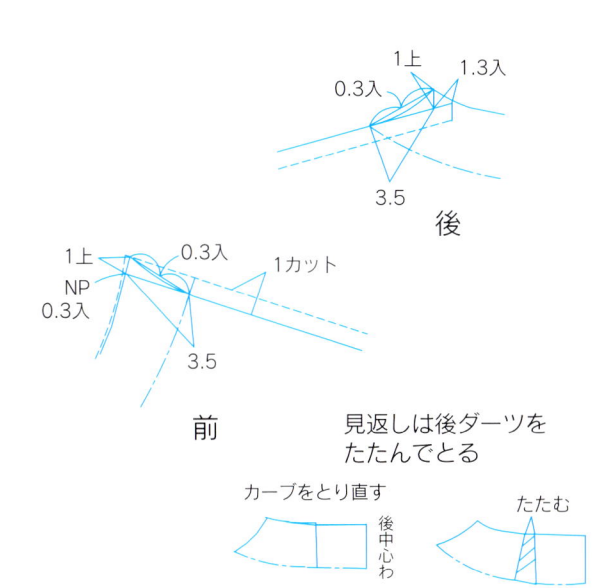

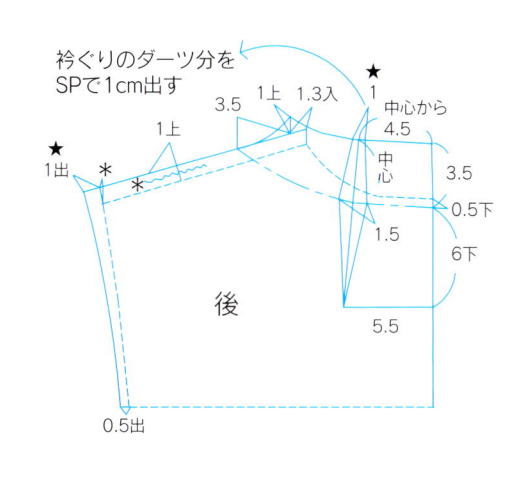

ダーツをたたんで
衿ぐりを1cmずつ出す

1出　1出

5　5

直下　1.5cmダーツをたたむ

ダーツをたたんで
カーブをとり直す

1上　1.3入
0.3入
3.5
後

1上　0.3入　1カット
NP
0.3入
3.5
前

見返しは後ダーツを
たたんでとる

カーブをとり直す　たたむ
後中心わ　後中心わ

衿ぐりのダーツ分を
SPで1cm出す

★ 1　中心から
3.5　1上　1.3入　4.5
1上　中心
★　3.5
1出　＊　＊　0.5下
1.5
6下

後

5.5

0.5出

118

9) スーツ(ブレード付きオブロングカラー、総プリーツスカート)

背肩幅　37+1=38cm
背丈　　37cm
バスト　82cm
ヒップ　90cm

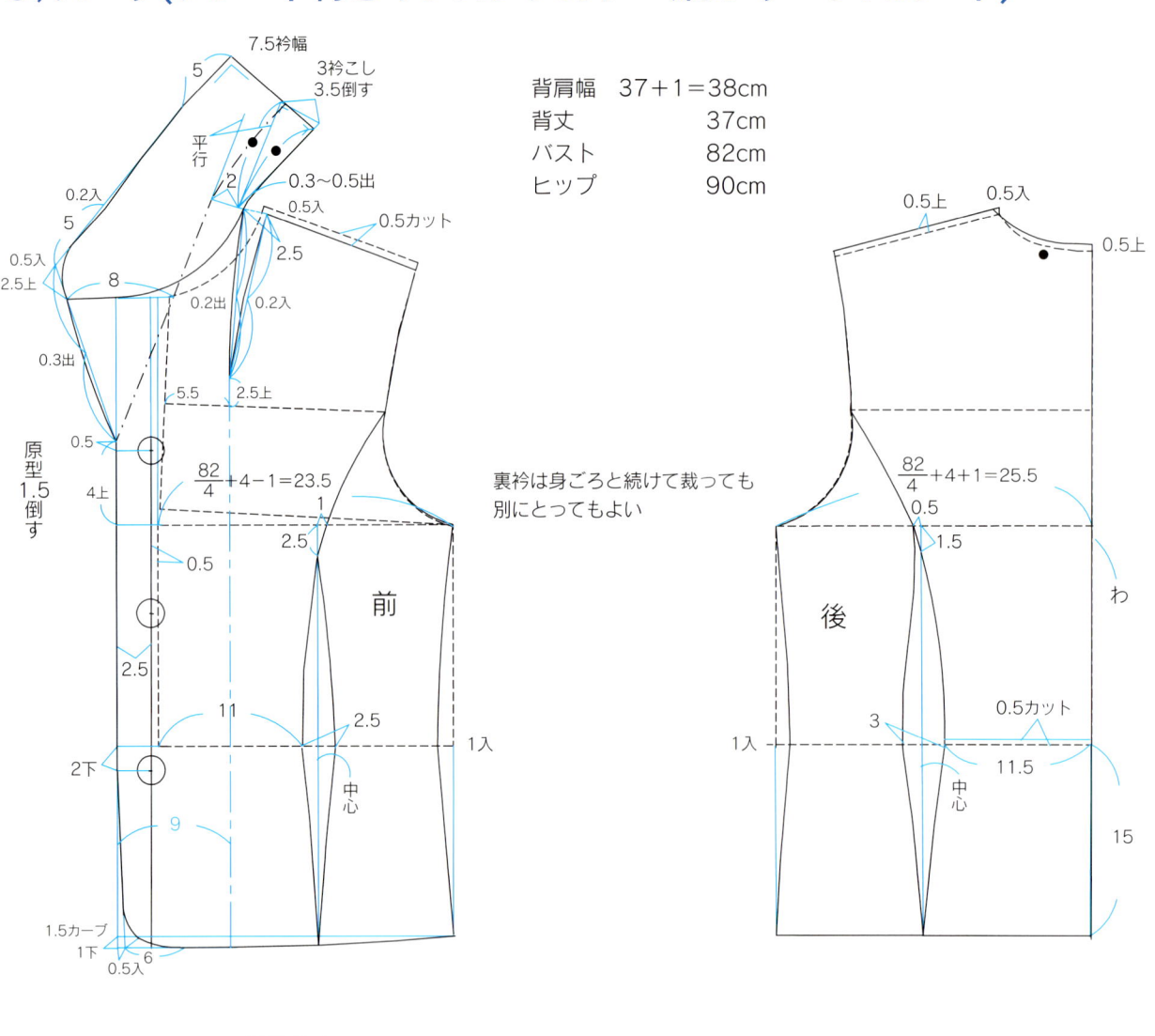

前: $\frac{82}{4}+4-1=23.5$

後: $\frac{82}{4}+4+1=25.5$

裏衿は身ごろと続けて裁っても別にとってもよい

AH47

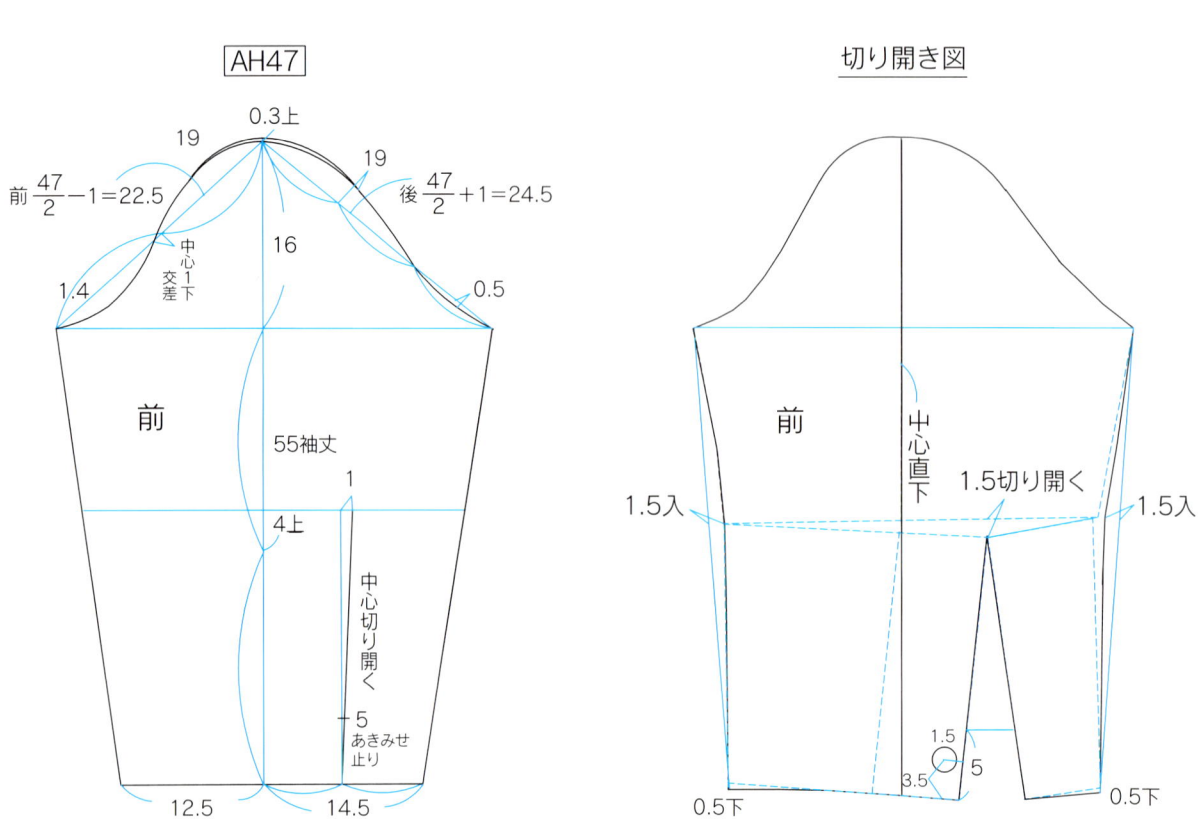

前: $\frac{47}{2}-1=22.5$　　後: $\frac{47}{2}+1=24.5$

55袖丈

切り開き図

オブロングカラーのとり方

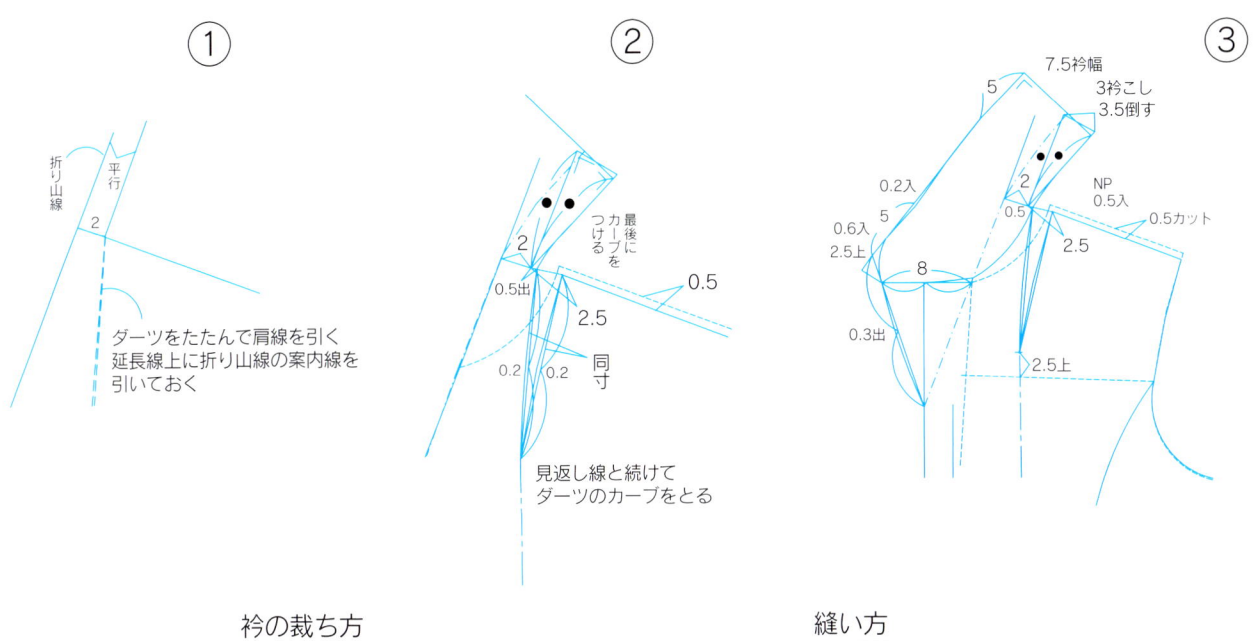

① ダーツをたたんで肩線を引く
延長線上に折り山線の案内線を引いておく

② 見返し線と続けてダーツのカーブをとる

③ 7.5衿幅 / 3衿こし / 3.5倒す / 0.2入 / 0.6入 / 2.5上 / NP 0.5入 / 0.5カット / 8 / 0.3出 / 2.5上

衿の裁ち方
裏衿は身ごろと続けて裁っても、別でもよい
表衿は後中心をわにして裁つ

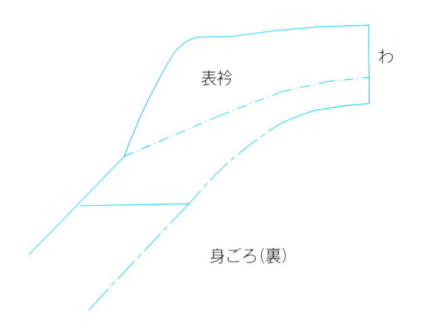

縫い方
ダーツに切り込みを入れて前後の肩を縫う

ブレードのつけ方
1.3cm幅のブレードを
0.5cm離してゆるめに付けて両端をまつる
裾回り全体につける

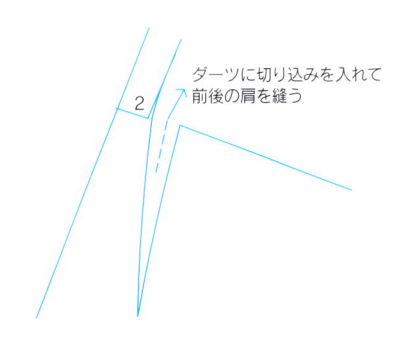

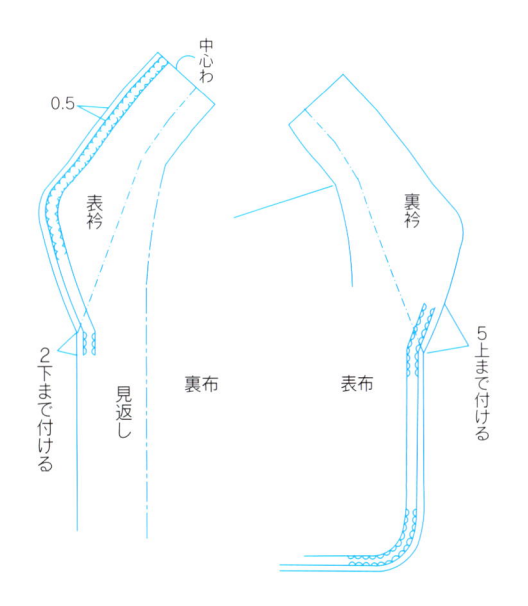

10) ジャケット(へちまカラー)・プリーツスカート

背肩幅	37+1=38cm
背丈	37cm
バスト	84cm
ヒップ	90cm

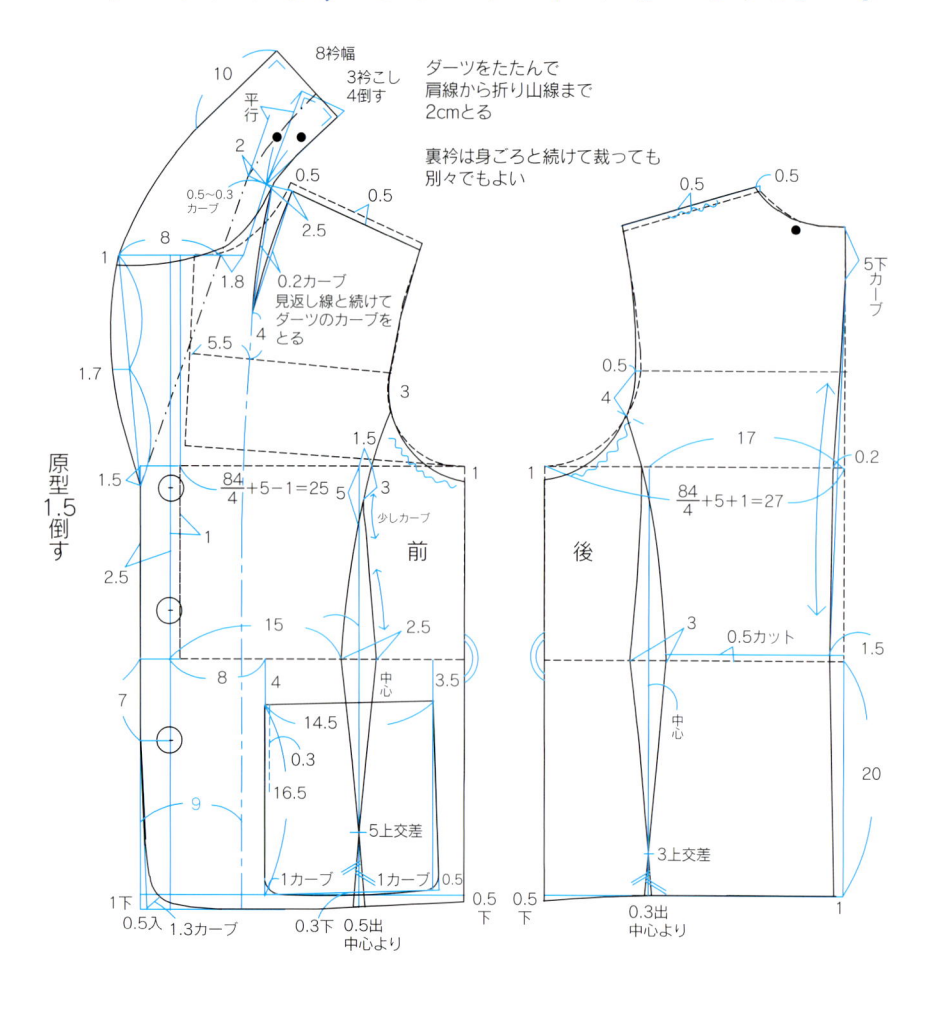

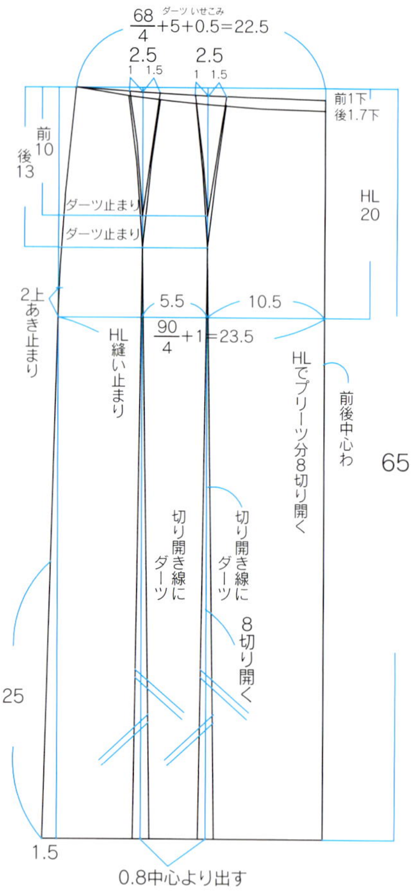

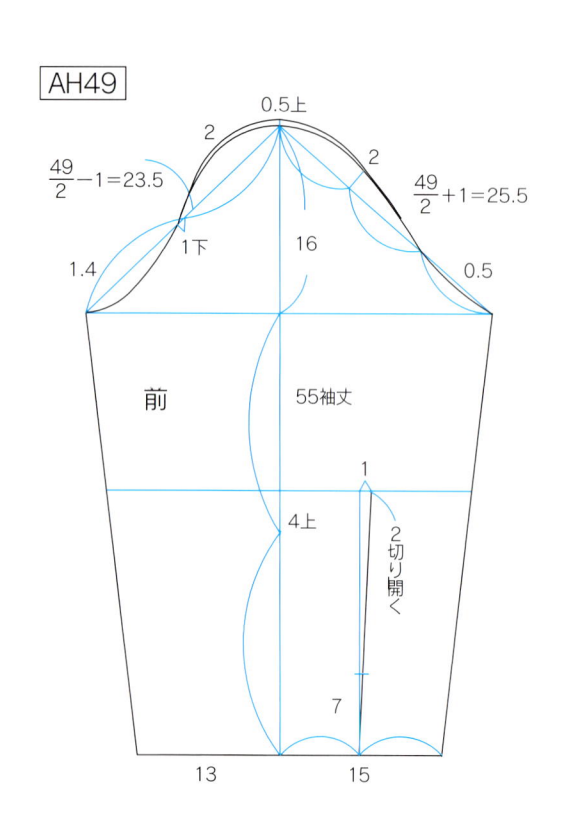

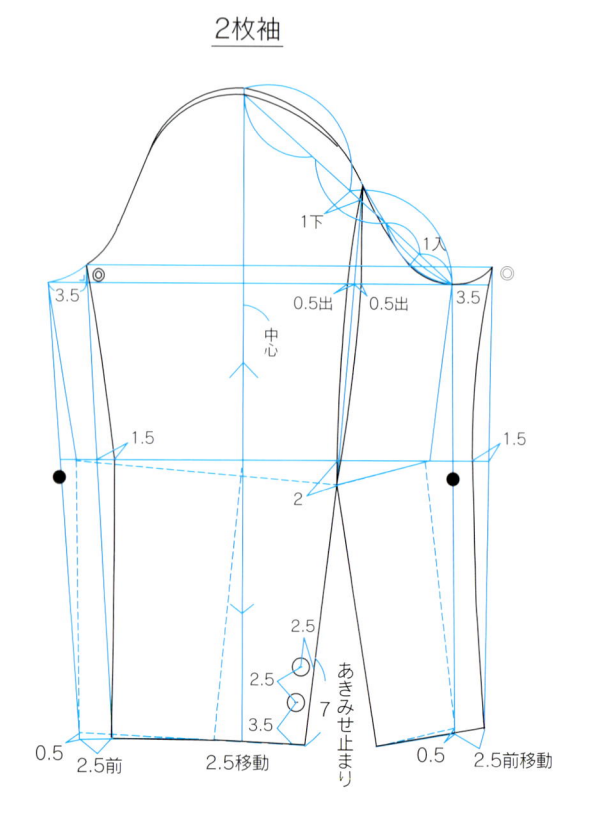

11) ジャケット(前ファスナー)

背肩幅　38cm
背丈　37cm
バスト　82cm
ヒップ　90cm

ファスナーのつけ方

ファスナーは身ごろと見返しの中に入れて縫う。ファスナーは身ごろのでき上がり線に、また見返しもでき上がり線に合わせてしつけをかけておく。その後、1cm裾からミシンで続けて縫う。

衿のつけ方

ファスナーをつけて身ごろを仕上げた後、衿をつける。衿は身ごろの衿つけ線を肩幅線まで衿の中に入れて縫う。後の衿は表裏別々に付ける。裏衿はミシンで縫う。表衿はミシン又はまつる。

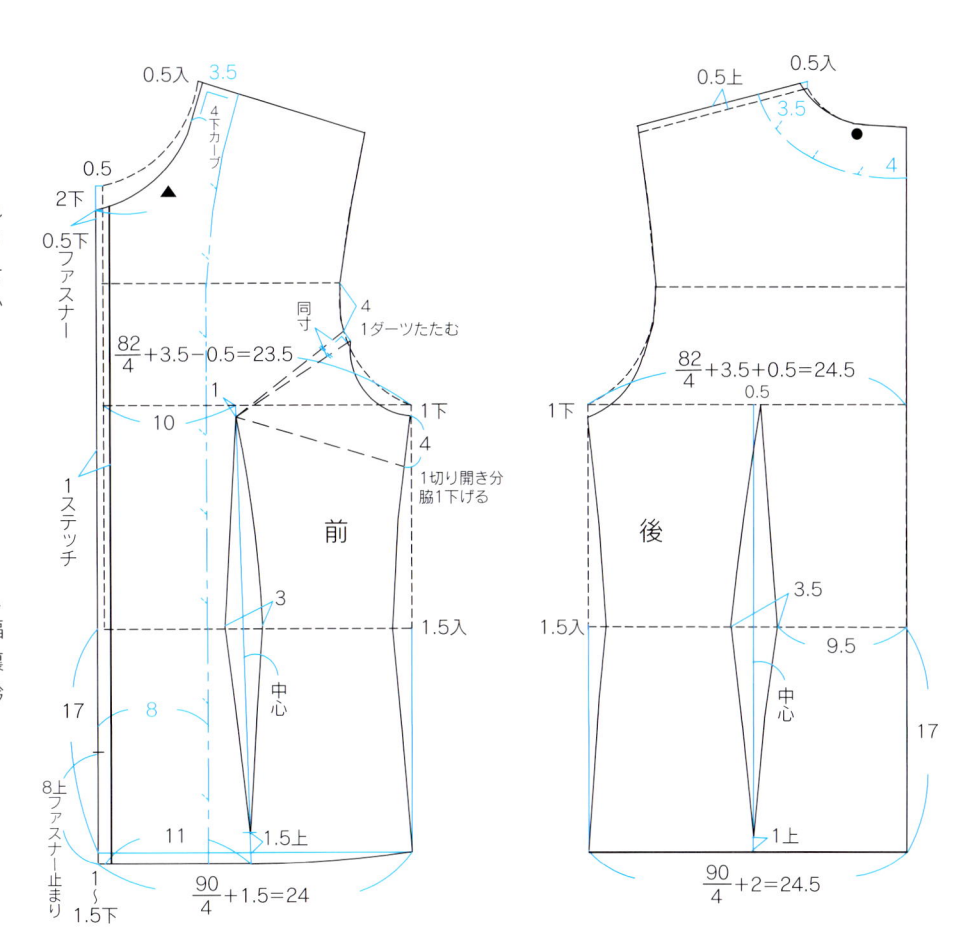

前: $\frac{82}{4}+3.5-0.5=23.5$

後: $\frac{82}{4}+3.5+0.5=24.5$

前裾: $\frac{90}{4}+1.5=24$

後裾: $\frac{90}{4}+2=24.5$

衿ぐり寸法44

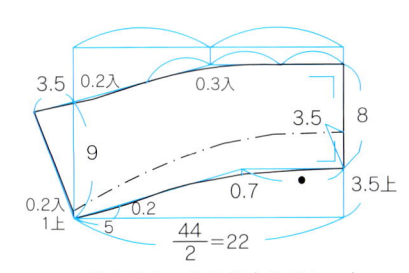

$\frac{44}{2}=22$

衿ぐり多い分は後中心でカット

袖口線のとり方

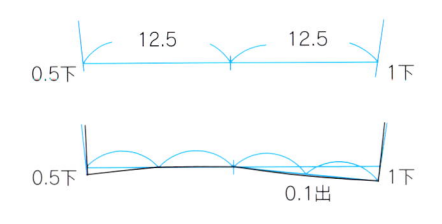

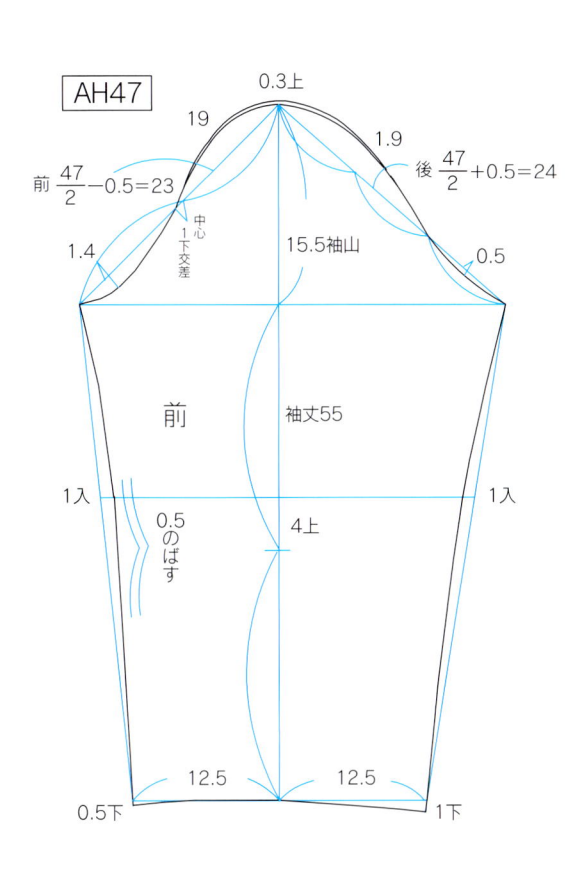

AH47

前: $\frac{47}{2}-0.5=23$

後: $\frac{47}{2}+0.5=24$

15.5袖山
袖丈55

12) パンツスーツ（スタンダウトカラー）

背肩幅　39cm
背丈　38cm
バスト　82cm
ヒップ　88cm

スタンダウトカラー

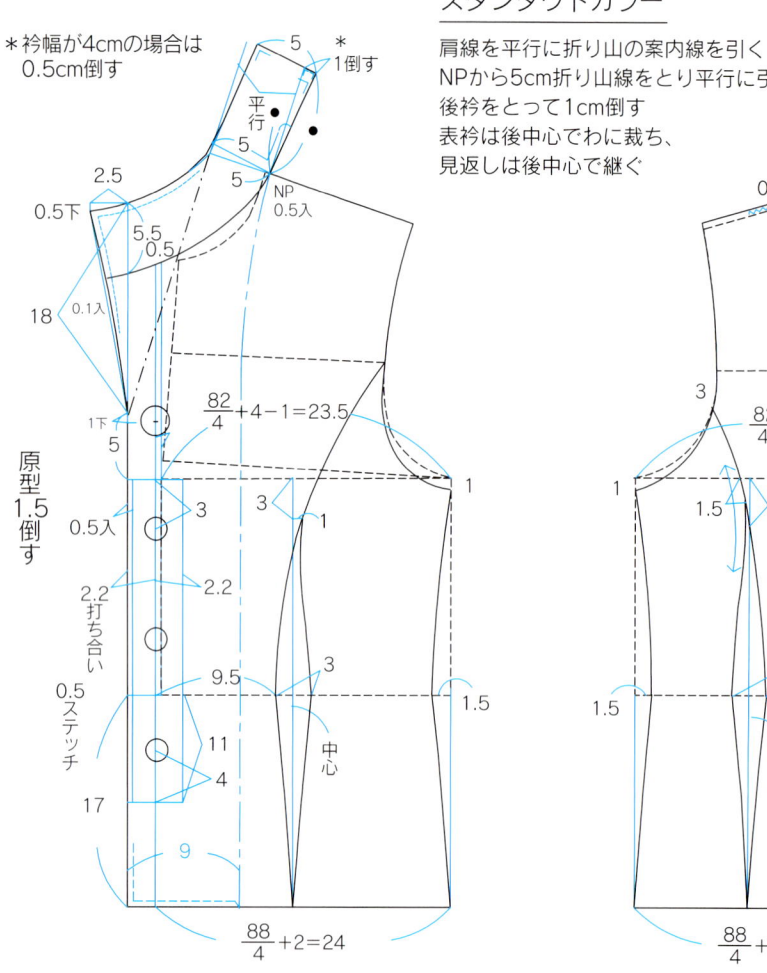

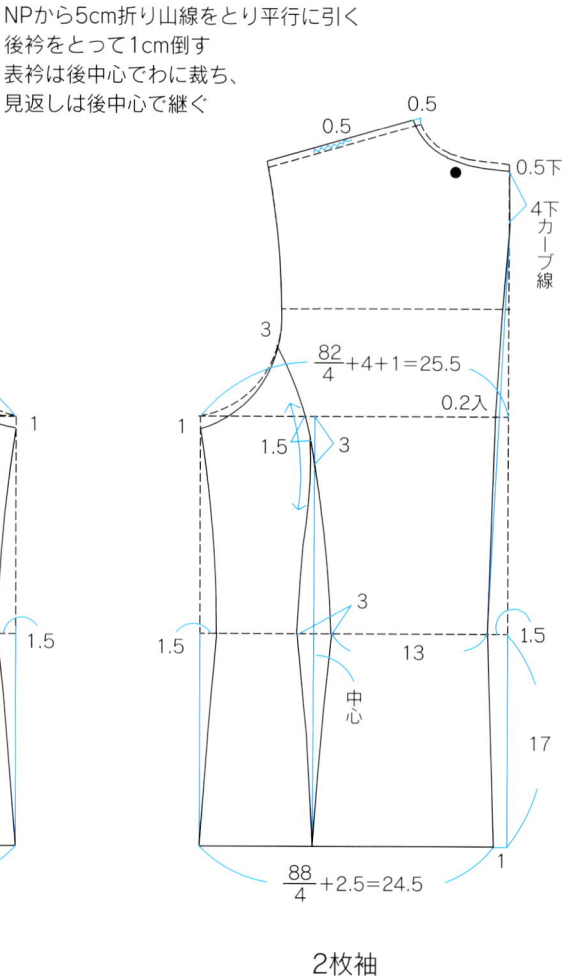

肩線を平行に折り山の案内線を引く
NPから5cm折り山線をとり平行に引く
後衿をとって1cm倒す
表衿は後中心でわに裁ち、
見返しは後中心で継ぐ

*衿幅が4cmの場合は0.5cm倒す

$\frac{82}{4}+4-1=23.5$

$\frac{82}{4}+4+1=25.5$

$\frac{88}{4}+2=24$

$\frac{88}{4}+2.5=24.5$

AH48

$\frac{48}{2}-1=23$

$\frac{48}{2}+1=25$

袖丈57

2枚袖

前

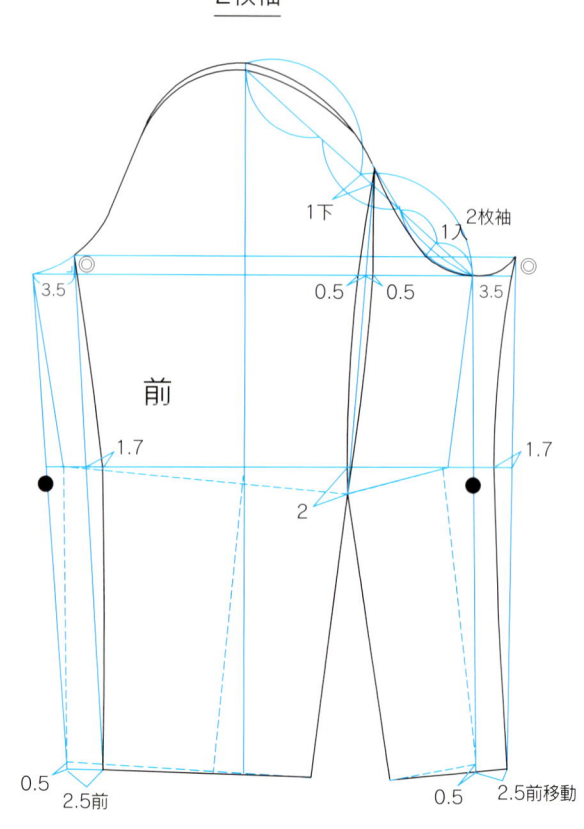

比翼仕立ての作り方
見返しに比翼をつける

[1]
2.2
中心
2.2
打ち合い

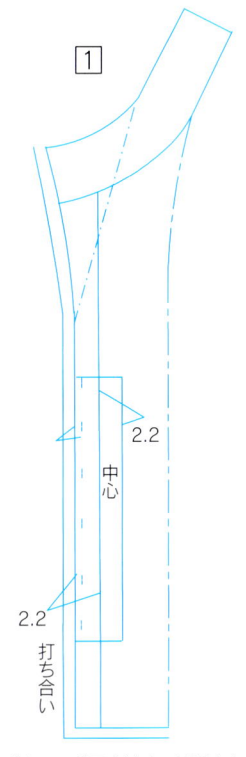

ボタンの位置を決めて型紙をとる
厚い布は裏布を使って接着芯を貼る
表布は芯を貼らない

[2]
1
切り込み
ボタンホールを作る
あて布
0.7 縫い代
0.2 ステッチ

0.5 入って見返しにつける
比翼の裏 裏布に芯をはる
0.7 縫い代

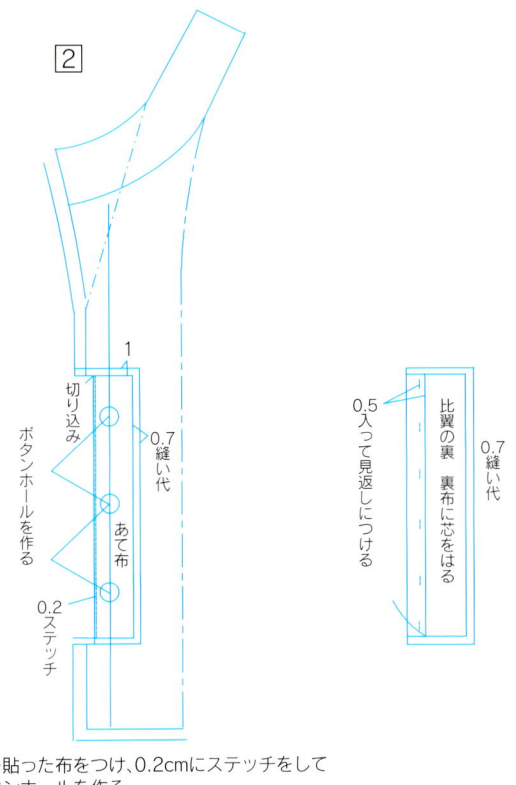

芯を貼った布をつけ、0.2cmにステッチをして
ボタンホールを作る

[3] 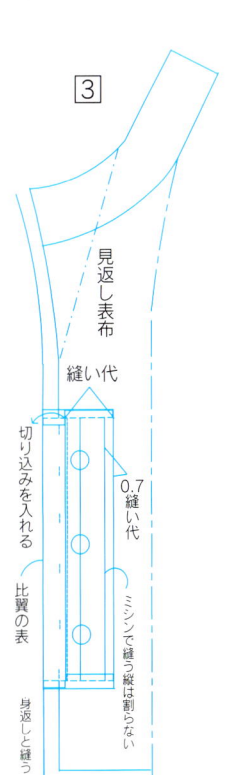
見返し表布
縫い代
切り込みを入れる
0.7 縫い代
比翼の表
ミシンで縫う縦は割らない
身返しと縫う

見返しと比翼表布を
合わせて縫う

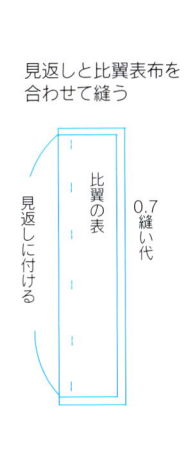

比翼の表
0.7 縫い代
見返しに付ける

[4]
見返し表布
中心
0.5
0.1 出しボタンホール
0.2 ステッチ
見返し表布だけにミシンで縫う
ボタンの穴の中間を糸ループでとめる

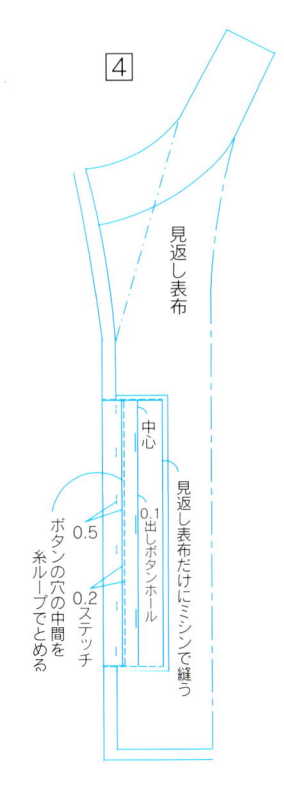

ワイドパンツ

ウエスト ＋2＝68cm
ヒップ 90cm
股上 27cm
パンツ丈 100cm
布地150幅 1.2m

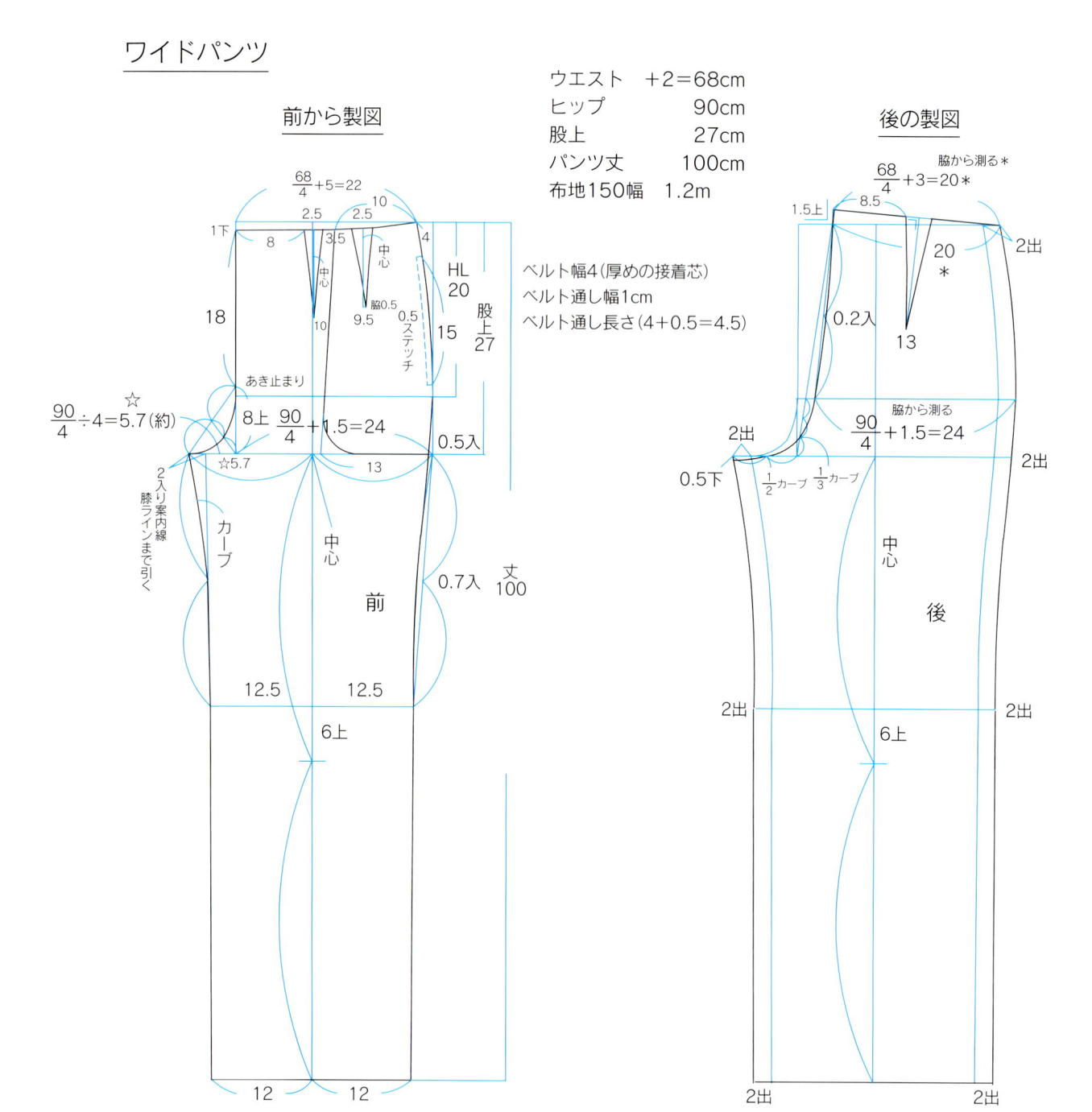

ベルト幅4（厚めの接着芯）
ベルト通し幅1cm
ベルト通し長さ（4＋0.5＝4.5）

前から製図

$\frac{68}{4}+5=22$

2.5 / 10 / 2.5 / 10
1下 / 8 / 3.5 / 4
中心 / 中心 / 脇0.5 / HL 20
18 / 10 / 9.5 / 0.5ステッチ / 15 / 股上 27
あき止まり
$\frac{90}{4} \div 4 = 5.7$(約)
8上 / $\frac{90}{4}+1.5=24$ / 0.5入
☆5.7 / 13
2入り案内線 膝ラインまで引く
カーブ / 中心 / 前 / 0.7入 / 丈100
12.5 / 12.5
6上
12 / 12

後の製図

$\frac{68}{4}+3=20*$ 脇から測る*
1.5上 / 8.5 / 2出
20*
0.2入 / 13
2出 / 脇から測る / $\frac{90}{4}+1.5=24$ / 2出
0.5下 / $\frac{1}{2}$カーブ / $\frac{1}{3}$カーブ
中心 / 後
2出 / 6上 / 2出
2出 / 2出

ベルト通しの位置

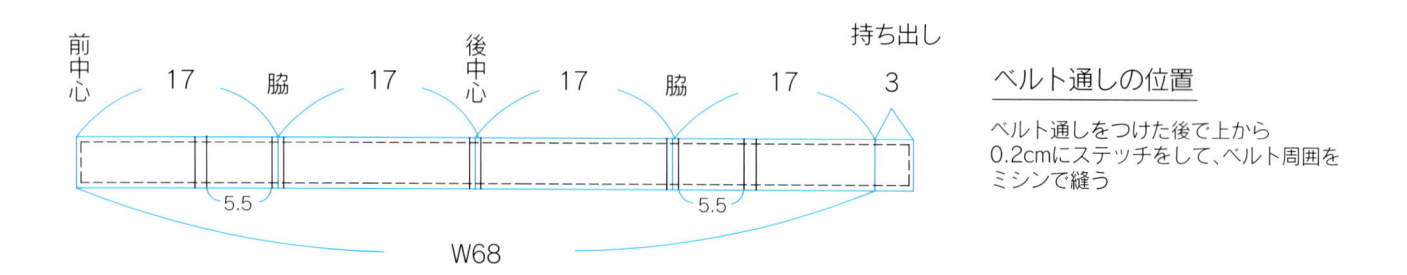

前中心 / 17 / 脇 / 17 / 後中心 / 17 / 脇 / 17 / 3 / 持ち出し
5.5 / 5.5
W68

ベルト通しをつけた後で上から0.2cmにステッチをして、ベルト周囲をミシンで縫う

脇ポケットの作り方

パンツの脇を縫う時はポケット口は
ミシンであらく縫う
両端を返し縫いして置く
最後にあらく縫ったところをとる

ポケット口縫い代
1cmの接着芯をはる

縫い代を割って縫い代側裏袋布を
1cmはなしてミシンで縫う
ポケット口縫い代と表側にステッチ

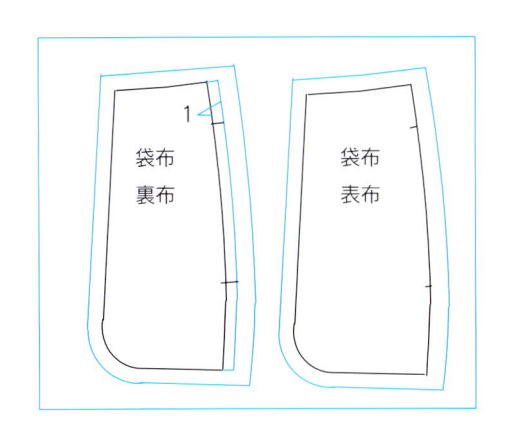

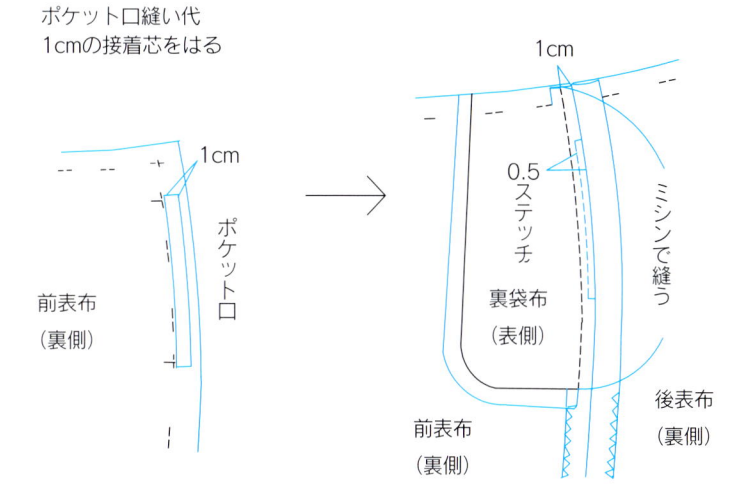

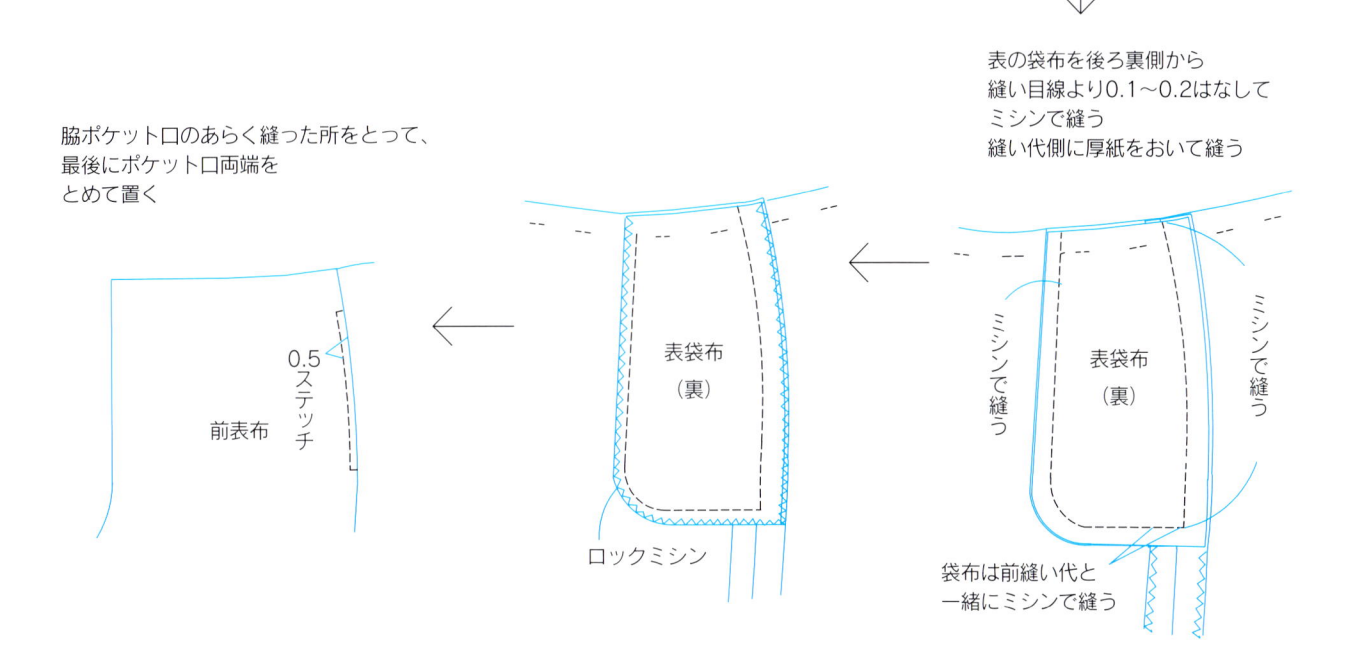

表の袋布を後ろ裏側から
縫い目線より0.1〜0.2はなして
ミシンで縫う
縫い代側に厚紙をおいて縫う

脇ポケット口のあらく縫った所をとって、
最後にポケット口両端を
とめて置く

袋布は前縫い代と
一緒にミシンで縫う

13) ツーピース（ハイネックライン、フレアスカート）

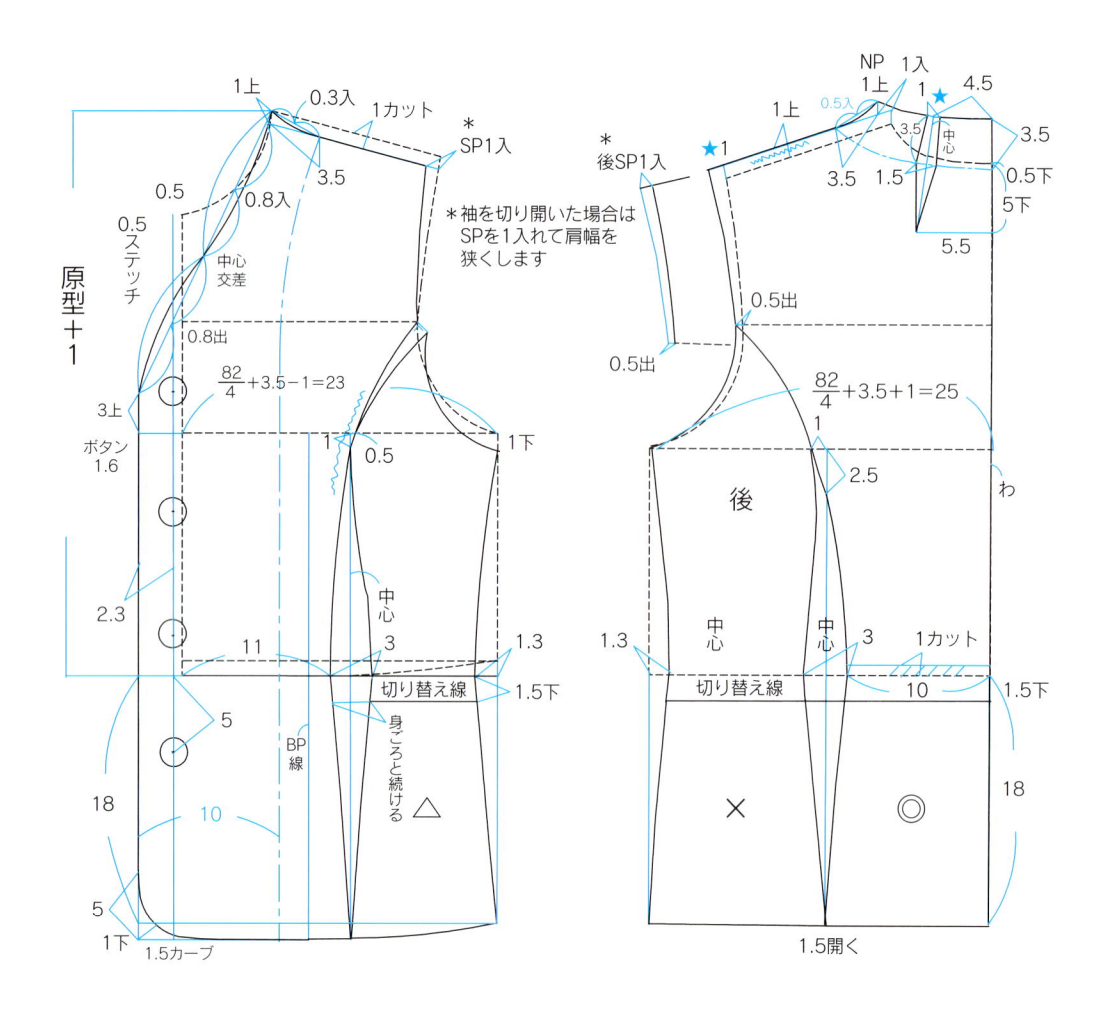

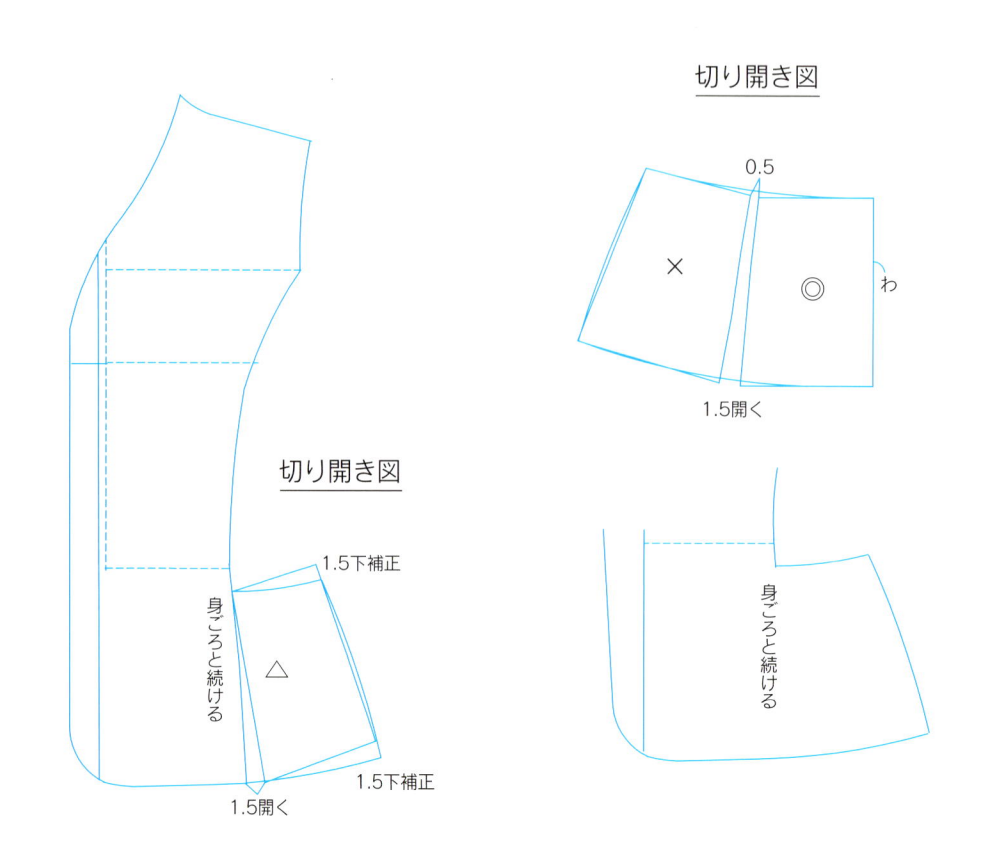

背肩幅 37cm
背丈 37cm
バスト 82cm

$\dfrac{82}{4}+3.5-1=23$

$\dfrac{82}{4}+3.5+1=25$

ウエスト　66cm
ヒップ　90cm
スカート丈　65cm

AH47

＊袖山を切り開く場合は
15.5－0.5＝15袖山

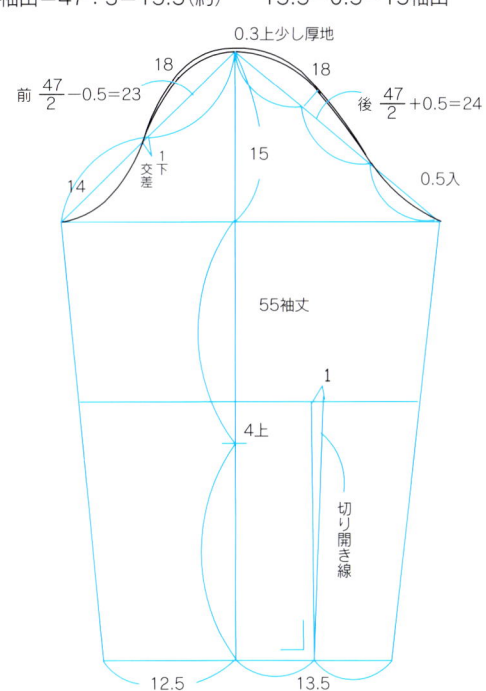

袖山＝47÷3＝15.5(約)

前 $\frac{47}{2}-0.5=23$　　後 $\frac{47}{2}+0.5=24$

0.3上少し厚地
18　18
1下交差
14
15
0.5入
55袖丈
1
4上
切り開き線
12.5　13.5

切り開き図

3cm切り開きダーツ分をとる

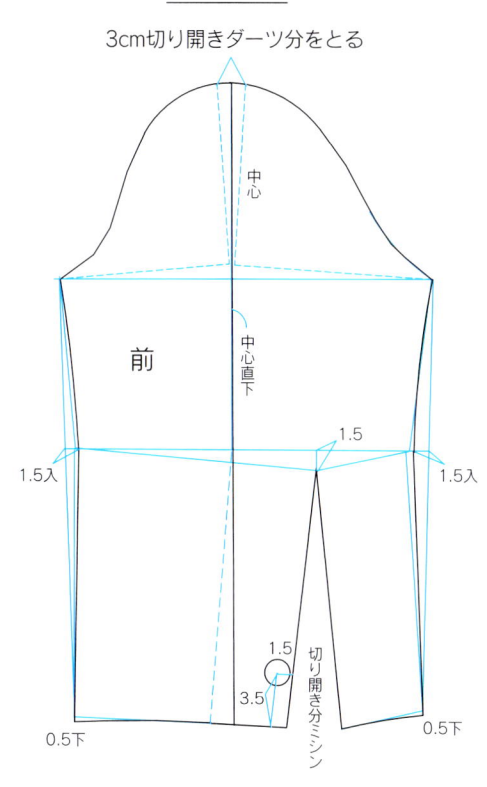

前
中心
中心直下
1.5入　1.5　1.5入
1.5
3.5
切り開き分ミシン
0.5下　0.5下

フレアスカート

ウエストのカーブを測って多い場合は脇カット

$\frac{68}{4}+0.5=17.5$　原型8
原型8
1下前
1.7下後
HL 20
＊お腹が出てる人は脇1.5出してダーツをとってよい
2上あき止まり
中心
わ
前後中心をバイアスで裁ちます
スカート丈 63
1入
20上
交差カーブ
裾幅 40

ハイネックのとり方

★衿ぐりのダーツ分を1cmSPから出す

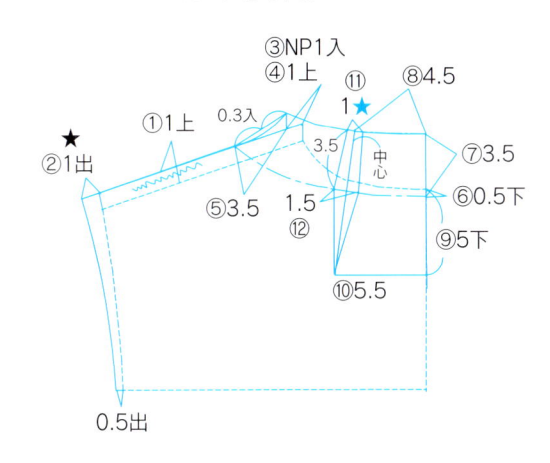

③NP1入
④1上　⑪
①1上　0.3入　⑧4.5
★　　　　　　1★
②1出　　3.5　⑦3.5
⑤3.5　中心
1.5　⑥0.5下
⑫　　⑨5下
⑩5.5
0.5出

袖山ダーツの位置

袖ダーツはミシンで縫う

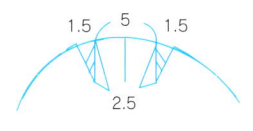

1.5　5　1.5
2.5

袖山ダーツをたたんでカーブをとり直す

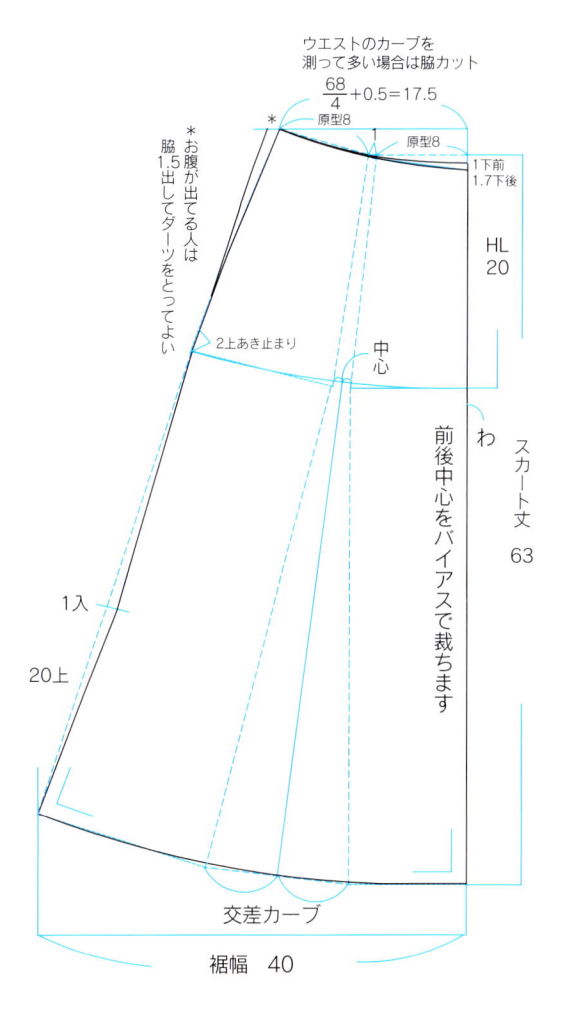

14)スーツ(ショールカラー、タイトスカート)

背肩幅+1　37cm
背丈　37cm
バスト　80cm
ヒップ　86cm

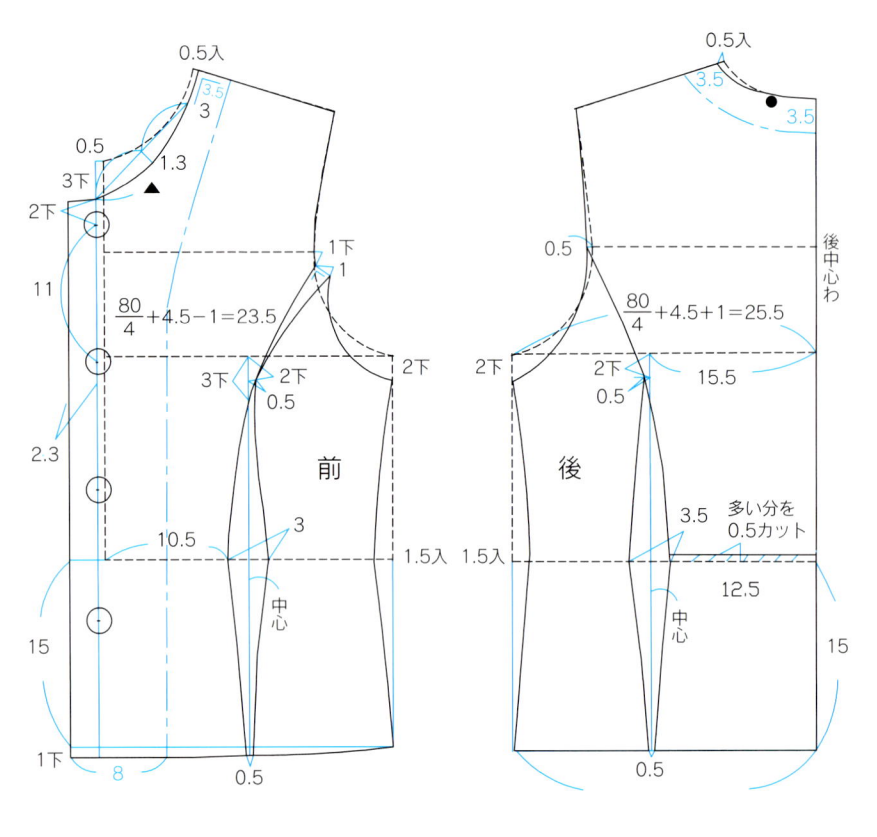

AH50

$AH\frac{80}{2}+10=50$

袖山$50÷3=16.7$

$\frac{80}{4}+4.5-1=23.5$ (前)

$\frac{80}{4}+4.5+1=25.5$ (後)

衿ぐり寸法46

$\frac{46}{2}=23$

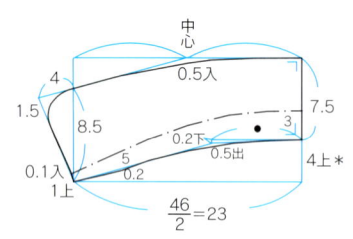

衿ぐり多い分は、後中心カット

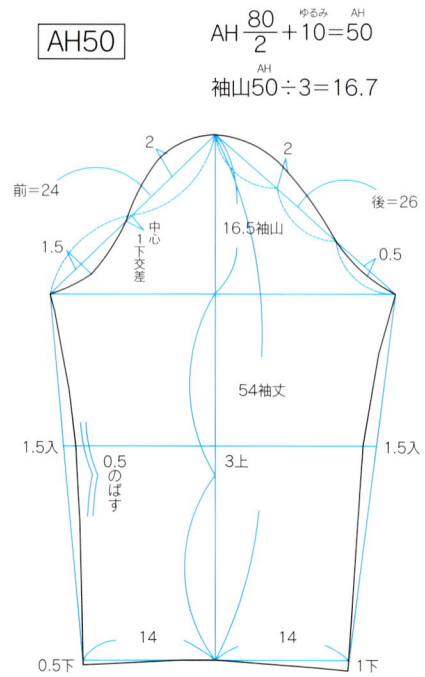

衿の作り方

表衿は線より0.2～0.4cm出して表衿全体につける
薄地0.2cm、厚地0.4cm(コートなど)表に出した線と裏衿の線を縫い合わせる
しつけをかけて、後中心から衿先の方へ左右に縫う
衿先カーブの縫い代は多い分は切りおとす

ウエスト　64cm
ヒップ　86cm
スカート丈　55cm

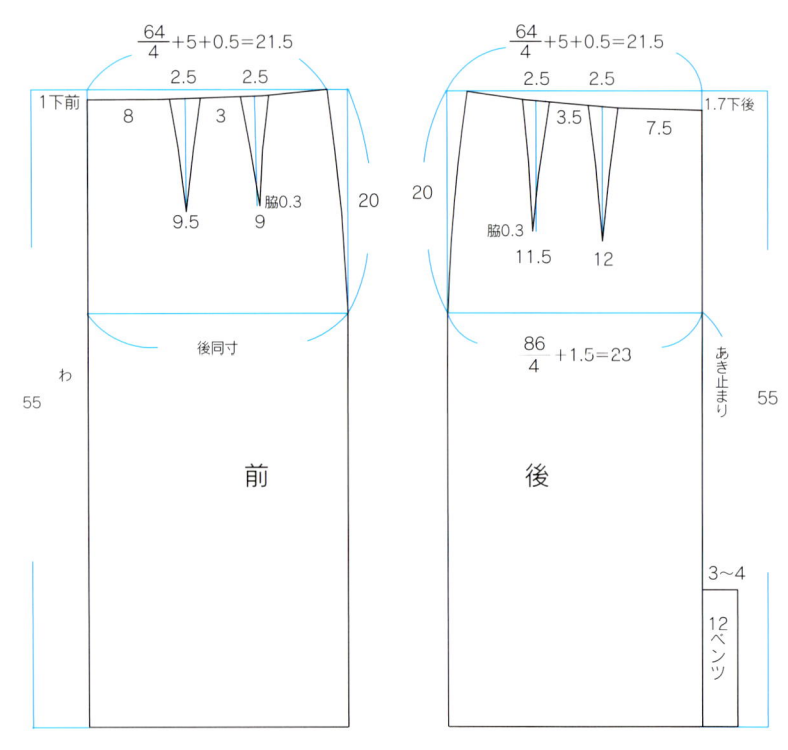

$\frac{64}{4}+5+0.5=21.5$

$\frac{86}{4}+1.5=23$

ショールカラー 後中心を上げる寸法

*標準より多く上げれば、衿はねかした形になり、少なくすればその逆になる

(単位:cm)

後衿幅	標準	スポーティな衿
6	2.5上	2上
7	3.5上	3上
8	4上	3.5上
9	4.5上	4上
10	5.5上	5上
11	6.5上	6上
12	7.5上	7上
13	8.5上	8上

15) ベスト(Vネックライン)

背肩幅　37cm
背丈　37cm
バスト　80cm
ヒップ　90cm

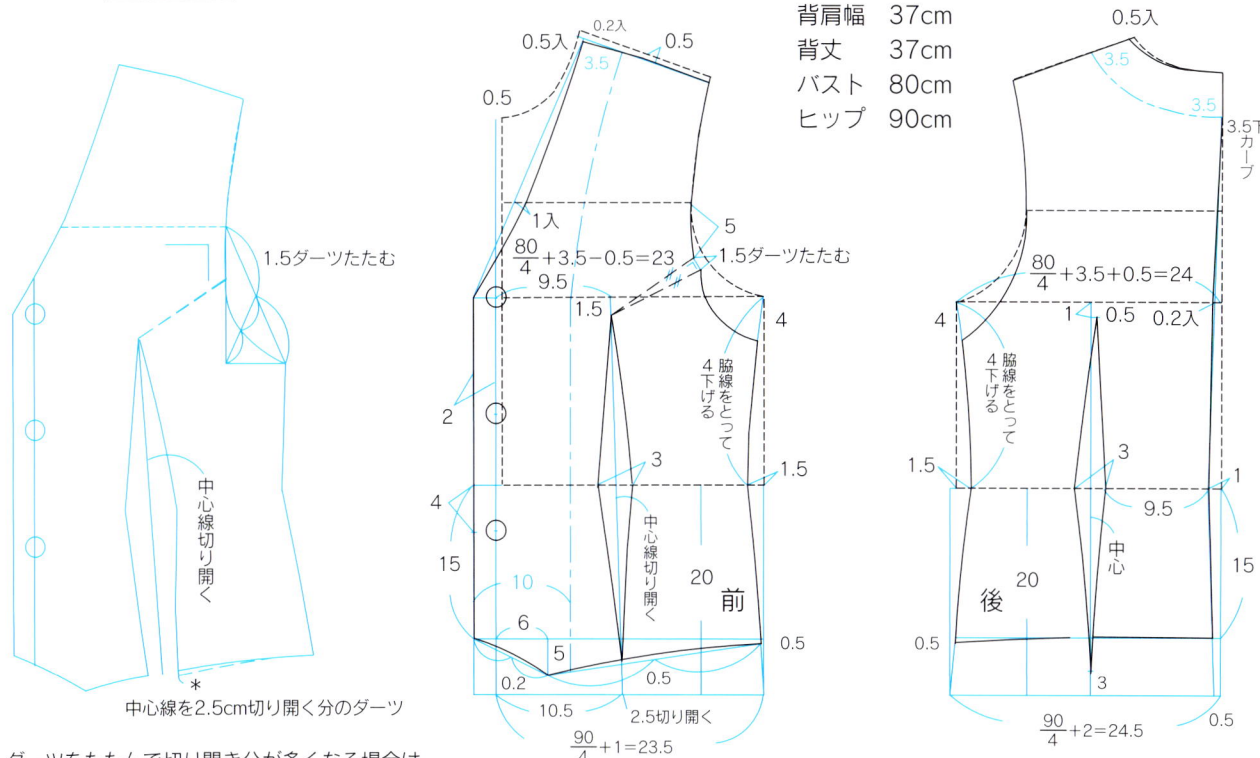

ダーツをたたんで切り開き分が多くなる場合は
BPでダーツを少し重ね、ダーツの長さが同寸
になるように、＊裾で調整する

16) ベスト(ラウンドネックライン)

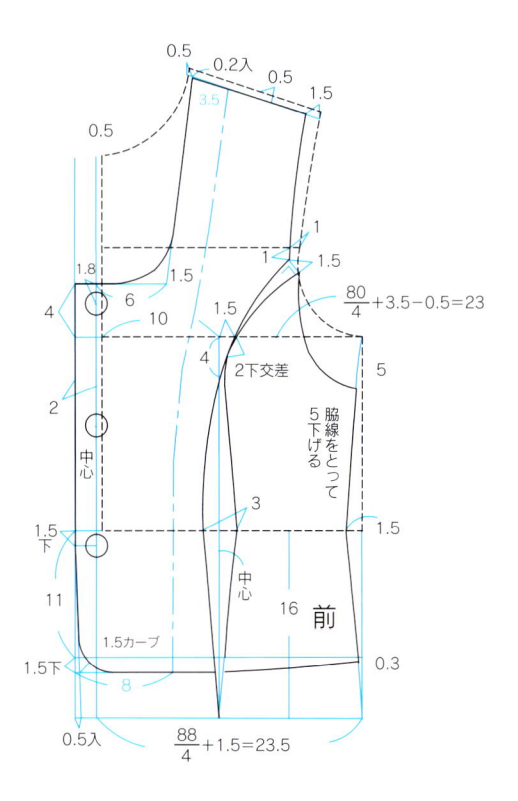

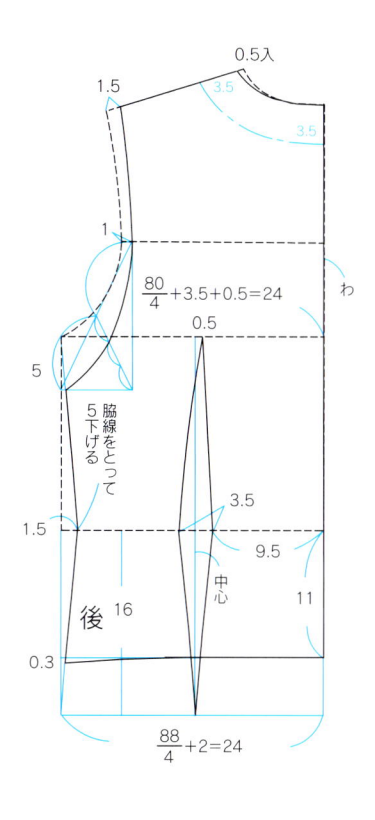

背肩幅　37cm
背丈　37cm
バスト　80cm
ヒップ　88cm

コート

1）ハーフコート（ラグラン袖）

背肩幅　40cm
バスト　86cm
背丈　38cm
布地150幅　1.8m

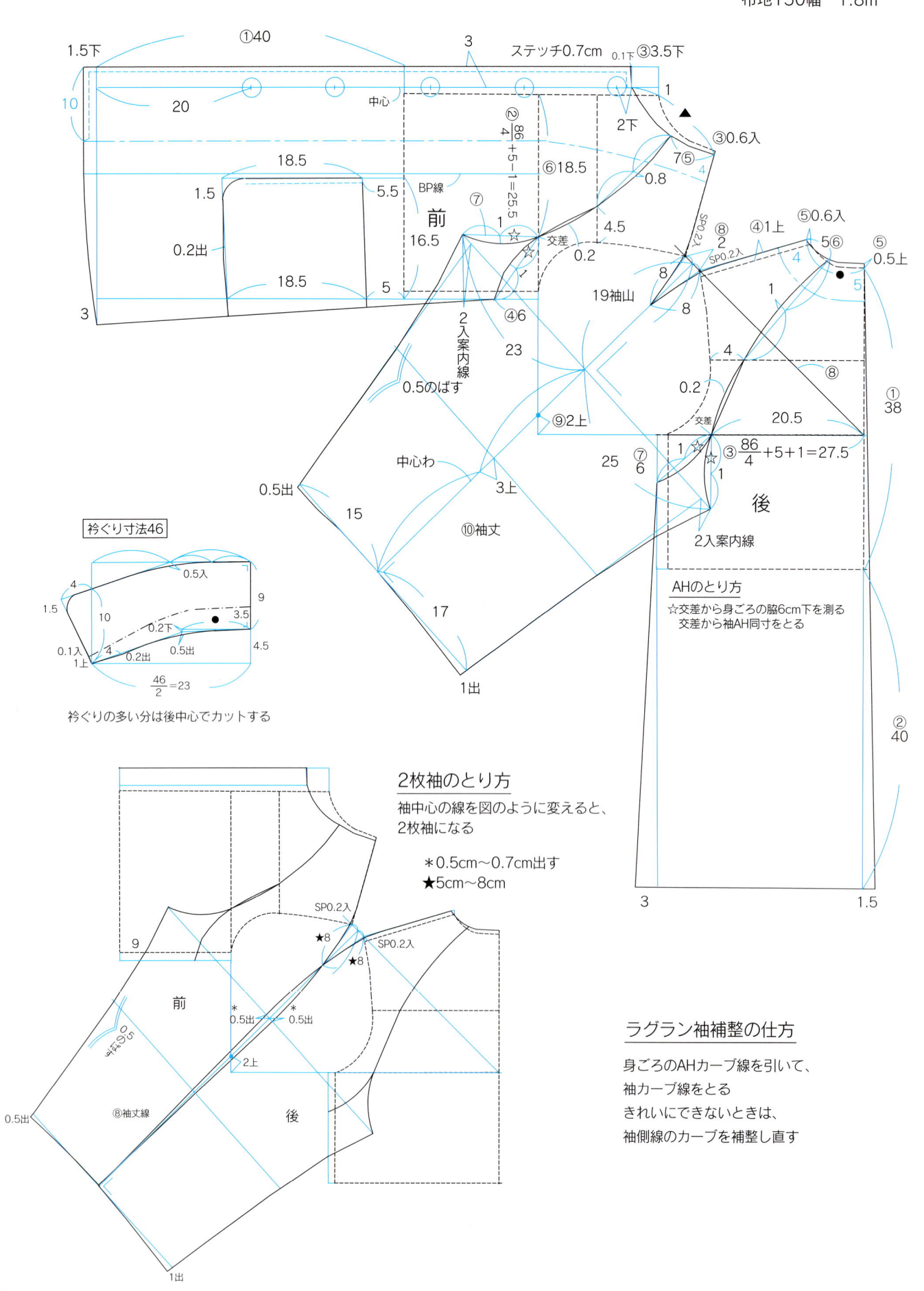

ラグラン袖の製図

1. ラグラン袖を製図する時は次の図のように、後身ごろからかく(図①〜⑦)。
2. BL後中心から後背肩幅SPに案内線を引く。2cm離して、前身ごろを図のように置く(図⑧)。
3. BLを図のように延長して、袖丈を決める(図⑨〜⑩)。

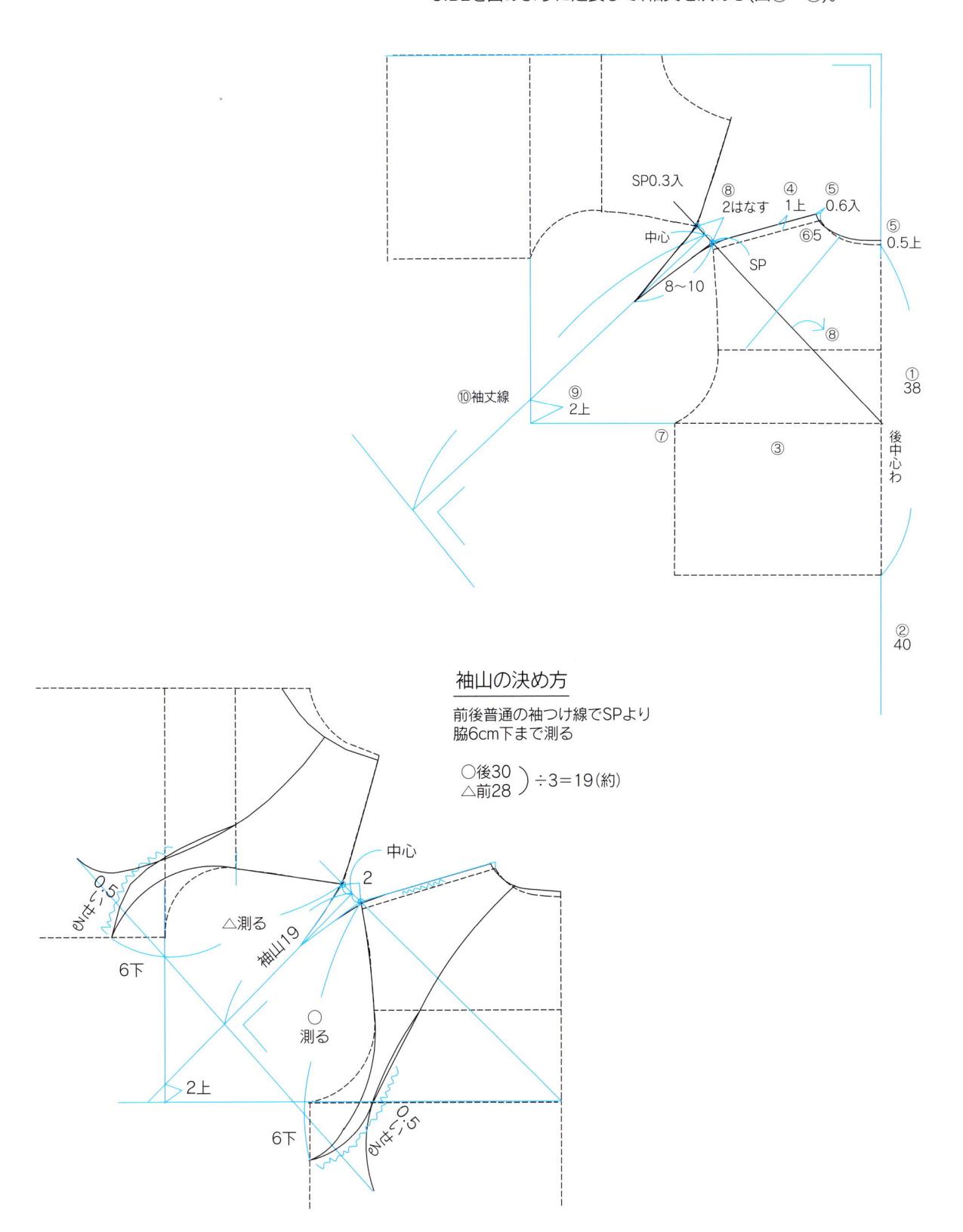

袖山の決め方

前後普通の袖つけ線でSPより脇6cm下まで測る

○後30
△前28) ÷3＝19(約)

2）ショートコート（セミラグラン袖）

背肩幅　40cm
背丈　39cm
バスト　84cm

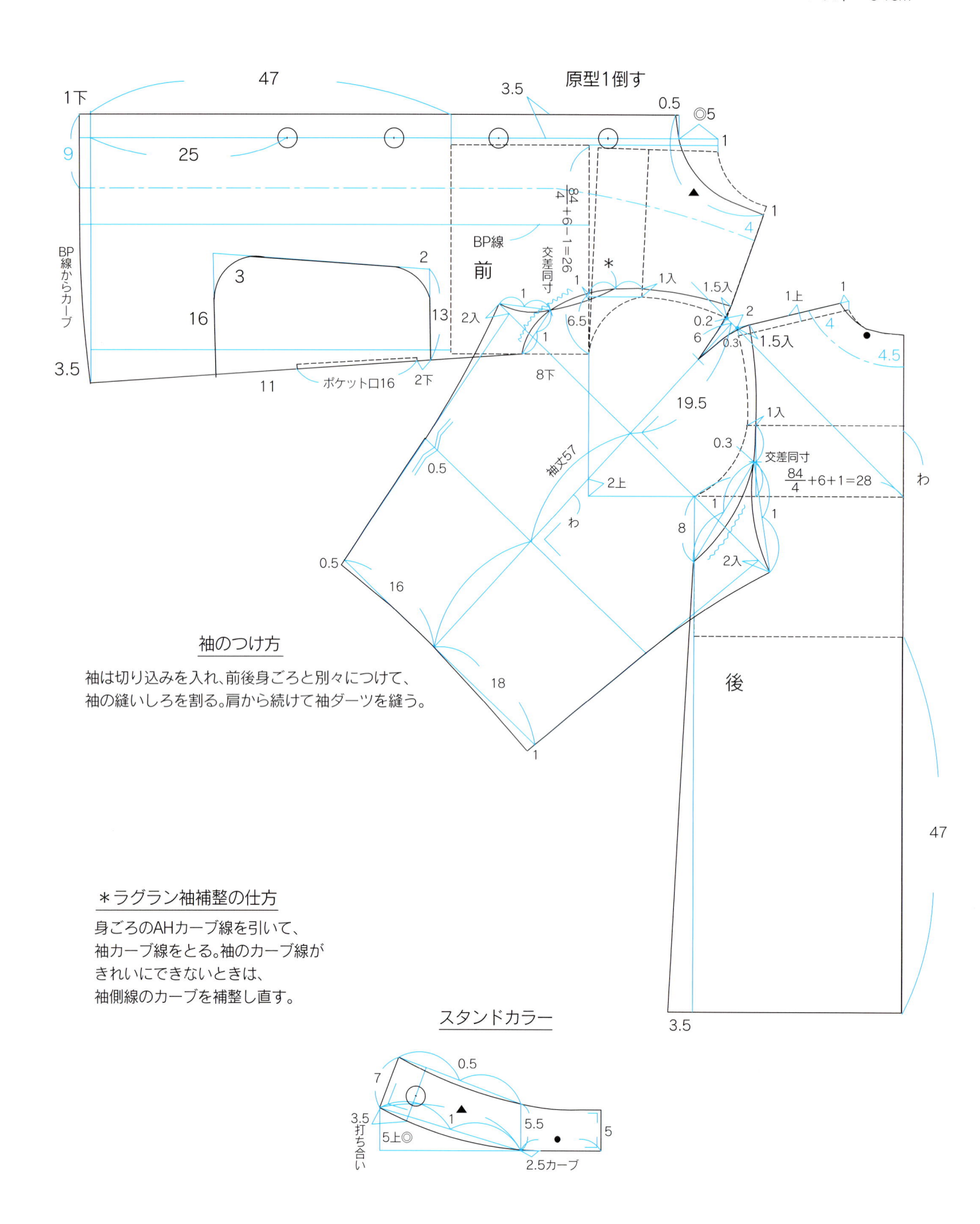

袖のつけ方

袖は切り込みを入れ、前後身ごろと別々につけて、袖の縫いしろを割る。肩から続けて袖ダーツを縫う。

＊ラグラン袖補整の仕方

身ごろのAHカーブ線を引いて、袖カーブ線をとる。袖のカーブ線がきれいにできないときは、袖側線のカーブを補整し直す。

スタンドカラー

3) ロングコート(ラグラン袖)

背肩幅　38cm＋2cm＝40cm
背丈　　　　　　　　38cm
バスト　　　　　　　84cm
布地150幅　2.5m

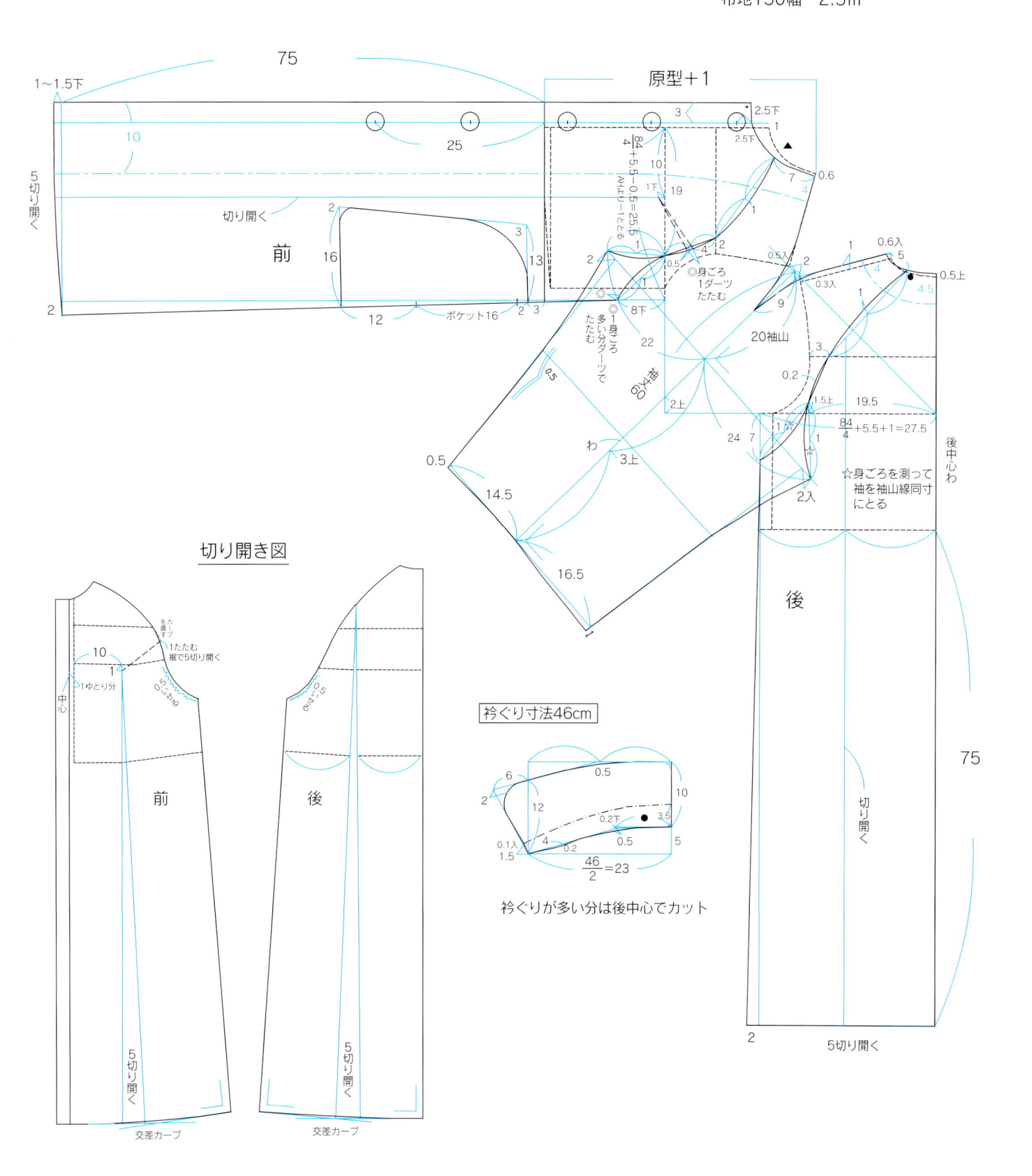

衿ぐり寸法46cm

衿ぐりが多い分は後中心でカット

☆身ごろを測って袖を袖山線同寸にとる

切り開き図

4) ケープ

背肩幅　37cm＋1cm＝38cm
背丈　　　　　　　38cm
バスト　　　　　　82cm

身ごろを続けてとる場合

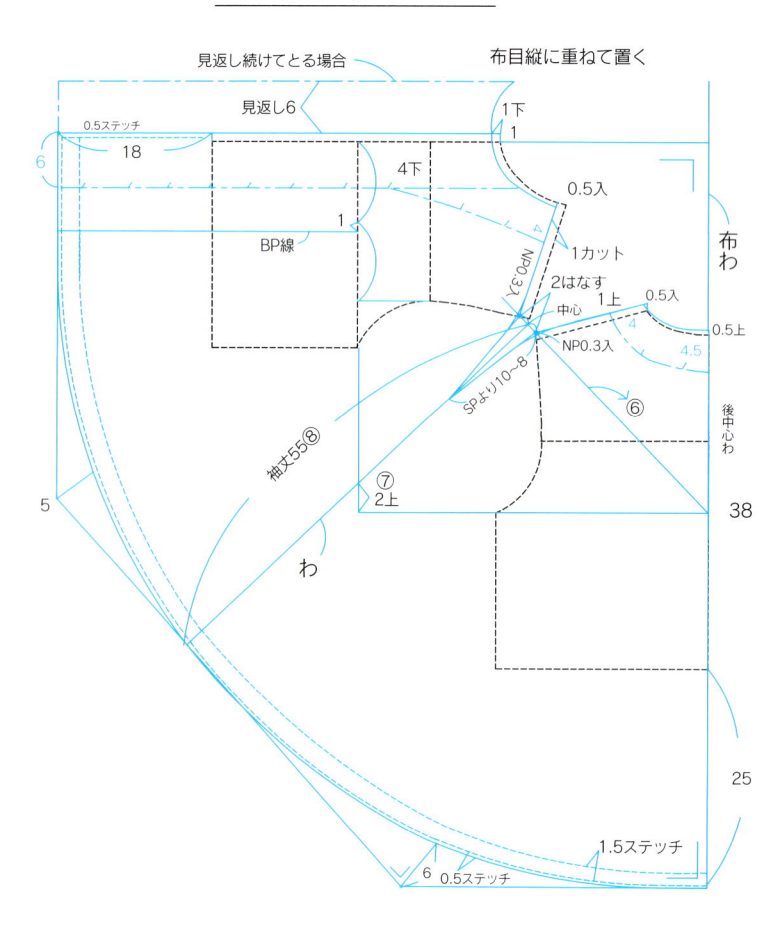

見返し続けてとる場合　　布目縦に重ねて置く

0.5ステッチ
見返し6
18
0.5入
1下
1
4下
1
BP線
1カット
2はなす
中心
NP0.3入
0.5入
袖丈55⑧
SPより10〜8
布わ
0.5上
4.5
⑥
後中心わ
⑦
2上
わ
38
25
1.5ステッチ
6　0.5ステッチ

タイトスカート

ウエスト　62cm
ヒップ　　88cm
スカート丈　55cm

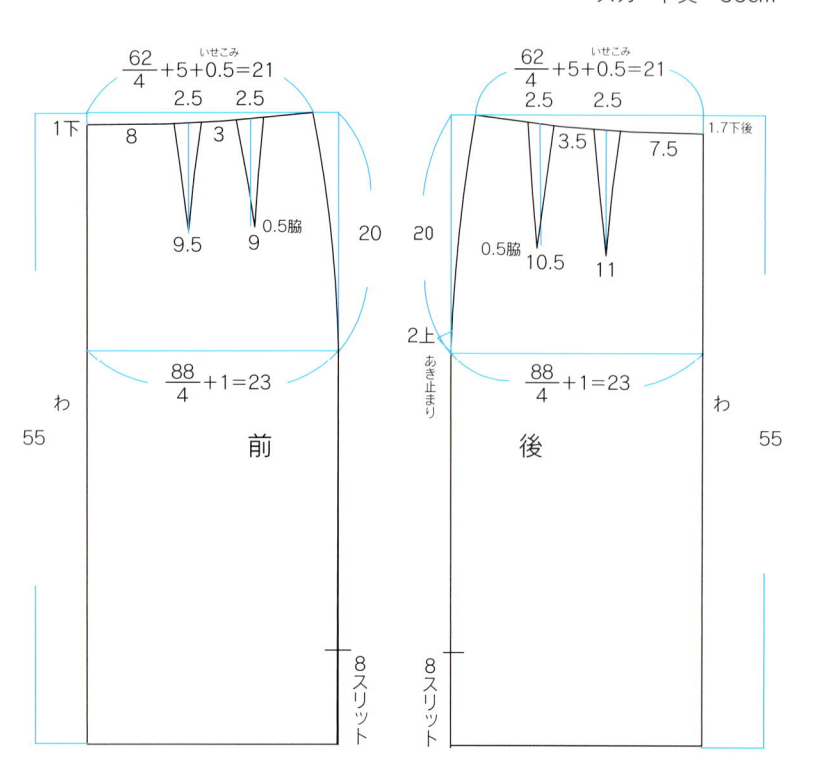

$\frac{62}{4}+5+0.5=21$
いせこみ
2.5　2.5
1下　8　3
9.5　9
0.5脇
20
$\frac{88}{4}+1=23$
前
わ
55
8スリット

$\frac{62}{4}+5+0.5=21$
いせこみ
2.5　2.5
3.5　7.5
1.7下後
20
0.5脇
10.5　11
2上
あき止まり
$\frac{88}{4}+1=23$
後
わ
55
8スリット

A衿　衿ぐり寸法42

0.5カーブ
ステッチ0.5
3.5上
0.2
4
ステッチ0.2　4
2上
カーブ
0.3上
中心
$\frac{42}{2}=21$

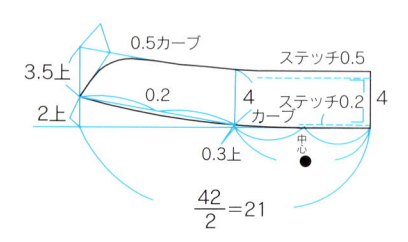

B衿（衿幅を広くとった場合）

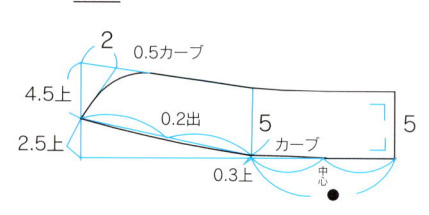

2
0.5カーブ
4.5上
0.2出　5
5
2.5上
カーブ
0.3上
中心

製図（ラグラン袖と同じように製図する）
⑥BL後中心から後背肩幅SPに案内線を引く。
　2cm離して前身ごろを図のように置く。
⑦BLを図のように延長して、袖丈を決める。

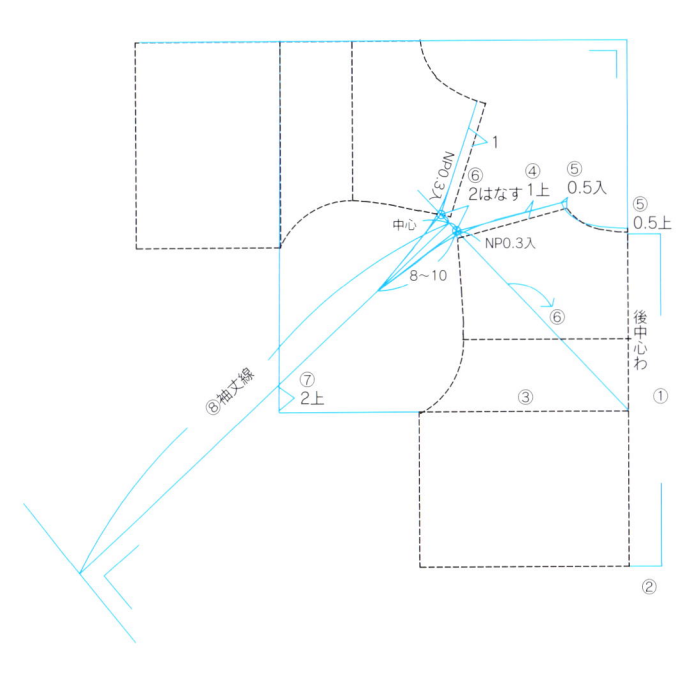

身ごろを別々にとる場合

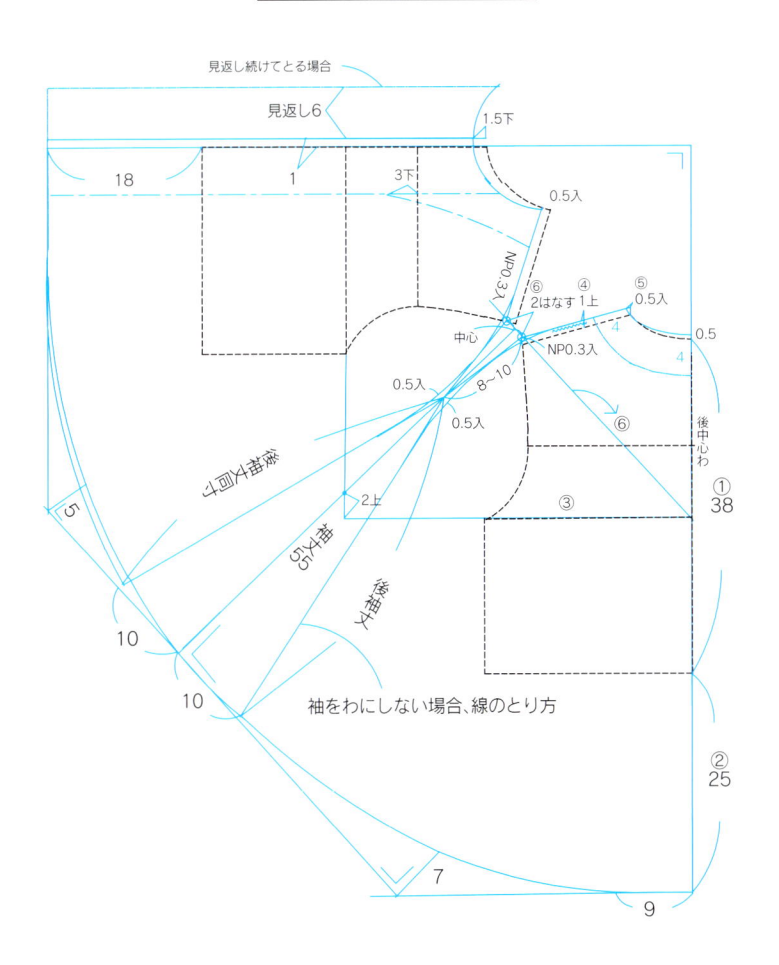

袖をわにしない場合、線のとり方

5) コート(テーラーカラー)

背肩幅　36cm＋1cm＝37cm
背丈　　　　　　　36cm
バスト　　　　　　82cm

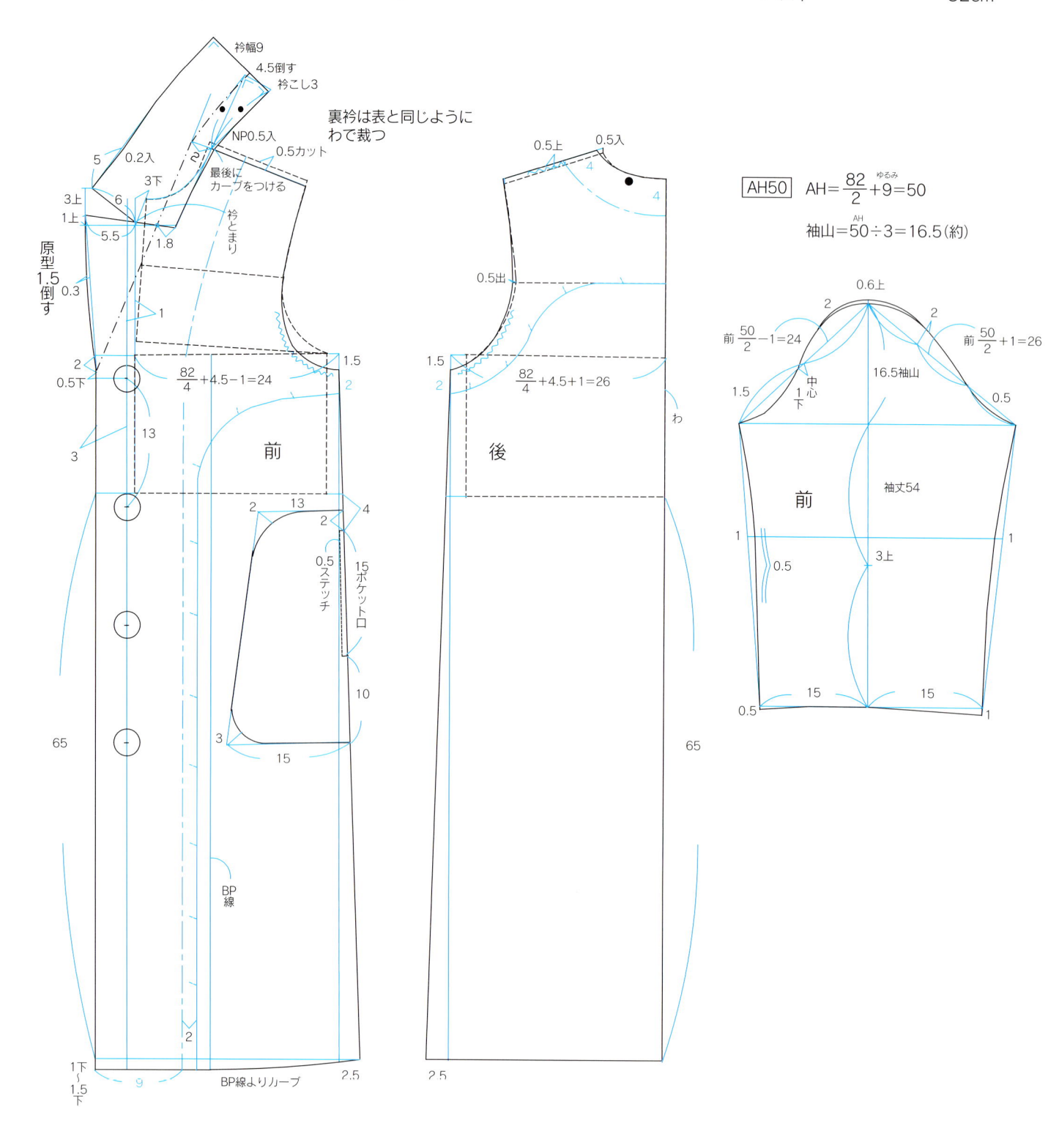

$\boxed{AH50}$ $AH = \dfrac{82}{2} + 9 = 50$ ゆるみ

袖山 $= 50 \div 3 = 16.5$(約)

6) コート（ショールカラー）

背肩幅　36cm＋2cm＝38cm
背丈　　　　　　　36cm
バスト　　　　　　80cm

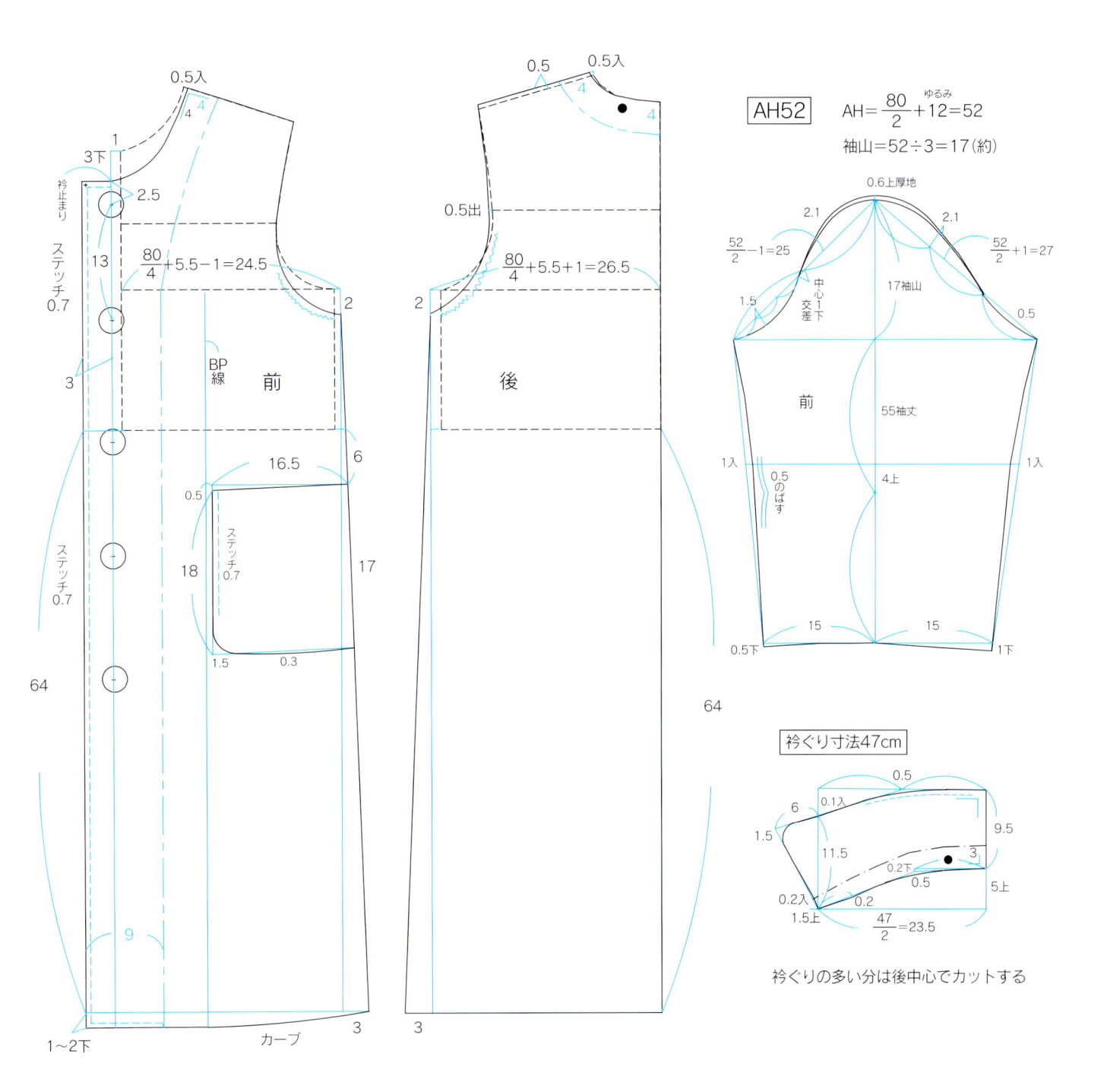

$AH = \frac{80}{2} + 12 = 52$

袖山＝52÷3＝17（約）

$\frac{80}{4} + 5.5 - 1 = 24.5$

$\frac{80}{4} + 5.5 + 1 = 26.5$

$\frac{52}{2} - 1 = 25$

$\frac{52}{2} + 1 = 27$

衿ぐり寸法47cm

$\frac{47}{2} = 23.5$

衿ぐりの多い分は後中心でカットする

部分縫い

1）バイアステープについて

作り方

バイアステープは正バイアスで裁つ
接き合わせる時は、布目を真横に合わせるのがポイント
幅はでき上がりによって計算する

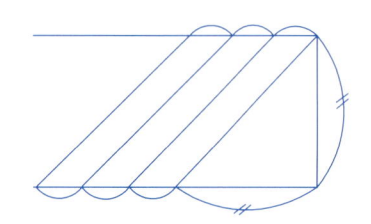

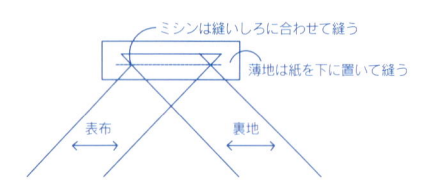

ミシンは縫いしろに合わせて縫う
薄地は紙を下に置いて縫う
表布　裏地

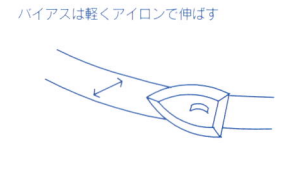

バイアスは軽くアイロンで伸ばす

縫い目を割る
カット

２cm幅の作り方

布を3.5cmのバイアスに裁ち切る
アイロンで適当に伸ばす
幅3cmで両端を0.5cmずつ折り、アイロンで仕上げ厚紙に巻いておく
伸び方は布地の種類によって変わる

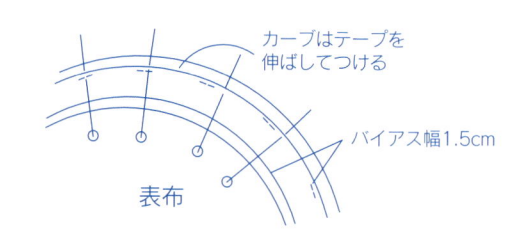

パイピングのはさみ方

表からでき上がり幅に合わせてしつけをかけておく
内側はバイアスを伸ばしてつける
外側はバイアスを少しゆるめにつける

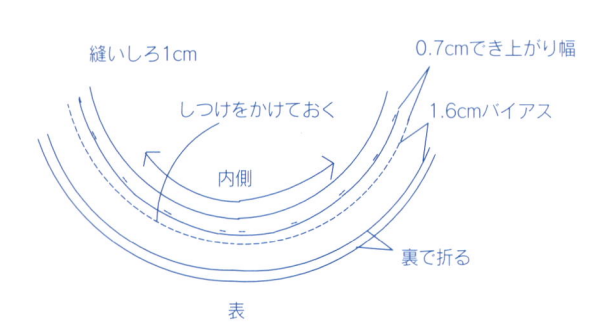

縫いしろ1cm
しつけをかけておく
内側
裏で折る
0.7cmでき上がり幅
1.6cmバイアス
表

見返しのつけ方

内側にカーブの場合

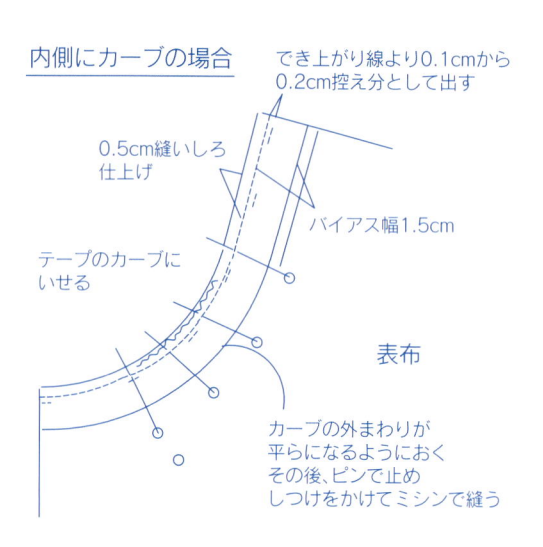

でき上がり線より0.1cmから0.2cm控え分として出す
0.5cm縫いしろ仕上げ
バイアス幅1.5cm
テープのカーブにいせる
表布
カーブの外まわりが平らになるようにおく
その後、ピンで止めしつけをかけてミシンで縫う

外側がカーブの場合

カーブはテープを伸ばしてつける
バイアス幅1.5cm
表布

しつけをかけた後に、でき上がり線で
縫いしろを切り落とし、裏に返してアイロンで
しつけ糸が見えないように、表より少し幅を多くとる
表から落としてミシンをかけ、最後にしつけの糸をとる

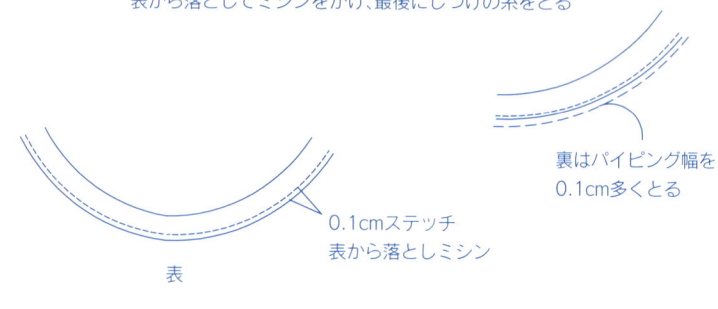

裏はパイピング幅を0.1cm多くとる
0.1cmステッチ
表から落としミシン
表

2) ファスナーのつけ方

一般的なファスナーの場合

①ファスナーの下になる方は、でき上がり線より0.2cm出して縫いしろ側に接着芯を貼る(芯1.2cm幅)。上になる方はでき上がり線に合わせて縫いしろ側に接着芯を貼る(長さファスナー＋1cm)。

②裏から上になる方をできあがり線にアイロンをかける。
　下になる方は0.2cm出してアイロンをかける。

③ファスナーは下になる方からつける。
　でき上がり線にしつけをかけ、0.5cm下までミシンで縫う。
　※脇ファスナーの場合は縫い止まりの0.5cm下から縫う。
　　後ファスナーは上から縫い止まり0.5cm下まで縫う。

④上になる方をでき上がり線に合わせて1cm幅にしつけをかけ、厚紙を置いてミシンで下から縫う。

後ファスナーの場合

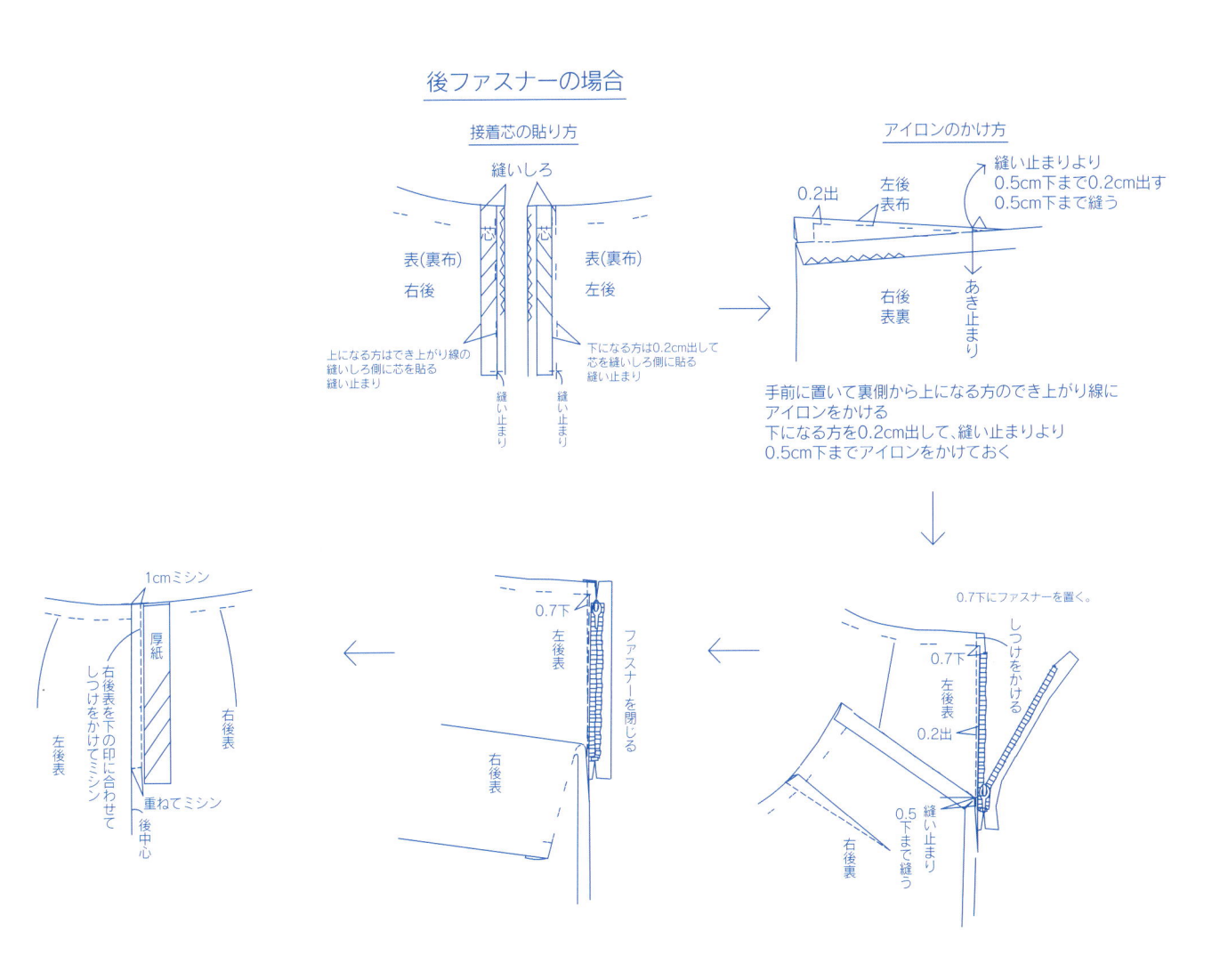

コンシールファスナーの場合

①伸びやすい布は縫いしろ側に芯を貼る。
　でき上がり線にアイロンをかけて整える。
②縫いしろにファスナーの位置を印つける(合い印)
③スライダーととめ具を下げる。
④裏ファスナーを上に合わせ、同じ印をつける。
　縫いしろとファスナーの間に両面接着テープを挟み、
　アイロンで縫い止まりまで接着する。
⑤コンシール押さえ金を使ってミシンで縫う。
⑥縫い止まり0.5cmのところからスライダーを出してファスナーを閉じる。
⑦最後に0.5cmのところを手縫いで返し縫い。とめ具を縫い止まりまであげて、
　その下をファスナーにだけとめ具が動かないように手縫いで3回とめる。
　その後、2cm残してカットする。

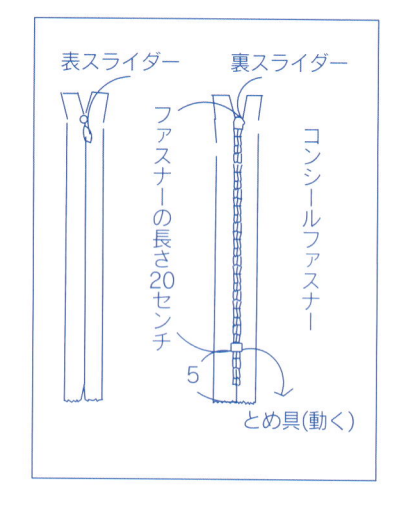

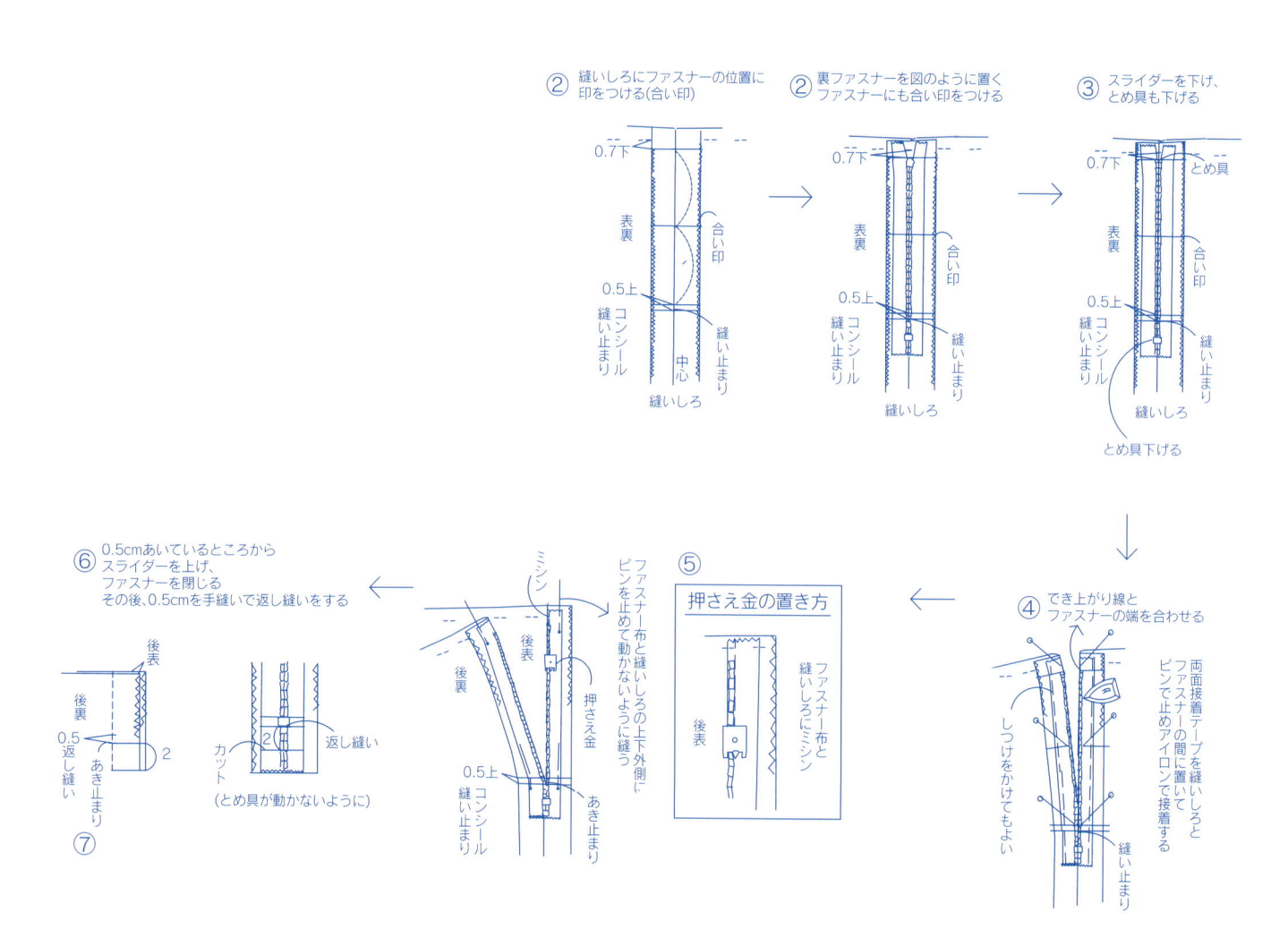

3) ベルトのつけ方

ベルト芯を使う場合

ハヤカワ式スカートは、前後の差はつけない。
64cmウエスト＋3cm持ち出し分＝67cmベルト丈

①ベルトの布は横布地をつけた方が伸びなくてよい。
②耳端でない時は、1cm折り曲げて端にミシンをかける。
　厚地の場合はロックミシンで仕上げる。
③耳端、または折り曲げた方に薄地の場合は0.2cm、
　厚地の場合は0.3cmから0.4cm離してベルト芯を置く。
④スカートとベルト布を中表にして縫う。
⑤両脇縫いしろを1cm切って、0.1cmから0.2cm外側を縫う。
⑥ベルトの中に縫いしろを入れてまつる。

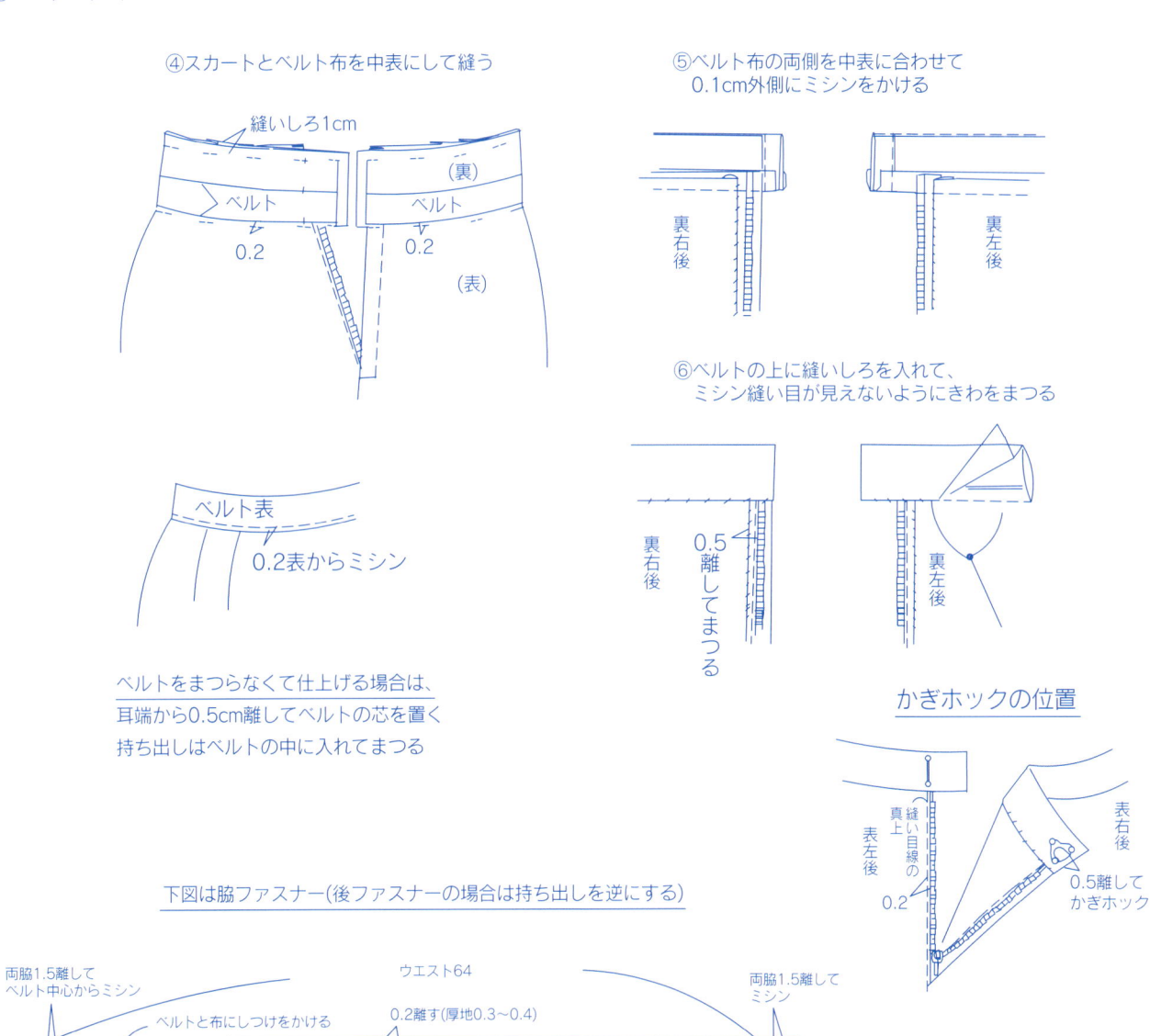

④スカートとベルト布を中表にして縫う

⑤ベルト布の両側を中表に合わせて
0.1cm外側にミシンをかける

⑥ベルトの上に縫いしろを入れて、
ミシン縫い目が見えないようにきわをまつる

ベルトをまつらなくて仕上げる場合は、
耳端から0.5cm離してベルトの芯を置く
持ち出しはベルトの中に入れてまつる

かぎホックの位置

下図は脇ファスナー(後ファスナーの場合は持ち出しを逆にする)

ベルト芯を使わない場合

①ベルトの幅を決めて、全体に（縫いしろ含む）伸びない芯を貼る。
　幅を決めてロックミシンをかける。
②図のように、ベルト幅折り山線にしつけをかける。
③スカートとベルト幅を中表にして縫う。
④両脇縫いしろを1cm切って、0.1cm外側を縫う。
⑤表に返してベルト幅折り山線を折って、ウエストでき上がり線にしつけをかける。
⑥ベルト表側からベルト0.2cmにステッチをかける。

下図は脇ファスナー（後ファスナーの場合は持ち出しを逆にする）

1.7ベルト幅

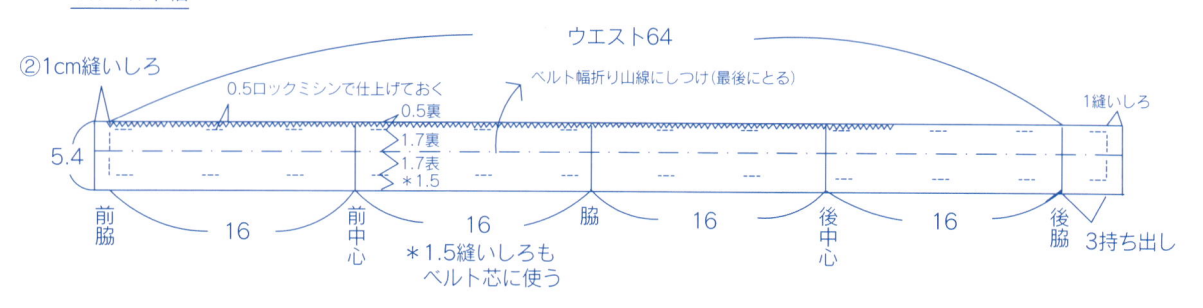

②1cm縫いしろ　0.5ロックミシンで仕上げておく　ウエスト64　ベルト幅折り山線にしつけ（最後にとる）　1縫いしろ
5.4　0.5裏　1.7裏　1.7表　*1.5
前脇　16　前中心　16　脇　16　後中心　16　後脇　3持ち出し

*1.5縫いしろもベルト芯に使う

スカート側縫いしろをベルト幅−0.2?にする（厚み分）

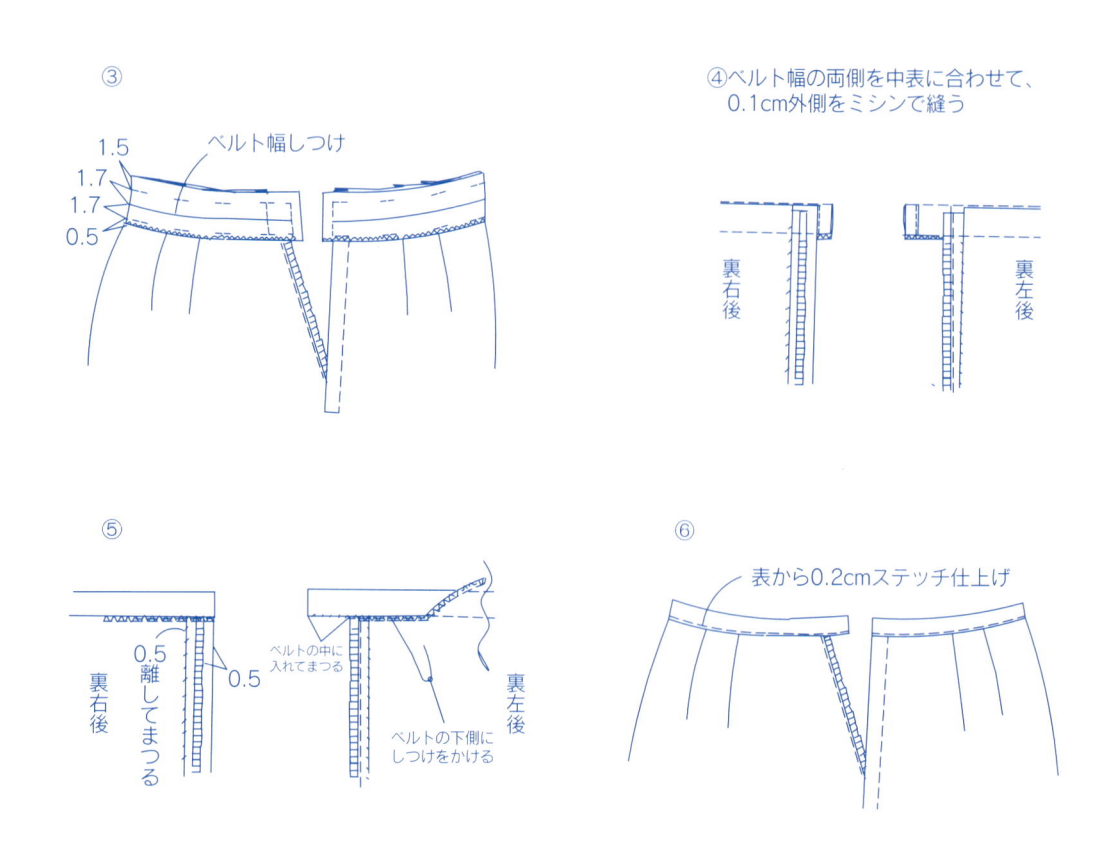

③　1.5 / 1.7 / 1.7 / 0.5　ベルト幅しつけ

④ベルト幅の両側を中表に合わせて、0.1cm外側をミシンで縫う
裏右後　　裏左後

⑤　裏右後　0.5離してまつる　0.5　ベルトの中に入れてまつる　裏左後　ベルトの下側にしつけをかける

⑥表から0.2cmステッチ仕上げ

4) 玉縁ボタンホールの作り方

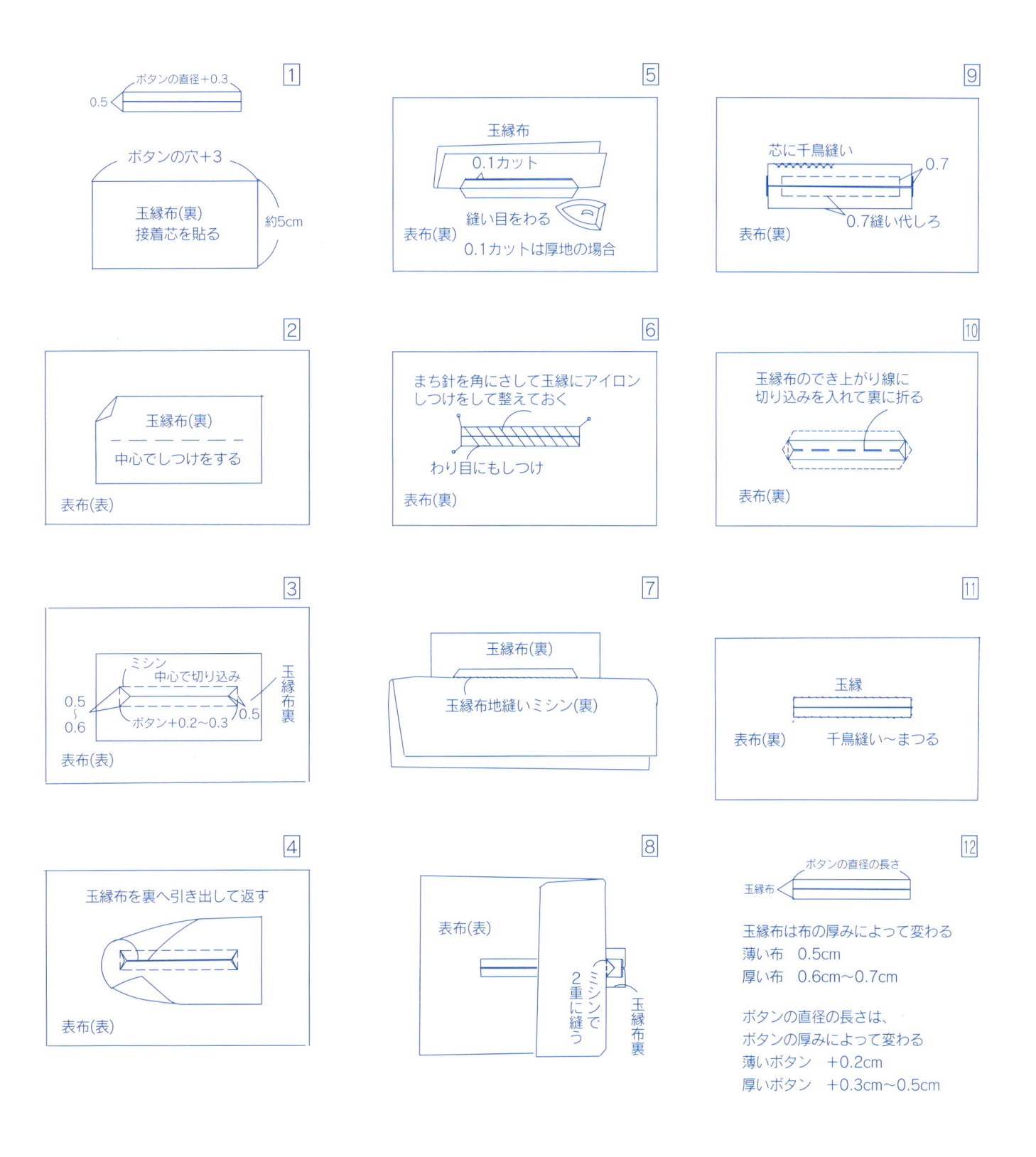

1 ボタンの直径+0.3 / 0.5 / ボタンの穴+3 / 玉縁布(裏) 接着芯を貼る / 約5cm

2 玉縁布(裏) 中心でしつけをする / 表布(表)

3 ミシン 中心で切り込み / 0.5~0.6 / ボタン+0.2~0.3 / 0.5 / 玉縁布裏 / 表布(表)

4 玉縁布を裏へ引き出して返す / 表布(表)

5 玉縁布 / 0.1カット / 縫い目をわる / 0.1カットは厚地の場合 / 表布(裏)

6 まち針を角にさして玉縁にアイロンしつけをして整えておく / わり目にもしつけ / 表布(裏)

7 玉縁布(裏) / 玉縁布地縫いミシン(裏)

8 表布(表) / ミシンで2重に縫う / 玉縁布裏

9 芯に千鳥縫い / 0.7 / 0.7縫い代しろ / 表布(裏)

10 玉縁布のでき上がり線に切り込みを入れて裏に折る / 表布(裏)

11 玉縁 / 表布(裏) / 千鳥縫い~まつる

12 ボタンの直径の長さ / 玉縁布

玉縁布は布の厚みによって変わる
薄い布　0.5cm
厚い布　0.6cm~0.7cm

ボタンの直径の長さは、
ボタンの厚みによって変わる
薄いボタン　+0.2cm
厚いボタン　+0.3cm~0.5cm

5) ボタン穴のかがり方

手でかがる片穴止め。かがりは30番カタン糸。
薄地は手縫い糸を使う。

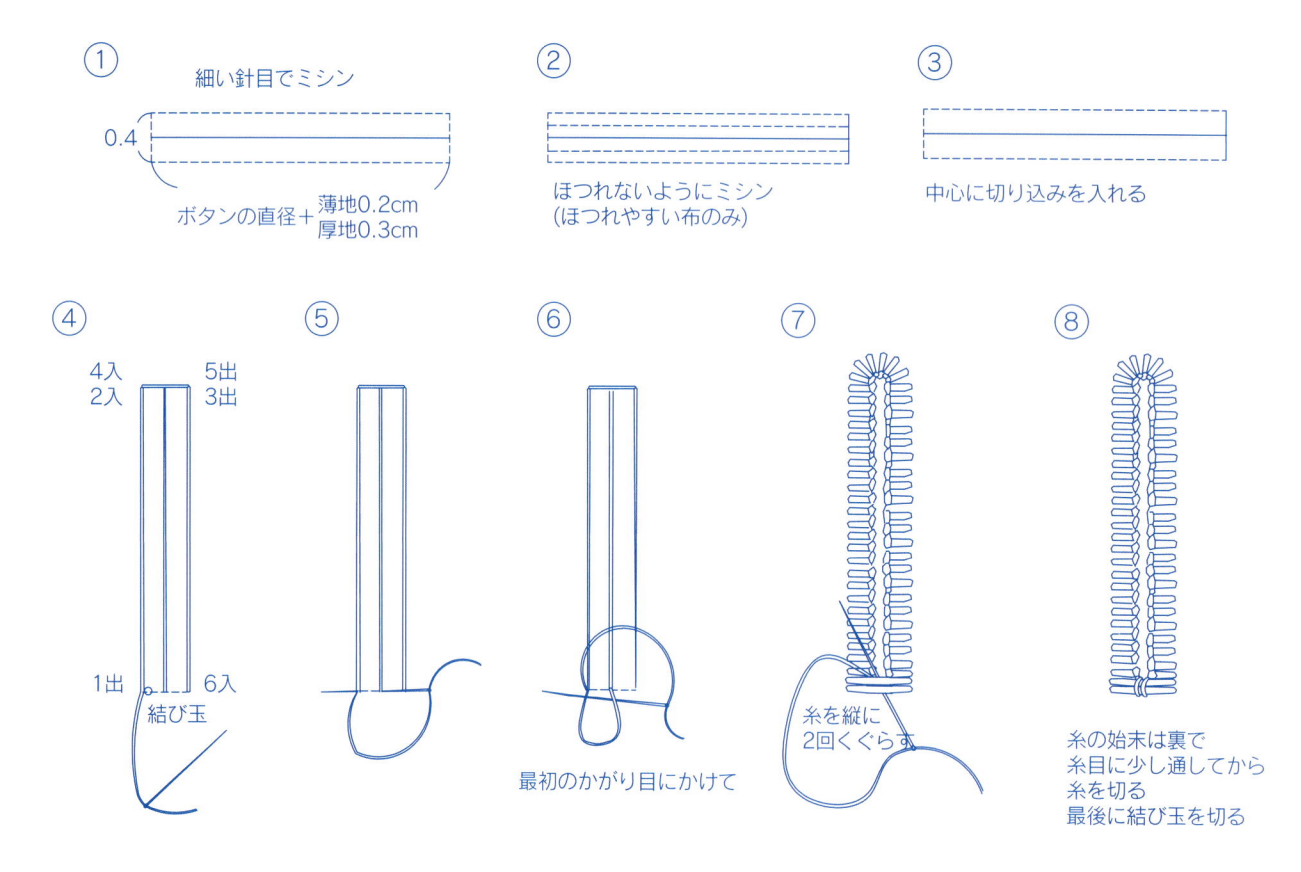

① 細い針目でミシン
0.4
ボタンの直径＋薄地0.2cm
厚地0.3cm

② ほつれないようにミシン
（ほつれやすい布のみ）

③ 中心に切り込みを入れる

④ 4入 5出
2入 3出
1出 6入
結び玉

⑤

⑥ 最初のかがり目にかけて

⑦ 糸を縦に2回くぐらす

⑧ 糸の始末は裏で
糸目に少し通してから
糸を切る
最後に結び玉を切る

6) かぎホックのつけ方

かぎホックの位置を決めて動かないようにベルトの芯に
ポイントを縫い止める。その後、穴かがりをする
かぎホックは穴かがりの要領で縫いつける
糸は大型のかぎホックの場合、30番程度が最適
小型の場合はまつり糸でつける

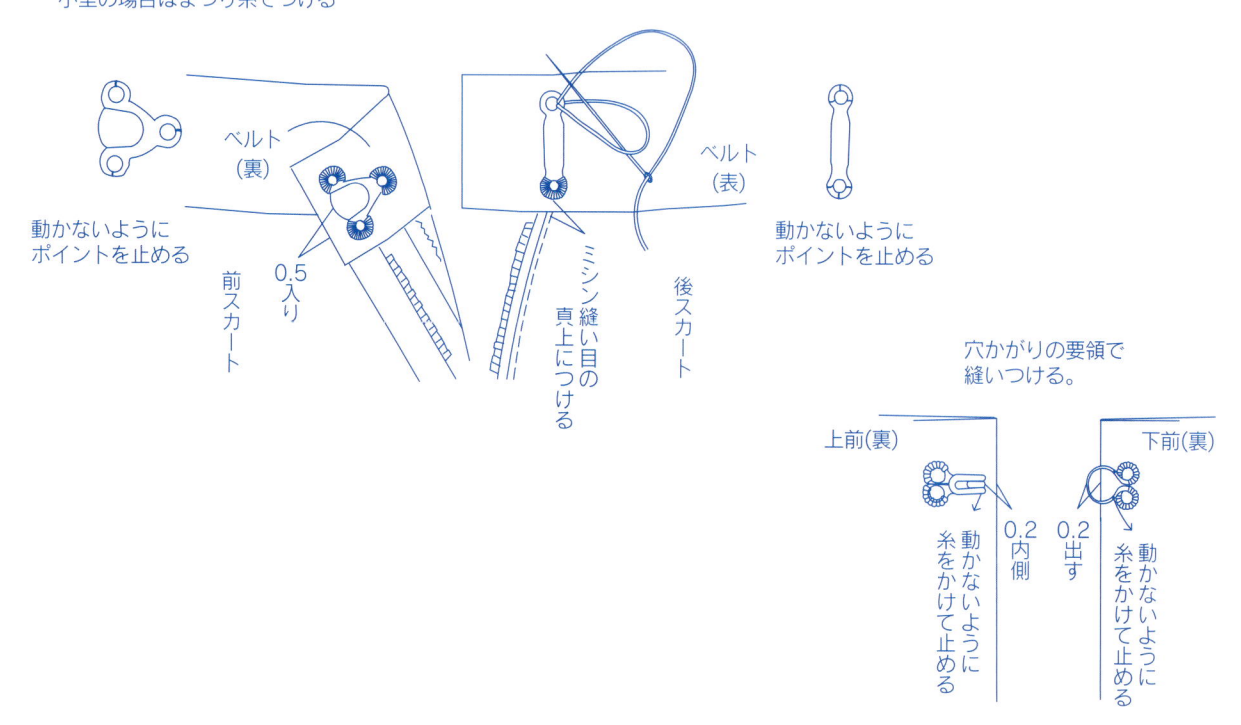

ベルト（裏）
動かないように
ポイントを止める
前スカート
0.5入り

ベルト（表）
動かないように
ポイントを止める
後スカート
ミシン縫い目の真上につける

穴かがりの要領で
縫いつける。

上前（裏）
0.2内側
動かないように
糸をかけて止める

下前（裏）
0.2出す
動かないように
糸をかけて止める

7）スナップのつけ方

スナップは上前に凸型からつける。
打ち合わせを重ね押し付けて、凹型の位置を決めておく。

① 結び玉は下に入れる

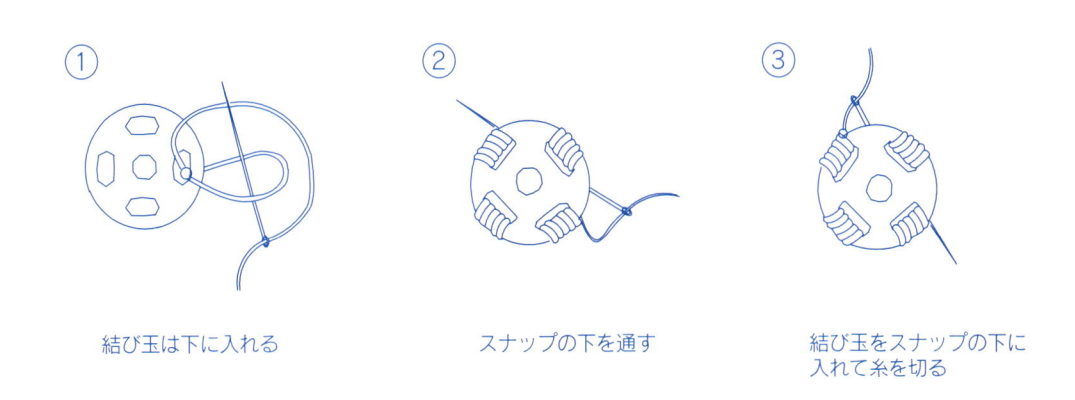

② スナップの下を通す

③ 結び玉をスナップの下に入れて糸を切る

8）ボタンのつけ方

糸は布によって、太い糸や細い糸を使う
糸は2本どりでも1本どりでもよい
つけ方はボタンをつける位置の表から針を入れて、
裏で小さくすくいボタンの穴に通す
布の厚みによって糸足をつける

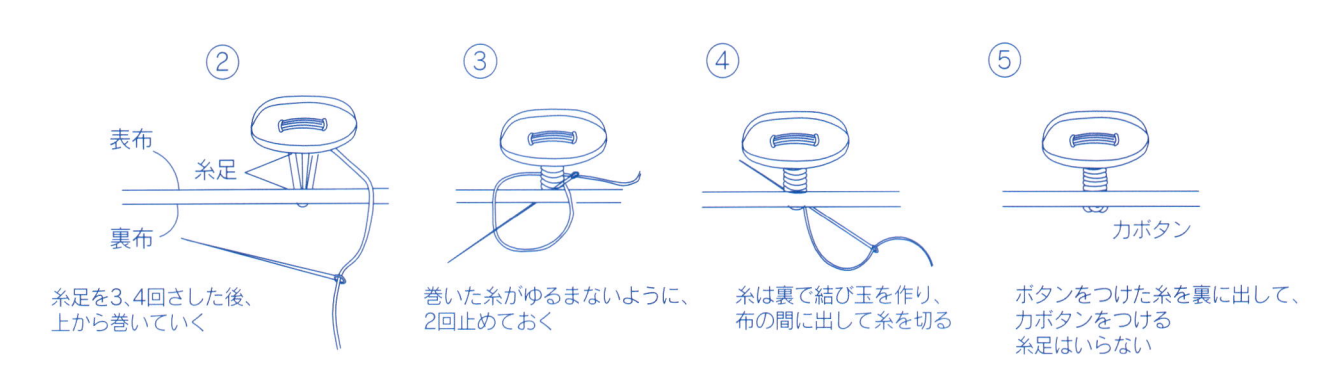

① 表布／結び玉

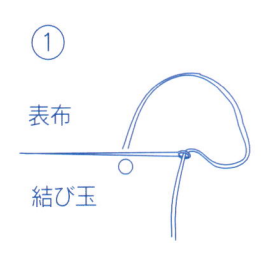

② 表布／糸足／裏布
糸足を3、4回さした後、上から巻いていく

③ 巻いた糸がゆるまないように、2回止めておく

④ 糸は裏で結び玉を作り、布の間に出して糸を切る

⑤ カボタン
ボタンをつけた糸を裏に出して、カボタンをつける
糸足はいらない

スカート

1) ギャザースカート

2) 台形スカート

3) タイトスカート

4) ボックスプリーツスカート

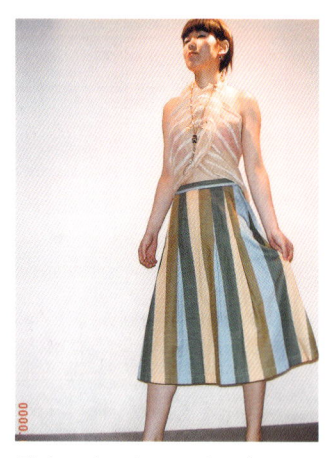

5) タックフレアスカート

6) ティアードスカート
3) ブラウス(Vネックフリル)

7) エスカルゴスカート
　　(5枚切り替え)

8) エスカルゴスカート
　　(5枚カットフレア)

9) エスカルゴスカート
　　(6枚フレア切り替え)

10) 切り替えスカート

11) マーメイドスカート（10枚はぎ）

12) 総プリーツスカート
9) スーツ（総プリーツスカート）

13) 4枚はぎスカート
10) ブラウス（前ダーツにブレード）

14) フィットフレアロングスカート

15) 8枚はぎロングスカート

パンツ

16) キュロットスカート

1) スリムパンツ

2) ワイドパンツ

148

3）ストレートパンツ 　　4）クロップドパンツ 　　5）キュロットパンツ

ブラウス

1）タンクトップ 　　2）半袖ブラウス 　　4）ノースリーブブラウス
　　　　　　　　　　　　　　　　　　　（ロールカラー）

5）ノースリーブブラウス・スカート　　6）スモックブラウス 　　7）スモックブラウス
　（カウルネックライン）

8) ブラウス（スタンドカラー）
　　チャイナカラー

9) ブラウス
　（台衿付きシャツカラードロップ袖）

11) ブラウス（ラッフルカラー）

ホームウェア・マタニティ

12) ブラウス（フレンチスリーブ）

13) ブラウス（オープンカラー）

1) エプロン

2) エプロンドレス

3) キャミソール1点

3) キャミソール2点
　（袖ぐりギャザー）

150

4) サンドレス

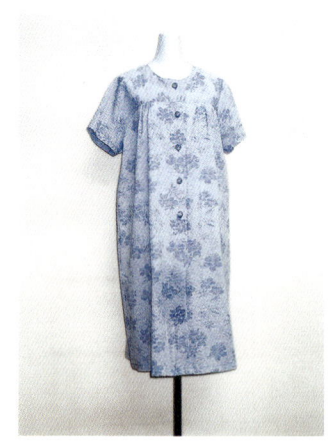

5) ホームドレス（ラグラン袖）

6) マタニティジャンパースカート

7) サンドレス（袖フリル）

8) サンドレス（フレンチドロップ袖）

9) マタニティドレス

ワンピース

1) ノースリーブワンピース（Vネックライン）

2) ノースリーブワンピース（ハイウエスト）

3) ノースリーブワンピース（胸にギャザー）

4) ノースリーブワンピース
　（Vネックライン、ロング）

5) ノースリーブワンピース
　（スクエアネックライン）

6) ノースリーブワンピース
　（前衿ぐりドレープ）

7) ワンピース（衿にタック入り）

8) ワンピース
　（半袖、オープンカラー）

9) ワンピース
　（半袖、スクエアネックライン）

10) ワンピース
　（7分袖、ラウンドネックライン）

11) ワンピース
　（プリンセスライン）

12) ワンピース
　（台衿付きシャツカラー）

13) ワンピース（ロールカラー）

14) ワンピース（キモノスリーブ）

15) ワンピース
　　（前開きラウンドネックライン）

16) キャミソールドレス（着物地）

17) キャミソールドレス

18) アンダーウェア

スーツ・ジャケット

1) ジャケットブラウス
　　（ドロップ袖）

2) ツーピース
　　（ラウンドネックライン、
　　タイトスカート）

3) ツーピース
　　（衿タック入り、
　　マーメイドスカート）

4)ツーピース（6枚はぎスカート）

5)アンサンブル
　（ラッフルカラー、
　　ノースリーブワンピース）

6)スーツ
　（テーラーカラー、
　　プリーツスカート）

7)スーツ
　（ダブルテーラーカラー、
　　プリーツスカート）

8)ジャケット
　（ハイネックライン、割り袖）

9)スーツ
　（ブレード付きオブロングカラー、
　　総プリーツスカート）

10)ジャケット（へちまカラー）・
　　プリーツスカート

11)ジャケット（前ファスナー）

12)パンツスーツ
　　（スタンダウトカラー）

13) ジャケット(ハイネックライン)・フレアスカート

14) スーツ(ショールカラー、タイトスカート)

14) ベスト(Vネックライン)

15) ベスト(ラウンドネックライン)

6) スーツ(テーラーカラー) コートの衿

6) スーツ(テーラーカラー) スーツの衿

コート

1) ハーフコート(ラグラン袖)

2) ショートコート(セミラグラン袖)

3) ロングコート(ラグラン袖)

4)ケープ 　　　　　　　　5)コート(テーラーカラー) 　　　　6)コート(ショールカラー)

キャミソール 　　　　　　　　　　　パンツスーツ

頁案内

スカート
基 礎 編

		ページ
1）ギャザースカート	原型の使い方、ギャザーのとり方、ギャザーの入れ方	35
2）台形スカート	ダーツ（1本）位置の決め方、原型の使い方、いせ込みの入れ方	36
3）タイトスカート	Wカーブのとり方、ダーツの位置の決め方	37
4）ボックスプリーツスカート	裏のとり方、スリットの縫い方、プリーツスカートの作り方	38
5）タックフレアスカート	ウエスト線のとり方、HLでのタックの決め方、裏のとり方、タックのとり方	39
6）ティアードスカート	ギャザーの入れ方	40
7）エスカルゴスカート（5枚切り替え）	パターンの応用	41
8）エスカルゴスカート（5枚カットフレア）	エスカルゴスカートの応用	43
9）エスカルゴスカート（6枚フレア切り替え）		44
10）切り替えスカート		45
11）マーメイドスカート（10枚はぎ）	裏のとり方	46
12）総プリーツスカート	作り方、裏のとり方	47
13）4枚はぎスカート	裾線カーブのとり方、ダーツの位置の決め方、布の置き方	49
14）フィットフレアロングスカート	おなかが出ている人のとり方、ダーツのとり方	50
15）8枚はぎロングスカート	裏のとり方	51
16）キュロットスカート	裏のとり方	52

パンツ
基 礎 編

		ページ
1）スリムパンツ	パンツの製図、裏のとり方、裏の裁ち方	53
2）ワイドパンツ	パンツの作り方	55
3）L寸ストレートパンツ		56
4）クロップドパンツ		57
5）キュロットパンツ		58

ブラウス

基礎編　ページ

1）タンクトップ	ダーツの消し方、ダーツのとり方	59
2）半袖ブラウス	見返しのつけ方、後身ごろのダーツの決め方	61
3）ノースリーブブラウス（Vネックフリル）	フリルの長さの決め方、ギャザーのとり方	63
4）ノースリーブブラウス（ロールカラー）	衿の作り方、衿のつけ方	64
5）ノースリーブブラウス・スカート（カウルネックライン）	ダーツ位置の決め方	65
6）スモックブラウス（背肩幅が広い）	バイアスの作り方	66
7）スモックブラウス（背肩幅が狭い）		66
8）ブラウス（スタンドカラー）チャイナカラー	首回りゆるみ寸法	67
9）ブラウス（台衿付きシャツカラー、ドロップ袖）	バストの高い人ダーツのとり方	68
10）ブラウス（前ダーツにブレード）	袖山を切り開く場合の袖山の高さの決め方	69
11）ブラウス（ラッフルカラー）		71
12）ブラウス（フレンチスリーブ）	袖丈15のとり方	73
13）ブラウス（オープンカラー）		74

ホームウェア・マタニティ

基礎編　ページ

1）エプロン	パッチポケットの簡単な作り方	75
2）エプロンドレス	Sサイズ～LサイズMPとり方、作り方	76
3）キャミソール3点（応用カウルネックライン）	縁どりテープの作り方	77
4）サンドレス	メートルラインのつけ方	78
5）ホームドレス（ラグラン袖）	簡単なラグラン袖のとり方、見返し芯のはり方、作り方	79
6）マタニティジャンパースカート	ポケットの作り方	81
7）サンドレス（袖フリル）	フリルのとり方・つけ方、簡単な見返しのとり方	82
8）サンドレス（フレンチドロップ袖）	ドロップ袖のとり方、袖山に簡単なタックのとり方	83
9）マタニティドレス		84

ワンピース　　　　　　　　　　基　礎　編

		ページ
1）ノースリーブワンピース(Vネックライン)	芯の貼り方	85
2）ノースリーブワンピース(ハイウエスト)		86
3）ノースリーブワンピース(胸にギャザー)	スタンドカラーの作り方、首回りゆるみ寸法	87
4）ノースリーブワンピース(Vネックライン、ロング)		88
5）ノースリーブワンピース(スクエアネックライン)	見返しのつけ方	89
6）ノースリーブワンピース(前衿ぐりドレープ)		90
7）ワンピース(衿にタック入り)	タックの縫い方、見返しのとり方	91
8）ワンピース(半袖、オープンカラー)	4枚はぎのとり方	92
9）ワンピース(半袖、スクエアネックライン)	簡単なパターンのとり方	93
10）ワンピース(7分袖、ラウンドネックライン)		94
11）ワンピース(プリンセスライン)	裏のとり方	95
12）ワンピース(台衿付きシャツカラー)	袖口カーブのとり方	96
13）ワンピース(ロールカラー)		9
14）ワンピース(キモノスリーブ)	大きいサイズのとり方	98
15）ワンピース(前開きラウンドネックライン)		99
16）キャミソールドレス(着物地)		100
17）キャミソールドレス		101
18）アンダーウェア		102

スーツ　　　　　　　　　　基　礎　編

		ページ
1）ジャケットブラウス(ドロップ袖)	ドロップ袖身ごろAHのとり方、簡単なパターンのとり方	103
2）ツーピース(ラウンドネックライン、タイトスカート)	いかり肩・なで肩のとり方、ねこ背の人のとり方、肩のあたりに肉づきの多い人のとり方	105
	裏布の裁ち方、接着芯の貼り方	107
3）ツーピース(衿タック入り、マーメイドスカート)		109
4）ツーピース(ショールカラー、6枚はぎスカート)	裏のとり方	110
5）アンサンブル(ラッフルカラー、ノースリーブワンピース)		111
6）スーツ(テーラーカラー、プリーツスカート)	テーラーカラーのとり方、原型を倒す寸法、衿を倒す寸法	113
7）スーツ(ダブルテーラーカラー、プリーツスカート)		115
8）ジャケット(ハイネックライン、割り袖)	割り袖の作り方	117
9）スーツ(ブレード付きオブロングカラー、総プリーツスカート)	オブロングカラーのとり方、ブレードのつけ方	119
10）ジャケット(へちまカラー)・プリーツスカート		121
11）ジャケット(前ファスナー)	ファスナーのつけ方、袖口の線のとり方	122
12）パンツスーツ(スタンダウトカラー)	比翼仕立ての作り方、脇ポケットの作り方	123
13）ツーピース(ハイネックライン、フレアスカート)		127
14）スーツ(ショールカラー、タイトスカート)	ショールカラー後中心を上げる寸法	129
15）ベスト(Vネックライン)		130
16）ベスト(ラウンドネックライン)		130

コート

	基 礎 編	頁案内
1）ハーフコート（ラグラン袖）	ラグラン袖の製図、袖山の決め方、2枚袖のとり方、ラグラン袖補整の仕方	131
2）ショートコート（セミラグラン）	袖のつけ方	133
3）ロングコート（ラグラン袖）		134
4）ケープ	身ごろを続けてとる場合、身ごろを別々にとる場合	135
5）コート（テーラーカラー）		137
6）コート（ショールカラー）		138

衿の製図

	基 礎 編	頁案内
ブラウス4）ノースリーブブラウス	ロールカラー（バイアス）	64
ブラウス5）ノースリーブブラウス・スカート	カウルネックライン	65
ブラウス8）ブラウス（スタンドカラー）	チャイナカラー	67
ブラウス9）ブラウス	台衿付きシャツカラー	68
ブラウス11）ブラウス	ラッフルカラー（小）	71
ブラウス13）ブラウス	オープンカラー	74
ワンピース3）ノースリーブワンピース（胸にギャザー）	スタンドカラー	87
ワンピース13）ワンピース	ロールカラー	97
スーツ・ジャケット5）アンサンブル	ラッフルカラー（大）	111
スーツ・ジャケット9）スーツ	オブロングカラー	119
スーツ・ジャケット10）ジャケット	へちまカラー	121
スーツ・ジャケット12）パンツスーツ	スタンダウトカラー	123
スーツ・ジャケット13）ツーピース	ハイネックライン	127
スーツ・ジャケット14）スーツ	ショールカラー	129

新婦人服　ハヤカワ式洋裁パターン

2005年7月5日　第1刷発行

著　　者	──	早川　千代美
発　　行	──	ハヤカワ式洋裁学院
		〒810-0001
		福岡市中央区天神3-6-24-204
		電話　092（714）0052
		http://www.hayakawa-s.com
発　　売	──	有限会社　海鳥社
		〒810-0074
		福岡市中央区大手門3-6-13
		電話　092（771）0132
印　　刷	──	秀巧社印刷株式会社
製　　本	──	篠原製本株式会社
企画・デザイン	──	株式会社アトリエ童画
		※定価はカバーに表示

本書の無断複写（コピー）は、著作権法上の例外を除き、著作権侵害となります。